高等院校应用型本科财会系列特色教材

Design of Accounting System

会计制度设计

（第三版）

孙鸿雁　蔡树龙◎主　编
郭振伟　姚　旋　杜　旭◎副主编
曲远洋◎主　审

上海财经大学出版社

图书在版编目(CIP)数据

会计制度设计/孙鸿雁,蔡树龙主编.—3版.—上海:上海财经大学出版社,2021.4

(高等院校应用型本科财会系列特色教材)

ISBN 978-7-5642-3721-9/F.3721

Ⅰ.①会…　Ⅱ.①孙…②蔡…　Ⅲ.①会计制度-设计-高等学校-教材　Ⅳ.①F233

中国版本图书馆CIP数据核字(2021)第021278号

□ 责任编辑　吴晓群
□ 封面设计　张克瑶

会计制度设计

(第三版)

孙鸿雁　蔡树龙　主　编
郭振伟　姚　旋　杜　旭　副主编
曲远洋　主　审

上海财经大学出版社出版发行
(上海市中山北一路369号　邮编200083)
网　　址:http://www.sufep.com
电子邮箱:webmaster @ sufep.com
全国新华书店经销
江苏启东市人民印刷有限公司印刷装订
2021年4月第3版　2021年4月第1次印刷

787mm×1092mm　1/16　22.25印张　570千字
印数:13 001—17 000　　定价:55.00元

前 言

随着世界经济的高速发展，企业之间的竞争日益激烈。在这瞬息万变的21世纪，企业若想在国内外市场中占有一席之地，实现自己长远的发展战略，就必须建立和完善与各个阶段相适应的企业内部管理制度，而会计制度是企业内部管理制度的重中之重，是建立和完善企业内部管理制度的重要渠道。

为了与时俱进、与国际接轨，2006年2月，中国颁布了与国际财务报告趋同的企业会计准则。2008年5月，财政部、证监会、审计署、银监会、保监会五部委联合发布了《企业内部控制基本规范》。2010年4月，上述五部委又联合制定了企业内部控制配套指引，从而形成了既与国际趋同又有中国特色的企业内部控制框架。2015年12月颁布由财政部与国家档案局联合修订并发布的《会计档案管理办法》，并于2016年1月1日起实施。这些规章制度的颁布与实施对加强企业管理、提升内部控制水平、促进中国企业可持续发展等具有重要意义。

本教材在第二版的基础上，对各章节的内容进行了充实、完善和调整，以最新的规章制度为指导，结合现代企业管理制度以及最新的企业内部控制体系，融入了企业内部控制框架中最新的控制模式，重点介绍了各主要业务内部控制系统的设计。本教材在每章后增加了练习题，并与案例分析相结合，以便读者根据所掌握的知识，从不同的角度理解会计制度设计的内容，增强创造力；同时，本教材还提供了大量样表，以便读者理解和参考。

本教材共分15章，由哈尔滨师范大学孙鸿雁副教授和哈尔滨金融学院蔡树龙副教授担任主编，由哈尔滨师范大学郭振伟和孙旭、哈尔滨职业技术学院姚旋老师担任副主编。其中，孙鸿雁编写第六、八、十、十一、十二、十四章，蔡树龙编写第二章、第五章第一、二节和第七、九章，郭振伟编写第四章、第五章第四节和第十三章及各章节习题答案，姚旋编写第一章、第三章第二节、第十五章，孙旭编写第三章第一、三、四、五、六节和第五章第三节。全书由曲远洋主审。

本教材既可以作为高等院校会计学及财务管理专业的教学用书，也可以作为企业会计工作者和会计师事务所进行会计制度设计的参考用书。

本教材在编写过程中得到了哈尔滨金融学院会计系段洪成主任的鼓励和大力支持。本教材亦得到上海财经大学出版社的支持，在此表示衷心的感谢。在编写过程中，我们参考和借鉴了一些最新的科研成果和相关教材，在此也向相关专家和学者表示诚挚的谢意。

由于编者水平有限，书中难免有不足之处，恳请读者批评指正。

编者

2021年3月

目　录

第一章　会计制度设计概论

学习目标

本章重点介绍了会计制度设计的概念和意义、会计制度设计的范围和基本内容、我国现行会计制度体系的结构和内容、会计制度设计的基本原则以及会计制度设计的基本程序和方法。通过本章的学习，了解会计制度设计的含义和作用，体会我国现行会计制度体系和会计制度设计的基本原则，重点掌握会计制度设计的基本内容、基本程序和方法。

第一节　会计制度设计的概念和意义

会计制度是进行会计工作的规则、方法和程序的总称，是经济管理制度的重要组成部分。会计制度有广义和狭义之分。广义的会计制度包括会计法律法规、公认会计准则和基层单位会计规章制度，狭义的会计制度一般只包括公认会计准则和基层单位会计规章制度。

会计制度设计是一项理论性、实践性和创新性都很强的高级管理活动。设计良好的会计制度不仅能够保证企业生产经营活动的合法性和合规性，提高会计信息的可靠性和完整性，而且可以提高企业经营管理水平和风险防范能力，提升经营效率和效果，帮助企业实现发展战略和经营目标，促进企业可持续发展。

一、会计制度设计的概念

(一)会计制度设计的定义

设计是在某项工作开始之前，根据一定的目标和要求，预先筹划，系统制定相应的方案等。会计制度设计就是以国家会计规范体系、企业经济管理和内部控制的需要为依据，运用系统控制的原理，对会计规范和准则所涉及的会计组织系统、会计信息系统、会计控制系统、会计核算系统及其他涉及会计工作的有关方面进行的设计。它是进行会计工作、实施管理控制的依据。根据会计制度组织会计工作、规范会计核算和会计行为，是保证会计资料真实、完整，提高会计信息质量，实现会计目标的基本保证，也是评价会计工作质量的主要依据。

(二)会计制度设计的分类

会计制度设计可按设计内容和设计主体等不同标准进行分类(如图1—1所示)。

按设计内容分类
- 全面设计
- 补充设计
- 修订设计

按设计主体分类
- 自行设计
- 委托设计
- 联合设计

按设计权限分类
- 统一会计制度设计
- 企业内部会计制度设计

图1—1　会计制度设计的分类

1. 按设计内容分为全面设计、补充设计和修订设计

全面设计是指为企业设计一整套会计制度，包括会计机构的设置，会计人员的配备，会计科目的设置及使用说明，会计凭证、账簿、报表的设计，会计核算组织程序的设计，内部控制制度的设计和主要业务会计处理程序的设计等。一般说来，新建企业需要进行全面性的会计制度设计。在某些企业里，由于原有会计制度不健全，或企业规模和经营业务发生了较大变化，导致原有会计制度不能适用，也需要进行全面性的会计制度设计。

补充设计是指因原有制度不健全而对部分业务的处理程序、方法选择、内部控制等进行的设计。补充设计的内容一般是原会计制度中不具有的，其原因大多是企业经营规模的扩大、经营范围的拓宽、经营方式的改变和管理要求的提高等。例如，企业实行内部结算，就需要设计内部结算制度；企业实行会计电算化，就需要设计会计电算化制度；企业进行预算管理，就需要设计预算管理制度；等等。

修订设计是指对原有会计制度予以修改、完善而进行的设计。例如，企业首次执行企业会计准则，需要对原有会计制度进行修订；根据新发布的企业内部控制规范，需要进一步完善企业内部控制框架；等等。通过设计，更新部分会计制度的内容。

2. 按设计主体分为自行设计、委托设计和联合设计

自行设计是指由本企业内部相关人员组成设计小组而进行的设计。其优点是设计人员了解企业各方面的实际情况，有利于增强会计制度的可操作性，便于会计制度的贯彻落实；同时，能够节省设计时间，减少设计费用。其缺点是设计人员容易受传统及习惯的影响，缺乏创新意识，在借鉴与吸收新知识、新经验和新做法等方面有所顾忌。

委托设计是指委托会计师事务所等中介机构为企业设计会计制度，也可将设计任务以课题形式委托给科研机构和高校教师等。其优点是设计人员业务水平高、知识面宽、具有创新精神，便于通过会计制度设计促进企业会计工作效率和管理水平的提升。其缺点是对企业了解较少，可能使会计制度的某些内容脱离企业实际，削弱会计制度的可操作性。

联合设计是指以企业相关人员为基础，聘请会计制度设计专家进行指导，共同设计企业的会计制度。会计制度设计需要将理论与实践融为一体，具有规范化与可操作性。联合设计融合了自行设计和委托设计的优点，便于设计人员之间相互取长补短。在设计人员构成上，既有熟悉企业内部情况的人士，又有经验丰富、知识渊博的外部专家，不仅容易吸取最新的研究和实践成果，使会计制度设计具有科学性和先进性，而且能够做到切合企业实际情况，具有适用性和可操作性。

3. 按设计权限分为统一会计制度设计和企业内部会计制度设计

统一会计制度设计是指国务院财政部门根据《会计法》制定的关于会计核算、会计监督、会计机构、会计人员以及会计工作管理的制度，包括会计部门规章和会计规范性文件。其中，国务院财政部发布的会计规范性文件有企业会计准则、《小企业会计准则》、《会计基础工作规范》和《会计档案管理办法》等。

企业内部会计制度设计是指使用企业制度化管理的方法把国家宏观会计制度的各项规定内化为企业自觉的会计行为，同时保证宏观会计制度赋予管理者的剩余准则制定权得到规范、合理的应用。设计企业内部会计制度是充分发挥会计管理作用的基础。企业内部会计制度的设计必须准确把握设计的含义，正确应用设计原则，使用相应的方法和程序，以保证设计的会计制度能够满足现代企业管理的需要。企业设计出符合自身的会计制度，对于控制和监督企业的经济活动、提高经济效益、维护财经法规、促进市场经济的发展具有非常重要的意义。

二、会计制度设计的意义

会计制度是现代企业制度的重要组成内容。在企业运营和发展过程中，良好的会计制度设计具有十分重要的意义。

（一）贯彻落实相关财经政策和法律法规，防范合规性风险

企业内部会计制度的设计是贯彻落实国家相关财经政策和诸多法律法规的基础。国家相关财经政策和法律法规具有一定的抽象性和概括性，需要通过企业制度使其变得更具体、更具有可操作性。合规性风险（尤其是会计、财务方面的合规性风险）是企业风险管理策略最需要关注的问题之一，很多上市公司因合规性风险而遭遇处罚、停牌，甚至摘牌。依据国家相关法规政策设计企业内部会计制度是进行合规性风险管理与文化建设的前提条件。

（二）优化会计组织系统，保证会计工作有序、高效地进行

会计组织系统是企业开展风险评估、实施控制活动、促进信息沟通、强化内部监督的基础和平台。科学高效、分工制衡的会计组织机构不仅可以合理保证各项会计工作平稳、有序、高效地进行，而且可以促进信息在企业内部各层级之间、企业与外部利益相关者之间及时、准确、顺畅地传递，提升企业各项生产经营活动的效率和效果，加强会计日常监督与专项监督的力度和效能。会计组织系统的设计是强化企业会计工作和内部控制的重要支撑。

（三）规范会计系统运行，强化内部管理和控制

会计系统是为确认、记录、分析、汇总和报告企业经济业务信息，保持对相关资产和负债的受托责任而建立的各种会计记录、会计政策、会计核算、业务处理流程、会计报告和档案管理等制度的总称。会计系统是企业实施内部控制的基础和方法，设计良好的会计系统具有以下重要意义：(1)有利于企业严格执行国家统一的会计准则，保证会计处理符合会计准则的要求；(2)明确会计凭证、会计账簿和财务报告的处理程序，保证会计资料真实、完整；(3)通过职责分工、相互制约和相互监督，防止差错和舞弊行为的发生；(4)加强会计基础工作，明确岗位责任，保护资产的安全、完整；(5)记录日常交易，积累和汇总会计资料，服务于内部各阶层管理者的分析、评价和决策；(6)保管会计档案和相关资料对日后的数据追踪、责任界定、纠纷处理、诉讼仲裁等具有重要价值。

（四）保证会计工作质量，提高财务报告的使用价值

会计制度对会计工作应遵守的原则、应采用的程序和方法、应达到的质量要求等做出明确规定，使各项会计工作有了依据和标准。通过强化会计基础工作，能够提高会计工作质量，从而提升会计报告的质量，提高会计信息的使用价值。因此，良好的会计制度设计是形成高质量会计信息的前提和基础。

第二节　会计制度设计的内容和原则

一、会计制度设计的内容

会计制度设计是为进行会计工作制定出准则和规范，因此，应针对现实的或即将发生的会计工作中存在的问题，提出解决的原则或方法，并以制度的形式固定下来，作为日常会计工作的依据。会计制度设计作为一种实践活动，其具体对象是会计工作过程。会计工作过程就是

运用会计方法对经济活动进行反映和控制，提供会计信息的过程。因此，会计制度设计应当包括会计组织系统设计、会计信息系统设计、会计控制系统设计及其他方面制度的设计（如图1－2所示）。

会计组织系统设计
- 会计机构设计
- 会计岗位设计
- 岗位职责设计
- 会计人员配备设计
- 会计管理制度设计

会计信息系统设计
- 会计科目设计
- 会计凭证设计
- 会计账簿设计
- 财务报表设计
- 核算程序设计

会计控制系统设计
- 内部控制基本框架设计
- 企业层面的内部控制设计
- 业务层面的内部控制设计
- 对附属企业的内部控制设计

其他方面制度的设计
- 会计电算化制度设计
- 成本核算制度设计
- 责任会计制度设计
- 全面预算管理制度设计

图1—2　会计制度设计内容的分类

（一）会计组织系统设计

会计工作是由会计机构和会计人员完成的，两者构成会计组织系统。会计组织系统设计包括会计机构和岗位的设置、会计人员的配备以及两者的协调关系。在设置会计机构时，要明确其职责范围、管理权限以及具体承担的任务。在配备会计人员时，要明确不同岗位会计人员的任职资格、会计人员的分工及轮岗制度等。管理制度的设计应该覆盖会计岗位责任制度、内部稽核制度、文件记录制度、定额管理制度、计量验收制度、财产清查制度、收支审批制度和会计分析制度等。

（二）会计信息系统设计

会计是一个以提供财务信息为主的信息系统。会计信息系统设计就是规划提供财务信息的诸多方面：

一是会计信息载体的设计，主要是确定原始凭证、记账凭证、会计账簿和会计报表的种类与格式以及它们之间的有机结合模式。

二是会计信息处理程序的设计，主要是设计会计信息收集、加工整理和输出的程序，也就是会计核算组织程序。从原始凭证到记账凭证，再到会计账簿，最后到会计报表，需要经过一系列处理程序，不同处理程序的效率与效果不同，需要根据企业的具体情况选择适用的程序。

三是设计反映会计信息的具体项目，主要是设计科学、合理的会计科目。会计科目设计是会计制度设计的重要内容，每一个会计科目反映具有特定内容的会计信息，提供一项会计指标，会计科目体系就形成一个完整的会计指标体系。

（三）会计控制系统设计

会计控制是按照既定的会计目标，对会计行为和企业经济活动所进行的制约。会计控制是企业为了提高会计信息质量，保护资产的安全、完整，确保有关法律法规和规章制度的贯彻执行等而制定和实施的一系列控制方法、措施和程序。从会计的角度加强内部控制的主要内容包括货币资金控制、实物资产（分为存货和固定资产）控制、销售与收款控制、采购与付款控制、成本费用控制和对外投资控制等。

（四）其他方面制度的设计

在会计管理工作中还可以实行一些特殊的管理或控制方法。例如，划分责任中心，进行责任会计管理；编制预算，实行全面预算管理；加强成本管理，实施标准成本管理；等等。这就需要设计相应的管理制度，如实施会计电算化的企业需要设计相应的硬件管理制度、软件开发与维护制度、数据安全管理制度和操作规程等。

二、会计制度设计的原则

会计制度设计是一项复杂而严肃的工作，是由感性认识到理性认识的过程，设计质量的高低直接决定着制度实施的功效。为保证会计制度设计的质量，应遵循以下原则：

（一）合法性原则

企业内部规章制度是贯彻落实国家法规政策的重要媒介。为降低合规性风险，企业在设计会计制度时，必须遵守相关财经政策和法律法规，包括金融、财政、外贸、企业管理等各方面的法规政策，特别是与会计有关的法律法规，如《会计法》《企业会计准则——应用指南》《企业内部控制基本规范》《财务报告条例》、企业会计准则和企业内部控制配套指引等。

（二）针对性原则

企业内部规章制度直接用于指导和规范企业的实际操作，要具有针对性和可操作性，符合企业实际情况，满足企业内部的管理和控制要求。因此，会计制度设计必须针对企业的生产经营特点和经营管理要求，不能脱离实际。例如，企业的生产类型不同，使用的成本计算方法就不一样，如果一个单步骤、大批量生产的企业照搬连续式加工、大批量生产的企业的成本计算方法，显然是行不通的。

（三）内部控制原则

内部控制是对影响企业目标实现的各种风险和不确定因素进行管理和控制，以帮助企业实现组织目标的过程。内部控制的目标、原则、方法和程序应体现在会计制度设计过程中。例如，在会计人员配备、会计岗位划分和权责配置方面应充分体现内部控制中不相容职务相分离的原则。信息与沟通是内部控制的五大要素之一，在会计信息系统设计中应注意会计信息在上下层级之间、横向同级之间的传递问题，确保信息传递和内部沟通及时、有效。

（四）成本效益原则

会计制度设计应综合考量制度的执行和控制成本与由此带来的经济效益之间的关系，制度收益应大于制度成本。制度成本通常包括设计成本和运行成本。制度收益是指某种制度实施后产生的好处。例如，我们不能要求一家中小企业像上市公司那样实施全套的内部控制方案，那不符合成本效益原则。又如，当货币资金收支频繁、业务量很大时，企业可以设置收入和支出两个出纳岗位，实行收支两条线，这样能更好地发挥内部控制作用；但当货币资金业务不多时，设置两个出纳岗位可能不符合成本效益原则。当然，在多数情况下，设计制度的成本和效益不易直接评价，而需要站在更高、更长远的角度进行综合评估。

（五）前瞻性原则

会计制度一经建立，应保持较长时间的相对稳定，不宜经常改变。因此，在设计会计制度时，需要对企业未来一定时期内的发展情况做出恰当预测和估计，使设计出来的会计制度具有一定的适应能力，能涵盖规模扩张、业务拓展等的需要，能指导新出现的业务，以确保会计制度在较长时间内的稳定。例如，会计科目的分类编号应适当预留一些空号，以便在业务扩展需要增设会计科目时不改变原有的编号系统。

（六）科学性原则

会计制度是联系会计理论与会计实践的纽带。会计制度设计是一项理论性、实践性和创新性都很强的高层次管理活动。设计过程应以控制论、信息论、系统论为指导，科学组织，统筹规划，既要融入优秀的理论研究成果，又要借鉴成熟的实践经验；既要有理论深度，又要有实践总结。这样设计出来的会计制度才具有科学性和先进性。

(七)信息质量特征性原则

会计的基本功能是记录交易或事项，将会计数据加工成会计信息，满足信息用户的需要。有助于提高会计信息质量是会计制度设计的基本要求。在国际会计准则理事会(IASB)与美国财务会计准则委员会(FASB)的联合概念框架趋同项目中，将会计信息质量区分为基本质量特征和增强性质量特征两个层次。基本质量特征包括相关性和如实表述。增强性质量特征是对基本质量特征的补充，包括及时性、可比性(含一致性)、可验证性和可理解性等。例如，可比性就包含对会计制度稳定性的要求。

(八)全球趋同性原则

中国正致力于建设与国际趋同的现代企业制度。2006 年 2 月，中国颁布了与国际财务报告准则趋同的企业会计准则。2008 年 5 月，财政部、证监会、审计署、银监会、保监会五部委根据有关法律联合制定了《企业内部控制基本规范》。2010 年 4 月，上述五部委又联合发布了企业内部控制配套指引，从而形成了既与国际趋同又有中国创新的企业内部控制框架。2010 年 6 月，中国国家质量监督检验检疫总局和国家标准化管理委员会联合发布了《可扩展商业报告语言(XBRL)技术规范》的征求意见稿，体现了全球趋同思想。中国经济正迅速融入经济全球化浪潮，企业在设计会计制度时应充分借鉴国际惯例，体现全球趋同思想。

第三节　会计制度设计的程序和方法

会计制度设计的程序和方法是完成会计制度设计的主要内容。

一、会计制度设计的程序

会计制度设计工作从开始到完成的整个过程应该按照一定的顺序和步骤进行。明确会计制度设计的程序，使会计制度设计工作有条不紊地进行，有利于提高工作效率，保证会计制度的质量，增强会计制度的科学性。会计制度设计的程序一般可分为准备、设计、试行、修正、审定和执行中完善修订六个阶段。

(一)准备阶段

会计制度设计是否能够达到预期的目的，在很大程度上取决于设计的准备工作是否做得充分、细致、周全。这一阶段应主要做好以下工作：

1. 成立会计制度设计小组

会计制度设计是一项繁重的工作，成立设计小组时应配备一定数量的设计人员。配备会计制度设计人员时，要注意各方面人员的搭配。例如，实践经验丰富、对本企业情况十分了解的高级会计师、会计师，来自会计教学和会计研究战线、具有厚实理论功底的会计专家，见多识广、对不同行业和不同企业的工作现状有充分了解的注册会计师等。应由这些具有较高会计业务能力、扎实理论知识、熟悉会计法规的各类人员组成会计制度设计小组，并指定负责人做好会计制度设计的必要组织准备。

2. 提出设计会计制度的要求

在会计制度设计前，应根据企业的业务特点、制度实施范围、会计业务水平及经营管理需要提出相应的设计要求，具体包括以下几项：

(1)要明确会计制度设计的目的和内容，以便更合理地安排设计工作，提高工作效率。会计制度设计工作按所涉及的范围，可分为全面设计和局部设计两种类型；按设计内容，可分为会计核算、会计管理和会计组织等。

(2)要确定会计制度设计的时间安排。这主要是指对会计制度设计做时间预算，安排设计的进度和各项内容应完成的时间。时间安排要根据设计类型确定。如果是全面设计，时间要长一些；如果是局部设计，时间可短一些。无论何种设计，均要有进度表。

(3)要确定设计人员的职责分工。进行人员分工应结合会计制度设计小组每个成员的具体条件，对全体设计人员统一安排、各有侧重、合理分工，既能明确各自的责任，又能互助合作，共同完成设计任务。

3. 开展调查研究

为了使会计制度适应业务需要、满足管理要求、便于实施，必须结合会计制度设计的目的和内容、企业生产经营情况和管理特点以及现行会计制度的情况，做好调查研究工作。只有在充分调查研究的基础上，才能设计出高质量的会计制度。调查研究的主要内容一般包括以下几个方面：

(1)企业生产经营的基本情况。企业生产经营的基本情况包括企业的性质与规模、筹资方式与资本构成、业务特点与产品特点、生产工艺过程与定额管理、盈利与利润分配以及经济效益等。凡与会计制度设计有关的生产情况，均须详细调查，作为设计会计制度的参考。摸清企业的生产经营情况后，如果企业从事的是产品生产业务，应编制主要产品生产程序图，包括耗用的主料、零部件或半成品、生产工艺的主要工序和产品完工的全部生产过程；如果企业从事的不是产品生产业务，应勾画出主要经营业务流程图以及这些经营活动所涉及的主要经济业务内容。

(2)企业经营管理的特点。企业经营管理的特点主要体现在企业内部组织设置情况及其各自的职责权限、人员配置和相互协作关系以及企业所采用的经营管理政策等。了解企业的经营管理特点后，应编制企业组织机构系统结构图，包括横向结构和纵向结构、各部门的职责权限和人员配备等内容。

(3)企业现行制度的实施情况。如果不是新建企业，就要了解企业现行制度的有关情况，包括会计科目、会计凭证、会计账簿、会计报表的设置及其格式，核算组织体系，内部控制制度及成本核算控制方法等。只有充分了解现行会计制度的基本内容、特点、实施情况和存在的问题，才能在充分借鉴的基础上设计出质量更高、适用性更强的会计制度。

(4)其他相关情况。调查研究工作应全面、细致，除对以上内容进行调查研究外，对其他可能影响会计制度设计的方面也要重视，如本企业有关规章制度、同行业先进的会计制度等。

(5)广泛征询意见。在开展调查研究的过程中，要广泛征询企业领导、各职能部门特别是会计部门以及主要会计人员对将要设计的会计制度的要求和意见，以指导设计工作，确定设计工作的整体思路和工作重点。

(二)设计阶段

上述准备工作完成后，会计制度设计便进入实际设计阶段。这一阶段包括拟订设计大纲、设计编写和讨论定稿三项工作。

1. 拟订设计大纲

拟订设计大纲是对所设计的项目在事前调查研究的基础上拟订纲领性规划。会计制度的设计大纲一般应当包括：会计管理工作的总体思路设计，会计科目设计，会计凭证、会计账簿、会计报表的设计，账务处理程序设计，货币资金业务处理程序设计，存货及固定资产业务处理程序设计，购销业务处理程序设计，成本业务处理程序设计，会计制度设计的进度计划和应注意的问题等。

2. 设计编写

设计编写是根据会计制度设计大纲拟订的各项内容分别进行具体设计，形成会计制度草案的过程，是整个设计工作的中心环节。在此过程中，既可对设计大纲中未拟订的部分加以补充，也可对已拟订的各项内容进行协调。这一部分的具体内容将在以后各章节详细讲解，在此不再赘述。在会计制度设计编写过程中，必须在坚持会计制度设计的各项基本原则的基础上处理好以下问题：

(1)兼顾有关各方对会计信息的需要。会计制度作为会计工作的行为规范，对会计信息的生成有极大的影响。在会计制度设计中，要兼顾投资者、债权人、企业客户等对会计信息的需要，还要兼顾国家宏观经济管理及企业微观经济管理对会计信息的需要，不可偏向任何一方而忽略其他方面。

(2)正确处理科学性与简明性的关系。会计制度设计必须具有科学性，要统一、系统、严谨，只有以高质量的会计制度为指导，会计工作才不至于出现漏洞。但会计工作毕竟是一项针对性和技术性都较强的工作，因此，在设计会计制度时还必须着重考虑企业会计工作的具体情况，各项内容的设计应该具体、明确、通俗易懂、简便易行，防止出现模棱两可、似是而非的现象。

(3)适应企业内部控制的要求。首先，要注意处理好会计部门与其他各有关部门之间的关系，互相支持；其次，要注意处理好会计制度与其他制度之间的关系，从“一盘棋”出发，互相配合；最后，要充分体现会计工作分工协作的原则，以利于互相牵制、控制，提高管理水平。例如，会计人员的分工要实行回避制度，管钱、管物、管账的人员要注意责权分开，一个人不能既管钱(物)又管账，应该钱账分管。我国《会计法》规定：“出纳人员不得兼任稽核、会计档案保管和支出、费用、债权债务账目的登记工作。”这一规定在设计会计制度时必须认真贯彻执行。

3. 讨论定稿

经过以上程序设计出会计制度后，应先在设计小组内部进行讨论。讨论通过后，指定专人进行文字总纂，然后提交负责人审定。如无异议，可作为会计制度草案提出；如有异议，可再经讨论、修改后作为会计制度草案提出。

(三)试行阶段

会计制度作为会计工作的行为规范，不仅涉及范围广，而且制度内容要与实际紧密相连，因而会计制度设计是一项十分复杂、重要的工作。即使在制度设计过程中已做了周密、严谨的考虑和安排，仍有可能存在不当之处，或过繁不适用，或过简不能满足管理需要，或因内部控制不严谨而存在漏洞等。因此，会计制度草案形成后，必须先试行。在试行过程中，设计者应深入基层进行现场观察和测定，发现草案中的缺陷和薄弱环节，听取各方意见，进行检查验证，以较深入地发现一些问题，再做进一步修改。一般新会计制度必须经过三次月结、季结的试行阶段。

(四)修正阶段

经过试行后，应对试行情况进行小结，对正反两方面的意见进行筛选，肯定正确的部分，修改、补充有缺陷的部分，吸收有益建议进行修正。

（五）审定阶段

修正后的会计制度设计草案应组织会计专家和会计人员进行讨论，报送主管财务负责人、企业负责人和主管部门进行审查。设计人员根据各方面的意见再进行修改、补充，最后定稿，作为正式会计制度贯彻实施并报主管部门备案。

（六）执行中完善修订阶段

会计制度实施后应定期检查其执行情况。随着经济业务种类的增加、兼并其他行业的企业以及信息使用者对信息的新要求等，企业需要根据具体情况增加和完善会计制度，以满足企业对会计管理规范的要求。完善企业会计制度是一个长期不间断的过程，因为企业在不同的外部市场环境和不同的企业内部环境下对会计制度的要求是不同的，所以，完善和修订会计制度是必需的步骤。

二、会计制度设计的方法

会计制度设计的方法是对会计制度内容进行阐述的形式，是会计制度的外在表现。目前，我国对会计制度设计的方法归纳起来有三种，即文字说明法、表格法和流程图法。

（一）文字说明法

文字说明法是使用文字说明阐述会计制度所要确定的内容，并以法律规范性文件的形式固定下来，要求企业所有员工必须执行，如资金管理制度、存货管理制度、固定资产管理制度、工资管理制度等。这种方法是企业使用得最多的会计制度设计方法。其主要特点是以通俗易懂且科学合理的语言规范会计制度所包含的几个方面并具体到相应的细节部分，既具有一定的系统性，又具有一定的规范性。企业以文字说明法下发的文件可以根据业务内容分类形成一个会计文件体系，如会计核算文件、会计管理制度文件、会计分析制度文件和会计检查文件等。本书的侧重点在于会计管理制度方面，企业可以给这些文件标注序号，如会（字）2015 第 1 号文件、总（字）第 123 号文件等。

（二）表格法

表格法是用表格形式反映会计制度的有关内容。表格法主要用来反映会计制度中使用的凭证、账页和报表等。应用表格法应注意以下几个问题：

1. 表格尺寸尽量统一

会计凭证、账页和报表的大小及用纸规格应尽量分类统一。统一会计凭证尺寸有利于会计凭证的编制、装订和保管；统一账页尺寸便于账页的登记、装订和保管；统一报表尺寸既便于报表的编制、装订和保管，又便于使用者阅读。为保证表格尺寸统一、用纸节约，企业有关部门可明确用纸规格，以便设计人员在相对集中的用纸规格中选择合适的尺寸。会计凭证设计可以使用一式多联。

2. 表格画线要标准

在会计工作中使用的表格，其画线方法通常有如下惯例：

（1）表格空边的画线。表格一般由表首、表体和表尾组成。表首反映表的名称和填制日期等内容；表体以线条划分项目和金额等内容；表尾用于反映相关人员的签章，必要时可加注释进行填制说明。表格空边则是表体与纸张边缘的空间，设计时要对表格空边做出统一规定。通常，表格装订部分的空边与表格表首的空边要留得宽一些。此外，表体部分的画线也要统一规定，如表体外围用粗线，表体内部标题用次级粗线，表体内部空格用细线等。当然，还可以对表格画线的颜色做出规定，以起到规范、醒目的作用。

(2)表格栏次的画线。表格栏次的画线主要有垂直线与横线。垂直线应该是最显著的线，如用垂直线将账页的金额划分为借方、贷方及余额栏。在金额栏中，不同货币单位的线应有所区别，如元与角之间、百元与千元之间、十万元与百万元之间等可用粗线，其他可用细线，以便记账人员定位。在表格中的横线较多、较密的情况下，可每隔五条线采用一条较粗的线，这样既可以防止记录串行，又便于统计记录的笔数。

(3)表格中的文字应规范。表格中的文字应注意字体和字号。表首文字应加粗，字体大一些。字母和数字应使用新罗马字体(Times New Roman)。

(三)流程图法

流程图法是用图形来反映会计制度中项目组织关系或业务处理程序等内容的方法。该方法的优点是清晰、直观、简洁，容易使人们了解和掌握制度的核心内容和操作步骤。流程图主要有框图式和符号式两种。

1. 框图式流程图

它是由矩阵框图和直线组成的一种流程图。框图内反映所处理的内容，直线反映信息及其载体的传递；框图亦可反映信息及其载体，直线反映处理要求。框图式流程图主要用于反映简单的业务处理流程或组织结构关系。图1—3是××房地产开发有限公司的请购审批流程。

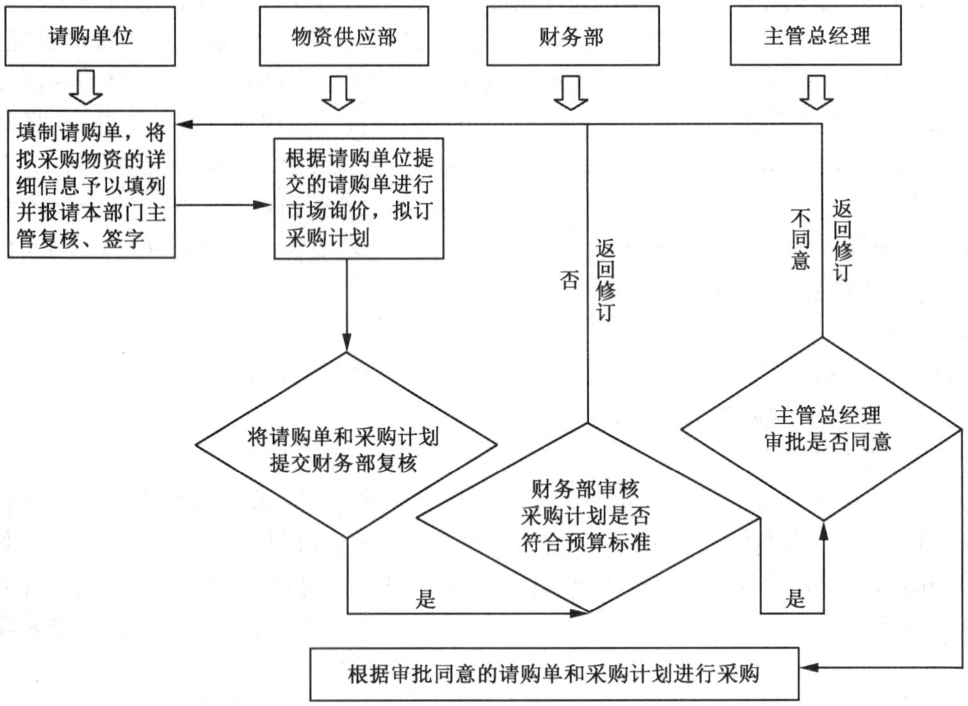

图1—3　××房地产开发有限公司的请购审批流程

2. 符号式流程图

符号式流程图是用来描述业务流程或演算逻辑的独特语言，利用具有一定意义的各种特定图形符号，以图表的方式说明业务处理程序或演算推演逻辑的方法及步骤。它比框图式流程图表达的内容更全面，不仅能反映业务处理部门和人员，而且能反应信息传递、变换的过程和信息载体生成、传递、记录、存档的情况，因此它被广泛应用于业务处理程序设计。符号式流程图要事先规定好符号及其含义并规定绘制规则，表 1—1 是××房地产开发有限公司流程图常用符号释义，图 1—4 是该公司的采购费用报销流程图。

表 1—1　　××房地产开发有限公司流程图常用符号释义

	凭证		开始
	副本		处理
	账簿		输入输出
	报表		保存
	文件		暂存
	连接		注释
	准备		流程线/数据线
	决策		核对
			汇总

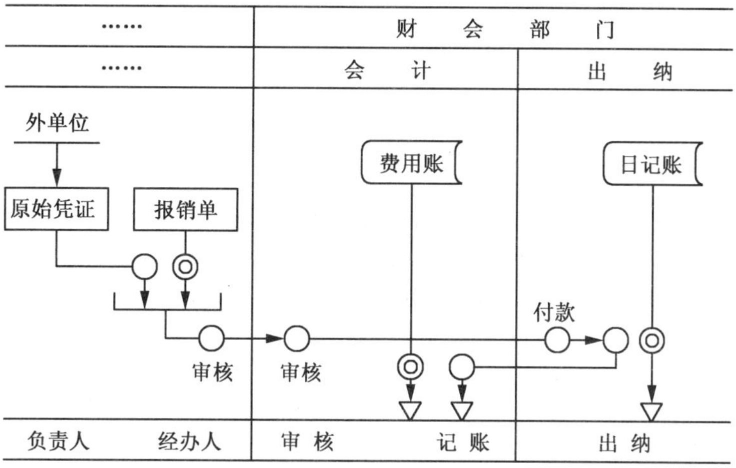

图 1—4　××房地产开发有限公司的采购费用报销流程

在流程图设计中，应注意以下几个问题：(1)只能有一个逻辑上的起点；(2)至少有一个逻辑终点；(3)判断和决策符号通常有一条流入线，至少有两条流出线；(4)终止符号不可以有流出线，其他符号只能有一条流出线；(5)除了起始符号外，每个符号必须有一条流入线；(6)画线和制图时应注意整洁和对齐。

本章小结

本章重点介绍了会计制度设计的概念和意义、会计制度设计的范围和基本内容、我国现行会计制度体系的结构和内容，阐述了会计制度设计的基本原则、基本程序和方法。

会计制度设计应当包括会计组织系统设计、会计信息系统设计、会计控制系统设计及其他方面制度的设计。在通常情况下，会计制度的设计工作分为准备、设计、试行、修正、审定和执行中完善修订六个阶段。

会计制度设计是一项复杂而严肃的工作，是由感性认识到理性认识的过程，设计质量的高低直接决定制度实施的功效。为保证会计制度设计质量，应遵循合法性原则、针对性原则、内部控制原则、成本效益原则、前瞻性原则、科学性原则、信息质量特征性原则和全球趋同性原则。

会计制度设计方法是对会计制度内容进行阐述的形式，是会计制度的外在表现。目前，我国对会计制度设计的方法归纳起来有文字说明法、表格法和流程图法三种。

课后练习题

一、单项选择题

1. 一般来说，需要进行全面性会计制度设计的企业是（　　）。

A. 新建企业　　B. 小企业　　C. 大型企业　　D. 工业企业

2.（　　）是进行会计工作的规范和准则，是会计工作的规则、方法和程序的总称，是经济管理制度的重要组成部分。

A. 会计准则　　B. 会计制度　　C. 会计规范　　D. 会计法律法规

3. 2006 年 2 月，中国颁布了与国际财务报告准则趋同的（　　）。

A. 企业会计准则　　B.《小企业会计准则》

C.《企业内部控制基本规范》　　D.《会计法》

4. 财政部、证监会、审计署、银监会和保监会五部委于（　　）根据有关法律联合制定了《企业内部控制基本规范》。

A. 2006 年 2 月　　B. 2010 年 4 月　　C. 2008 年 5 月　　D. 2005 年 10 月

5. 2010 年 6 月，中国国家质量监督检验检疫总局和国家标准化管理委员会联合发布了《可扩展商业报告语言（XBRL）技术规范》的征求意见稿，体现了会计制度设计的（　　）原则。

A. 合法性　　B. 前瞻性　　C. 科学性　　D. 一致性

6.（　　）是完成会计制度设计的主要内容。

A. 会计制度设计程序和设计方法　　B. 会计制度设计原则

C. 会计制度设计目的　　D. 会计制度设计类型

7. 我国《会计法》规定：“（　　）不得兼任稽核、会计档案保管和支出、费用、债权债务账目的登记工作。”

A. 会计人员　　B. 会计主管　　C. 出纳人员　　D. 成本会计

8.（　　）是用图形来反映会计制度中项目组织关系或业务处理程序等内容的方法。

A. 表格法　　B. 流程图法　　C. 文字说明法　　D. 图例法

9. 会计制度设计准备阶段不需要做（　　）工作。

A. 成立会计制度设计小组　　B. 提出设计会计制度的要求

C. 开展调查研究　　D. 拟订设计大纲

10.（　　）是根据会计制度设计大纲拟订的各项内容分别进行具体设计，形成会计制度草案的过程，是整个设计工作的中心环节。

A. 设计编写　　B. 讨论定稿　　C. 拟订大纲　　D. 试运行阶段

二、多项选择题

1. 下列各项中，属于广义会计制度的有(　　)。
A. 会计法律法规　　B. 公认会计准则
C. 基层单位会计规章制度　　D. 企业管理制度
2. 会计制度设计主要是对(　　)及其他涉及会计工作的有关方面进行的设计。
A. 会计组织系统　　B. 会计信息系统　　C. 会计控制系统　　D. 会计核算系统
3. 会计控制系统设计主要包括(　　)。
A. 内部控制基本框架设计　　B. 企业层面的内部控制设计
C. 业务层面的内部控制设计　　D. 对附属企业的内部控制设计
4.(　　)是完成会计制度设计的主要内容。
A. 会计制度设计程序　　B. 会计制度设计原则
C. 会计制度设计方法　　D. 会计制度设计目的
5. 会计制度设计程序一般包括准备、审定和(　　)阶段。
A. 设计　　B. 试行　　C. 修正　　D. 执行中完善修订
6. 设计阶段包括(　　)工作。
A. 拟订设计大纲　　B. 设计目录　　C. 设计编写　　D. 讨论定稿
7. 目前，我国对会计制度设计的方法归纳起来有(　　)。
A. 文字说明法　　B. 表格法　　C. 流程图法　　D. 图例法
8. 准备阶段调查研究的主要内容包括(　　)。
A. 企业生产经营的基本情况　　B. 企业经营管理特点
C. 企业现行制度实施情况　　D. 广泛征求意见
9. 下列各项中，属于会计制度设计原则的有(　　)。
A. 合法性原则　　B. 针对性原则
C. 内部控制原则　　D. 信息质量特征性原则
10. 其他会计制度设计主要包括(　　)。
A. 会计电算化制度设计　　B. 成本核算制度设计
C. 责任会计制度设计　　D. 全面预算管理制度设计

三、判断题

1. 我国的企业会计准则包括基本准则和具体准则两个层次。　　(　　)
2. 会计制度作为指导会计工作的规范性文件，一经建立，不允许修改。　　(　　)
3. 会计制度设计的基本内容主要有三个方面：会计组织系统设计、会计信息系统设计、会计业务流程系统设计。　　(　　)
4. 会计工作是会计人员的职责，也是一份具有很强专业性的工作，因此，会计工作任务应当全部由会计人员承担。　　(　　)
5. 会计制度设计的准备阶段要求首先制定出设计方案和设计规划。　　(　　)
6. 企业会计中，应该将能应用到的表格、凭证、账簿和报表进行统一。　　(　　)
7. 在设计会计制度时，必须遵循成本效益原则。　　(　　)
8. 会计制度设计方法包括文字说明、表格法和流程图法。　　(　　)

四、简答题

1. 什么是会计制度设计？

2. 会计制度设计的意义是什么？
3. 会计制度设计的内容有哪些？
4. 设计会计制度应遵循哪些基本原则？
5. 会计制度设计的基本程序包括哪几个阶段？每一阶段的主要工作是什么？
6. 会计制度设计的方法有哪些？

案例分析

1. 某企业是一家有实力的大型公司，近几年随着生产规模的扩大，以兼并、收购或投资控股的方式形成了一个企业集团，原有会计制度已经不适应集团现状，公司董事会决定聘请东方会计师事务所与公司相关管理人员组成临时设计小组，设计新的会计制度系统。

要求：

根据以上资料，请回答：

(1)该企业会计制度设计的类型是什么？

(2)根据该企业的情况，会计制度设计的方案属于哪一种？

(3)会计制度设计的程序包括哪些阶段？在整个设计程序中，工作的主体是哪一步？

(4)设计会计制度的框架结构包括哪些内容？

(5)会计制度的试行修正阶段工作的内容主要是什么？

(6)设计完成的会计制度一般包括哪些内容？

2. 接上题，设计小组在进行设计之前做了一系列准备工作。首先到企业生产一线了解生产设备运行状况，并向会计人员了解有关岗位职责、考核和工作方式等内容。其次，设计小组全体成员与企业有关会计机构主管及有关业务岗位主管开了数次研讨会，并向企业员工发放了调查问卷，然后进行了分析研究，设计出最终的会计制度定稿。

要求：

根据以上资料，请回答：

(1)设计小组在会计制度设计过程中采用了哪些具体方法？

(2)在分析研究过程中，可以采用哪些会计制度设计方法？

(3)"向会计人员了解有关岗位职责、考核和工作方式等内容"这种会计制度设计方法适用于什么情况的调查？

(4)"设计小组全体成员与企业有关会计机构主管及有关业务岗位主管开了数次研讨会"这种会计制度设计方法最大的好处是什么？

(5)"向企业员工发放了调查问卷"这种会计制度设计方法的使用要注意哪两个方面？

第二章　会计组织制度设计

学习目标

本章主要介绍会计组织机构的设置原则、设置会计机构的不同模式、会计人员的岗位分工和各岗位的基本职责范围、各种规模企业会计组织机构和岗位职责的设计、会计人员交接制度设计及会计档案管理的内容等。通过本章的学习，了解会计组织机构的设置原则，掌握会计组织机构设置的形式、组织机构岗位的设置形式，掌握会计档案管理制度设计的相关程序，以及如何进行会计档案整理、立卷、保管和销毁的制度设计，并重点把握企业在不同规模下如何进行组织机构和岗位设置以及会计人员交接程序。

第一节　会计组织机构的设置原则和形式

会计机构是制定和执行会计制度、组织和处理会计工作的职能部门。建立健全会计机构，有效协调各职能岗位之间的运作，是保证会计工作正常进行、充分发挥会计管理作用的一个重要条件。

一、企业会计组织机构的设置原则

会计机构的设置是会计制度在组织上的落实，涉及会计部门和会计人员的内部分工。各企业的经营规模和业务类型不相同，其会计机构设置就有所不同。在一家企业中，会计机构是否健全、各职能岗位之间的运行是否协调，将对会计工作质量产生直接的影响。因此，建立适合本企业情况的会计机构是改进会计工作、提高会计信息质量的首要环节。会计机构的具体设置要根据各企业的规模大小、经营特征及管理组织形式等情况来决定。设置一个科学、有效、高质量的会计机构，通常应该遵循下列基本原则：

（一）效益性原则

经济效益最大化是企业管理的最终目的。因此，在设置会计组织机构时，首先要遵循成本效益原则。将会计组织机构的运行成本与其创造的价值相比较，确定会计组织机构的效益，即会计组织机构提供会计信息、进行内部控制、开展各项管理工作所产生的效益应该大于其管理成本。因此，会计组织机构的设置并不是越复杂越好，复杂的会计组织机构运行成本高，要遵循效益性原则设置会计组织机构，控制内部管理费用和运行成本。

（二）系统性原则

会计作为企业经济管理活动的重要组成部分，其组织机构是企业经营管理组织系统下的一个子系统，该系统要与采购、生产、营销等子系统协调一致，以保证企业成为一个有机的、完整的组织体系。因此，会计组织机构的设置要与企业其他组织密切衔接、配合。会计工作的组织环节和机构设置范围的确定取决于企业经营管理组织系统的规模、管理方针及战略规划。

小型企业规模小、业务量少、生产组织不复杂，通常按生产运作的程序来设置管理组织机构，对整个经营活动实行集中管理。在这一条件下，会计发挥单一的核算作用，其组织机构规模较小。

大中型企业由于经营规模的扩大，需要会计组织渗透到企业的整个经营过程和各个管理领域中，以便及时、全面地反映企业经营成果，并对企业的经营发展前景做出经济上的判断。所以，大中型企业或财务收支数额较大、会计业务较多的企业，应单独设置会计机构，如在企业内部单独设置财务处、部、科、股及组等职能部门，以便及时组织本企业各项经济活动和财务收支的核算，实行有效的会计监督。除了日常核算外，还要根据管理上的要求，设立企业内部岗位责任制，以考核各责任中心的业绩。会计作为企业管理系统中的子系统，具有自身的一套管理组织机构，它的作用影响企业经营决策的结果。

集团性企业的规模大、业务量大、涉及的地区和行业多，它的管理系统不只是控制总公司，而且控制子公司，并相应调整经营方针和发展战略。会计在其中的作用相应增大，负责集团的资本运营、财务管理和内外经济事项的协调，因此，会计组织机构通常是一个独立于其他管理部门的单位——财务公司。

行政事业单位设置会计机构也应与本单位的事业规模、人员编制以及担负的预算会计工作相适应。事业规模大、会计业务多的主管会计单位和二级会计单位应当单独建立会计机构。事业规模不大、会计业务不多的二级会计单位和基层会计单位可不单独建立会计机构，但应配备专职或兼职会计人员、出纳人员负责会计工作。人员和经费都很少的县级直属机构，可以按隶属关系或者性质归口成立联合会计单位，单独设立联合会计机构或者配备专职会计员、出纳员负责联合会计工作。

（三）控制性原则

实行会计控制（监督）是会计的基本职能之一，是企业内部管理的一种需要，也是一种自我约束的机制。通过会计控制，可以更好地贯彻企业的经营方针，实现经营目标。为了充分发挥会计的控制职能，必须使会计控制具有组织上的保证，即合理设置会计机构。因此，会计机构的设置应满足企业管理的要求，并控制企业的整体经济活动。从资金筹集、资金周转、资金退出到各业务流程，都需要通过会计的专门方法来反映和监督，依据防护性监控原理，建立会计工作运行过程中的关键点，控制运作流程。因此，会计机构内部工作人员要有明确的职责和工作分工，要贯彻内部控制制度，做到部门之间、人员之间职责清晰、任务明确，建立岗位责任制和内部牵制制度，执行岗位轮换制度和回避制度，做到工作既相互联系又相互制约，形成一套控制体系。

（四）效率性原则

会计机构的设置应有利于提高会计工作的效率。会计机构的设置应贯彻精简和提高效率的原则，按照统一的目标或任务设置各层次机构和各岗位，实现最优组合；按照专业化的特点和提高效率的要求确定各机构、各岗位和人员的具体目标与任务；财会人员合理分工协作以利于内部协调，并明确各级各岗位的职责范围，建立岗位责任制；实行集权与分权相结合，调动各层次、各职能部门和员工的主动性和积极性，更好地完成任务；促使会计信息的传递及时、畅达，会计组织与其他组织配合良好，提高工作效率，避免人力、物力的浪费和低效率的工作环境，以保证整个企业高效率运行。

（五）以人为本原则

财务人员是会计组织中最活跃的因素，会计组织机构的设置要有利于发挥人的主动性、积极性和创造性，要与人员的专业、特长、志趣相结合，要为每个人履行职责和行使权利创造良好的条件，为提高员工的素质而进行培训，并制定人员绩效评价制度。

二、企业会计组织机构的设置形式

企业应该按照规模大小设置与之相适应的会计机构，并在岗位分工方面形成一定的内部牵制机制。企业会计机构的设置在考虑是否单独设置和人员配备上有以下三种形式：

一是单独设置会计机构。一家企业是否单独设置会计机构，往往取决于以下两个因素：(1)一家企业的规模往往决定了这家企业内部职能部门的设置，也决定了会计机构的设置与否；(2)经济业务多、财务收支量大的企业有必要单独设置会计机构以保证会计工作的效率和会计信息的质量，满足经营管理的要求。

二是设置专职会计人员。对于财务收支数额不大、会计业务较简单的企业，根据《会计法》的规定，可以不单独设置会计机构，但应在有关机构，如经营管理、计划、统计、综合性机构或者办公室配备专职会计人员，并指定会计主管人员。

三是代理记账。不配备专职会计人员的企业，应根据《会计法》及有关规定委托代理记账。代理记账是指社会中介机构、服务机构或具备一定条件的单位代替独立核算的企业办理记账、算账及报账业务。

在单独设置会计机构的企业中，企业内部会计机构的设计模式可以从会计、财务两个职能是否分设和会计机构在企业组织系统中所处的位置两个角度分析，设计适应自身特点的会计机构模式。

（一）会计与财务的分立与合并

1. 会计与财务分别设置

按照效率原则，企业的会计组织可以分别设置会计机构与财务机构。这是将会计对资金运动的反映、监督职能与财务管理对资金的筹集、使用和分配职能分别交由会计部门和财务部门来履行的一种机构设置形式。采取分设形式有利于实现会计与财务管理两种不同职责的分工，更有效地实行岗位责任制和取得工作专门化的比较效率；有利于提高会计工作的效率；有利于加强会计内部控制，建立相互监督、相互牵制的内部控制机制，从而减少错弊出现的可能性。由于大型企业的经营范围广泛、业务繁多，因此适宜采用会计机构与财务机构分设的形式，这样既有利于提供详细和公允的会计信息，又有利于经营决策活动的顺利进行。企业会计与财务分立的会计组织结构模式见图 2--1。

国外很多大型企业采用董事会下的财务总监负责制。该组织形式下又分为财务部和会计部。财务部设有财务经理，内设资金管理、信用管理、税收筹划、投融资管理、资本预算、并购与资本运作和子公司的财务管理等；会计部设有会计经理，负责会计核算、会计报告、成本管理、资产管理、经营计划、预算管理、会计档案以及网络会计等。会计组织内部设立信用管理机构或岗位，对顾客信用进行调查，有利于提高应收账款的质量，值得我国企业借鉴。我国很多企业由营销部门评价顾客信用，内部控制存在一定的缺陷，容易造成呆账、坏账，信用风险较大。

2. 会计与财务合并设置

按照效益原则，企业可以将会计与财务合并设置。这种形式将会计对资金运动的反映和

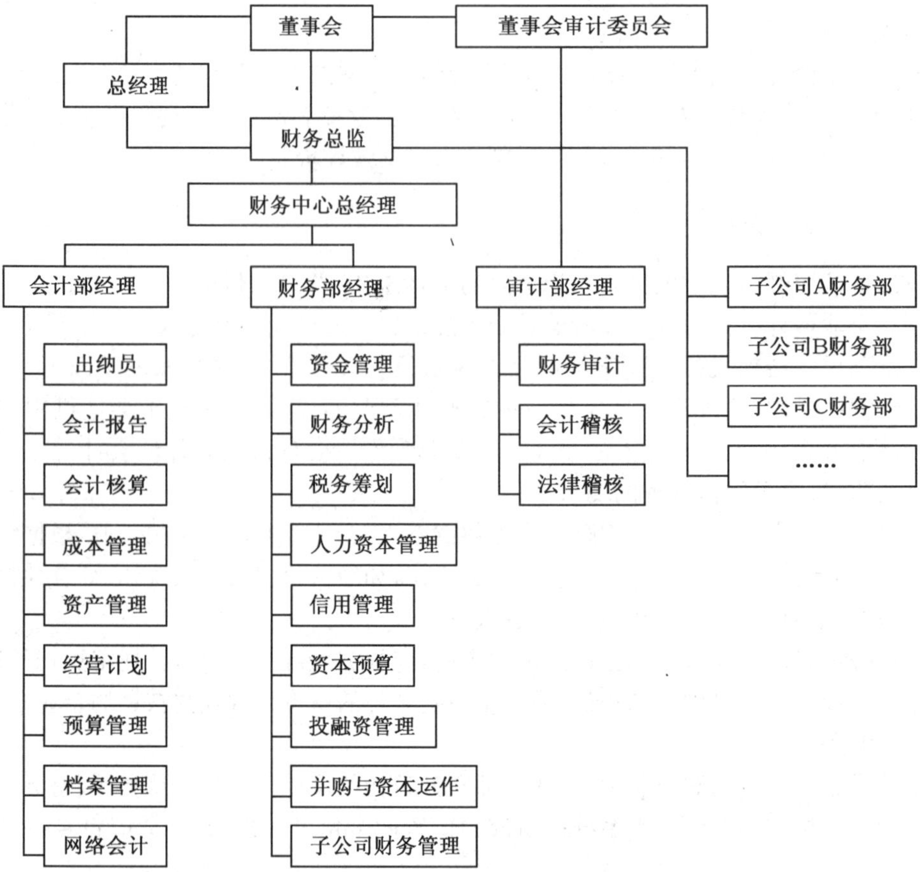

图 2—1　会计与财务分立的会计组织结构

监督职能与财务管理对资金的筹集、使用和分配职能统一交由一个部门来履行。由于会计职能与财务管理职能的关系十分密切，因此采取合并设置形式不仅有利于减少财务会计人员，而且有利于减少会计凭证的传递环节、加快会计凭证的传递速度，从而提高会计工作效率；同时，可以减少会计信息的传递时间和失真的可能性，从而提高财务管理的及时性、针对性和有效性。

在我国，由于会计工作和财务工作都是综合性经济管理工作，它们之间的关系非常密切，因此，通常把两者合并在一起设置一个财务会计机构，如企业财务科等。所以，会计机构通常是指财务会计部门。图 2—2 是我国部分商业零售企业会计与财务合一的组织结构模式。

如果企业的经营业务较简单，会计业务和会计人员较少，财务会计机构还可以与计划等职能部门合并为一个科室。但是，不管合并设置的形式如何，仍应设置专人从事会计工作，并明确会计人员的职责范围和要求。

(二)会计机构的集中设置与分级设置

从企业会计工作组织系统来看，依据在企业中所处的位置，会计机构可以采取集中设置和分级设置两种形式。

1. 会计机构集中设置(集中核算)

会计机构集中设置是指仅在企业一级设置会计机构，企业内部的部门、单位则不设会计机

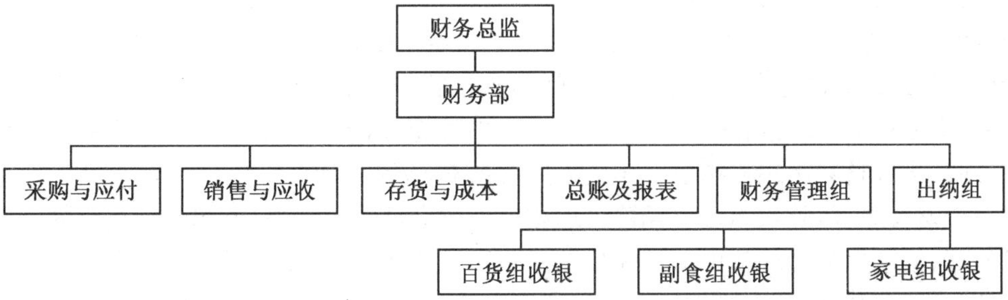

图 2—2 我国部分商业零售企业会计与财务合设的会计组织机构

构，不办理会计业务。由于在这种情况下，会计业务由企业会计机构办理，因此通称集中核算，也称集权式管理。这种方式设置的会计组织代表了所有者的利益，会计组织以所有者利益为导向，财务总监直接参与财务活动和信息处理过程等。其优点是有利于维护所有者利益；缺点是容易导致所有者与经营者权责不清，而且权力高度集中于财务总监可能影响下属财务经理的积极性和主动性。同时，在这种形式下，企业总部与各分支机构之间实行的集权管理是由总部会计组织掌握财务决策权、资金调度权和成本考核权等。因此，集权式管理的财务决策自上而下，有利于严密控制，但易于导致决策高风险。

通常，大中型企业的经营管理组织系统较为复杂、生产经营规模较大、业务量较多，与此相适应，会计核算组织机构也较为庞大。如果此种类型企业的经营管理组织系统采用集权式，会计核算组织机构也就相应地采用集权式管理。在集权式管理结构下，企业独立设置一个财会部门，直接隶属于企业最高管理部门，并在其领导下直接管理整个企业的财会工作。其组织机构的设置情况见图 2—3。

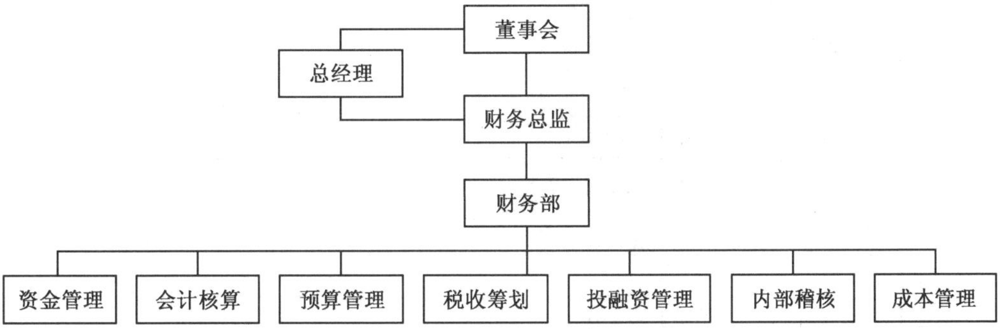

图 2—3 会计机构集中设置模式

小型企业的经营管理组织系统较为简单、生产经营规模较小、业务量较少，与此相适应，会计核算组织机构也较为精简。由于小型企业的经营管理组织系统一般为集权式，因此，会计核算组织机构也相应采取集权式管理，成为总部管理机构中的一个岗位。

2. 会计机构分级设置(分级核算)

会计机构分级设置是指除了在企业一级设置会计机构外，在企业内部各部门、单位也相应地设置会计机构，办理本级范围内相应的会计业务。由于在这种情况下，会计业务由会计机构以及企业内部各部门、单位会计机构分级办理，因此通称分级核算或分权式管理。在这种形式下，董事会将经营管理权授予总经理，总经理享有较大的经营管理权。在总经理下专设负责财会工作的财务副总经理。财务副总经理由总经理提名、董事会聘任，对总经理负责，形成经营者主导的会计组织。从总部与分支机构之间的分权管理来看，在总部与各分支机构之间进行分权，将大部分权力分配给各分支机构。如果大中型企业的经营管理组织系统采用分权式管理方式，则其会计核算组织机构也就相应采用分级核算的会计组织形式。企业可以在企业总部设置一个财会总部，负责与总部经营管理相对应的会计管理事务，总部会计组织的主要责任是信息处理、信息反馈和绩效评价；同时，在各相对独立的单位（如事业部、子公司、分公司）设置财会部，权力下移，各分支机构的会计组织享有重要权力，承担成本管理和资金管理等责任，各单位财务部门具体办理本单位的财会业务。由此可见，总部会计组织与各分支机构会计组织之间建立的是相对松散的会计管理系统，其组织机构的设置情况见图 2—4。

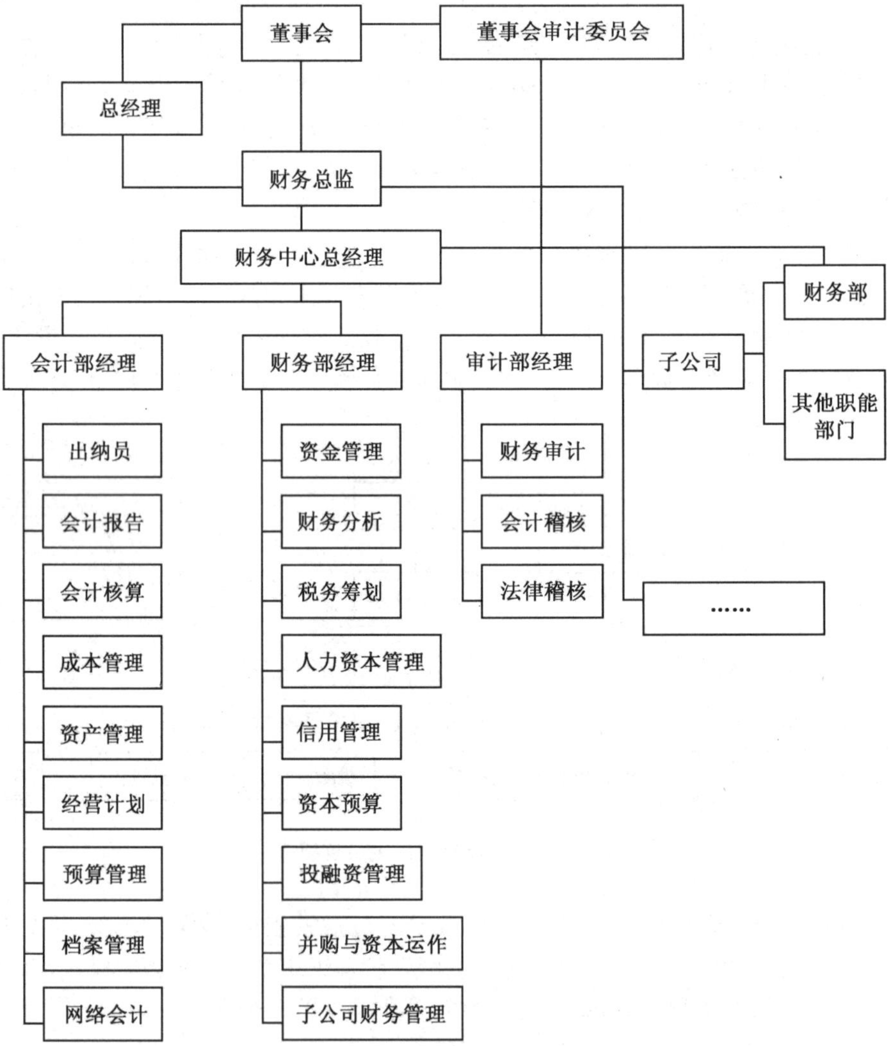

图 2—4　会计机构分级设置模式

这种分权式管理的会计核算组织机构不仅适用于特大型企业，而且适用于集团企业。

第二节　会计岗位设置和会计岗位责任制度设计

企业应根据会计机构的设置情况设立相应的会计岗位，并配备相应的会计人员。

一、会计岗位的设置原则

会计工作岗位，是指企业设置的从事会计工作、办理会计业务的职位。在会计机构内部设置会计工作岗位既有利于明确各个岗位的职责，也是配备适当数量的会计人员的客观依据之一。会计工作岗位应根据会计工作的客观性原则进行设置，做到“因事设岗、按岗设人、人员精干、各司其职”，达到会计岗位设置合理、有效的目的。具体而言，会计工作岗位的设置一般应遵循以下基本原则：

（一）满足会计业务的需要

由于各企业所属行业的性质、自身的规模、业务的数量以及会计核算与管理的要求不同，因此会计工作岗位的设置条件和具体要求也不尽相同。在设置会计工作岗位时，要从本企业会计业务量和会计人员配备的实际情况出发，按照效益和精简的原则划分会计工作岗位，以满足会计业务的需要。

（二）符合内部牵制原则

会计工作岗位可以一人一岗、一人多岗或一岗多人。但是，为了避免发生职责不清、人浮于事和手续混乱等问题，会计工作岗位的设置应符合内部牵制的要求。要注意不相容职务的分离，凡涉及企业款项和财物的收付、结算及登记的任何一项工作，都必须由两人或两人以上分工处理。例如，出纳人员不得兼任稽核，会计档案保管和收入、支出、费用、债权债务账目的登记工作，即遵循钱、账、物分管制度；出纳人员以外的会计人员不得经管现金、有价证券和票据；会计机构负责人（会计主管人员）不得兼任出纳和监事工作；会计人员不得兼任内部审计工作；记账人员不得兼任采购员和保管员工作；等等。

（三）有利于提高会计人员的业务素质

会计工作岗位的设置并不要求会计人员长期固定在某一个工作岗位上。会计人员之间的分工应当有计划地进行轮换，以便会计人员能够比较全面地了解各项会计工作，激励会计人员不断进取、提高业务素质、保证会计工作质量，同时在一定程度上有助于防止违法乱纪现象的发生。

（四）有利于建立岗位责任制

会计工作岗位责任制是指在企业会计机构内部，按照会计工作的内容和会计人员的情况对会计工作所做的分工，是一种明确经济责任的企业内部会计管理制度。《会计基础工作规范》中示范性地提出了会计工作岗位的设置方案，将会计工作岗位划分为总会计师、会计机构负责人或者会计主管人员、出纳、稽核、资本基金核算、收支往来核算、成本费用核算、财务成果核算、财产物资核算、工资核算、总账核算、对外财务会计报告编制、会计电算化、会计档案管理共14个岗位。这种岗位设置方法基本上包括了会计业务的主要内容，为建立岗位责任制奠定了较完整的基础，并且可以为企业具体设置会计工作岗位提供比较理想的参考方案。

二、会计岗位的基本职责

不同的企业可以根据会计业务的需要设置会计工作岗位，确定各岗位的相应职责。企业会计工作各岗位的主要职责如下：

（一）总会计师岗位

总会计师是指企业根据《会计法》和《总会计师条例》设置的，在企业负责人领导下，主管经济核算和财务会计工作的负责人。其主要职责包括：负责提出会计机构和会计岗位设置、会计人员配备的方案；考核会计机构负责人的业绩；对会计人员的任免、晋升、调动、奖惩提出意见；负责会计人员的岗位培训，维护会计人员依法行使职权；对会计工作进行监督、检查和指导；组织编制和执行企业预算、定额；组织筹集资金，拟订资金使用方案；按授权批准制度的规定审批财务收支；负责协调会计机构与企业行政领导、各职能部门之间的关系，沟通企业与外部相关部门之间的关系，解决相关环节出现的矛盾和问题；参与金额较大或者重大经济合同的研究，会签影响企业重大利益的经济合同；制止和纠正违法违规的行为，制止无效时，提请企业负责人处理；等等。

（二）会计机构负责人或会计主管人员岗位

会计机构负责人是指单独设置会计机构的企业所设置的会计机构的行政和业务负责人，如财务处处长、财务部部长、财务科科长、财务股股长。会计主管人员是指不单独设置会计机构的企业依法设置的行使会计机构负责人职权的专职会计人员。其主要职责包括：负责会计机构的行政管理工作，负责确定会计核算控制点，组织本企业的财务工作，负责筹资事项，组织制定本企业的财务会计制度、财务计划，定期进行财务分析，组织本企业会计人员进行理论和业务学习，对会计人员进行考核等。

（三）出纳岗位

该岗位负责现金与银行存款收付业务。其主要职责包括：办理现金收付和银行结算业务；登记现金和银行存款日记账；保管库存现金和各种有价证券，保证现金账户余额与库存现金相符；负责银行存款日记账和银行对账单的核对；保管有关印章、空白收据和空白支票；等等。

（四）工资核算岗位

该岗位负责工资核算工作。其主要职责包括：掌握员工人数及工种、工资等级、工资标准等与工资相关的情况；计算职工的各种工资和奖金，办理工资结算并进行有关明细核算；依法计提（计交）养老、失业和医疗保险金，计提（计拨）福利费、工会经费和教育经费等与工资相关的税费和基金；参与制订工资总额计划；控制工资总额支出，分析工资总额计划的执行情况；等等。

（五）收支往来核算岗位

该岗位的主要职责包括：协助会计机构负责人建立健全预算控制制度等与收支、往来有关的内部会计控制制度；正确确认、计算收入，计提与收入有关的税费；配合有关部门保证收入款项的及时回笼；复核或授权审核或编制与收支、往来结算相关的会计凭证；负责与对方债务（权）人核对往来账目，保证双方账面数额一致和无弄虚作假情况；积极掌握债务人的资信情况；计提坏账准备，对确实无法收回的应收款项和无法支付的应付款项，应查明原因，并按规定报批处理；定期为有关部门、人员和相关领导提供收支、债权、债务信息；等等。

（六）资本基金岗位

该岗位的主要职责包括：协助会计机构负责人建立健全与资本、基金相关的账务处理程序；负责实收资本（股本）、资本公积、盈余公积及基金的明细核算；审查与所有者权益相关的资料，正确确认、计算所有者权益；负责实收资本（股本）备查簿的登记；等等。

（七）成本费用核算岗位

该岗位的主要职责包括：拟定成本核算管理办法；编制成本费用计划；建立各项原始记录和定额资料；审核各项费用开支；正确归集和分配费用，计算产品成本，登记费用成本明细账；会同有关部门制定产品标准（计划）成本，编制成本费用报表并进行成本费用的分析与考核；等等。

（八）财务成果核算岗位

该岗位的主要职责包括：负责财务成果的核算；配合有关部门制订利润计划并落实到各相关部门；正确计算本年利润；正确计算并及时解缴有关税费，按规定分配利润；复核或授权审核与财务成果有关的原始凭证，填制记账凭证，登记有关明细账；进行利润分析和考核；等等。

（九）财产物资核算岗位

该岗位的主要职责包括：会同有关部门拟定财产物资管理办法；协助会计机构负责人（会计主管）建立健全财产清查制度和计量验收制度等与财产物资有关的内部会计控制制度；编制固定资产核算依据清册；负责固定资产折旧和大修理费用的计提与分配；进行存货、固定资产、在建工程和无形资产等减值准备的合理计提；配合成本费用岗位合理分摊材料成本差异；复核或授权审核相关原始凭证，填制记账凭证，登记相关财产明细账及备查簿；审查、汇编采购计划，控制采购成本；分析库存商品及其他财产物资的储存情况和使用效果及在建工程的成本控制情况；定期或不定期抽查账实相符情况；按规定及时编制财产物资内部会计报表，向财产物资管理部门和相关领导提供财产物资信息；监督、指导实物负责人登记保管账（卡）并定期或不定期核对账目；等等。

（十）总账核算岗位

该岗位的主要职责包括：组织各会计岗位及时传递会计凭证；负责登记总账，编制总账科目余额试算平衡表；组织督促各会计岗位登记明细账和相关备查簿，进行结账和对账；对经营活动的未来现金流量进行预测，编制资金预算；综合分析企业财务状况和财务成果，进行财务预测，提供财务决策资料；等等。

（十一）稽核岗位

该岗位的主要职责包括：负责监督和督促会计人员正确执行法律、法规及国家统一规定，履行岗位职责；核查重要会计印章的保管和使用情况；稽核原始凭证的真实性、合法性、准确性和完整性，稽核记账凭证、会计账簿、会计报表等会计资料的真实性和完整性；督促有关人员及时纠正与处理稽核中发现的问题；总结稽核中所发现的问题的根源及其规律，提出进一步完善内部会计控制制度或改善会计工作的建议；等等。

（十二）财务会计报告编制岗位

该岗位的主要职责包括：协助会计机构负责人（会计主管）制定内部会计报告制度；编制或组织编制会计报表、报表附注和财务情况说明书；编制和组织编制内部会计报表；按规定向财务会计报告使用人提供财务会计报告；需经注册会计师审计的，应配合注册会计师对财务会计报告的审计；等等。

（十三）会计电算化岗位

会计电算化岗位是指直接从事管理、操作、维护电子计算机及其会计软件系统的工作岗位。该岗位按照《会计电算化工作规范》的要求，可以划分为电算主管、软件操作、审核记账、电算维护、电算审查、数据分析等岗位，由本企业人员进行会计软件开发的，还可设置软件开发岗位。该岗位的主要职责包括：负责协调电子计算机及会计软件系统的运行；负责输入会计凭证内容等会计数据和输出会计凭证、会计账簿、会计报表等其他会计资料;负责对输入电子计算机的会计凭证及其内容进行审核,操作会计软件,登记机内会计账簿,对打印输出的会计账簿、会计报表进行确认;负责保证电子计算机硬件、软件的正常运行,管理机内会计数据;监督电子计算机及会计软件系统的运行,防止利用电子计算机进行舞弊;负责对电子计算机内的会计数据进行分析;负责对会计软件的定点开发和升级开发;等等。

(十四)会计档案管理岗位

在会计机构内的会计档案管理工作属于会计岗位,负责制定会计档案立卷、归档、保管、查阅和销毁的管理制度,负责会计档案的保管工作等。

以上各岗位应体现责、权、利相结合,以责为中心的原则。由于各企业经营规模大小各异、组织和管理模式不一、业务经营特点有别、业务繁简程度不同、会计人员配备数量也不同,因此,有的企业可能无法按上述内容做出详尽的设岗及分工。各企业应根据实际情况及管理要求,按照《会计法》等有关法规的规定,对会计人员进行合理分工。

第三节　不同规模企业会计组织机构的设计

不同规模的企业在会计组织结构上有明显的差别。小型企业与大中型企业的划分应根据国家统计局等部委和相关制度对企业资产规模、从业人数和销售额的规定来确定。

一、小型企业会计组织机构的设计

小型企业的经营规模和范围较小,经济业务单一,经营过程、企业的组织形式和管理要求简单,财务与会计业务量不大,通常按生产经营业务程序建立组织机构,对整个生产经营活动实行集中管理。其通常利用垂直式管理体系,管理跨度较小,一般采取简单的"直线制"组织管理方式,即厂长(经理)对业务和职能部门均实行垂直式领导,各级管理人员在职权范围内对直线下属有指挥和命令的权力,并对此承担全部责任。由于小型企业一般为集权式管理,会计组织机构也采取集权式管理,以提供信息、税务处理和成本核算为主要职责,因此,对小型企业而言,会计组织以核算职能为主,会计组织机构较为精简,财会人员较少。针对小型企业的上述特点,在会计组织机构设计中要考虑企业经营管理组织体系的设置,并与之保持一致。会计核算只能采用集中核算方式,即由会计机构统一办理。会计部门可以是厂部管理组织中的一个职能部门即会计科或会计股,通常设置会计主管、出纳、明细账会计、总账会计等岗位,并配备财务会计人员 2～6 人;也可以不单独设置会计机构,而在管理部门设会计组织,并指派一人担任财务主管,如会计与办公室合并,而会计只有 2～3 人,即出纳、明细账会计和总账会计,其中,总账会计可由会计主管兼任。

小型企业的会计机构设置虽然较为简单,但在进行会计业务处理时也要遵循会计的基本操作规程,按岗定责,实行内部控制制度,健全业务流程。

(一)设置独立会计组织机构

1. 会计组织机构的设计

在具有较为充足的资金(即能满足企业简单再生产资金周转的需要)、生产产品的业务流程或从事其他经营业务的流程较为复杂、会计人员的素质能保证企业正常业务核算等的情况下,小型企业可以设置独立的会计机构。其会计机构人员的设置和岗位的配置可根据企业的实际情况来确定。例如，企业可设置一位财务负责人兼任企业内部的财务管理工作和企业报表的编制工作；设置一位登记总账的会计人员负责企业所有总账的登记工作；设置一位登记明细账的会计人员负责会计部门所有明细账的登记工作；设置一位出纳人员负责企业现金的收付工作和现金日记账的登记工作；同时，还可以根据需要在下属有关部门设置仓库保管员和兼职报账员；等等。企业也可以在配备会计人员时多设置或少设置几个岗位。

小型企业的会计组织机构如图 2—5 所示。

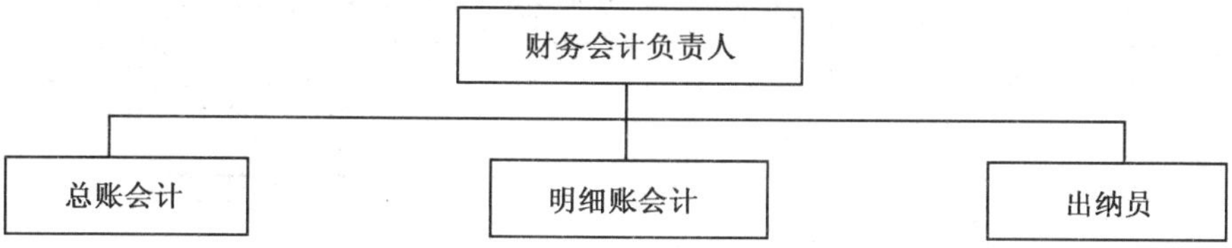

图 2—5　小型企业的会计组织机构

2. 会计部门岗位职责的设计

在小型企业中，从事会计工作的人员一般有 2～6 人，具体分工有出纳、明细账会计、总账会计和财务会计负责人，总账会计也可兼任财务会计负责人。各岗位应明确职责范围、具体内容和要求，建立健全会计岗位责任制，从而提高会计工作效率、保证会计信息质量。表 2—1 至表 2—4 是设置财务会计负责人、出纳员、明细账会计和总账会计四个岗位的某小型企业会计岗位职责的基本内容。

表 2—1　财务会计负责人岗位的基本职责和要求

序　号	内　容
1	具体负责本企业财务与会计的日常管理工作
2	组织制定本企业的各项财务与会计制度并监督其贯彻执行
3	组织编制本企业的财务成本计划和资金筹措计划并监督其落实
4	会同有关部门拟订企业各项固定资产的投资方案和流动资金定额
5	负责企业各种税费的计算和缴纳
6	负责企业各项财务分析工作
7	参加企业有关生产经营管理的会议，参与有关经营预测、决策和各部门业绩考评工作
8	参与拟订和审核经济合同、协议及其他经济文件
9	负责向本企业领导和职代会报告企业的财务状况和经营成果，审查对外提供的会计报告
10	组织财会人员进行理论和业务学习，负责财会人员的考核，参与研究财会人员的任用和调整工作
11	组织、协调部门内外的关系，完成领导交办的其他与财务会计有关的管理工作

表 2—2　出纳员岗位的基本职责和要求

序　号	内　容
1	严格按照国家有关现金管理和银行结算制度的规定办理现金收付和银行结算业务

续表

序号	内容
2	办理各种票据的收付业务
3	登记现金和银行存款日记账以及有关票据辅助登记簿，月末编制“银行存款余额调节表”，核对现金及银行存款账面余额与银行对账单余额
4	负责保管库存现金和各种有价证券，确保现金和各种有价证券的安全和完整
5	负责妥善保管有关印章、空白收据和空白支票，但签发支票的印章不得全部交由出纳一人保管
6	具体办理各种税金的申报和扣缴业务
7	完成其他与现金、银行存款收付有关的工作

表2—3　　明细账会计岗位的基本职责和要求

序号	内容
1	根据审核无误的会计凭证登记各种明细账
2	办理各种债权债务往来款项的结算业务
3	定期进行明细账与总账的核对
4	定期对各项财产物资进行清查，以保证账实相符
5	计算并提取固定资产折旧，编制“固定资产折旧费用计算分配表”
6	根据各项相关费用计划编制各种费用分配表
7	根据存货出库凭证和明细记录，按照领用部门和用途编制“材料费用分配表”
8	归集和分配制造费用
9	完成其他与明细账业务有关的工作

表2—4　　总账会计岗位的基本职责和要求

序号	内容
1	组织各岗位及时传递会计凭证
2	审核原始凭证，填制并审核记账凭证
3	根据审核无误的会计凭证登记总分类账
4	计算并分配应付职工薪酬
5	编制“水电费费用分配表”和“产品成本计算表”
6	月份终了编制总账科目余额试算平衡表并与有关明细账核对，保证账账相符
7	定期编制资产负债表、利润表和现金流量表，并核对其他报表
8	定期进行成本分析
9	管理会计凭证和账表，每年终了整理会计凭证和其他会计资料，需要归档的应按有关规定及时归档
10	定期进行账证、账账、账实、账表核对，提高会计信息质量
11	完成其他与总账业务有关的工作

(二)在有关机构中设置会计人员

小型企业在规模小、业务量少或者为提高工作效率的情况下,可以不设置专门的会计机构,而是在企业内部的相应部门设置会计人员。至于会计人员设在哪个部门,要根据企业的管理要求或组织形式来确定。例如,企业可在办公室设置会计人员进行会计核算,办公室的负责人也是财务会计的负责人,其会计人员设置的多少可根据企业的具体情况来确定。在一般情况下,由于办公室的负责人也是财务会计的负责人,因此,办公室主任多数不会兼职总账的登记工作,最多是兼职会计报表的编制工作。在这种情况下,办公室至少要配备1～2名会计人员,另外还要配备出纳人员。

在有关机构中,设置专职会计人员的岗位责任与设置独立会计机构的情况相同,其会计组织机构如图2—6所示。

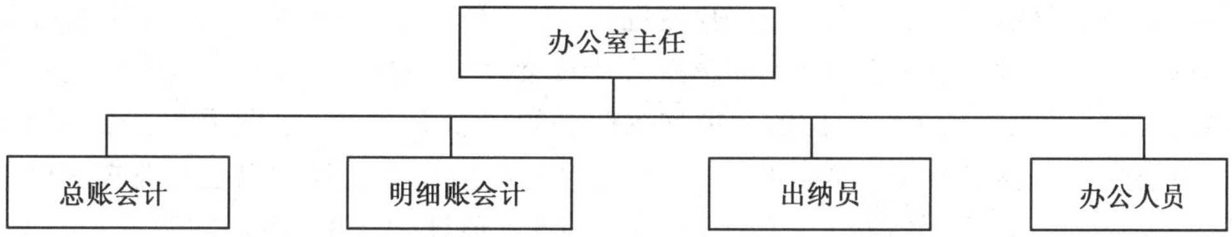

图2—6　在有关机构中设置专职会计人员的结构模式

(三)采用代理记账

我国《会计法》第三十六条明确规定,不具备设置会计机构和会计人员条件的企业"应当委托经批准设立的代理记账业务中介机构代理记账"。《会计基础工作规范》第八条规定:"没有设置会计机构和配备会计人员的单位,应当根据《代理记账管理暂行办法》委托会计师事务所或者持有代理记账许可证的其他代理记账机构进行代理记账。"在《代理记账管理暂行办法》中,对代理记账机构设置的条件、代理记账的业务范围、代理记账机构与委托人的关系、代理记账人员应遵循的道德规则等做了具体的规定。

代理记账机构应具备下列条件:(1)至少有3名持有会计从业资格证书的专业人员,同时聘用一定数量相同条件的兼职从业人员;(2)主管代理记账业务的负责人必须有会计师以上专业资格;(3)代理记账机构要有健全的代理记账业务规范和财务管理制度;(4)机构的设立依法经工商管理部门或者其他管理部门核准登记。

代理记账机构可以根据委托人的委托办理相关的会计业务,如审核原始凭证、填制记账凭证、登记总账和明细账、编制会计报表和定期计算缴税等业务。

代理记账机构依照委托合同的规定从事代理记账业务,在从事代理记账的过程中要严格遵守国家相应的财经制度、法规和纪律等。其代理从业人员也必须遵照会计人员的有关规定进行记账或履行相应的义务。企业在采用代理记账时要做好与代理机构的衔接和配合工作,指定专人或兼职人员负责管理。

二、大中型企业会计组织机构的设计

大中型企业的经营规模和范围大,从业人数多,经营内容和过程以及企业的组织形式和管理要求较复杂,财务与会计业务量也较大。为了适应错综复杂的经营状况,大中型企业管理组织通常采用"直线职能制"形式,即将供、产、销各个经营环节中人、财、物的管理分散到各个职能部门并由其分别负责，各职能部门下设职能科或组，深入生产经营的各个环节。因此，各职能部门之间既有纵深的管理路线，又有横向的业务联系。针对大中型企业本身的特点，其会计组织的职能定位、权责分配和岗位设置需要满足经营管理的要求，在业务处理、信息加工、财务管理等方面与企业经营规模、业务量相适应。大中型企业的会计和财务既可以作为两个职能部门设置，也可以作为一个职能部门设置，但财务和会计的岗位与职责必须分离。同时，大中型企业会计组织机构的设计还应根据企业经营管理的特点以及所处的环境，明确其业务导向。如果大中型企业建立以财务管理为中心的管理体制，则需要在会计组织中配置较强的财务管理力量，如高素质的财务管理人员，而机构设置和组织职能则要突出财务管理的中心地位等；如果以成本管理为中心，则需要在会计组织中配置足够的成本专家，给予其必要的权力。有些企业还在不同的管理层次分别建立以投资为中心的会计组织、以资产管理为中心的会计组织和以成本管理为中心的会计组织等。

根据我国《会计法》和《总会计师条例》的规定，大中型企业、事业单位、业务主管部门应设置总会计师，负责管理企业的会计组织机构。我国《会计法》第三十六条第二款规定："国有的和国有资产占控股地位或主导地位的大中型企业必须设置总会计师。"我国《会计基础工作规范》对设置总会计师做了三个方面的规定：一是总会计师应由有会计师以上专业技术资格的人员担任；二是设置总会计师的单位，总会计师应行使《总会计师条例》规定的职责和权限；三是总会计师的任命(聘任)和免职(解聘)依照《总会计师条例》和有关法律的规定办理。同时，要求国有大中型企业、事业单位和业务主管部门总会计师的任免执行《总会计师条例》第十五条的规定：企业的总会计师由本企业主要行政领导人提名，政府主管部门任命或者聘任；免职或者解聘程序与聘任程序相同。事业单位和业务主管部门的总会计师依照干部管理权限任命或者聘任；免职或者解聘程序与任命或者出任程序相同。城乡集体所有制企事业单位总会计师的任免参照《总会计师条例》的有关规定进行，其他单位总会计师的任免按照有关法律规定进行。

《会计基础工作规范》对会计机构负责人和会计主管人员的任职资格也做出了具体规定，要求具备六个方面的条件：(1)政治思想条件，即坚持原则、廉洁奉公；(2)专业技术资格条件，即有会计专业技术资格；(3)工作经历条件，即主管一个单位或者单位内一个重要方面的财务会计工作的时间不少于 2 年；(4)政策业务水平条件，即熟悉国家财经法律、法规、规章和方针、政策，并掌握本行业业务管理的有关知识；(5)组织能力，即有较强的组织能力；(6)身体条件，即身体状况能够适应本职工作的要求。

由此可见，在大中型企业，尤其是大型国有或国有资产占控股地位或主导地位的大型企业中，会计组织是以总会计师为首，财务与会计经理为主管的。

(一)大中型工业企业会计组织机构的设计

1. 大中型工业企业的会计组织机构

大中型工业企业的生产经营过程以生产过程为中心，实现供、产、销三个过程的统一，生产经营过程较为复杂，管理层次较多，财务与会计业务量大。与此相适应，大中型工业企业的会计组织机构规模大，会计人员多，会计工作的分工较细。图 2－7 是某大型机械制造企业的会计组织机构。

这是一个在总会计师领导下的集中核算组织模式，并采取会计与财务分别设置的形式。在这一会计组织机构中，单独设置总会计师岗位。总会计师是企业财会工作的最高负责人，全面负责企业的经济核算工作，其行政职务是副总经理，直接对厂长负责。财务总监下辖三个部

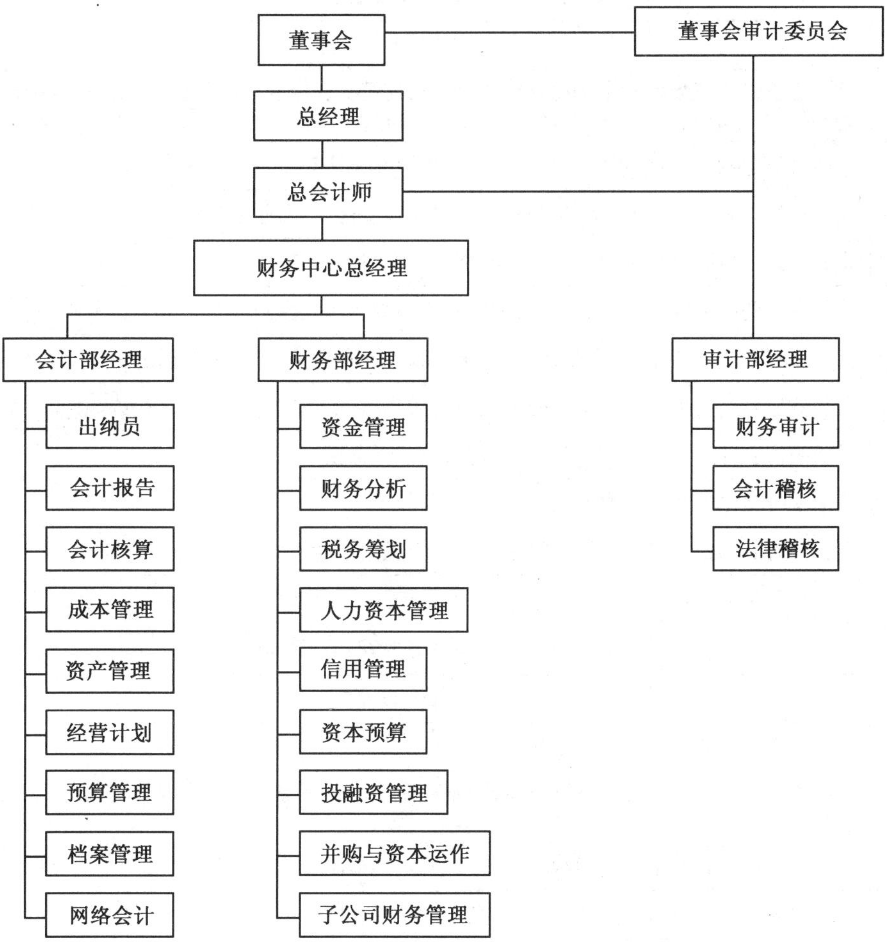

图 2—7　某大型机械制造企业的会计组织机构

门，即审计部、会计部和财务部。财务部与会计部分设，并各自根据工作需要和管理要求设立若干下属部门。其中，会计部门中的会计主管、材料物资、固定资产、工资核算、成本核算、总账报表和稽核等岗位可以视具体情况，按“一人一岗”“一人多岗”或“一岗多人”设置。

2. 大中型工业企业会计岗位的职责

我国《会计基础工作规范》规定：“会计工作岗位，可以一人一岗、一人多岗或者一岗多人。但出纳人员不得兼管稽核、会计档案保管和收入、费用、债权债务账目的登记工作。”“会计工作岗位一般可分为：会计机构负责人或者会计主管人员，出纳，财产物资核算，工资核算，成本费用核算，财务成果核算，资金核算，往来结算，总账报表稽核，档案管理等。开展会计电算化和管理会计的单位，可以根据需要设置相应工作岗位，也可以与其他工作岗位相结合。”“会计人员的工作岗位应当有计划地进行轮换。”因此，在大中型工业企业中，一般配备较多的财务与会计人员，以分担较为繁重的财务与会计工作。“一人一岗”“一人多岗”的现象较少，而“一岗多人”的现象较为普遍。在此情况下，企业应注意建立健全相应的岗位责任制和岗位竞争与奖惩机制。表 2—5 至表 2—16 是某大中型工业企业会计机构中各会计核算及财务管理岗位的基本职责和要求。

表 2—5　　总会计师岗位的基本职责和要求

序　号	内　容
1	领导企业财务与会计工作，组织经济核算，实施经济责任制，并对财务与会计机构设置、人员配备和任用、专业职务的聘任等事项提出方案和建议
2	审核、批准企业的会计制度及其实施，审核、批准会计部门编制的各种报表
3	负责组织编制财务计划和单位预算，协调各项经济计划和业务计划
4	审查生产、技术、经营、投资方案和经济效益，审查重大开支项目
5	审批企业的财务收支，组织进行成本费用的预测、计划、控制、核算、分析和考核
6	参与制订企业新产品、技术改造、产品定价和工资奖金等方案，参与拟定企业重大经营决策
7	组织和监督企业贯彻执行国家的各项财经法律、法规、制度、纪律，保护企业财产的安全
8	负责组织会计人员学习，并定期对会计人员进行考核
9	完成领导交办的其他与财务、会计有关的管理工作
要求	总会计师必须由具有5年以上财务与会计管理工作经验的高级会计师担任

表 2—6　　财务部经理岗位的基本职责和要求

序　号	内　容
1	具体负责本企业的财务管理工作
2	参与组织制订本企业的各种财务管理制度、财务成本计划、信贷计划及利润计划等，并监督贯彻执行
3	在总会计师的指导下，负责组织企业财务预算的编制、审核、汇总、上报和下达等具体工作
4	跟踪监督、分析企业财务预算的执行情况，提出改进企业预算管理的措施和建议
5	负责各项税费的计算、申报、缴纳及扣缴、退税有关事项
6	负责企业各项资金的调度事项
7	会同有关部门制定、下达企业各项资金的定额管理指标
8	组织本部门财务人员的理论和业务学习，负责财务人员的业绩考核，参与研究财务人员的任用和调整
要求	财务部经理必须由具有3年以上财务管理经验的高级会计师或会计师担任

表 2—7　　会计部经理岗位的基本职责和要求

序　号	内　容
1	具体负责本企业的会计管理工作，执行总会计师确定的经济计划
2	参与组织制定本企业的各项会计管理制度，并监督贯彻执行
3	熟悉本企业的供应、生产和销售情况，参与各部门的经济活动，并为企业的整体经营预测和决策提供会计信息
4	参与拟订经济合同、协议及其他经济文件
5	负责会计人员的考核，并根据会计人员的实际情况调整其工作岗位

续表

序　号	内　容
6	负责向总会计师报告会计工作情况，向企业内部有关会计报告使用者报告企业的财务状况、经营成果和现金流量情况
7	审核企业对外报送的会计报告
8	组织本部门会计人员的理论和业务学习，负责会计人员的业绩考核，参与研究会计人员的任用和调整
要求	会计部经理必须由具有3年以上会计管理经验的高级会计师或会计师担任

表2—8　　出纳岗位的基本职责和要求

序　号	内　容
1	负责办理现金收付、银行结算、票据和其他有价证券的收付业务
2	登记现金日记账、银行存款日记账和票据备查簿
3	负责保管库存现金和各种有价证券
4	负责保管有关印章、空白收据和空白支票
5	完成领导交办的其他与出纳有关的结算工作

表2—9　　资产核算岗位的基本职责和要求

序　号	内　容
1	会同有关部门拟定企业材料核算与管理的实施办法
2	负责材料采购、库存材料及材料成本差异的明细核算
3	会同有关部门编制材料成本目录，确定材料消耗定额
4	参与库存材料的盘点，分析库存的储备情况
5	编制发出材料费用分配表
6	负责有关其他流动资产物资的明细核算工作
7	完成领导交办的其他与材料核算有关的工作

表2—10　　成本核算岗位的基本职责和要求

序　号	内　容
1	会同有关部门拟定企业成本管理与核算办法
2	会同有关部门拟定产品成本核算方法
3	负责加强成本管理的基础工作，健全各项原始记录、定额管理和计量检验等制度
4	审核各车间转来的各项要素费用的原始凭证
5	根据审核无误的有关原始凭证编制记账凭证
6	按照成本核算方法的规定，正确归集、分配生产费用，计算产品成本，编制产品成本计算单

续表

序　号	内　容
7	审核车间成本和备用金开支
8	编制有关半成品入库和领用、完工产品入库的记账凭证
9	负责有关成本费用的明细核算
10	编制有关产品成本、费用的会计报表，进行成本、费用的分析和考核
11	协助有关部门建立在产品台账和自制半成品登记簿
12	协助有关部门、车间和班组组织经济核算

表 2—11　　固定资产核算岗位的基本职责和要求

序　号	内　容
1	会同有关部门拟定企业固定资产价值管理与核算的实施办法
2	负责计提固定资产折旧，编制固定资产折旧计算表
3	负责固定资产后续支出的计算与分配
4	负责固定资产的明细核算和有关应付购货款的结算
5	参与固定资产的清查与盘点工作，分析固定资产的使用效果
6	办理其他与固定资产有关的业务

表 2—12　　会计稽核岗位的基本职责和要求

序　号	内　容
1	会同有关部门拟定企业稽核管理的实施办法
2	负责监督和督促会计人员正确执行法律、法规和规章制度，履行岗位职责
3	核查重要会计印章的保管和使用情况
4	稽核原始凭证的真实性、合法性、准确性和完整性，稽核记账凭证、会计账簿、会计报表等会计资料的真实性、准确性和完整性
5	督促有关人员及时纠正与处理稽核中发现的问题
6	审核有关资产的购置与处置
7	总结稽核中所发现问题的根源及其规律，提出完善内部会计控制制度或改善会计工作的建议
8	追踪审核各项已决定办理事项的执行情况
9	完成其他与会计稽核有关的工作

表 2—13　　总账报表岗位的基本职责和要求

序　号	内　容
1	会同有关部门拟定企业总账报表的管理、登记和编制实施办法
2	负责登记企业各总分类账簿

续表

序　号	内　容
3	编制有关账项调整的记账凭证并登记总账
4	编制总账科目余额试算平衡表并与有关明细账核对，保证账账相符
5	编制资产负债表、所有者权益变动表及相关附表
6	办理会计凭证、账簿、报表等各项会计档案资料的归档手续并予以妥善保管
7	完成其他与总账报表有关的核算工作

表 2—14　　结算管理岗位的基本职责和要求

序　号	内　容
1	会同有关部门拟定企业往来结算管理与核算的实施办法，建立往来款项的清算手续和制度
2	会同有关部门拟定企业资信调查和催款的实施办法
3	对赊销对象和投资对象进行信用调查，确定可予提供信用的对象和政策
4	办理与供应单位、购买单位、其他单位和个人之间的往来结算业务并负责其明细核算
5	对拖欠款者进行债务催收和清理
6	负责各项备用金和财务费用的审核、计算和相关明细核算
7	负责其他往来款项的审核、计算和相关明细核算
8	定期核对往来款项，做到账实相符
9	负责其他与往来结算有关的管理工作

表 2—15　　税务会计管理岗位的基本职责和要求

序　号	内　容
1	会同有关部门编制利润计划，拟定企业利税管理与核算的实施办法
2	经常督促和检查各部门利润计划的落实与完成情况，保证利润计划的实现
3	负责销售款项的结算
4	负责进行销售和利润的明细核算
5	负责进项税金和利润分配的明细核算
6	负责税务登记、变更税务报表、税务分析和税务筹划等
7	具体办理各项税费的计算、申报、缴纳及扣缴、退税有关事项
8	负责有关营业外收入、营业外支出、补贴收入等的审核和明细核算
9	正确进行各项利润指标的计算
10	负责编制利润表、利润分配表和其他有关附表，并进行利润的分析和考核
11	负责其他与利税核算有关的管理工作

表 2—16　　资金管理岗位的基本职责和要求

序　号	内　容
1	会同有关部门拟定资金管理与核算实施办法
2	编制企业流动资金计划和银行贷款计划
3	负责组织企业资金的筹措和供应
4	具体负责企业流动资金调拨、组织流动资金供应和其他资金的分配，考核资金的使用效果
5	具体进行融资市场投资
6	具体进行利率、汇率、证券价格和企业现金流量的预测，编制现金预算
7	编制企业费用和成本计划，并考核其执行情况
8	进行所有者权益、投资和筹资有关内容的明细核算
9	编制现金流量表和财务情况说明书，并综合分析企业的财务状况、经营成果和现金流量情况
10	进行财务预算，提供经营决策所需的资料
11	负责领导交办的其他与资金筹划、资金投入和运用、财务预算管理和财务分析有关的管理工作

（二）大中型商业零售企业会计组织机构的设计

商业零售企业的主要经营业务是组织商品的购、销、存，进货的原则是勤进快销，资金流动性较大。商业零售企业的经营品种较多，需要按商品的类别来核算，即按柜组核算。因此，大中型商业零售企业的会计机构一般是在财务总监的领导下，设置财务部或者财务科，部/科内的出纳组主管各柜组的现金收支，核算组主管各柜组的进、销、存业务。图 2—8 为某商业零售企业的会计组织机构图，这是一个财务总监领导下的集中核算组织模式，把会计与财务合并设置财务部。在该会计组织机构中，单独设置财务总监岗位，财务总监是企业财会工作的最高负责人，全面负责企业的经济核算工作。其各相关岗位的职责设计参见大中型工业企业的有关内容。

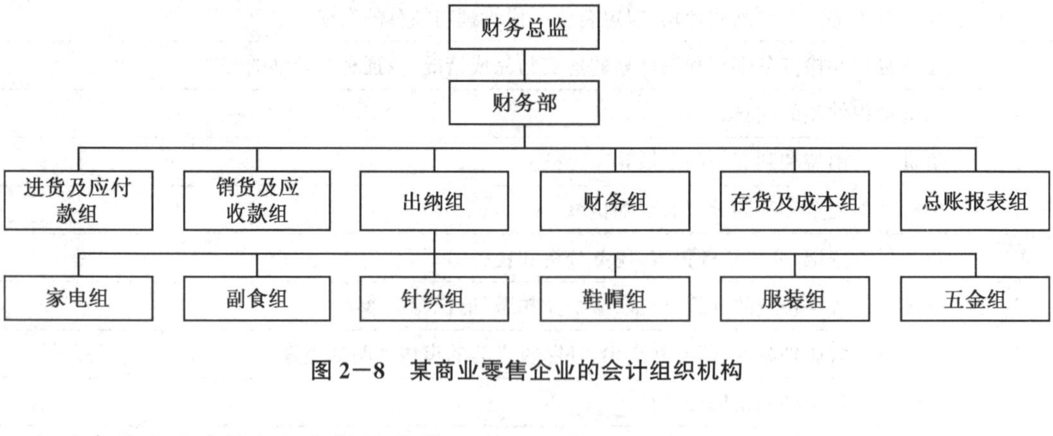

图 2—8　某商业零售企业的会计组织机构

（三）金融企业会计组织机构的设计

金融企业的主要业务是经营货币资金，即经营现金的收付款业务、联行转账业务、储蓄存款业务、外汇业务和信贷业务等。金融企业的货币收付业务量较大、经营风险也较大，因此，科学地设置会计机构对于加强资金管理和有效监控货币资金流动具有重要意义。某金融企业的会计组织机构如图 2—9 所示。

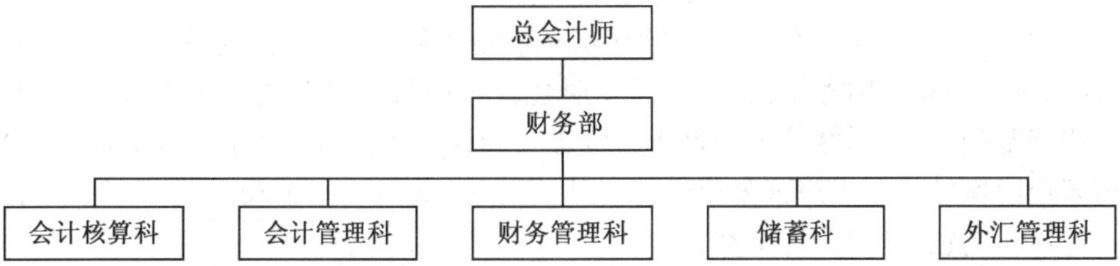

图 2—9 某金融企业的会计组织机构

三、集团企业会计组织机构的设计

集团企业是指拥有多家分公司、子公司和其他分支机构，以资本为主要纽带，通过持股、控股等方式紧密联系、协调行动，具有层次性和稳定性的企业群体。其特点是规模大型化和经营多样化，在许多情况下还具有资本国际化的特点。从资本形成来看，集团企业可以是股份制的，也可以是非股份制的；从分支机构所处的地域来看，其可以是国内的，也可以是跨国的。

一般的股份制集团企业由核心企业、成员企业、配套企业和一般协作企业等构成。核心企业是集团企业的经营管理中心，它按照股份制的原则和功能来管理企业，不仅以产品和技术来连接各成员企业，更重要的是以资本的形式调控成员企业的经营活动。核心企业运用集团的综合经营能力，强化集团企业的开发、服务、协调和控制的职能，扩大企业的对外辐射能力，发展集团经济。成员企业主要有两种：一种是核心企业的直属单位，另一种是被核心企业控制的企业。核心企业与直属单位的关系是行政隶属关系，各直属单位都是核心企业的分支机构。被控企业是集团企业的基本组成部分，核心企业通过掌握一定量的控股股份来与其发生经济联系，它们之间是母公司与子公司的关系。配套企业是企业间通过相互参股，一些与核心企业和成员企业有业务联系的企业和社会团体通过购买集团企业的股票，成为与集团有较密切联系的半紧密层。一般协作企业是集团企业的外围组织，它们与集团企业是经济协作关系。

(一)集团企业会计组织机构的设置

集团企业中的控股子公司是独立的法人单位，实行独立核算、自负盈亏，集团企业依据其控股份额，通过法定程序，对董事会、股东会、经理人员的选举和任命加以控制，以达到控制子公司业务活动的目的。因此，控股子公司会计组织机构的设置可按照上述两种企业的设置要求来确定。

集团企业内部联合的紧密程度、组织结构、经营领域、经营复杂性、经营规模和生产经营特点等决定了相应的会计组织模式。集团企业的会计组织机构设计与上述单体企业(大中型企业和小型企业)的会计组织机构有许多相似处：集团企业中的母公司和子公司也应根据其经营规模和范围的大小、经营过程和企业组织形式的特点及管理要求，采取会计与财务分设模式或者合并设置的形式并在其内部设置相应的机构和岗位。其不同处在于：财务会计的职责范围更广、分工更细，且一般要在母公司或子公司下属的分公司和分支机构设置财务会计部门。图2—10是某集团企业的会计组织模式。该企业在最初投资建厂时，业务量小，采取集权式会计组织；随着业务迅速扩大，改为适度分权的事业部形式，日常财会业务主要在事业部一级完成。其会计组织结构为：总部财务总监领导总部财务部，并在董事会设有审计委员会领导内部审计，对世界各地分支机构的财务活动进行监督检查；按地区(亚洲和美洲)分设财务总监和地区财务中心，每一地区分布的子公司（天津、苏州和马来西亚）设有财务部，子公司下有分部，各分部又有财务部，其会计组织共有四级。有的跨国公司为营运资金的需要，还建立了各种资金经营机构，如结算子公司和财务子公司等，开展现金管理；根据需要，还可设置规划部、经营部和信贷部等职能部门。其中，结算公司是指为资金管理而设立的贸易中介公司，对跨国公司内部交易进行多边净额结算。当跨国公司进行内部贸易时，如出口子公司向进口子公司提供货物或服务，结算公司就负责交易的结算。

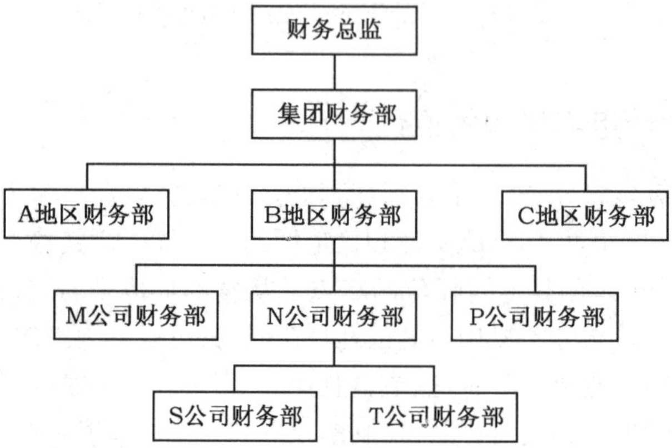

图 2—10　某集团企业的会计组织机构

（二）集团企业的会计岗位职责

集团企业即母公司会计岗位的设置，应根据集团对分公司管理的繁简程度、提供信息的详细程度来确定。如图 2—10 所示的某集团企业，在会计组织机构设置和人员配备方面应注意重视对东道国资金市场、税收政策、资源分布、产品或服务市场等方面的研究。根据企业的发展和管理需要，设置财务总监，负责跨国公司的财务活动，直接向总经理或总裁报告。财务总监下有若干名财务经理，分别负责会计信息处理、合并会计报表、财务预算监督、税务筹划、资金运作和政策研究等。在世界各地的子公司委派财务总监，代表母公司对子公司进行会计监督和财务管理。由于集团企业的会计组织机构与前面所述的单体企业（大中型企业和小型企业）的会计组织机构有许多相似处，因此，单体企业各会计岗位的职责应充分体现在集团企业会计岗位职责的设计中；同时，还应相应地增设反映整个集团中非独立核算的分公司及其他分支机构的财务状况、经营成果和现金流量信息的岗位，资金调度与监督岗位以及母公司合并报表岗位等。不仅如此，在预算管理、投资核算与管理、税务筹划等方面的要求应比单体企业更严格、更具体。

现将集团企业会计岗位职责设计方面的特殊要求列示于表 2—17 至表 2—21，与单体企业相似的各会计岗位职责见表 2—1 至表 2—16。

表 2—17　　会计岗位与合并会计报表岗位职责

序　号	内　容
1	负责制定总公司、分公司和各分支机构的会计核算制度及实施规则
2	指导分公司和其他分支机构的日常会计核算
3	明确各有关责任中心的经济责任

续表

序　号	内　容
4	审核、汇总分公司及分支机构的个别会计报表，编制整个集团企业的合并会计报表
5	统一整个集团企业的会计分析指标及口径
6	考核各分公司及分支机构的经营业绩

表 2—18　　财务岗位职责

序　号	内　容
1	综合分析各分公司及分支机构的资金占用、使用情况及其效益
2	组织调查和分析各分公司及分支机构所在地区(或国家)的金融和法律环境等
3	公司、分公司和其他分支机构三者之间根据资金需要量，合理筹集并有效地分配和调度资金
4	负责监督分公司及其他分支机构各项资金使用的合理性与安全性
5	协助(或代办)分公司及其他分支机构的对外借款及其偿还事项

表 2—19　　税务筹划岗位职责

序　号	内　容
1	关注其他分支机构所在地(或国家)的各项税法规定及其变更情况
2	提出税务筹划内容、重点和方法
3	协助(或代办)分公司及其他分支机构处理各种税款的计算、申报、缴纳、扣缴和退税等事项
4	汇总和分析各分公司及其他分支机构的纳税情况
5	负责协调公司所属各部门之间的相关税务事项

表 2—20　　投资岗位职责

序　号	内　容
1	调查收集总公司、分公司及其他分支机构的投资需求和意见
2	组织调查和预测集团企业有关项目的投资环境，进行各投资项目的可行性研究
3	安排和落实已定投资项目所需资金，并跟踪分析和监督投资计划的执行情况
4	分析已完工并交付使用的投资项目的经济效益，并提出调整意见
5	管理控股子公司
6	处理其他与投资有关的事项

表 2—21　　预算管理岗位职责

序　号	内　容
1	拟定总公司、分公司及其他分支机构的预算管理办法和具体实施措施

续表

序　号	内　容
2	指导和归集分公司及其他分支机构的各项业务预算并汇总编制集团企业整体的各项财务预算
3	具体组织实施财务预算，及时进行必要的调整并进行有效的监督
4	分析与考核财务预算的执行结果

第四节　内部核算下会计组织机构的设计

内部核算是指运用货币结算形式，把企业各部门、车间、科室的经济核算统一组织起来，使企业内部各核算单位之间的经济往来形成买卖关系，按等价交换原则统一通过企业内部银行进行结算，以更好地促进经济核算制度的实行，提高下属部门工作的积极性，同时也提高企业整体的经济效益。企业内部银行是将商业银行的信贷、结算职能和方式引入企业内部来充实和完善企业内部经济核算。这种方式在运用和发展责任会计的基本功能上，将企业（基础）管理、金融信贷（银行机制）和财务管理（会计核算）三者融为一体。一般是将企业的自有资金和商业银行的信贷资金统筹运作，在内部银行统一调剂、融通运用，通过吸纳企业下属各单位的闲散资金，调剂余缺，减少资金占用，活化与加速资金的周转，提高资金的使用效率，与目标成本管理和企业内部经济责任制有机结合。一般而言，企业内部银行适用于具有较多责任中心的企事业单位，如集团企业、大中型实体性企业、控股性总公司和大型事业单位，小型企业或责任实体少的企事业单位不适用。

一、内部核算下会计组织机构的设置

企业设置内部核算的目的是加强各部门、车间和科室的业务核算，使各部门、车间和科室既能保持核算的独立性，又不破坏企业整体核算；同时，企业还可统一调配资金，加强对资金的管理。设置内部银行涉及内部银行岗位的设置、内部责任制的建立以及内部银行与财会处（或科）的业务协调问题。目前，内部核算机构有两种设计方式：一种是在企业财会部门内部附设结算中心（如图 2—11 所示），另一种是在企业内部设立内部银行（如图 2—12 所示）。其中，第一种设计方式适用于规模小、分支机构少、管理要求较低的企业；第二种设计方式适用于规模大、分支机构多、管理要求较高的大中型企业。

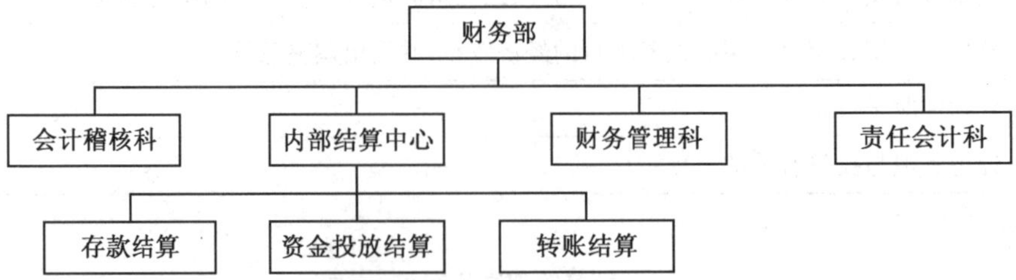

图 2—11　财会部门内部附设结算中心的组织机构

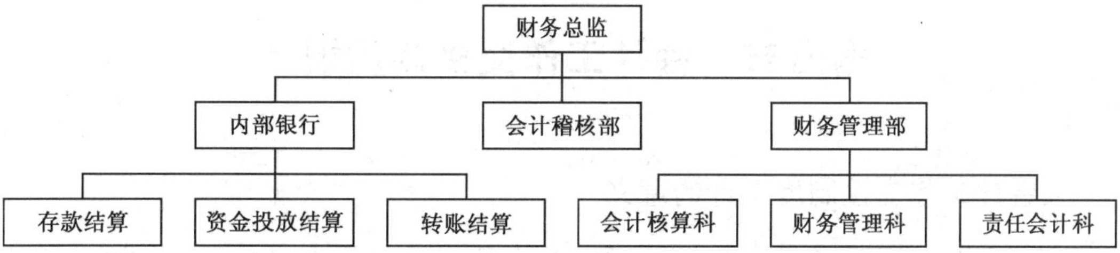

图 2—12　财会部门设内部银行的组织机构

二、内部银行的会计岗位职责

内部银行模拟银行的运作机制，发行内部货币作为内部经济业务交换的媒介；通过吸收存款、发放贷款来融通资金；同时，内部集中核算可为企业考核各部门的经济责任、实行内部资金控制和进行内部管理提供条件。

（一）内部银行结算的内容

内部银行结算的内容取决于企业对各部门的财务管理方式和各部门的经营特点。对封闭性生产经营单位，应核算其资金、成本、收入和利润；对工艺性生产单位，应核算其成本、资金和内部利润。供应部门主要核算采购成本、内部利润和采购费用。生产部门主要核算生产成本和制造费用。销售部门主要核算货款结算、销售成本结转、销售费用和内部利润。职能科室主要核算经费。后勤单位主要核算营业外支出和福利费。在确定内部结算范围时，可先将车间和供应部门纳入结算范围，待结算水平提高后，再将其他单位和部门纳入结算范围。

（二）内部银行会计岗位的基本职责

1. 结算存款岗位职责

各责任中心都必须在内部银行开立账户、编制账号、办理存款、定期计算利息，同时办理印鉴登记业务，以便办理结算业务时查对。其中，印鉴包括财务专用章和负责人印章，如有遗失，应及时办理更换手续。

2. 资金投放结算岗位职责

内部银行根据核定的资金定额，将款项拨入各部门的账户，同时填制拨款通知单，分别交给各部门结算人员和财会部门。

3. 转账结算岗位职责

各部门之间相互提供物资、劳务时，应通过内部银行办理转账结算，由购入方开出内部支票或内部结算单，交内部银行转账，转账各方和内部银行分别入账。如属于上缴款项，应填制缴款单进行转账；如属于下拨款项，应由内部银行填制转账通知单；如属于收回拨款，应根据收回数额填制转账通知单直接从其账户扣款并通知各部门记账；如属于收回借款，应计算利息并办理转账手续。各部门与企业外部办理结算，应通过内部银行中转，最终由财会部门进行银行转账结算。

第五节　会计工作交接制度设计

一、会计工作交接制度设计的意义

会计人员工作交接是会计工作中的一项重要内容。会计人员调动工作或离职时与接管人员办清交接手续是会计人员应尽的职责，也是做好会计工作的要求。

做好会计工作交接，可以使会计工作前后衔接，保证会计工作连续进行。在持续经营的会计期间，会计工作是不间断地进行的，会计人员调动或离职时，与接管人员办清交接手续是保证会计工作连续进行的必要措施。做好会计工作交接，可以防止因会计人员的更换而出现账目不清、财务混乱的现象。做好会计工作交接也是分清移交人员和接管人员责任的有效措施。

二、需要办理会计工作交接手续的情形

需要办理会计工作交接手续的情形包括：(1)工作调动；(2)因病不能工作超过 3 个月；(3)因事离职超过 3 个月；(4)撤销会计职务；(5)单位撤销(向上级主管部门交接)；(6)单位合并(被合并单位向合并单位交接)；(7)单位分立(被分立单位向分出单位交接)。发生上述(2)、(3)项情况在 3 个月内者，单位负责人必须指定专人代理，办理临时交接手续。

三、会计工作移交前准备工作的设计

会计人员因故离职时，必须向接替人员办理正式的会计移交手续，在移交手续未办妥前不得离职。移交人员因故不能承办移交手续的，经领导批准，可委托他人代办移交，但移交中的责任仍须由本人承担。

在正式办理移交手续前，移交人员必须做好以下准备工作：(1)对已经受理但尚未填制凭证的经济业务事项，应填制相应的凭证并登记入账；(2)对尚未登账的会计凭证，应登记完毕并在最后一笔余额后加盖经办人的印章；(3)对移交资料进行分类整理，做到账证相符、账账相符、账实相符；(4)对未了会计事项，应写出书面材料，说明其内容、原因、处理办法及相关责任；(5)编制移交清册，列明应当移交的会计凭证、会计账簿、会计报表、印章、现金、有价证券、支票簿、发票、文件、其他会计资料和物品等内容；(6)实行会计电算化的单位，从事该项工作的移交人员还应当在移交清册中列明会计软件及密码、会计软件数据磁盘(磁带等)及有关资料、实物等内容。

四、会计工作交接程序和内容的设计

会计工作的交接应按移交清册逐项进行，接替人员应对移交内容逐项核对后再予以接收。它主要包括以下内容：(1)现金和有价证券必须根据账簿余额盘点、验收，账实不符的，移交人员应按规定的时间和要求负责查清；(2)会计凭证、账簿、会计报告等各种会计档案必须完整无缺，发现资料短缺的，应由移交人员查清原因，并在移交清册中加以说明，由移交人员负责；(3)银行存款账户余额要与银行对账单核对相符，各种资产、债权债务的账面余额应与实物或对方账户的余额核对相符；(4)公章、单位负责人的印鉴、科目印章、空白支票、收据和发票应交接清楚；(5)实行会计电算化的单位，交接双方应在计算机上对有关数据确认无误后方可交接。

会计机构负责人(会计主管人员)办理移交手续时,除了移交所经管的会计事项外,还应将全部财会工作、重大财务收支、会计人员状况、下属单位的有关财会情况、与本单位财务往来密切的单位及人员情况等向接替人员作详细介绍,以便接替人员尽快熟悉情况、开展工作。

在会计交接过程中,移交人员有责任解答接替人员对有关交接事项的质疑且不得以任何理由、任何形式借故拖延不移交;同样,接替人员也不得以任何借口推诿不接替。对双方均不了解的会计事项应立据说明,并由移交人员签字负责。办理交接手续后,接替人员原则上应继续使用移交的账簿,不许自行另立新账,以保持会计记录的连续性。

如果接替人员认为前任会计的有关会计处理不符合相关会计制度的规定,在经会计机构负责人或单位负责人同意后,可另建新账并按有关规定办理更换账簿手续。

五、会计工作交接监督的设计

会计人员办理交接时必须有监督人员参加,以严格交接手续、分清是非、明确责任,保证交接工作的顺利进行。一般会计人员交接时,应由会计机构负责人(会计主管人员)监交;会计机构负责人(会计主管人员)办理交接手续时,应由单位负责人监交,必要时主管单位应派人会同监交。单位撤销,由主管部门派人接收和监交;单位合并或分立,双方会计机构负责人和有关会计人员参加,由主管部门监交,必要时由国有资产管理部门监交。

会计工作交接完毕后,移交人员、接替人员和监交人员都必须在移交清册上签章。移交清册一般一式三份,交接双方各执一份,存档一份。此外,负责监交的人员在会计工作交接完毕后,还应将交接情况向单位主管领导汇报。

第六节　会计档案管理系统制度设计

一、会计档案管理制度设计概述

(一)会计档案概述

1. 会计档案的概念

为了加强会计档案管理,有效保护和利用会计档案,根据《会计法》《档案法》等有关法律和行政法规,修订了《会计档案管理办法》。

会计档案是指单位在进行会计核算等过程中接收或形成的,记录和反映单位经济业务事项的,具有保存价值的文字、图表等各种形式的会计资料,包括通过计算机等电子设备形成、传输和存储的电子会计档案。

2. 会计档案工作的管理部门

财政部和国家档案局主管全国会计档案工作,共同制定全国统一的会计档案工作制度,对全国会计档案工作实行监督和指导。县级以上地方人民政府财政部门和档案行政管理部门管理本行政区域内的会计档案工作,并对本行政区域内的会计档案工作实行监督和指导。

(二)会计档案的内容

会计档案具体包括以下内容:

1. 会计凭证类

会计凭证类包括原始凭证和记账凭证。

2. 会计账簿类

会计账簿类包括总账、明细账、日记账、固定资产卡片、辅助账簿和其他会计账簿。

3. 会计报告类

会计报告类包括月度财务会计报告、季度财务会计报告、半年度财务会计报告、年度财务会计报告。会计报告的内容主要包括会计报表、附表、附注、文字说明和其他会计报告。

4. 其他类

其他类包括银行存款余额调节表、银行对账单、纳税申报表、会计档案移交清册、会计档案保管清册、会计档案销毁清册、会计档案鉴定意见书及其他具有保存价值的会计资料。

(三)会计档案管理设计的原则

会计档案管理设计的原则包括统一管理、分工负责的原则,齐全完整的原则,简便易行的原则和依法管理的原则。

(四)会计档案管理设计的内容

会计档案管理设计的内容主要包括会计档案整理的设计、会计档案分类和编号的设计以及会计档案保管、利用和销毁的设计。

二、会计档案整理、立卷和归档的设计

各单位的会计资料往往是分散的,数量很多。为了更好地发挥会计档案的作用,必须先对会计资料进行收集、整理和挑选,然后立卷归档、集中保存。会计档案的收集、整理和立卷归档是财会机构和会计人员的一项重要任务,必须认真做好。

会计年度终了后,应对会计资料进行整理和立卷。会计档案的整理一般采用“三统一”的办法,即分类标准、档案形式和管理要求的统一,并分门别类地按各卷顺序编号:分类标准统一是将财务会计资料分成一类账簿、二类凭证、三类报表、四类文字资料及其他;档案形式统一是指案册封面、档案卡夹、存放柜和存放序列统一;管理要求统一是指建立财务会计资料档案簿和会计资料档案目录,会计凭证装订成册,报表和文字资料分类立卷,其他零星资料按年度排序、汇编、装订成册。

(一)会计资料的整理、立卷与归档

1. 会计凭证的整理和立卷

对取得和填制的各种会计凭证,在登记账簿后,应按照凭证类别和时间顺序编号整理,定期装订成册并加具封面,注明起止日期、凭证种类及数量,由会计人员签章后归档。

如果在1个月内凭证数量过多,可分装为若干册,在封面上注明“共几册”“第几册”字样。如果某些记账凭证所附原始凭证数量过多,也可以单独装订保管,但应在其封面及有关记账凭证上加注说明。对重要原始凭证和单据,如合同、契约、押金收据以及需要随时查阅的收据等,在需要单独保管时应编制目录,并在相应记账凭证上注明原始凭证另行保管,以便查核。

2. 会计账簿的整理和归档

年度终了,各种账簿(包括仓库的材料、产成品或商品的明细分类账)在结转下年、建立新账后,一般要把旧账送交总账会计人员集中统一管理。将活页账按页码顺序排好,据以逐本登记会计档案(会计账簿)封面的有关内容要全。“单位名称”要写全称;“××账”要写账户的全称,不要只写科目的代码;“本账页数”要写账的有效页数;会计主管人员和记账员都要盖章;“保管期限”要填写统一规定的时间。卷背上必须写上“××年度××账”,并编上案卷号,以便

保存和利用。

3. 会计报表的整理和归档

会计报表一般在年度终了后由专人(一般是主管报表的人员或财会机构负责人)统一收集、整理、装订和立卷归档。平时,月(季)度报表由主管人员负责保存。年终,将全年会计报表按时间顺序整理并装订成册,登记会计档案(会计报表)目录,逐项写明报表名称、页数和归档日期等,经会计机构负责人审核、盖章后,由主管报表人员负责装盒归档。

4. 其他财会资料的整理和归档

其他财会资料包括年(季)度利润计划、月度财务收支计划、经济活动分析报告、工资计算表及一些重要的经济合同等,也应随正式会计档案进行收集、整理。但是,这部分资料不全部移交档案部门,有的在一段相当长的时间内由财会部门保存。这就要认真筛选,逐一鉴别所收集的资料,并将需移交档案部门保管的另行组卷,按要求装订并移交。

(二)电子档案的整理与归档

我国《会计档案管理办法》规定,符合条件的可只建电子档案。

为确保电子会计档案的真实、完整、可用、安全,对于电子会计资料仅以电子形式归档保存的方式,必须满足如下要求:(1)形成的电子会计资料来源真实、有效,由计算机等电子设备形成和传输;(2)使用的会计核算系统能够准确、完整、有效地接收和读取电子会计资料,能够输出符合国家标准归档格式的会计凭证、会计账簿、财务会计报表等会计资料,设定了经办、审核、审批等必要的审签程序;(3)使用的电子档案管理系统能够有效接收、管理、利用电子会计档案,符合电子档案的长期保管要求,并建立了电子会计档案与相关联的其他纸质会计档案的检索关系;(4)采取有效措施,防止电子会计档案被篡改;(5)建立电子会计档案备份制度,能够有效防范自然灾害、意外事故和人为破坏的影响;(6)形成的电子会计资料不属于具有永久保存价值或者其他重要保存价值的会计档案;(7)电子会计资料附有符合《电子签名法》规定的电子签名。

上述7项要求中,第(3)、(6)项要求是确保电子会计档案的准确、完整、可用,第(4)、(5)项要求是确保电子会计档案的安全。单位内部生成的电子会计资料仅以电子形式归档保存必须同时满足第(1)项至第(6)项的规定;从单位外部接收的电子会计资料仅以电子形式归档保存必须同时满足第(1)项至第(7)项的规定。

为明确各单位财会部门和档案部门在管理会计档案工作中的职责和权限,避免相互推诿、扯皮现象的发生,各单位每年形成的会计档案都应由财会部门按照归档的要求负责整理立卷或装订成册。

财会部门和经办人必须按期将应当归档的会计档案全部移交档案部门,不得自行封包保存。档案部门必须按期点收,不得推诿、拒绝;接收并保管的会计档案,原则上应当会同原财会部门和经办人共同拆封、整理,以分清责任。撤销、合并企业和建设企业完工后的会计档案,应随同企业全部档案一并移交上级指定的单位,并按规定编制移交清册,办理交接手续。

三、会计档案分类和编号的设计

(一)会计档案分类的设计

会计档案的分类要遵循会计档案的形成规律和本身固有的特点,从本单位会计档案的实际出发,可选择以下分类方法:

1. 年度—形成分类法

年度一形成分类法是指先把各年度形成的会计档案分为凭证、账簿和会计报告三大类，然后分别组成若干保管单元(卷)。这一方法适用于一般的企事业单位。

2. 年度一机构分类法

年度一机构分类法是指先把一个年度内形成的会计档案按机构分开，然后在机构内按凭证、账簿和会计报告分别组成保管单元。这种方法一般适用于各级财政、税务等机关单位和所属单位多的大型企业。

(二)会计档案编号的设计

为了实现会计档案管理的规范化、标准化和科学化，根据会计档案排列“年”(年度)、“类”(种类)、“限”(保管期限)三要素的多种组合方式，可以选用以下两种排列编号方法：

1. 按“年、限、类”排列

一般的企业可采用“年、限、类”的排列编号方法，即以每一年度的会计档案为一个单元，先将每个案卷按不同保管期限，从永久、30 年到 10 年依次排列，然后将同一保管期限的案卷分类排列，最后，以第一卷“永久”卷为 1 号，接下去为 2 号，按顺序编制目录号，这些号码也作为案卷号。这种编号方法不仅简便易行，而且可以避免因到期案卷被销毁而出现排列号码中断或“无头”的现象，有利于会计档案的计算机/无纸化管理。

2. 按时间先后顺序排列

按时间先后顺序排列对于由于种种原因，会计档案仍由财会部门保管的单位，可将当年的“永久”卷集中，按时间先后顺序排列，用“大流水”方法编号，即首卷为 1 号，以后各卷按顺序编下去。其余定期保管案卷仍以每一年度为一个单元，按上述“年、限、类”的排列方式编号。

四、会计档案保管、利用和销毁的设计

(一)会计档案保管制度的设计

1. 会计档案保管的基本要求

会计档案的保管要严格执行安全和保密制度。安全是指会计档案完好无缺，做到不丢失、不破损、不霉烂、不被虫蛀等。安全制度包括会计档案的保存、保护责任制和检查、监督等方面的制度。保密是指会计档案的信息不能超越规定传递的范围。保密制度包括接受会计档案信息的范围和对象，利用会计档案时保密的程序、方法以及各环节保密的责任等。

2. 会计档案的保管期限

各类会计档案的保管期限根据其特点分为永久和定期两类(如表 2－22 和表 2－23 所示)。定期保管期限分为 10 年和 30 年。

表 2－22　企业会计档案的归档范围和保管期限

序　号	档案名称	保管期限	备　注
一	会计凭证		
1	原始凭证	30 年	
2	记账凭证	30 年	
二	会计账簿		
3	总账	30 年	包括日记总账
4	明细账	30 年	

续表

序　号	档案名称	保管期限	备　注
5	日记账	30 年	
6	固定资产卡片		固定资产报废清理后保管 5 年
7	其他辅助账簿	30 年	
三	财务会计报告		
8	月度、季度、半年度财务会计报告	10 年	
9	年度财务会计报告	永久	
四	其他会计资料		
10	银行存款余额调节表	10 年	
11	银行对账单	10 年	
12	纳税申报表	10 年	
13	会计移交清册	永久	
14	会计档案保管清册	永久	
15	会计档案销毁清册	永久	
16	会计档案鉴定意见	永久	

注：表中各种会计档案的保管期限从会计年度终了后的第一天起算。

表 2—23　　财政总预算、行政单位、事业单位和税收会计档案的保管期限

序号	档案名称	保管期限			备　注
		财政总预算	行政事业单位	税收会计	
一	会计凭证				
1	国家金库编送的各种报表及缴库退库凭证	10 年		10 年	
2	各收入机关编送的报表	10 年			
3	行政单位和事业单位的各种会计凭证		30 年		包括原始凭证、记账凭证和传票汇总表
4	财政总预算拨款凭证和其他会计凭证	30 年			包括拨款凭证和其他会计凭证
二	会计账簿				
5	日记账		30 年	30 年	
6	总账	30 年	30 年	30 年	
7	税收日记账(总账)			30 年	
8	明细分类、分户账或登记簿	30 年	30 年	30 年	
9	行政单位和事业单位固定资产卡片				固定资产报废清理后保管 5 年
三	财务会计报告				

续表

序号	档案名称	保管期限			备　注
		财政总预算	行政事业单位	税收会计	
10	政府综合财务报告	永久			下级财政、本级部门和单位报送的保管 2 年
11	部门财务报告		永久		所属单位报送的保管 2 年
12	财政总决算	永久			下级财政、本级部门和单位报送的保管 2 年
13	部门决算		永久		所属单位报送的保管 2 年
14	税收年报(决算)			永久	
15	国家金库年报(决算)	10 年			
16	基本建设拨、贷款年报(决算)	10 年			
17	行政单位和事业单位会计月、季度报表		10 年		所属单位报送的保管 2 年
18	税收会计报表			10 年	所属税务机关报送的保管 2 年
四	其他会计资料				
19	银行存款余额调节表	10 年	10 年		
20	银行对账单	10 年	10 年	10 年	
21	会计档案移交清册	30 年	30 年	30 年	
22	会计档案保管清册	永久	永久	永久	
23	会计档案销毁清册	永久	永久	永久	
24	会计档案鉴定意见书	永久	永久	永久	

3. 会计档案保管的特殊处理

第一，单位因撤销、解散、破产或其他原因而终止的，在终止或办理注销登记手续前形成的会计档案，按照国家档案管理的有关规定处置。

第二，单位分立后，原单位存续的，其会计档案应当由分立后的存续方统一保管，其他方可以查阅、复制与其业务相关的会计档案。

第三，单位分立后，原单位解散的，其会计档案应当经各方协商后由其中一方代管或按照国家档案管理的有关规定处置，各方可以查阅、复制与其业务相关的会计档案。

第四，单位分立中未结清的会计事项所涉及的会计凭证，应当单独抽出，由业务相关方保存，并按照规定办理交接手续。

第五，单位因业务移交其他单位办理所涉及的会计档案，应当由原单位保管，承接业务的单位可以查阅、复制与其业务相关的会计档案。对其中未结清的会计事项所涉及的会计凭证，应当单独抽出，由承接业务的单位保存，并按照规定办理交接手续。

第六，单位合并后，原各单位解散或者一方存续、其他方解散的，原各单位的会计档案应当由合并后的单位统一保管。单位合并后，原各单位存续的，其会计档案仍应当由原各单位保管。

（二）会计档案调阅制度的设计

保存会计档案的目的是调阅和利用，会计档案的整理、归档和保管等工作是为利用奠定基础。因此，调阅会计档案要严格办理手续，详细登记调阅的档案名称、调阅日期、调阅人员的姓名和工作单位、调阅理由、归还日期等。本单位人员调阅会计档案要经会计主管人员同意，外单位人员调阅会计档案要有正式介绍信，经会计主管人员或单位领导人批准。调阅会计档案一般应在档案室查阅。外单位人员调用会计档案原则上不得借出，如有特殊需要，需报经上级主管部门批准，在指定地点查阅，不得拆散原卷册并限期归还。查阅会计档案的人员不准在会计档案上做任何记录、勾画和涂改，更不能抽撤单据，违者应视情节轻重进行严肃处理。

（三）会计档案移交制度的设计

1. 单位内部会计档案的移交

第一，当年形成的会计档案，在会计年度终了后，可由单位会计管理机构临时保管 1 年，再移交单位档案管理机构保管；因工作需要确需推迟移交的，应当经单位档案管理机构同意。

单位会计管理机构临时保管会计档案最长不超过 3 年。临时保管期间，会计档案的保管应当符合国家档案管理的有关规定，且出纳人员不得兼管会计档案。

第二，单位会计管理机构在办理会计档案移交时，应当编制会计档案移交清册，并按照国家档案管理的有关规定办理移交手续。

在纸质会计档案移交时，应当保持原卷的封装。电子会计档案移交时，应当将电子会计档案及其元数据一并移交，且文件格式应当符合国家档案管理的有关规定。特殊格式的电子会计档案应当与其读取平台一并移交。

单位档案管理机构接收电子会计档案时，应当对电子会计档案的准确性、完整性、可用性、安全性进行检测，符合要求的才能接收。

2. 单位之间会计档案的移交

《会计档案管理办法》规定，单位之间交接会计档案时，交接双方应当办理会计档案交接手续。

移交会计档案的单位应当编制会计档案移交清册，列明应当移交的会计档案的名称、卷号、册数、起止年度、档案编号、应保管期限和已保管期限等内容。

交接会计档案时，交接双方应当按照会计档案移交清册所列内容逐项交接，并由交接双方的单位有关负责人负责监督。交接完毕后，交接双方经办人和监督人应当在会计档案移交清册上签名或盖章。

电子会计档案应当与其元数据一并移交，特殊格式的电子会计档案应当与其读取平台一并移交。档案接受单位应当对保存电子会计档案的载体及其技术环境进行检验，确保所接收电子会计档案的准确、完整、可用和安全。

对于建设单位在项目建设期间形成的会计档案，需要移交给建设项目接受单位的，应当在办理竣工财务决算后及时移交，并按照规定办理交接手续。

（四）会计档案鉴定与销毁制度的设计

单位应当定期对已到保管期限的会计档案进行鉴定，并形成会计档案鉴定意见书。经鉴定，仍需继续保存的会计档案，应当重新划定保管期限；对保管期满，确无保存价值的会计档案，可以销毁。

会计档案鉴定工作应当由单位档案管理机构牵头，组织单位会计、审计、纪检监察等机构或人员共同进行。经鉴定可以销毁的会计档案，应当按照以下程序销毁：

第一，单位档案管理机构编制会计档案销毁清册，列明拟销毁会计档案的名称、卷号、册数、起止年度、档案编号、应保管期限、已保管期限和销毁时间等内容。

第二，单位负责人、档案管理机构负责人、会计管理机构负责人、档案管理机构经办人、会计管理机构经办人在会计档案销毁清册上签署意见。

第三，单位档案管理机构负责组织会计档案销毁工作，并与会计管理机构共同派员监销。监销人在会计档案销毁前，应当按照会计档案销毁清册所列内容进行清点、核对；在会计档案销毁后，应当在会计档案销毁清册上签名或盖章。

监销人员要认真负责，在销毁会计档案前要认真清点、核对；销毁时要防止泄密、丢失；销毁后要在会计档案销毁清册上签名、盖章，并将监销情况书面报告企业负责人。

电子会计档案的销毁还应当符合国家有关电子档案的规定，并由单位档案管理机构、会计管理机构和信息系统管理机构共同派员监销。

保管期满但未结清的债权债务会计凭证和涉及其他未了事项的会计凭证不得销毁，纸质会计档案应当单独抽出立卷，电子会计档案单独转存，保管到未了事项完结时为止。单独抽出立卷或转存的会计档案，应当在会计档案销毁清册和会计档案保管清册中列明。

本章小结

企业会计组织的设计包括科学地设置会计机构、合理地配备会计人员、明确地确定会计工作岗位职责和其他相关的会计管理制度。

会计机构是制定和执行会计制度、组织和处理会计工作的职能部门。会计机构的具体设置应根据各企业的规模大小、经营特征及管理组织形式等情况决定。设计一个科学、有效、高质量的会计机构，通常应该遵循效益性、系统性、控制性、效率性和以人为本五项基本原则。各企业应当根据会计业务的需要，设计适应自身特点的会计机构模式。符合条件的企业可以单独设置会计机构；不符合条件的企业可以在有关部门配备专职会计人员，或根据《会计法》及有关规定委托代理记账。单独设置会计机构的企业，其内部会计机构的设计模式可以从两个角度考虑：选择会计与财务分别设置或合并设置；在核算形式上，选择采取集中设置或分级设置形式。

不同企业可以根据会计业务的需要设置会计工作岗位，确定各岗位的相应职责，做到"因事设岗、按岗设人、人员精干、各司其职"，达到会计岗位设置合理性和有效性的目的。具体而言，会计工作岗位的设置一般应遵循会计业务的需要、符合内部牵制原则、有利于提高会计人员的业务素质、有利于建立岗位责任制的原则。

会计档案是指单位在进行会计核算等过程中接收或形成的，记录和反映单位经济业务事项的，具有保存价值的文字、图表等各种形式的会计资料，包括通过计算机等电子设备形成、传输和存储的电子会计档案。

会计档案管理设计的原则包括统一管理、分工负责的原则，齐全、完整的原则，简便易行的原则和依法管理的原则。会计档案管理的设计主要包括会计档案整理的设计、会计档案分类和编号的设计以及会计档案保管、利用和销毁的设计。

课后练习题

一、单项选择题

1.(　　)是制定和执行会计制度，组织和处理会计工作的职能部门。

A. 会计机构　　B. 财务总监　　C. 审计机构　　D. 董事会

2.(　　)是企业管理的最终目的。

A. 经济效益最大化　B. 成本最小化　C. 企业价值最大化　D. 利润最大化

3. 按照(　　)原则，企业的会计组织可以分别设置会计机构和财务机构。

A. 控制性　B. 效益性　C. 效率性　D. 系统性

4. 小企业不具备设置会计机构和会计人员条件的，可以由(　　)处理会计业务。

A. 经批准的中介机构代理记账　B. 个人

C. 咨询公司　D. 顾问公司

5. 我国《会计法》第三十六条第二款规定："国有的和国有资产占控股地位或主导地位的大中型企业必须设置(　　)。"

A. 财务总监　B. 会计主管　C. 监事会主席　D. 总会计师

6. 集团企业应向世界各地的子公司委派(　　)，代表母公司对子公司进行会计监督和财务管理。

A. 财务经理　B. 总会计师　C. 财务总监　D. 监事会主席

7. (　　)是将商业银行的信贷、结算职能和方式引入企业内部来充实和完善企业内部经济核算。

A. 内部银行　B. 内部核算　C. 财务管理中心　D. 会计核算中心

8. 单位合并或分立，双方会计机构负责人和有关会计人员参加，由主管部门接受和监交，必要时由(　　)监交。

A. 财政部门　B. 董事长　C. 母公司　D. 国有资产管理部门

9. 一般会计人员交接时，应该由(　　)监交。

A. 财务总监　B. 财务机构负责人　C. 出纳员　D. 总经理

10. 会计机构负责人(会计主管人员)办理交接手续时，应该由(　　)监交，必要时主管单位应派人会同监交。

A. 单位负责人　B. 监事会主席　C. 财务总监　D. 出纳员

11. (　　)是指单位在进行会计核算等过程中接收或形成的，记录和反映单位经济业务事项的，具有保存价值的文字、图表等各种形式的会计资料。

A. 会计档案　B. 会计凭证　C. 会计账簿　D. 会计报告

12. 年度终了，各种账簿(包括仓库的材料、产成品或商品的明细分类账)在结转下年、建立新账后，一般要把旧账送交(　　)集中统一管理。

A. 会计主管　B. 成本会计　C. 总账会计人员　D. 出纳人员

13. 会计报表一般在(　　)终了后由专人(一般是主管报表的人员或财会机构负责人)统一收集、整理、装订、立卷归档。

A. 年度　B. 月度　C. 半年　D. 季度

14. 记账凭证保管期限为(　　)年。

A. 30　B. 15　C. 永久　D. 5

15. 下列各项中，保管期限为永久的会计档案是(　　)。

A. 总账　B. 明细账　C. 季度会计报告　D. 年度会计报告

二、多项选择题

1. 企业会计组织机构设置的原则有(　　)。

A. 效益性原则　B. 系统性原则　C. 控制性原则　D. 效率性原则

2. 会计组织机构设置的形式包括(　　)。

A. 单独设置会计机构　B. 设置专职会计人员　C. 代理记账　D. 总会计师制

3. 单独设置会计机构的设计模式可以从(　　)职能是否分设和会计机构在企业组织系统中所处的位置两个角度分析，设计适应自身特点的会计机构模式。

A. 会计　B. 审计　C. 财务　D. 会计制度

4. 按照效率原则，企业的会计组织可以分别设置(　　)。

A. 会计机构　B. 审计机构　C. 财务机构　D. 监事会

5. 会计工作岗位一般遵循(　　)原则。

A. 满足会计业务的需要　B. 符合内部牵制原则

C. 有利于提高会计人员的业务素质　D. 有利于建立岗位责任制

6. 小企业的自身特点是(　　)。

A. 经营规模和范围较小　B. 经济业务单一

C. 经营过程、组织形式和管理要求简单　D. 财务与会计业务量不大

7. 大中型企业的(　　)既可以分立设置,也可以合并设置,但其岗位与职责必须分离。

A. 财务　B. 会计　C. 审计　D. 财务管理

8. 集团企业内部联合的(　　)等决定了相应的会计组织模式。

A. 紧密程度　B. 组织结构

C. 经济领域和经营复杂性　D. 经营规模和生产经营特点

9. 内部银行下会计组织机构的设计是在运用和发展责任会计基本功能的基础上,将(　　)融为一体。

A. 企业(基础)管理　B. 金融信贷(银行机制)

C. 财务管理(会计核算)　D. 资产管理(现金流量管理)

10. 内部核算机构设置的方式包括(　　)。

A. 内部结算中心　B. 内部银行　C. 财务管理中心　D. 会计核算中心

11. 会计档案管理设计的原则包括(　　)。

A. 统一管理、分工负责的原则　B. 齐全、完整的原则

C. 简便易行的原则　D. 依法管理的原则

12. 会计档案的整理一般采用"三统一"的办法,即(　　)统一。

A. 分类标准　B. 档案形式　C. 管理要求　D. 会计制度

13. 会计报表一般在年度终了后由专人(一般是主管报表的人员或财会机构负责人)统一(　　)归档。

A. 收集　B. 整理　C. 装订　D. 立卷

14. 会计档案分类设计的方法有(　　)。

A. 年度一形成分类法　B. 季度一形成分类法

C. 月度一机构分类法　D. 年度一机构分类法

15. 下列各项中,会计档案保管期限为 15 年的有(　　)。

A. 记账凭证　B. 原始凭证　C. 总账　D. 年度会计报告

三、判断题

1. 任何单位都必须设置独立的会计机构,以保证会计工作的正常开展。(　　)
2. 只有国有大中型企业有必要设置总会计师职务。(　　)
3. 设置总会计师的单位,还可以根据工作需要设置副总会计师,以达到相互牵制的目的。(　　)
4. 一般来说,由于无形资产业务较少,所以可以不单独设置核算岗位,而将其并入固定资产岗位核算。(　　)
5. 出纳人员不得兼任稽核、会计档案保管岗位,但可以登记收入、费用账目。(　　)
6. 会计人员所在单位应当将会计人员遵守职业道德的情况作为会计人员任职、晋升的依据。(　　)
7. 会计档案的保管期限,从会计年度终了后的第一天算起。(　　)
8. 会计档案的年度一形成分类法适用于一般的企业事业单位。(　　)

四、简答题

1. 企业内部会计机构的设置主要有哪几种形式?请分别说明其主要适用范围。
2. 设计企业会计组织机构应遵循哪些基本原则?

3. 会计工作岗位的设置一般应遵循哪些基本原则?

4. 在进行会计人员配备与分工设计时,应考虑哪些因素?

5. 会计档案管理设计应坚持哪些原则?

6. 如何对会计档案分类和编号?

7. 如何建立会计档案保管、利用和销毁等方面的管理制度?

8. 我国《会计档案管理办法》中规定,符合哪些条件可以只建立电子档案?

案例分析

1. 2019年6月,哈尔滨市进行了一次有关各方参加的听证会,具体情况如下:

华宇公司是一家国有控股企业。2018年12月,公司总经理针对公司效益下降、面临亏损的情况,电话请示正在外地出差的董事长。董事长批示把会计报告做得漂亮一些,总经理将这项工作交给公司总会计师,要求按董事长的意见办,总会计师按公司领导意图对当年度的会计报告进行了技术处理,虚拟了若干笔无交易的销售收入,从而使公司报表由亏变盈。经诚信会计师事务所审计后,公司会计报告对外报出。

2019年4月,在《会计法》执行情况检查中,当地财政部门发现该公司存在重大会计造假行为,依据《会计法》及相关法律法规的规定,拟对该公司董事长、总经理、总会计师等相关人员进行行政处罚,并分别下达了行政处罚告知书。华宇公司相关人员接到行政处罚通知书后均要求举行听证会。

在听证会上,有关当事人做了如下陈述:

公司董事长称:"我前一段时间出差在外,对公司情况不太了解,虽然在会计报告上签字并盖章,但只是履行会计手续,我不能负任何责任,具体情况可由公司总经理予以说明。"

公司总经理称:"我是搞技术出身的,主要抓公司的生产经营,对会计我是个门外汉,我虽然在会计报告上签名并盖章,那也只是履行程序而已,以前也是这样做的,我不应该承担责任,有关会计报告的情况应由公司总会计师解释。"

公司总会计师称:"公司对外报出的会计报告是经过诚信会计师事务所审计的,他们出具了无保留意见的审计报告。诚信会计师事务所应对本公司会计报告的真实性、完整性负责,承担由此带来的一切责任。"

讨论:你认为这起财务舞弊案的责任应该由谁承担?请说明理由。

2. A公司是一家国有大中型企业,设置有总会计师。由于经营规模和范围扩大,经营过程、企业的组织形式和管理要求均较复杂,财务与会计业务量也较大,因此,会计与财务分设两个部门。

要求:

根据以上资料,请回答:

(1)该公司的会计组织机构内部分工的设计模式可以采用什么形式?

(2)该公司会计部门的岗位包括哪些?财务部门的岗位包括哪些?

(3)一般对总会计师、会计部经理的任职资格有哪些要求?

(4)总会计师的设置主要依据哪些法律法规?主管哪些工作?

(5)需要设置哪些会计电算化岗位?各岗位的主要职责有哪些?

3. 某公司成立于2001年5月。2019年4月1日,该公司王经理要求财务部把2017年5月发生的一笔销售业务的会计原始凭证(包括买方出具的欠条)找出来,以便向对方索要剩余款项20万元。财务人员在查找过程中发现,记录该业务的记账凭证丢失。财务部会计说:"我记得经理借过该原始票据,但是当时没有写借条,是否归还也记不清了,我也不是专管会计档案的,丢失原始凭证跟我没关系。"财务主管说:"公司没有建立档案管理制度,没有专人负责管理,我也是刚来不久,接手工作时就是这样的,责任不在我。"该公司王经理无可奈何。

要求:针对上述案例,分析该公司在会计档案管理上存在哪些问题并帮助该公司设计会计档案管理制度。

第三章　会计核算系统设计

学习目标

通过本章的学习，了解会计科目、会计凭证、会计账簿和会计报告的设计以及会计核算组织程序设计的意义、原则和内容，掌握总分类会计科目和明细分类会计科目设计、会计凭证设计、会计账簿设计及会计报告设计的方法，并且进一步掌握记账凭证核算组织程序、科目汇总表核算组织程序、汇总记账凭证核算组织程序、多栏式日记账核算组织程序和日记总账核算组织程序的设计。

第一节　会计科目设计

一、会计科目设计概述

（一）会计科目设计的意义

会计科目是按经济内容对会计要素进行分类核算的项目。它是以会计要素的具体内容为基础，按照管理和核算的要求而设计，即根据会计核算的要求，对资产、负债、所有者权益、收入、费用和利润六大会计要素的具体内容进行科学分类，给会计要素的具体内容设计合适的名称。

会计科目是会计制度的重要组成部分，会计科目设计是会计制度设计的重要环节，是确定会计对象经济内容的分类体系，为会计凭证、会计账簿、会计报表以及会计业务处理程序等的设计奠定基础。做好会计科目的设计对保证会计制度设计质量，完成会计制度设计任务具有重要意义。

1. 会计科目有利于提供会计信息

会计核算的系统性主要体现在对其核算内容的分类上。会计核算内容的分类是对会计对象六大要素做进一步分类。通过设计会计科目，对会计核算的具体内容进行系统的分类并形成完整的会计科目体系，使经济业务发生后引起的各个会计要素的增减变化情况得到全面反映，便于为企业内部和外部会计信息的使用者提供预测、决策所需要的信息。

2. 会计科目是编制会计凭证的基本要素

企业经济业务发生后，首先要对取得的原始凭证按照会计科目进行分类，然后按照规定的会计科目编制记账凭证，最后按照会计科目对记账凭证进行归类整理，作为登记账簿的依据。

3. 会计科目是设计会计账簿的依据

账簿是账户的载体，会计科目是开设账户、建立总分类账和明细分类账的依据。会计账簿是由具有一定格式的账页组成的，它的核算内容是按会计科目确定的，其格式也是按照会计科目的要求设计的，账户的名称即会计科目。因此，会计科目设计是开设账户体系、建立账簿体系的基础。

4. 会计科目是编制会计报表的基础

会计报表的信息主要来自会计科目分类汇总的资料，会计科目是会计报表上的指标项目。会计报表所反映的企业财务状况与经营成果就是根据会计科目开设的账户的余额和发生额在会计报表上的综合反映。

(二)会计科目设计的原则

1. 以国家财经法律法规为依据

为了适应国家宏观管理和行业管理的需要，会计科目的设计必须符合企业会计准则和有关会计法律法规的要求，在此基础上设计适应企业实际情况的会计科目体系。

2. 符合规范性和通用性

目前，我国的会计核算工作正逐步与国际接轨，会计制度设计要注意国际性、通用性和规范性。因此，会计科目设计要尽可能做到在内容划分、名称规定上具有规范性和通用性，避免由于内容分类与名称使用上的差异而造成对外交流中的误解。

3. 满足经济管理的需要

会计科目提供的信息既要满足国家宏观调控对会计信息的需要，又要满足企业微观经济管理的要求。因此，在设计会计科目时，企业所提供的核算指标既要满足国家宏观调控的需要，又要满足企业自身经营管理的需要，保证会计信息的有用性，做到统一性与灵活性相结合。

4. 具有周延性与互排性

所谓周延性，是指设计出的会计科目体系能包含所有会计事项，所有经济业务都由特定的会计科目反映，并且能够随着经济业务类型的增加增补新的会计科目。所谓互排性，是指每个科目的核算内容都有明确的范围，各个科目之间界限分明，发生任何一项经济业务只能有一个科目适用，不致混乱。

对于规模较大、业务量较多的企业，应多设计一些会计科目；而对于规模较小、业务量较少的企业，则可少设计一些会计科目。一套会计科目中的科目数量既不是越多越好，也不是越少越好。科目过多会增加会计核算的工作量，科目过少则会形成糊涂账。会计科目的设计要适量，能满足经营管理的需要即可。

5. 保持相对稳定性和可比性

会计核算指标要保持相对稳定性，不能经常变动会计科目的名称、内容和数量，这样才便于比较分析不同时期的会计核算指标，使核算指标具有可比性。

6. 会计科目名称要通俗易懂、简明确切

在设计会计科目时，必须严格、明确地界定每个会计科目的特定内容，会计科目的名称应与其核算内容相一致。会计科目的名称不宜过长，应力求简明扼要、内容确定、界限清楚、通俗易懂，便于理解和记忆。

7. 符合会计电算化的需要

会计科目是会计核算的基础，也是计算机处理会计数据的主要依据。会计电算化要求会计科目的名称、编码、核算内容统一。为了减少初始设置的工作量，会计科目的层次、内容应尽可能统一，并尽可能稳定。会计科目的编码应加以缜密的考虑，使制度规定的编码体系满足数据编码具有系统性、通用性、可扩展性和唯一性的基本要求。

二、会计科目设计的内容

会计科目的设计不仅仅是指拟定会计科目，而且包括对会计科目总则的设计、对经济业务进行分类、确定会计科目名称、对会计科目进行排列和编码并设计会计科目表、编写会计科目使用说明等。

(一)会计科目总则的设计

会计科目总则也称会计科目总说明，是对会计科目这项局部性制度所做的总括性说明，一般包括以下内容：(1)设计该科目体系的依据；(2)该科目体系的适用范围；(3)科目的编号方法和使用方法；(4)在何种情况下可以增减科目；(5)明细科目的设计说明；(6)其他说明。

下面是某企业的会计科目总则：

会计科目总则

(1)本科目体系是受某公司的委托，根据其提供的资料设计的，适用于该公司的现有业务。

(2)本科目体系采用三位数编号，在使用时可同时填写科目编号和科目名称，或只填科目名称，但不得只填科目编号。

(3)本科目体系按借贷记账法依据权责发生制原则进行设计。

(4)有关科目列出了明细科目；未列出明细科目的，公司可根据需要自行设计。

(5)当日后业务范围扩大时，可增加一些科目，如开展对外投资时可增加“短期投资”“长期投资”和“投资收益”科目等，还可增设“应收票据”和“应付票据”科目，以满足票据结算的需要。若短期借款和长期借款的业务较多，则可分别设置为一级科目。

(二)对经济业务进行科学分类

在设计会计科目前，必须了解被设计企业经济业务的全部内容，包括经营活动特点、财产物资增减、货币资金项目收付、往来款项结算、资本金构成以及对外投资情况等基本业务，并根据经营管理与会计核算的要求进行科学分类。根据企业会计准则的规定，按照企业经济业务的内容，我国将总分类会计科目分为资产类、负债类、共同类、所有者权益类、成本类和损益类六大类。

(三)确定会计科目名称

我国财政部制定的企业会计准则对企业使用的会计科目做了统一规定，企业需遵照执行。同时，企业会计准则规定，企业在不违反会计准则确认、计量规定的前提下，可根据本企业的实际情况自行增设、分拆、合并会计科目。对于企业不存在的交易事项，可不设置相关会计科目。

(四)对会计科目进行排列和编码，设计会计科目表

为了便于掌握和运用会计科目，使记账工作正常进行，需要对会计科目进行分类和编码。为了便于编制会计报表，会计科目一般按经济内容分类，并且每类中各个科目的顺序应依据一定的标准进行排列。例如，资产类科目可以按照流动性大小进行排列；负债类科目可以按照求偿的先后顺序进行排列；损益类科目可以按照先收入、利得，后费用、损失的顺序进行排列；等等。

在会计科目表中，为每一个会计科目编制一个固定的号码，这些号码就被称为会计科目编

码。会计科目编码给会计科目的使用、会计数据的分类与查找带来了便利，特别是在计算机会计信息系统出现后，更加引起了人们对会计科目编码的重视与研究。

目前，会计科目编码一般采用四位数，每个编码的第一位表示该会计科目隶属的大类，第二位表示其隶属的小类，第三位和第四位表示其在相应类别中的具体位置。例如，"现金"的编码为"1001"，第一位"1"表示"现金"，隶属的大类是资产类；第二位"0"表示"现金"，隶属的小类是货币资金类；第三位和第四位"01"表示现金的具体位置。值得注意的是，要求会计科目的编码有一定的可扩展性，即在科目编码中应预留一定的空号，目的是在出现新业务时增加新的会计科目。

《企业会计准则应用指南》中规定了企业常用的主要会计科目（如表 3－1 所示）。其中的会计科目编号供企业填制会计凭证、登记会计账簿、查阅会计账目和采用会计软件系统时参考。企业也可以根据该规定，结合本企业的实际情况自行确定会计科目编号。

表 3－1　　**会计科目表**

序号	编号	会计科目名称	适用范围	序号	编号	会计科目名称	适用范围
		（一）资产类		24	1301	贷款	银行和保险共用
1	1001	库存现金		25	1302	贷款损失准备	银行和保险共用
2	1002	银行存款		26	1311	代理兑付证券	银行和证券共用
3	1003	存放中央银行存款	银行专用	27	1321	代理业务资产	
4	1011	存放同业	银行专用	28	1401	材料采购	
5	1015	其他货币资金		29	1402	在途物资	
6	1021	结算备付金	证券专用	30	1403	原材料	
7	1031	存出保证金	金融共用	31	1404	材料成本差异	
8	1051	拆出资金	金融共用	32	1406	库存商品	
9	1101	交易性金融资产		33	1407	发出商品	
10	1111	买入返售金融资产	金融共用	34	1410	商品进销差价	
11	1121	应收票据		35	1411	委托加工物资	
12	1122	应收账款		36	1412	包装物及低值易耗品	
13	1123	预付账款		37	1421	消耗性生物资产	农业专用
14	1131	应收股利		38	1431	周转材料	建筑承包商专用
15	1132	应收利息		39	1441	贵金属	银行专用
16	1211	应收保户储金	保险专用	40	1442	抵债资产	金融共用
17	1221	应收代位追偿款	保险专用	41	1451	损余物资	保险专用
18	1222	应收分保账款	保险专用	42	1461	存货跌价准备	
19	1223	应收分保未到期责任准备金	保险专用	43	1501	待摊费用	
20	1224	应收分保保险责任准备金	保险专用	44	1511	独立账户资产	保险专用
21	1231	其他应收款		45	1521	持有至到期投资	
22	1241	坏账准备		46	1522	持有至到期投资减值准备	
23	1251	贴现资产	银行专用	47	1523	可供出售金融资产	

续表

序号	编号	会计科目名称	适用范围
48	1524	长期股权投资	
49	1525	长期股权投资减值准备	
50	1526	投资性房地产	
51	1531	长期应付款	
52	1541	未实现融资收益	
53	1551	存出资本保证金	保险专用
54	1601	固定资产	
55	1602	累计折旧	
56	1603	固定资产减值准备	
57	1604	在建工程	
58	1605	工程物资	
59	1606	固定资产清理	
60	1611	融资租赁资产	租赁专用
61	1612	未担保余值	租赁专用
62	1621	生产性生物资产	农业专用
63	1622	生产性生物资产累计折旧	农业专用
64	1623	公益性生物资产	农业专用
65	1631	油气资产	石油天然气开采专用
66	1632	累计折耗	石油天然气开采专用
67	1701	无形资产	
68	1702	累计摊销	
69	1703	无形资产减值准备	
70	1711	商誉	
71	1801	长期待摊费用	
72	1811	递延所得税资产	
73	1901	待处理财产损溢	
		(二)负债类	
74	2001	短期借款	
75	2002	存入保证金	金融共用
76	2003	拆入资金	金融共用
77	2004	向中央银行借款	银行专用
78	2011	同业存放	银行专用
79	2012	吸收存款	银行专用
80	2021	贴现负债	银行专用
81	2101	交易性金融负债	
82	2111	卖出回购金融资产款	金融共用
83	2201	应付票据	
84	2202	应付账款	
85	2205	预收账款	
86	2211	应付职工薪酬	
87	2221	应交税费	
88	2231	应付股利	
89	2232	应付利息	
90	2241	其他应付款	
91	2251	应付保户红利	保险专用
92	2261	应付分保账款	保险专用
93	2311	代理买卖证券款	证券专用
94	2312	代理承销证券款	证券与银行共用
95	2313	代理兑付证券款	证券与银行共用
96	2314	代理业务负债	
97	2401	预提费用	
98	2411	预计负债	
99	2501	递延收益	
100	2601	长期借款	
101	2602	长期债券	
102	2701	未到期责任准备金	保险专用
103	2702	保险责任准备金	保险专用
104	2711	保户储金	保险专用
105	2721	独立账户负债	保险专用
106	2801	长期应付款	
107	2802	未确认融资费用	
108	2811	专项应付款	
109	2901	递延所得税负债	
		(三)共同类	
110	3001	清算资金往来	银行专用
111	3002	外汇买卖	金融共用
112	3101	衍生工具	
113	3201	套期工具	
114	3202	被套期项目	
		(四)所有者权益类	
115	4001	实收资本	
116	4002	资本公积	
117	4101	盈余公积	
118	4102	一般风险准备	金融共用
119	4103	本年利润	
120	4104	利润分配	

续表

序号	编号	会计科目名称	适用范围	序号	编号	会计科目名称	适用范围
121	4201	库存股		141	6203	摊回分保费用	保险专用
		(五)成本类		142	6301	营业外收入	
122	5001	生产成本		143	6401	主营业务成本	
123	5101	制造费用		144	6402	其他业务支出	
124	5201	劳务成本		145	6405	营业税金及附加	
125	5301	研发支出		146	6411	利息支出	金融共用
126	5401	工程施工	建筑承包商专用	147	6421	手续费支出	金融共用
127	5402	工程结算	建筑承包商专用	148	6501	提取未到期责任准备金	保险专用
128	5403	机械作业	建筑承包商专用	149	6502	提取保险责任准备金	保险专用
		(六)损益类		150	6511	赔付支出	保险专用
129	6001	主营业务收入		151	6521	保户红利支出	保险专用
130	6011	利息收入	金融共用	152	6531	退保金	保险专用
131	6021	手续费收入	金融共用	153	6541	分出保费	保险专用
132	6031	保费收入	保险专用	154	6542	分保费用	保险专用
133	6032	分保费收入	保险专用	155	6601	销售费用	
134	6041	租赁收入	租赁专用	156	6602	管理费用	
135	6051	其他业务收入		157	6603	财务费用	
136	6061	汇兑损益	金融专用	158	6604	勘探费用	
137	6101	公允价值变动损益		159	6701	资产减值损失	
138	6111	投资收益		160	6711	营业外支出	
139	6201	摊回保险责任准备金	保险专用	161	6801	所得税	
140	6202	摊回赔付支出	保险专用	162	6901	以前年度损益调整	

其他会计科目编码方法如下：

1. 数字顺序法

数字顺序法是将所有总分类科目从 1 号顺序编起到最后一个科目为止。有些经济业务可能有所发展，根据其变化程度，在数字系列中留出若干号数暂不填列，以备科目增加时使用。这种编码方法适用于经济业务不经常发生变化、比较单一、使用会计科目相对较少的企业。

2. 数字分组法

数字分组法是按数目分成若干组，自某数起至某数划分为一组，编为某一类科目的号码。数目的起止数要根据某类科目分组的多少确定，并要留出一定的数目以备新增科目之用。

3. 小数点式

用 1—9 的整数表示某一科目类别组，用小数表示该分类组中的科目。例如，“1”为流动资产，“1.1”为原材料，“1.1.1”为主要材料，“1.1.2”为辅助材料。

4. 数字横线式

这种方法与小数点式基本相同，只是用一条横线代替小数点作为科目分组、分级的标志。例如，“1”为流动资产，“1—1”为原材料，“1—1—1”为主要材料，“1—1—2”为辅助材料。

（五）编写会计科目使用说明

会计科目使用说明是对会计科目的核算内容与范围、所属明细科目的设置、账户结构的特点、会计科目的主要经济事项及账务处理等所做的说明。会计科目使用说明是使用者使用会计科目的标准，也是检验会计科目的设计是否成功的尺度。

三、各类会计科目的设计方法

为了全面、系统、综合地反映经济业务，企业必须设置一套由一级科目（也称总分类会计科目）、二级科目（也称子目）和三级科目（也称细目）构成的会计科目体系，其中，二级、三级科目也被称为明细科目。会计科目分为总分类会计科目和明细分类会计科目的依据就是会计科目提供指标的详细程度。总分类会计科目是对会计要素的具体内容进行总括分类的科目。明细分类会计科目是对总分类会计科目的进一步分类，以反映这一总括分类的明细情况。

（一）总分类会计科目的设计

企业总分类会计科目的设计包括确定总分类会计科目的分类标准、根据企业经济业务的需要筛选企业会计准则科目并设计企业所需要的总分类会计科目的名称与核算内容。其具体设计方法如下：

1. 确定总分类会计科目的分类标准

总分类会计科目既可以按照企业经济业务的内容分类，也可以按照用途和结构分类。

如果企业在经营管理上有对总分类会计科目按照用途和结构分类的需要，可以按此标准分类，使企业能够及时掌握盘存资产、企业间往来结算、所有者投资、成本和财务成果等状况。

在一般情况下，企业总分类会计科目应该以按照企业经济业务的内容进行分类为基础，因为会计报表中各项指标的数据都来源于根据会计科目开设的账簿中账户金额的记录汇总，而资产负债表和利润表项目是按照经济业务的内容进行划分的。这样分类充分考虑了编制会计报表的要求，使整个组成体系中的会计科目与会计报表的指标口径相适应，使账簿中的账户记录能最方便地提供编制会计报表所需要的数据资料。

2. 根据企业经济业务的需要筛选设计企业会计准则科目

企业可根据实际需要，对企业会计准则中的科目进行筛选，通过增设、分拆、合并会计科目的方法，设计符合本企业业务需要和管理需要的总分类会计科目。例如，企业内部有周转使用的备用金，应增设“备用金”科目；如果企业的预付账款情况不多，可不设置“预付账款”科目，而将预付款项直接记入“应付账款”科目；企业不存在的交易或事项，不设置相关会计科目。

企业在选择所需要的总分类会计科目名称时，应充分考虑其核算内容，使名称与其核算内容相一致，并做到含义明确、通俗易懂、繁简适当。

（1）资产类总分类会计科目的设计

①货币资产类会计科目的设计。货币资产是指可以立即投入使用，用以购买商品或劳务，或用以偿还债务的交换媒介物。在流动资产中，货币资产的流动性最强，并且是唯一能够直接转化为其他任何资产形态的流动资产，也是唯一能够代表企业现实购买力水平的资产。为了确保生产经营活动的正常进行，企业必须拥有一定数量的货币资产，以便购买材料、缴纳税费、发放工资、支付利息及股利和进行对外投资等。为加强对货币资产的核算与管理，企业可按其存放地点的不同设计“库存现金”“备用金”“银行存款”和“其他货币资金”等科目。

②存货资产类会计科目的设计。存货资产是指企业在日常活动中持有以备出售的产成品或商品、处在生产过程中的在产品、在生产过程或提供劳务过程中耗用的材料和物料等。属于

存货范围的内容很多，不同种类、不同内容的存货各有其不同的作用和管理要求。为了便于对不同存货进行管理和核算，对于企业的存货应按企业的经营特点、不同存货的作用与特点分别设置相应的会计科目，如工业企业设置“材料采购”或“在途物资”“原材料”“材料成本差异”“库存商品”和“存货跌价准备”等科目。

③应收与预付款项类会计科目的设计。应收与预付款项是指企业在日常生产经营过程中发生的各项债权。应收与预付款项主要反映企业在生产经营过程中采用商业信用方式进行商品购销活动而形成的对其他企业的债权关系，同时它也是企业速动资产的组成部分。在市场经济条件下，商业信用活动存在一定的不稳定性，应收与预付款项往往有一部分不能收回，影响企业的资金周转和偿债能力。为此，企业需设置“应收账款”“应收票据”“应收股利”“应收利息”“预付账款”和“其他应收款”等科目；为核算企业可能发生的坏账损失，还应设置“坏账准备”科目作为“应收账款”和“其他应收款”的调整科目。

④投资类会计科目的设计。企业的对外投资是指将企业的资产投放于其他单位，其主要目的是利用暂时闲置的资产获取较高的投资收益，或为了长远利益而控制其他在经济业务上相关联的企业，或为将来扩大经营规模而积累资金。企业应根据投资目的或类别分别设置“可供出售金融资产”“持有至到期投资”和“长期股权投资”等科目；为核算其可能发生的减值情况，还应设置“持有至到期投资减值准备”和“长期股权投资减值准备”等科目。

⑤固定资产类会计科目的设计。固定资产是指为生产商品、提供劳务、出租或经营管理而持有的，使用寿命超过一个会计年度的有形资产。它是企业在生产经营过程中使用的主要劳动资料，其数量和质量在一定程度上反映企业生产经营规模的大小和技术装备水平的高低，对企业生产经营活动的发展具有十分重要的作用。为加强对固定资产及其建造工程的管理与核算，企业应设置“固定资产”“累计折旧”“固定资产清理”“在建工程”“工程物资”和“固定资产减值准备”等科目。

⑥无形资产类会计科目的设计。无形资产是指企业拥有或者控制的没有实物形态的可辨认非货币性资产。无形资产的内容广泛，对于增强企业生产经营的获利能力具有重要的作用。为加强对无形资产的管理和核算，企业应设置“无形资产”“累计摊销”和“无形资产减值准备”等科目。

此外，企业还应按照企业会计准则的规定和实际需要，根据核算内容设置一些必要的资产类会计科目。为加强对先支付、后摊销费用的核算与管理，企业应设置“长期待摊费用”科目；为合理反映财产清算中各种财产的溢余和短缺情况，企业应设置“待处理财产损溢”科目；等等。

(2)负债类总分类会计科目的设计

①借款类会计科目的设计。企业为了维持正常的生产经营活动，经常向银行或其他金融机构借款，如为了建造或购买固定资产而借款或发行债券筹资，从而形成企业的长、短期借款。企业为了加强对这种借款的管理和核算，应设置“短期借款”“长期借款”和“应付债券”等科目。

②应付及预收类会计科目的设计。应付及预收款项是指企业在采购材料物资、结算职工薪酬、计算投资者利润和应当缴纳的税费等方面形成的一种债务。为加强对这部分负债的管理和核算，企业应设置“应付账款”“应付票据”“预收账款”“应付职工薪酬”“应交税费”“应付股利”和“其他应付款”等科目。

③预计负债类会计科目的设计。预计负债是指企业对外提供担保、商业承兑汇票贴现、未决诉讼、产品质量保证等很可能产生的负债。这种负债取决于有关的未来事件是否发生。为

了加强对或有负债的管理和核算，企业应设置“预计负债”科目。

此外，对于应当分期计入利息费用的未确认融资费用，企业应设置“未确认融资费用”科目；对于确认应在以后期间计入当期损益的征收补助，企业应设置“递延收益”科目；等等。

(3)所有者权益类总分类会计科目的设计

为了管理和核算企业接受投资而形成的投入资本、随着企业生产经营活动的开展投入资本的增值以及企业利润的形成和分配情况，企业应当设置“实收资本”(或“股本”)、“资本公积”“盈余公积”“未分配利润”和“利润分配”等科目。

(4)成本类总分类会计科目的设计

为了管理和核算企业进行工业性生产而发生的各项生产成本、生产车间为生产产品和提供劳务而发生的各项间接费用、对外提供劳务而发生的成本、研究和开发无形资产过程中发生的各项支出等业务，企业应设置“生产成本”“制造费用”“劳务成本”和“研发支出”等科目。

(5)损益类总分类会计科目的设计

①反映营业收入和营业支出的会计科目的设计。为了核算企业销售商品及提供劳务过程中实现的收入和应结转的成本、除主营业务活动以外进行其他经营活动实现的收入和发生的支出、营业过程中发生的税金支出及管理费用、因投资而发生的收入和损失及各项资产减值损失的情况，企业应设置“主营业务收入”“主营业务成本”“其他业务收入”“其他业务成本”“税金及附加”“管理费用”“财务费用”“销售费用”“投资收益”和“资产减值损失”等科目。

②反映营业外收入和营业外支出的会计科目的设计。为了核算企业发生的各项营业外收入、支出和应当从当期利润总额中扣除的所得税的情况，企业应设置“营业外收入”“营业外支出”和“所得税费用”等科目。

(6)共同类会计科目的设计

金融企业在设计总分类会计科目时，必须考虑共同类会计科目，设计反映企业间业务往来款项、采用分账制核算外币交易产生的不同币种间兑换情况的“清算资金往来”和“货币兑换”等科目，其他企业则不需要设置。

以上概括地介绍了企业总分类会计科目的设置方法。企业在具体设计总分类会计科目时，必须根据企业会计准则的规定、企业的业务特点及管理需要进行设计。

(二)明细分类会计科目的设计

在会计科目体系中，各级会计科目的构成可根据总分类会计科目的性质和要求来决定，大体有以下几种情况：(1)一级科目不设明细科目；(2)一级科目下设二级明细科目；(3)一级科目下设二级、三级明细科目；(4)一级科目下设三级以上明细科目。可见，明细分类会计科目的设置比较灵活，除企业会计准则的统一规定外，各企业可根据其生产经营特点、企业管理要求和编制报表的需要进行设置。

不同企业设计明细会计科目的方法不同，常用的明细会计科目设计方法有：

1. 按总分类会计科目核算的内容类别设计

总分类会计科目核算的内容可以划分具体类别的，按总分类会计科目核算的内容类别设计明细科目。例如：“原材料”科目可以按照原材料的类别和项目设置“原料及主要材料”“辅助材料”和“燃料”等二级科目，再根据具体材料的名称设置三级科目，如“原材料——原料及主要材料——面粉”；“固定资产”科目可以按照固定资产的类别和项目设置“建筑物”“机器设备”和“运输工具”等二级科目，再根据具体固定资产的名称设置三级科目；“无形资产”科目可以按照无形资产的类别和项目设置“商标权”“专利权”“非专利专有技术”“著作权”和“土地使用权”等二级科目，再根据具体无形资产的名称设置三级科目。“工程物资”“应交税费”“长期待摊费用”“长期应付款”和“资本公积”等科目一般按此方法设计明细科目。

2. 按总分类会计科目核算的对象设计

应收、预付、应付和预收等债权债务结算科目主要反映和监督企业与其他单位或个人之间的债权债务结算情况。其中，反映债权结算情况的科目要明确应收谁的款、向谁收的问题，即债务人是谁；反映债务结算情况的科目要明确款项应付给谁、向谁付的问题，即债权人是谁。因此，这类会计科目要按债权债务的核算对象设置明细科目。“应收账款”“应收股利”“其他应收款”“预付账款”“应付账款”“应付股利”“其他应付款”和“预收账款”等科目使用该方法设计明细科目。

企业在采购材料物资时为了区别从不同单位购进的货物，所使用的“材料采购”或“在途物资”科目也可按对方单位来设计明细科目，如“材料采购——明远化工厂”等。

3. 按总分类会计科目的来源或支出的用途设计

企业取得的收入和费用支出可按其来源或用途设计明细科目。例如：“主营业务收入”科目可按照企业取得收入的产品或项目设计明细科目，如“主营业务收入——自营出口销售收入”；“营业外收入”科目可按照获得该收入的来源分类设计明细科目，如“营业外收入——捐赠利得”；“管理费用”“销售费用”“财务费用”和“营业外支出”等科目可按照支出分类设计明细科目。

4. 按总分类会计科目涉及的部门设计

企业为考核各部门的业绩和明确各部门的责任，有些总分类科目可以按照部门设计明细科目。例如：“制造费用”科目核算各生产车间为生产产品所发生的间接费用；企业内部周转使用备用金的，可单独设置“备用金”科目以核算各部门费用和报销备用金情况。这两个总分类会计科目都应按照涉及的部门设计明细科目。

5. 按总分类会计科目核算的种类或存放的地点设计

为了对财产物资进行有效管理，有些总分类会计科目可以按照财产物资的种类或存放地点设置明细科目，如“原材料”和“库存商品”等科目。

第二节　会计凭证设计

一、会计凭证设计的意义和原则

会计凭证简称凭证，是记录经济业务、明确经济责任的书面证明，是用来登记账簿的依据。会计凭证在会计核算系统中的地位十分重要，会计核算系统的基本形式可以概括为“凭证—账簿—报表”，会计凭证是会计核算的起点和基础，离开会计凭证就无从进行会计核算。会计凭证设计就是根据被设计企业的实际情况，对凭证的种类、内容、用途、格式和传递程序做出科学的规划，绘制科学、规范的格式，以便完整、及时、真实地记录经济活动，提供所需要的信息。企业应遵循一定的凭证设计原则，根据企业经济业务的特点科学设计合理的会计凭证。

(一)会计凭证设计的意义

会计凭证设计的优劣直接影响会计核算质量的高低，影响会计工作的效率和企业人员的分工协作。其设计的重要意义体现在以下几个方面：

1. 提供原始资料，传递经济信息

任何一项管理工作都离不开信息的收集、整理和储存，管理的过程就是信息处理的过程。会计信息是经济信息的重要组成部分。随着市场经济的发展，及时、准确、可靠的会计信息在企业管理中起着越来越重要的作用。一方面，会计凭证是经济信息的载体，记录了经济活动的最原始的信息；另一方面，通过对会计凭证进行加工、整理而生成的新的会计信息在会计主体内各部门、各单位之间的传递，可以保证企业正常运转，从而更好地为经济管理服务。

2. 据以登记会计账簿，进行会计核算

在会计工作中，会计核算应当以实际发生的经济业务为依据，而这些实际发生的经济业务是由会计凭证提供的。会计主体发生的任何一项经济业务，有关经营人员都必须按规定的程序办理凭证手续，做好会计凭证的填制和审核工作。只有经过签名、盖章无误后的凭证才是合法的凭证，才是登记账簿并进行会计核算的依据。因此，做好会计凭证的填制与审核工作是实现会计职能的重要前提。

3. 明确经济责任，加强经济责任制

通过在会计凭证上设计一些必要的内容，在凭证上记录经济业务发生的时间、名称、金额、数量等具体内容以及相关人员和部门的签章，可以明确各经办单位或人员的经济责任，使他们对经济业务的真实性和合法性负责，加强他们的责任感。尤其是当发生违法乱纪或其他不良行为时，可以凭借会计凭证来确定有关责任人或部门的经济责任，从而进行正确的裁决和处理。

4. 保证会计信息的传递和保管，加强各部门之间的联系

会计凭证不仅是记账依据，而且是反映企业业务处理程序、业务部门之间相互联络的重要信息载体。设计恰当的会计凭证有利于会计信息在部门之间、财务人员之间的传递，减少迂回环节，提高工作效率，便于对会计凭证的保管和随时查阅。通过会计凭证在企业内部各部门之间的传递，还有利于加强企业内部各部门之间的联系。

（二）会计凭证设计的原则

为了加强企业内部控制，提高对会计信息的处理效率和会计工作质量，在设计会计凭证时，应遵循以下原则和要求：

1. 凭证的设计要能够反映经济业务的基本情况

会计凭证是会计工作的重要依据，对会计核算的质量有重大影响，在设计会计凭证的格式和项目时，必须考虑能够提供经济业务最完整、最详细的第一手资料。虽然不同经济业务的会计凭证内容不同，但凭证在设计上要素要齐全，必须清楚反映经济活动的发生时间、地点、内容、金额、有关经办人员的责任等情况。例如：对于原始凭证而言，应设计凭证的名称、号码、填制日期、填制单位、接受单位、业务内容、计量单位、数量、单价、金额大小写、经办人员的签名和盖章等内容；对于记账凭证而言，除上述内容外，还要设计对应科目栏，包括总分类科目和明细分类科目的位置以及所附原始凭证的张数。

2. 凭证内容、格式和用途的设计要尽量规范、统一

设计会计凭证时，除经济业务和管理上的特殊要求外，凭证的内容、格式和用途要尽量做到规范、统一，并保持相对稳定，不要经常变动，以免引起会计工作的混乱。会计凭证内容、格式和用途的统一、规范有利于会计资料的口径一致，便于汇总分析，有利于凭证的装订和保管，有利于信息的传递和使用。

3. 凭证联次和传递程序的设计要符合企业管理的要求

会计凭证的设计要有利于加强各单位的经济核算、控制、分析和考核，要根据企业管理各

个环节的不同要求设计会计凭证联次和传递程序，以满足企业经济业务管理的不同要求。此外，凭证应根据不同联次的不同用途，区别设计各联次的颜色。

4. 凭证的设计应体现企业内部控制的要求

会计凭证是实行内部控制的重要手段之一。在设计会计凭证时，要合理设计凭证使用人、审核人、批准人、验收人等经办人员签名、盖章的项目，体现不相容职务分工负责的原则；同时，注意考虑健全内部控制制度的需要，采取相应的方式，如凭证存根、连续编号和复写多联等方式。此外，在设计凭证时还应考虑凭证的流转顺序和审核顺序，以便凭证流转的每道环节相互控制、相互制约。

5. 凭证的设计要简明实用

会计凭证的用途广泛、内容复杂，在设计凭证时，应当在保证需要的前提下，力求简化、切合实际。凭证上的文字应当通俗易懂，有利于基层人员和非专业人员参与管理；中心内容或主要内容应排列在凭证的重要位置，一目了然；凭证用纸要满足书写、传递和保管的要求，大小以能充分反映业务内容为原则，不宜过大或过小。对于一些可有可无的内容应当删去，不要包罗万象，应注意会计凭证的实用性和可操作性。

二、原始凭证的设计

原始凭证又称单据，是记录经济业务已经发生、执行或完成的情况，用以明确经济责任，作为记账依据的最初的书面证明文件，如出差乘坐的车船票、采购材料的发货票、到仓库领料的领料单等。原始凭证是在经济业务发生的过程中直接产生的，是经济业务发生的最初证明，是会计核算的原始资料和重要依据。设计原始凭证是企业会计制度设计的重要内容。

（一）原始凭证设计的要求

原始凭证的设计要遵循会计凭证设计的原则，此外，还应满足以下要求：

1. 根据行业特点和业务特点进行设计

企业需要哪些原始凭证是由企业特点、业务特点、经济业务内容、采用的管理方式与核算方法决定的，原始凭证一定要适应企业生产经营的特点。设计原始凭证种类时，必须对企业特点和业务特点详加分析、逐项确定，不要遗漏和重复。

2. 凭证内容和要素齐全

企业各项经济业务的内容和经济管理的要求不同，各种原始凭证的名称、格式和内容也多种多样。但是，原始凭证都具备一些共同性的要求和要素，即原始凭证都要载明有关经济业务的发生和完成情况，明确经办单位和人员的经济责任，以便如实反映企业的经济业务。

3. 满足经营管理的需要

原始凭证的设计既要符合会计核算的要求，又要满足企业经营管理的需要。在设计原始凭证时，凡是企业经营管理者需要的指标，都要结合起来加以考虑，广泛征求相关部门的意见，尽量做到一证或一单多用，以便满足各种核算、控制、分析和考评的需要。例如，单位的工资单对于会计部门来讲是支付工资及扣款的原始凭证，而对于劳资部门来讲则是汇总工资总额的原始资料，因此在设计工资单时，应尽可能综合考虑上述核算和管理的需要。

4. 满足内部控制的需要

原始凭证是企业实施内部控制的重要工具。企业在设计原始凭证时必须满足企业内部控制制度的要求，要针对各种经济业务的特点规定必要的填写联数、次序、传递程序及存根保管制度，做到手续严密、堵塞漏洞，把各种业务的处理过程有机联系起来，起到企业内部各部门之间相互联系、相互牵制的作用。

(二)原始凭证设计的内容和方法

原始凭证的设计主要包括凭证种类的设计、凭证要素的设计、凭证格式的设计以及凭证传递程序和保管制度的设计。

1. 设计原始凭证的种类

这是设计原始凭证首先要解决的问题。企业要明确本企业经济业务活动的种类以及各种经济业务活动之间的联系,根据各类经济业务活动的内容确定企业所需要的原始凭证的种类。

2. 设计原始凭证的要素

明确每一种原始凭证的用途,根据使用凭证所要达到的目的和用途,确定凭证上的基本要素。虽然企业原始凭证的种类很多,用途不同,凭证要素的内容也不尽相同,但是都有着共同的基本要素:(1)原始凭证的名称,反映原始凭证所记录经济业务的内容、种类和原始凭证的用途;(2)原始凭证的填制日期;(3)原始凭证的编号;(4)接受原始凭证的单位的名称;(5)经济业务的内容,包括经济业务事项摘要、经济业务的数量、经济业务的单价和金额;(6)填制单位和经办人员的签名或盖章。

有些原始凭证所包括的内容不仅应当满足财务、会计工作的需要,而且应当满足计划、统计和其他方面工作的需要。因此,有些原始凭证除了包括上述基本内容外,还应当补充一些必要的内容,如在自制原始凭证上注明与该项经济业务有关的生产计划、合同和预算项目等。

3. 设计原始凭证的格式

明确了原始凭证的基本要素和用途后,就可拟定凭证项目,绘制原始凭证的格式。原始凭证应尽量采用通用格式,做到符合实际需要、合理适用。在设计凭证格式的过程中,应综合考虑以下几个方面:

(1)凭证格式的大小

企业可以外购全国(或地区、主管部门)统一使用的原始凭证,这样可以简化设计工作,有利于汇总和审计,便于计算机处理,节约设计和印制成本。当本企业有特殊需要时,才自行设计和印制凭证。

设计凭证的大小主要考虑两个因素:一是经济业务的多少。经济业务多,凭证可大一些;反之,则小一些。二是与记账凭证的相互协调性。一般原始凭证的大小不应超过所使用的记账凭证,以便于装订成册和整洁美观。此外,实现电算化的企业还要考虑适应打印机的宽度和保管设备的宽度。

(2)凭证内容位置的安排

凭证的内容要素要合理地安排在一张凭证上,凭证要素排列的先后要考虑凭证传递顺序的要求,要便于填写、计算和对照检查;凭证要素的排列要突出重点,重要的项目应设置在主要位置上。一般项目名称在左边,要填制的内容在右边;应填的留空要适当,不要过大或过小,行数、栏数要根据实际需要设计;左边应留有适当空白以备装订。另外,固定性的资料应事先印刷在凭证上,以节约填制时间。

(3)凭证的联数

凭证联数主要取决于企业的组织机构、管理要求及与企业外部的关系。企业应设计一式多联的原始凭证,以满足不同单位、部门的需要。在设计一式多联的凭证时,要注明每一联的用途和传递顺序,各联凭证的名称应与该联凭证所起的作用保持一致,注明不同用途的各联凭证不能互相代替。

(4)凭证的版式

为了方便识别不同用途的各联凭证，不同联次的凭证应使用不同的颜色加以区别，以避免差错，便于凭证的归类和传递。凭证的颜色宜用比较柔和的浅色，如收款联用红色，付款联用绿色等(如表3—2所示)。

表3—2　　原始凭证各联次的颜色

联次	两联	三联	四联	五联
第一联	白色	白色	白色	白色
第二联	白黄色	白黄色	白黄色	白黄色
第三联		淡红色	淡红色	淡红色
第四联			黄色	黄色
第五联				绿色

凭证的纸质要根据凭证使用的频率、复写联数和保存期限来确定。若凭证使用次数较多，纸质选用应比一次凭证优良一些，如累计凭证；复写联数多的凭证比复写联数少的凭证选用的纸质要薄一些，便于书写；保存期限较长的凭证应比保存期限较短的凭证的纸质好一些。

凭证上的印刷字体应采用比较规范和庄重的字体，避免采用手写体；凭证的线条应醒目，粗细得当。

在实际工作中，各会计主体可以根据经济业务的特点以及本企业会计核算和管理的需要，按照原始凭证应当具备的基本内容和补充内容，设计和使用适合本企业的各种原始凭证，以充分发挥原始凭证的作用。对于在一定范围内经常发生的大量同类经济业务，可以由有关主管部门设计统一的原始凭证格式，如由税务部门统一印制的增值税发票、交通部门统一印制的运费单据、中国人民银行统一印制的结算凭证等。这样可以加强宏观管理，防止舞弊等违法行为的发生，促进节约。

4. 设计原始凭证传递程序和保管制度

原始凭证传递程序是指凭证从填制或取得起，经审核、办理业务手续、整理直到会计部门记账、装订、保管等凭证处理和运行的全部过程。只有科学、合理的凭证传递程序，才能发挥原始凭证在会计核算中的作用。这项设计工作主要包括三项内容：一是设计凭证的传递路线，二是设计凭证在各环节的停留时限，三是设计各环节之间凭证的交接手续。凭证的传递流程应结合业务处理流程绘制成流程图，使有关人员能够按照流程图准确地传递凭证，便于分析、跟踪和监督业务处理过程。

设计原始凭证的保管制度主要包括：一是建立空白凭证的保管制度，对空白原始凭证应指定专人负责管理；二是设计已入账凭证的保管制度，对已入账原始凭证的保管方法、保管年限、调阅及复制、销毁等方面应做出明确规定。

(三)主要原始凭证的设计

原始凭证的种类很多，使用范围广，内容差异大。下面仅介绍几种主要原始凭证的设计。

1. 货币资金业务原始凭证的设计

货币资金业务主要是指企业的库存现金和银行存款业务。现金业务涉及的原始凭证主要有借款单、收据、差旅费报销单、现金盘点报告表和医药费报销单等。银行业务的原始凭证有支票、付款委托书和商业汇票等。在我国，银行结算凭证实行专用，不需要自行设计；而反映现金业务的各种原始凭证大多需要自行设计。因此，现金业务凭证是货币资金业务凭证设计的重点。现将几种常用的现金收支凭证列示如下：

(1)收据

收据的用途较广，一般设计为一式三联：一联交给财务部门作为记账的依据；一联交给缴款单位或缴款人；一联为存根，由出纳留存(见表3—3)。

表3—3 **收　据**

年　　月　　日　　　　　　　　　　　　　　　　字第　　号

交款单位	
摘　要	
金　额	人民币____________　　　¥________

收款单位：　　　　　　审核：　　　　　　记账：　　　　　　出纳：

(2)借款单

借款单(请款单)是反映企业内部各部门或个人因业务需要而向财会部门申请借款的书面证明。借款单一般设计为一式二联：一联交给借款人，另一联由财务部门留存进行账务处理(见表3—4)。

表3—4 **借款单**

年　　月　　日　　　　　　　　　　　　　　　　字第　　号

借 款 人		职务		部门	
借款事由					
借款金额	人民币____________　　　¥________				
部门领导		借款人			

财务部门：　　　　　　审核：　　　　　　记账：　　　　　　出纳：

(3)差旅费报销单

差旅费报销单是用于企业内部职工出差报销时填制的凭证，属汇总原始凭证。差旅费报销单只设计一联，由报销人和会计主管人员共同填制，经有关人员签章后，会计据此及所附原始凭证进行账务处理(见表3—5)。

表3—5 **差旅费报销单**

年　　月　　日

<table>
<tr><td colspan="2">出差人</td><td colspan="2"></td><td colspan="2">职务</td><td colspan="2"></td><td>所在部门</td><td colspan="2"></td><td colspan="2">天数</td><td colspan="3"></td></tr>
<tr><td colspan="2">出差事由</td><td colspan="14"></td></tr>
<tr><td colspan="4">出发</td><td colspan="4">到达</td><td rowspan="2">车船费</td><td rowspan="2">住宿费</td><td colspan="2">伙食补助</td><td colspan="2">交通补助</td><td colspan="2">其他费用</td></tr>
<tr><td>月</td><td>日</td><td>时</td><td>地点</td><td>月</td><td>日</td><td>时</td><td>地点</td><td>标准</td><td>金额</td><td>标准</td><td>金额</td><td>项目</td><td>金额</td></tr>
<tr><td></td><td></td><td></td><td></td><td></td><td></td><td></td><td></td><td></td><td></td><td></td><td></td><td></td><td></td><td></td><td></td></tr>
<tr><td></td><td></td><td></td><td></td><td></td><td></td><td></td><td></td><td></td><td></td><td></td><td></td><td></td><td></td><td></td><td></td></tr>
<tr><td colspan="2">原借款额</td><td colspan="4"></td><td colspan="3">报销数</td><td colspan="2"></td><td colspan="2">退补数</td><td colspan="3"></td></tr>
<tr><td colspan="2">合计(大写)</td><td colspan="14">人民币　拾万　万　仟　佰　拾　元　角　分　　　　¥________</td></tr>
</table>

主管领导：　　　　　　财务部审核：　　　　　　部门领导：　　　　　　出差人：

(4)现金盘点报告表

现金盘点报告表是对库存现金进行清查盘点，记录清查结果所使用的原始凭证。现金盘点报告表通常设计为一式二联：一联由出纳留存，另一联送交会计人员审查后编制记账凭证(见表 3—6)。

表 3—6 **库存现金盘点报告表**

年 月 日

实存金额	账存金额	对比结果		备 注
		长款	短款	

盘点人(签章)： 出纳员(签章)：

2. 采购业务原始凭证的设计

采购业务发生后，企业取得供货单位的发货票、运输单位的运单、银行的结算凭证以及其他有关凭证，在此基础上进行会计核算。此过程需要设计的原始凭证主要是材料入库单和材料采购成本计算单。

(1)材料入库单

材料入库单一般应设计为一式三联：一联留在仓库登记材料卡片，一联退给交料单位进行业务核算，一联送交财会部门进行账务处理(见表 3—7)。

表 3—7 **材料入库单**

供货单位： 年 月 日 凭证编号：

发票编号： 收料仓库：

材料编号	材料名称	规格	单位	数量		实际成本				计划成本	
				应收	实收	购价		运杂费	合计	单价	金额
						单价	金额				

供应部门负责人： 仓库员： 收料人： 采购员：

(2)材料采购成本计算单

材料采购成本计算单在材料采购业务不多的企业中可不必专门设计，在计算材料采购成本时由有关人员临时绘制(见表 3—8)。

表 3—8 **材料采购成本计算单**

材料名称： 年 月 日 字第 号

成本项目	购进数量	单位成本	总成本	备 注

3. 存货业务原始凭证的设计

存货业务主要是指企业存货的收发、存储和盘点等业务。企业应加强对存货的管理，正确、及时反映各种存货的收、发、存情况。存货业务涉及的原始凭证主要有领料单、限额领料单、退料单、产品入库单、产品出库单、收发料汇总表和盘存单等。

(1)领料单和限额领料单

领料单(出库单)是车间或部门从仓库领用材料的记录凭证。领料单一般应设计为一式四联：一联由领料单位存查；一联由审批单位进行业务核算；一联送交财会部门进行会计核算；一联由仓库留存，登记材料卡片(见表 3－9)。

表 3－9 **领料单**

领料车间(部门)： 年 月 日 字第 号

用途： 发料仓库：

材料编号	材料名称	规格	单位	数量		单价	金额	备注
				请领	实发			

供应部门负责人： 领料部门负责人： 发料人： 领料人：

企业还可以设计限额领料单，这是一种累计领发料凭证，在有效期内，只要不超过限额，就可以连续使用。该凭证在每月开始前，由生产计划部门或供应部门根据生产计划、材料消耗定额等有关资料，按照每种材料的具体用途填制。限额领料单一般应设计为一式二联：一联送交仓库据以发料，另一联送交领料单位据以领料(见表 3－10)。

表 3－10 **限额领料单**

年 月 编号：

领料单位： 用途： 计划产量：

材料编号： 名称规格： 计量单位：

单价： 消耗定量： 领用限额：

年		请 领		实 发				
月	日	数量	领料单位负责人	数量	累计	发料人	领料人	限额结余

累计实发金额(大写)：

供应部门负责人： 生产计划部门负责人： 仓库负责人：

(2)退料单

退料单是登记领料部门由于多领或材料质量等原因需要将所领取材料退还给仓库的凭证。退料单应设计为一式四联：一联由退料单位存查；一联由审批单位进行业务核算；一联送交财会部门进行会计核算；一联由仓库留存，登记材料卡片(见表 3－11)。

表 3－11　　退料单　　字第　号

领用车间(部门)：　　年　月　日　　收料仓库：

材料编号	材料名称	规格	单位	数量		单价	金额	退料原因
				交库	实收			

供应部门负责人：　　领料部门负责人：　　收料人：　　交料人：

(3)产品入库单

企业完工产品验收入库需要填制产品入库单。产品入库单应设计为一式三联：一联经仓库盖章后由生产部门留存，一联由仓库留存用于登记存货账，一联送交财会部门进行账务处理(见表 3－12)。

表 3－12　　产品入库单

车间：　　年　月　日　　字第　号

产品编号	名称	规格	单位	数量	单价	金额	备注

仓库负责人：　　保管人：　　会计：　　制单：

(4)产品出库单

产品出库单是记录产品出库的凭证。产品出库单应设计为一式三联：一联由销售部门留存，一联由仓库留存用于登记存货账，一联送交财会部门进行账务处理(见表 3－13)。

表 3－13　　产品出库单

存放仓库：　　年　月　日　　字第　号

产品编号	名称	规格	单位	数量	单价	金额	销售单位	备注

仓库负责人：　　保管人：　　销售部门负责人：　　制单：　　领用人：

(5)收发料汇总表

收发料汇总表是汇总记录收发材料的凭证。以发出材料汇总表为例，其设计格式如表 3－14 所示。

表 3－14　　发出材料汇总表　　字第　号

年　月　日　　单位：

材料编号	材料名称	规格	单位	数量	单价	金额	领用部门	用途
合　计								

会计：　　记账：　　制单：

(6)盘存单和实存账存对比表

盘存单是盘点财产物资时用来记录盘点结果的凭证。盘存单的一般格式如表 3—15 所示。

表 3—15　　　　盘存单

单位名称：　　　　盘点时间：

财产类别：　　　　存放地点：　　　　编号：

编号	名称	计量单位	数量	单价	金额	备注

盘点人员签章：　　　　保管人员签章：

为了将盘存单和相应材料物资明细账的账簿记录进行核对，还要编制实存账存对比表，以确定实存数和账存数的差异。实存账存对比表既是调整账簿记录的原始凭证，也是分析账实不符的原因和明确经济责任的书面证明(见表 3—16)。

表 3—16　　　　实存账存对比表

单位名称：　　　　年　月　日　　　　金额单位：

编号	类别名称	规格型号	计量单位	单价	账存		实存		对比结果				备注
					数量	金额	数量	金额	盘盈		盘亏		
									数量	金额	数量	金额	

会计：　　　　记账：　　　　制单：

4. 成本核算业务原始凭证的设计

成本核算业务涉及的原始凭证有材料发出、工资费用分配、折旧计提及分配等方面的原始凭证，有的前文已述及，这里重点介绍产品成本计算表、原材料费用分配表、制造费用分配表和折旧费用分配表。

(1)产品成本计算表

工业企业在生产过程中发生的生产费用，经过一系列的分配、归集后，就是应计入本月产品成本的各项费用。产品成本计算表的一般格式如表 3—17 所示。

表 3—17　　　　产品成本计算表

产品名称：　　　　年　月　日　　　　在产品数量：

车间：　　　　完工产品数量：　　　　金额单位：

成本项目	直接材料	直接人工	制造费用	合　计
期初在产品				
本期发生额				
成本费用合计				
完工产品单位成本				
完工产品总成本				
期末在产品成本				

会计主管：　　　　制单：　　　　记账：　　　　复核：

(2)原材料费用分配表

各种材料费用的分配是通过编制材料费用分配表进行的。原材料费用分配表的一般格式如表3—18所示。

表3—18 **原材料费用分配表**

年 月

应借科目		成本或费用项目	直接计入	分配计入	原材料费用合计
基本生产成本	某产品	原材料			
	某产品	原材料			
	小 计				
辅助生产成本	某辅助车间	原材料			
	某辅助车间	原材料			
	小 计				
制造费用	基本车间	机物料			
	辅助车间	机物料			
	小 计				
管理费用	行政部门	其 他			
合 计					

会计主管： 记账： 复核： 制单：

(3)制造费用分配表

制造费用是车间管理部门为组织管理产品生产而发生的间接费用。为了保证产品成本计算的准确性，应编制制造费用分配表，将制造费用按照一定的标准分配计入各种产品的成本(见表3—19)。

表3—19 **制造费用分配表**

年 月 日 单位：

应借项目	成本项目	生产工时	分配率	分配额
生产成本	甲产品			
	乙产品			
	丙产品			
合 计				

会计主管： 记账： 复核： 制单：

(4)折旧费用分配表

折旧费用分配表是用来计算与分配各部门应承担的固定资产折旧费用的表格。折旧费用分配表的一般格式如表3—20所示。

表 3—20 固定资产折旧费用分配表

年 月 日 金额单位：

项目 部门	应计提折旧原值	月折旧率	月折旧额
基本生产车间			
其中：厂房			
设备			
辅助生产车间			
其中：厂房			
设备			
厂部			
其中：厂房			
设备			
合 计			

会计主管： 记账： 复核： 制单：

5. 销货业务原始凭证的设计

销货业务中涉及的原始凭证主要有销货单和主营业务成本计算表等。如果企业销货退回的业务较多，还应设计销货退回收货单。

(1)销货单

销货单是企业销售货物时提供给客户的单据，上面通常有所销售货物的名称、数量、单价、折扣等信息，通常作为对账和结款的凭据。销货单既是本企业的自制原始凭证，又是购货单位的外来原始凭证。销货单一般应设计为一式五联：一联为存根联，由销售部门留存进行业务核算；一联为发票联，交购货单位记账；一联为收款联，由财会部门办理收款并进行会计核算；一联为发货联，由仓库保管、凭以发货并登记仓库台账；一联为代出门证联，交门卫存查(见表3—21)。此销货单是将提货单与发货票合并在一起设计的，也可以单独设计提货单和发货票。提货单应设计为一式二联：一联由销售部门留存，另一联由仓库留存记账。发货票应设计为一式三联：一联由销售部门留存，一联交会计部门记账，一联交购货人回单位报账。当然，如果从税务部门领取的发票能够满足企业经济业务管理的需要，就可以不自行设计销售凭证。

表 3—21 ××单位销货单

年 月 日 销字第 号

购货单位： 发货仓库：

货号	品名	规格型号	计量单位	数量	单价	金额	备注
合计(大写)							¥

业务主管： 会计： 制单： 保管人： 提货人：

(2)主营业务成本计算表

主营业务成本计算表是用来计算企业已销主营产品成本的凭证。其格式一般如表3—22所示。

表3—22　　**主营业务成本计算表**

年　月　日　　金额单位：

品名	单位	销售数量	金额		备注
			单位成本	总成本	
合计					

会计主管：　　记账：　　复核：　　制单：

6. 工资业务原始凭证的设计

工资业务主要包括工资的结算和工资费用的分配。为了保证工资计划的正确实施，防止在工资结算和发放过程中出现弄虚作假、贪污舞弊等现象，必须设计严密的控制程序和完善的凭证体系，建立健全考勤记录和产量记录。工资业务涉及的原始凭证主要有考勤记录表、工资单和工资分配表等。

(1)考勤记录表

考勤记录表是工资及加班费计算的依据(见表3—23)。

表3—23　　**考勤记录表**

部门：　　年　月　日

姓名	病假	事假	旷工	加班	实际出勤天数

部门领导：　　考核人：

(2)工资单

工资单是记录工资制定和发放业务的原始凭证，一般应设计为一式三联：一联由劳资部门留存，作为工资汇总的依据；一联交由财会部门作为记账的依据；一联裁制成工资条发放给员工(见表3—24)。

表3—24　　**××公司工资单**

月份	部门	姓名	基本工资	津贴	奖金	加班补助	应发金额	公积金	养老保险	医疗保险	应缴个税	实发合计
合计												

财会部门：　　劳资部门：　　审核：　　制单：

(3)工资分配表

工资分配表是对各车间或部门的工资费用按用途进行归集和分配的原始凭证,其格式一般如表 3—25 所示。

表 3—25　　××公司工资费用分配汇总表

年　月　日　　贷方科目:应付职工薪酬

车间或部门	生产成本		制造费用	管理费用	在建工程	合　计
	基本生产	辅助生产				
合　计						

会计主管:　　记账:　　复核:　　制单:

7. 固定资产业务原始凭证的设计

固定资产业务包括固定资产的购买、折旧、报废、盘盈、盘亏和调拨等,涉及的原始凭证主要有固定资产交接单、固定资产调拨单、固定资产毁损单和固定资产盘盈盘亏报告单等。由于固定资产业务不太频繁,该类原始凭证不经常使用,因此,其大多没有固定格式,而多采用书面说明的办法或自行设计专项凭证。但固定资产业务比较复杂,需要在凭证上反映的内容较多,因此设计该类原始凭证比较麻烦,经常要与固定资产管理部门协商。

(1)固定资产验收单

投资者投入或企业购进不需安装的固定资产,需要填制固定资产验收单。固定资产验收单通常由固定资产验收小组填制后,交财务部门结合其他有关资料进行账务处理(见表 3—26)。

表 3—26　　固定资产验收单

编号:　　年　月　日

合同号数	资产名称	规格型号	单位	质量检查		合同数量	实收数量	备注
				合格	不合格			

使用部门:　　管理部门:　　质监部门:　　财会部门:

(2)固定资产报废单

固定资产使用部门或管理部门提出固定资产报废申请,按照报废对象填制固定资产报废单,详细说明固定资产的技术状况和报废原因。固定资产报废单一式二联:一联交财会部门记账,另一联由固定资产的使用部门或管理部门存查并登记固定资产卡片(见表 3—27)。

表 3－27　　固定资产报废单

固定资产名称：　　　　年　月　日　　　　字第　号

编号	规格型号	单位	数量	预计使用年限	已用年限	原始价值	已提折旧	残值	备注
固定资产状况		在用	闲置	报废原因					
处理意见	使用部门		技术鉴定小组		设备管理部门		主管部门审批		

(3)固定资产盘盈盘亏报告单

固定资产盘盈盘亏报告单是用来反映固定资产盘点中发生的账实不符情况的凭证。其格式一般如表 3－28 所示。

表 3－28　　固定资产盘盈盘亏报告单

部门：　　　　年　月　日　　　　金额单位：

编号	资产名称	账存数量	盘盈			盘亏			毁损			原　因
			数量	重置价值	累计折旧	数量	原价	已提折旧	数量	原价	已提折旧	
处理意见	审批部门			清查小组			设备使用部门			设备管理部门		

盘点人：　　　　实物保管人：　　　　记账：　　　　制单：

企业各有特点，管理要求各不相同，在凭证设计上也不尽相同，在此不一一介绍。我们只要掌握了原始凭证的基本编制要求，结合实际情况自行设计即可。

三、记账凭证的设计

记账凭证是会计人员根据审核无误的原始凭证或汇总原始凭证填制的，用来确定经济业务应借、应贷的会计科目和金额，作为登记账簿直接依据的会计凭证。记账凭证是连接原始凭证和账簿记录的桥梁和纽带。

(一)记账凭证设计的要求

1. 内容完整，重点突出

记账凭证的种类不一，各企业使用的记账凭证格式也不尽相同。但是，记账凭证作为登记账簿的依据，是对原始凭证的归类、汇总，按照复式记账的要求，其所提供的信息基本是一致的。一般来说，记账凭证应具备以下基本要素：(1)记账凭证的名称；(2)记账凭证的填写日期；(3)记账凭证的编号；(4)经济业务的内容摘要；(5)会计科目(包括一级、二级和明细科目)的名称、记账方法和金额；(6)记账标记；(7)所附原始凭证的张数；(8)制证、审核、记账、会计主管等有关人员的签章，收款凭证和付款凭证还应由出纳人员签名或盖章。

设计记账凭证时，以上内容必须设计完整，重点内容要突出，会计科目、金额的栏次和各主要栏次的排列要合理，书写分录的行次要适当。

2. 符合企业特点，适应企业会计核算形式

记账凭证的设计要充分考虑企业规模的大小、业务特点及企业所采用的会计核算形式。不同的会计核算形式要求使用不同种类的记账凭证。例如，在记账凭证核算形式下，可以设计“收款”“付款”和“转账”三种专用记账凭证，也可以使用通用记账凭证；而在汇总记账凭证核算形式下，则必须设计“收款”“付款”和“转账”三种专用凭证。只有适当的记账凭证才有利于记账凭证的填制，有利于会计人员的分工协作，合理反映经济业务的内容。

3. 强调监督作用，满足管理要求

在记账凭证的设计中，要强调记账凭证的监督作用，满足管理的要求，使分散的原始凭证通过记账凭证的形式转化为企业经济业务的分类信息，为反映和监督各企业的经济活动和财务收支提供必要的信息资料，为企业管理和决策做好准备。

（二）记账凭证设计的内容和方法

记账凭证设计的内容主要包括对记账凭证的种类进行选择，设计记账凭证的格式，确定记账凭证的填制标准和设计记账凭证保管制度。

1. 选择记账凭证的种类

记账凭证的种类较多，需要结合企业规模、业务特点、会计工作需要和会计核算形式来选择适合的记账凭证。

(1)通用记账凭证和专用记账凭证

记账凭证按其适用的经济业务，分为通用记账凭证和专用记账凭证两类。

①通用记账凭证

通用记账凭证可以用一种格式记录所发生的各种经济业务。一般来说，对于规模较小、经济业务不太复杂、会计人员较少、会计核算形式较为简单的小型企业，为简化核算，使用通用记账凭证既方便又集中(见表 3—29)。

表 3—29 **通用记账凭证**

年 月 日　　　　字第 号

摘 要	总账科目	明细科目	借方金额								贷方金额								记账
			十	万	千	百	十	元	角	分	十	万	千	百	十	元	角	分	
合 计																			

附单据 张

会计主管：　　记账：　　出纳：　　复核：　　制单：

②专用记账凭证

专用记账凭证是用来专门记录某一类经济业务的记账凭证。规模较大、经济业务较多、会计岗位设置较细、稽核要求较严格、需要汇总登记总账的大中型企业，一般采用专用记账凭证。专用记账凭证按其所记录的经济业务是否与现金和银行存款的收付有关，又分为收款凭证、付

款凭证和转账凭证三种。

企业的经济业务按照是否涉及货币资金增减变动分为收款业务、付款业务和转账业务。收到货币资金的业务为收款业务，付出货币资金的业务为付款业务，不涉及货币资金增减变动的业务为转账业务。因此，在采用专用记账凭证的情况下，对于上述业务分别采用收款凭证、付款凭证和转账凭证予以记录。

收款凭证是用来记录现金和银行存款等货币资金收款业务的凭证，是根据现金和银行存款、收款业务的原始凭证填制的(见表 3—30)。

表 3—30　　　　**收款凭证**

借方科目：　　　　年　月　日　　　　字第　号

摘　要	贷方科目		金　额										记账
	总账科目	明细科目	千	百	十	万	千	百	十	元	角	分	
合　计													

附单据　张

会计主管：　　记账：　　出纳：　　复核：　　制单：

付款凭证是用来记录现金和银行存款等货币资金付款业务的凭证，它是根据现金和银行存款、付款业务的原始凭证填制的(见表 3—31)。

表 3—31　　　　**付款凭证**

贷方科目：　　　　年　月　日　　　　字第　号

摘　要	借方科目		金　额										记账
	总账科目	明细科目	千	百	十	万	千	百	十	元	角	分	
合　计													

附单据　张

会计主管：　　记账：　　出纳：　　复核：　　制单：

收款凭证和付款凭证是用来记录货币资金收付业务的凭证，既是登记现金日记账、银行存款日记账、明细分类账及总分类账等账簿的依据，也是出纳人员收付款项的依据。出纳人员不能依据现金、银行存款收付业务的原始凭证收付款项，必须根据会计主管人员或指定人员审核批准的收款凭证和付款凭证收付款项，以加强对货币资金的管理，有效监督货币资金的使用。

转账凭证是用来记录与现金、银行存款等货币资金收付款业务无关的转账业务(即在经济业务发生时不需要收付现金和银行存款的各项业务)的凭证，是根据有关转账业务的原始凭证填制的。转账凭证是登记总分类账及有关明细分类账的依据(见表 3—32)。

表 3—32

转账凭证

年 月 日　　　　字第 号

摘要	总账科目	明细科目	借方金额								贷方金额								记账
			十	万	千	百	十	元	角	分	十	万	千	百	十	元	角	分	
合计																			

附单据 张

会计主管：　　记账：　　出纳：　　复核：　　制单：

(2)复式记账凭证和单式记账凭证

上述记账凭证均属于复式记账凭证，是将经济业务所涉及的全部会计科目都集中填列在一张记账凭证上。复式记账凭证可以集中反映账户的对应关系，因而便于了解经济业务的全貌，了解资金的来龙去脉，便于查账，同时可以减少填制记账凭证的工作量，减少记账凭证的数量；但是不便于汇总计算每一会计科目的发生额，不便于分工记账。

为了便于记账工作的分工与按科目汇总，加快凭证的传递，转账凭证可以采用单式记账凭证。单式记账凭证要求将某项经济业务所涉及的每个会计科目分别填制记账凭证，每张记账凭证只填列一个会计科目，其对方科目仅供参考，不据以记账，也就是把某一项经济业务的会计分录按其所涉及的会计科目分散填制两张或两张以上记账凭证。单式记账凭证便于汇总计算每一个会计科目的发生额，便于分工记账；但是，填制记账凭证的工作量增大，而且出现差错不易查找(见表 3—33 和表 3—34)。

表 3—33

借项记账凭证

年 月 日　　　　凭证编号：

摘要	一级科目	明细科目	账页	金额
对应一级科目：				

附单据 张

会计主管：　　记账：　　出纳：　　复核：　　制单：

表 3—34

贷项记账凭证

年 月 日　　　　凭证编号：

摘要	一级科目	明细科目	账页	金额
对应一级科目：				

附单据 张

会计主管：　　记账：　　出纳：　　复核：　　制单：

2. 设计记账凭证格式

记账凭证中所体现的会计分录应符合借贷记账法的公式，并合理设计记账凭证的格式及尺寸，规格要统一，左边的空白边缘要留有装订的余地。

3. 制定记账凭证填制标准

填制记账凭证时，要遵循会计基础工作规范关于记账凭证填制的各项要求。凭证要连续编号；凭证书写要规范；不得将不同内容和类别的原始凭证汇总填制在一张记账凭证上；记账凭证中除结账、更正差错的业务不附原始凭证外，其他均应附原始凭证。

4. 设计会计凭证保管制度

各企业均要设计会计凭证保管制度，这部分内容将在下文详述。

四、会计凭证传递程序和保管制度的设计

（一）会计凭证传递程序的设计

会计凭证的传递是指会计凭证从填制到归档保管的整个过程中，在企业内部各有关部门和人员之间的传递程序和传递时间。各种会计凭证所记录的经济业务不尽相同，所要据以办理的业务手续和所需的时间也不尽相同，应当为每种会计凭证的传递规定合理的传递程序和在各个环节停留的时间。会计凭证的传递是会计制度的一个重要组成部分，应当在会计制度中做出明确的规定。

正确地组织会计凭证的传递对于及时反映和监督经济业务的发生和完成情况、合理组织经济活动、加强经济管理责任制具有重要意义。因为正确地组织凭证的传递能及时、真实地反映和监督经济业务的发生和完成情况；把有关部门和人员组织起来，分工协作，使正确的经济活动得以顺利地实现；考核经办业务的有关部门和人员是否按照规定的凭证手续办事，从而加强经营管理上的责任制。

科学的传递程序应该使会计凭证沿着最迅速、最合理的流向运行。因此，在制定会计凭证传递程序时，应当考虑下列三个问题：

(1)要根据经济业务的特点、企业内部机构的设置、人员分工的情况以及经营管理上的需要，恰当地规定各种会计凭证的联数和所流经的必要环节。要做到既能使各有关部门和人员利用凭证了解经济业务情况并按照规定手续进行处理和审核，又能避免凭证传递通过不必要的环节影响传递速度。

(2)既要根据有关部门和人员对经济业务办理必要手续（如计量、检验、审核和登记等）的需要，确定凭证在各个环节停留的时间，保证业务手续的完成，又要防止不必要的耽搁，从而使会计凭证以最快的速度传递，以充分发挥其及时传递经济信息的作用。

(3)建立凭证交接的签收制度。为了确保会计凭证的安全和完整，在各个环节都应指定专人办理交接手续，做到责任明确，手续完备、严密、简便易行。

（二）会计凭证保管制度的设计

会计凭证的保管是指会计凭证登账后的整理、装订和归档存查。会计凭证是记账的依据，是重要的经济档案和历史资料，所以对会计凭证必须妥善整理和保管，不得丢失或任意销毁。会计凭证的保管，既要做到安全和完整，又要便于事后调阅和查找。会计凭证保管制度一般包括以下内容：

1. 会计凭证定期装订

记账完毕，要整理各种记账凭证，检查有无缺号，附件是否齐全，然后按序号排列，装订成

册，并在装订线上加贴封签。此项工作一般一个月进行一次。装订会计凭证时必须以记账凭证为标准，把原始凭证折叠整齐。装订成册的会计凭证要粘贴封面、封底。在封面上应写明企业名称、年度、月份、记账凭证的种类、起讫日期、起讫号数以及记账凭证和原始凭证的张数，并在封签处加盖会计主管的骑缝章。如果采用单式记账凭证，在整理、装订凭证时，必须保持会计分录的完整，为此，应按凭证号码顺序装订成册，不得按科目归类装订。

如果在1个月内凭证数量过多，可分装若干册，在封面上加注"共×册"字样。如果某些记账凭证所附原始凭证数量过多，也可以单独装订保管，但应在其封面及有关记账凭证上加注说明。

汇总装订使用的会计凭证封皮式样如表3—35所示。

表3—35　　会计凭证封皮

（会计凭证封底）	年 月份第 册	会计凭证封面 （企业名称） 凭证种类： 年度　月份　本月共　册之第　册 本册号数：自　号起至　号 本册日期：自　月　日起至　月　日 会计主管：　会计：　装订：

2. 重要凭证单独保管

对于重要原始凭证，如合同、契约、押金收据以及需要随时查阅的收据等，在需要单独保管时，应编制目录，并在有关的记账凭证和原始凭证上注明"另行保管"，以便查核。

3. 会计凭证由专人保管

装订成册的会计凭证应集中保管并指定专人负责，非保管人员未经授权不得接触归档的凭证。归档的凭证只有在经企业授权后，在有保管人员监视的情况下方可查阅。归档的凭证不得携带到他处，需要复制的应由企业负责人授权后由保管人员复制。

4. 规定保管期限

会计凭证的保管期限和销毁手续必须严格执行会计制度的规定，任何人无权自行随意销毁。我国《会计档案管理办法》规定原始凭证和记账凭证的保管期限是30年，对一些重要凭证应永久保存。

5. 制定销毁手续

会计凭证的销毁手续必须严格执行《会计档案管理办法》的规定。按规定可以销毁的会计凭证，销毁时应办理如下手续：

第一，由本企业档案机构会同会计机构提出销毁意见，编制销毁清册，列明所销毁会计凭证的名称、卷号、册数、起止年度、档案编号、应保管期限、已保管期限和销毁的时间等。

第二，由企业负责人在销毁清册上签署意见。

第三，销毁时，应由档案机构和会计机构共同派员监督。

第四，监销人员在会计凭证销毁前，应当按照销毁清册所列的内容清点、核对所要销毁的会计凭证；销毁后，应当在销毁清册上签名、盖章，并将监销情况报告本企业负责人。

第三节　会计账簿设计

一、会计账簿设计概述

(一)会计账簿设计的意义

会计账簿简称账簿,是指由具有一定格式、相互联系的账页组成,以会计凭证为依据,连续、系统、全面地记录经济业务的簿籍。会计账簿设计是会计制度设计的重要内容。

在会计核算中,企业通过填制和审核会计凭证,将经济业务的发生、执行和完成情况在会计凭证上做了最初的反映,但是会计凭证对经济业务的反映是零星的、分散的,缺乏系统性,不能反映一家企业在一定时期内发生的经济业务的全貌。因此,为了连续、系统、全面地反映企业的经济活动情况,还必须在会计凭证的基础上运用账簿这一重要工具,将会计凭证所反映的零散资料加以集中和归类,以便为经济管理提供系统的核算资料。

正确、合理地设计和登记账簿是对经济信息进行加工、整理的一种方法,也是会计核算工作的重要环节,它对于加强经济核算、发挥会计的监督职能具有重要的作用。

1. 为企业经营管理提供系统、完整的会计核算资料

通过设计和登记账簿,对会计凭证所反映的零散资料加以归类汇总,既能进行序时核算,又能进行分类核算,从而可以全面、系统地反映企业的经营活动情况,为企业加强经营管理提供所需要的会计信息。

2. 为编制会计报告提供主要资料

会计账簿提供的核算资料是编制会计报告的主要依据。根据账簿记录的收入、成本和费用等资料,可以计算一定时期的财务成果,检查成本、费用和利润计划的完成情况。经核对无误的账簿资料及其加工的数据资料为编制会计报告提供总括、具体的资料。会计报告的数据是否真实、编报是否及时,都与账簿的设计和登记质量有直接的关系。

3. 为考核企业经营成果、评价财务收支状况、进行会计监督提供依据

通过账簿记录,可以系统地反映企业资产、负债、所有者权益、收入、费用和利润的增减变动情况,为正确地核算成本、经营收支、经营成果和收益分配等提供必要的会计核算资料,借以考核各项财务计划的执行情况,评价企业的经营成果,找出差距,挖掘潜力,促进企业改善经营管理,加强经济核算。

4. 可以保证财产物资的安全、完整

通过合理设计和正确登记账簿,能够在账簿中连续反映各项财产物资的增减变动及结存情况,并通过财产清查等方法,确定财产物资的实际结存情况。账簿记录控制实存物资以保证财产物资的安全、完整。

(二)会计账簿设计的原则

1. 适应企业的规模和特点

账簿的种类和数量要与企业经济业务的数量和管理要求相适应。一般来说,如果企业规模较大、经济业务较多、管理要求分工细致、会计人员数量相应也较多,会计账簿就相对复杂、册数较多;反之,则会计账簿相对简单、册数较少。

2. 结合账务处理程序综合考虑

账簿的设计要结合企业的账务处理程序，要考虑各账簿之间的关系。例如，日记账与分类账、总账与明细账之间的信息关系怎样安排，是逐笔登记还是汇总登记，如何保证会计账簿记录的正确性等。

3. 满足会计报表的需要

账簿是编制会计报表的依据，会计报表的主要数据来源于账簿。因此，在设计会计账簿时应尽可能使会计报表中的有关指标能直接从有关总账或明细账中取得和填列，以便加快报表的编制速度，提高会计报表数据的质量。

4. 简明实用

在满足企业经济业务需要的前提下，设计账簿时应力求简便易行，避免重复设账、登账，节约人力、物力，简化会计核算工作。账页格式应当简单明了，方便账簿登记，减少出现错弊的可能性。

（三）会计账簿设计的内容

会计账簿设计的内容主要包括会计账簿种类的选择、会计账簿基本要素的设计、会计账簿账页格式的设计以及会计账簿管理制度的设计。

1. 会计账簿种类的选择

(1)按用途分类

会计账簿按其用途可以分为序时账簿、分类账簿和备查账簿。

序时账簿又称日记账，是指按照经济业务发生的先后顺序，逐日逐笔登记的账簿。序时账簿可以用来及时、详细地反映经济业务的发生和完成情况，提供连续、系统的会计核算资料。

分类账簿，是指对经济业务进行分类登记的账簿。按照账簿反映内容详细程度的不同，可分为总分类账簿和明细分类账簿两种。

备查账簿又称辅助账簿，是指对某些序时账簿和分类账簿中未能记载或记载不全的经济业务进行补充登记，提供必要的参考资料。

(2)按形式分类

会计账簿按其外表形式可以分为订本式账簿、活页式账簿和卡片式账簿。

订本式账簿简称订本账，是指在启用前预先把若干具有专门格式的账页装订成册，并对每张账页进行编号的账簿。这种账簿的优点是可以避免账页散失，防止账页被随意抽换，使用较安全。其缺点是因账页已固定，不能随意增减，若预留不够就会影响账簿记录的连续性，若预留过多则会造成浪费；此外，使用这种账簿，在同一时间只能由一个人登记，不便于分工记账。在一般情况下，一些重要的、具有统驭作用的账簿，如现金日记账、银行存款日记账和总分类账等，使用订本式账簿。

活页式账簿简称活页账，是指把零散的、具有一定格式的账页放在账夹内，可以随时取放的账簿。这种账簿的优点是可以根据实际需要增减账页，不会影响账簿记录的连续性，也不会造成浪费，便于分工记账。其缺点是账页容易散失和被抽换。因此，使用这种账簿应加强管理，在使用过程中应顺序编号，一般在年终须装订成册、妥善保管。在一般情况下，一些明细账采用活页账的形式。

卡片式账簿又称卡片账，是由若干零散的、具有专门格式的硬纸卡片放在卡片箱内组成的账簿。其优缺点与活页式账簿相同，可以根据需要随时增加卡片的数量，便于随时查阅和归类整理，不容易损坏，但也容易出现账页散失或被任意抽换的问题。因此，在使用这种账簿时要在卡片上连续编号，由有关人员签名或盖章，放在卡片箱内，由专人保管，以保安全。卡片式账簿的使用年限比较长，不需要每年更换。更换新账后需要封扎起来，作为会计档案妥善保管。卡片式账簿主要适用于内容比较复杂、变化不大的财产明细账，如固定资产和材料等。

企业在设计账簿的过程中，应紧密结合企业的经营特点、规模大小、管理要求及会计方法等，本着完整与简化相结合的原则，设计出各类适合本企业需要的、结构合理且适用的会计账簿。

2. 会计账簿基本要素的设计

各种账簿所记录的经济内容和格式可以多种多样，但都应具备一些基本内容，也称基本要素，主要包括：

(1)封面

封面主要标明企业名称和账簿名称，如现金日记账、材料明细账等。

(2)扉页

扉页主要列明账簿启用和经管人员一览表以及账户目录(或科目索引)，其一般格式如表3—36和表3—37所示。

表3—36　　账簿启用和经管人员登记表

<table>
<tr><td>企业名称</td><td colspan="2"></td><td colspan="2">账簿名称</td><td colspan="2"></td><td colspan="2">账簿编号</td><td rowspan="5">企业
签章</td></tr>
<tr><td>启用日期</td><td colspan="2"></td><td colspan="2">验印日期</td><td colspan="2"></td><td colspan="2"></td></tr>
<tr><td>账簿册数</td><td colspan="8"></td></tr>
<tr><td>账簿页数</td><td colspan="8">自第　　号起至第　　号共　　页</td></tr>
<tr><td>会计主管</td><td colspan="3"></td><td colspan="2">记账人员</td><td colspan="3"></td></tr>
<tr><td colspan="10">交 接 记 录</td></tr>
<tr><td colspan="2">移交日期</td><td colspan="2">移交人</td><td colspan="2">接管日期</td><td colspan="2">接管人</td><td colspan="2">监交人</td></tr>
<tr><td colspan="2"></td><td colspan="2"></td><td colspan="2"></td><td colspan="2"></td><td colspan="2"></td></tr>
<tr><td colspan="2"></td><td colspan="2"></td><td colspan="2"></td><td colspan="2"></td><td colspan="2"></td></tr>
<tr><td colspan="2">印花税票</td><td colspan="8"></td></tr>
</table>

表3—37　　科目索引

页 数	科 目	页 数	科 目	页 数	科 目	页 数	科 目

账簿启用和经管人员登记表要详细填写启用日期、账簿页数、记账人员、会计机构负责人和会计主管人员姓名，并加盖企业公章，由会计主管人员和记账人员签名或盖章。记账人员、会计机构负责人或会计主管人员更换时，应办理交接手续，详细填明交接日期、接办人员及监交人员姓名，并由交接双方和主管人员签名或盖章，以明确经济责任。

科目索引要详细写明各会计账户的名称及其所在页码，以便查找和登记。

(3)账页

账页是账簿的主要部分。账页根据其反映经济业务的不同具有多种格式，但基本内容一般包括：(1)账户名称或称会计科目(一级、二级或明细科目)；(2)日期栏；(3)凭证种类和号数栏；(4)摘要栏；(5)金额栏；(6)总页次和分页次。

3. 会计账簿账页格式的设计

会计账簿的账页格式有三栏式、数量金额式和多栏式等，以适应记录不同经济业务的需要。

三栏式账簿是指由设置三个金额栏的账页组成的账簿。它适用于总分类账和日记账，也适用于只进行金额核算而不需要数量核算的债权债务结算账户的明细分类账。

数量金额式账簿也称三大栏式账簿，是指在每一大栏内又设置由数量、单价和金额等小栏目的账页组成的账簿。它适用于既要进行金额核算，又要进行实物数量核算的各种财产物资账。

多栏式账簿是指由有三个以上金额栏的账页所组成的账簿。这种账簿根据经济业务特点和经营管理的需要，把同一个一级账户所属的明细账户集中在一张账页上设置专栏，反映各有关明细账户的核算资料。它适用于成本、收入、费用和利润等账户。

4. 会计账簿管理制度的设计

账簿是重要的会计资料且有些是需要保密的，因此，必须建立严格的账簿保管制度，妥善保管账簿。账簿的管理包括两个方面的内容：

(1)账簿的日常管理

各种账簿要分工明确，指定专人管理，账簿经管人员既要负责记账、对账和结账等工作，又要负责保证账簿的安全和完整。会计账簿未经领导和会计负责人或者有关人员批准，非经管人员不能随意查看、摘抄和复制等。会计账簿除需要与外单位核对外，一般不能携带外出；对需要携带外出的账簿，通常由经管人员负责或会计主管人员指定专人负责。会计账簿不能随意交与其他人员管理，以保证账簿的安全、完整，防止任意涂改、毁坏账簿等情况的发生。

(2)旧账的归档保管

启用新账后，对更换下来的旧账需要进行整理、装订和造册并办理交接手续，归档保管。其具体内容如下：

①整理。归档前应对更换下来的旧账进行整理。首先检查应归档的旧账是否收集齐全；然后检查各种账簿应办的会计手续是否完备，对于手续不完备的应补办手续，如注销空行空页、加盖印章、结转余额等。

②装订成册。账簿经过整理后要装订成册。装订前首先应检查账簿的扉页内容是否填写齐全，手续是否完备；然后检查订本式账页从第一页到最后一页是否顺序编写页码，有无缺页或跳页，活页账或卡片账是否按账页顺序编号，是否加具封面。装订时，根据实际情况，一个账户可装订成一册或数册，也可以将几个账户合并装订成一册。装订后应由经管人员、装订人员和会计主管人员在封口处签名或盖章。

③办理交接手续，归档保管。账簿装订成册后应编制目录，填写移交清单，办理交接手续，归档保管。保管人员应按照《会计档案管理办法》的要求，编制索引、分类储存、妥善保管，以便日后查阅；同时要注意防火、防盗、库房通风良好，以防毁损、霉烂等。

④账簿的保管期限。我国《会计档案管理办法》规定总账、明细账、银行存款日记账、现金日记账及辅助账簿的保管期限均为30年。

⑤账簿的销毁。各企业应定期对已超过保管期限的会计档案进行鉴定。鉴定工作由财会

部门和档案部门的领导负责，成立鉴定小组，由熟悉业务的会计人员具体实施，档案人员协助指导。鉴定工作结束后，应提出鉴定报告，对于确无保存价值的会计档案，要编造销毁清册，上报核准后才能销毁。销毁会计档案时，应由档案部门和会计部门共同派员监销，监销人在销毁会计档案以前，应当认真进行清点、核对，并经本企业领导同意后方可销毁。销毁后，监销人应在销毁清册上注明销毁的日期并签名、盖章，以示负责。

二、日记账的设计

日记账是指按照经济业务发生的先后顺序，逐日逐笔登记的账簿。日记账按其记录经济业务范围的不同，又可以分为普通日记账和特种日记账。

(一)普通日记账的设计

普通日记账是逐日序时登记全部经济业务的账簿。它是根据日常发生的经济业务所取得的原始凭证逐日逐笔顺序登记的，先把每一笔经济业务转化为会计分录登记在账，然后转记列入分类账，因此，普通日记账也称分录簿，它起到了记账凭证的作用。普通日记账的账页格式一般只设两个金额栏(即“借方”和“贷方”两栏)用来登记每一分录的借方账户和贷方账户及金额，这种账簿不结余额，因此，这种格式又称“两栏式”(见表3—38)。

表3—38　　普通日记账

年		摘要	账户名称	借方											贷方											过账
月	日			亿	千	百	十	万	千	百	十	元	角	分	亿	千	百	十	万	千	百	十	元	角	分	

采用普通日记账，可以逐日反映全部经济业务的发生和完成情况。但由于只有一本日记账，因此不便于分工记账，也不可能反映各类经济业务的发生或完成情况。由于要逐笔记账，记账工作量较大，因此，我国企业目前很少采用普通日记账。

(二)特种日记账的设计

特种日记账是用于记录某一类经济业务发生情况的日记账。为了加强对货币资金的管理，各企业至少应设置现金日记账和银行存款日记账两本特种日记账，以序时反映其收入、支出和每日结存情况。

1. 现金日记账的设计

现金日记账是由出纳人员根据审核无误的记账凭证，序时逐笔登记企业库存现金增减变动及其结存情况的账簿。设置现金日记账有利于执行现金管理制度和现金保管、使用制度，加强对现金的管理。

(1)三栏式现金日记账的设计

现金日记账一般采用三栏式，即“借方”“贷方”和“余额”三栏。为了清晰地反映现金收付业务的账户对应关系以及便于核对账目，还专设“对方科目”和“凭证册号”栏，以登记对方科目的名称和凭证的种类及顺序号。“借方”栏应根据现金收款业务进行登记，“贷方”栏应根据现金付款业务进行登记。每日营业终了，出纳人员应分别计算现金借方和贷方合计数及账面余额，并将现金日记账余额与库存现金实有数进行核对，检查每日现金收、付和结存情况，做到账实相符(见表3—39)。

表3—39 三栏式现金日记账

年		凭证册号	摘要	对方科目	借方											贷方											借或贷	余额										
月	日				亿	千	百	十	万	千	百	十	元	角	分	亿	千	百	十	万	千	百	十	元	角	分		亿	千	百	十	万	千	百	十	元	角	分

(2)多栏式现金日记账的设计

为了反映每一笔收支业务的来龙去脉，以便分析和汇总对应科目的发生额，现金日记账也可以采用多栏式，把“收入”栏和“付出”栏分别按照对方科目设置专栏进行登记(见表3—40)。

表3—40 多栏式现金日记账

年		凭证册号	摘要	收入(贷方科目)			付出(借方科目)				结余
月	日			银行存款	其他业务收入	合计	应付工资	管理费用	其他应收款	合计	

如果会计科目较多，现金日记账的表格就会太大，为了解决这个问题，可将上述格式一分为二，即将现金的收入和付出分别反映在两本账簿中，称为“现金收入日记账”和“现金支出日记账”，并按现金收入和支出的对应账户设置专栏进行登记(见表3—41和表3—42)。

表3—41 多栏式现金收入日记账

年		凭证号		摘要	贷方科目					支出合计	结余
月	日	种类	编号		营业外收入	银行存款	其他应收款	其他业务收入	收入合计		

表 3—42　　　　　　　　　　　**多栏式现金支出日记账**

年		凭证号		摘　要	借方科目				支出合计
月	日	种类	编号		物资采购	银行存款	其他应收款	管理费用	

2. 银行存款日记账的设计

银行存款日记账是由出纳人员根据审核无误的记账凭证，序时逐笔登记企业银行存款的增减变动和结存情况的账簿。通过银行存款日记账的登记，有利于加强对企业银行存款的管理。

(1)三栏式银行存款日记账的设计

银行存款日记账一般也采用三栏式。除了与现金日记账一样专设“对方科目”和“凭证册号”栏外，为了便于反映银行存款所采用的结算方式并有利于与银行核对账目，银行存款日记账还专设“凭证结算种类和号数”栏。“借方”栏应根据银行存款收款业务进行登记，“贷方”栏应根据银行存款付款业务进行登记。每日营业终了，出纳人员应结出银行存款账面余额，以便于检查、监督各项收支款项，并且便于定期与银行送来的对账单进行逐笔核对(见表 3—43)。

表 3—43　　　　　　　　　　　**三栏式银行存款日记账**

年		凭证册号	摘　要	凭证结算		借　方											贷　方											借或贷	余　额										
月	日			种类	号数	亿	千	百	十	万	千	百	十	元	角	分	亿	千	百	十	万	千	百	十	元	角	分		亿	千	百	十	万	千	百	十	元	角	分

(2)多栏式银行存款日记账的设计

为了简化登记总账的工作并能清楚地反映账户的对应关系、了解银行存款收付款项的来龙去脉，银行存款日记账也可以采用多栏式。

多栏式银行存款日记账需在“收入”和“付出”两栏下分别按照对方科目设置专栏。“收入”栏即银行存款的借方栏，应按与银行存款收入相对应的贷方科目设置专栏；“付出”栏即银行存款的贷方栏，应按与银行存款付出相对应的借方科目设置专栏。这样，每一个专栏实际反映了一个会计分录。“收入”栏下的各专栏就是借记“银行存款”科目，贷记有关对应科目；“付出”栏下的各专栏就是贷记“银行存款”科目，借记有关对应科目。多栏式银行存款日记账的登记方法与三栏式银行存款日记账的登记方法基本相同，不同的是多栏式银行存款日记账是按银行存款收入、付出的对应科目分栏登记，到月末结账时，分栏加计发生额，这样，对全月银行存款的收入来源和付出动向就可一目了然，为分析企业经济活动和财务收支情况提供更详细的资料(见表 3—44)。

表 3—44 **多栏式银行存款日记账**

年		凭证		摘要	收入					付出					余额
月	日	种类	号数		应贷科目				合计	应借科目				合计	

多栏式银行存款日记账不仅具有三栏式银行存款日记账的优点，而且可以利用专栏将重复发生的同类经济业务汇总后一次过入总账，从而减少登记总账的工作量。但银行存款收付的对应科目较多时，其日记账的专栏过多、账面过长，不便于记账，因此，也可分设银行存款收入日记账和银行存款支出日记账（见表 3—45 和表 3—46）。

表 3—45 **多栏式银行存款收入日记账**

年		收款凭证号数	摘要	贷方科目					支付合计	结存
月	日							收入合计		

表 3—46 **多栏式银行存款支出日记账**

年		付款凭证号数	摘要	结算凭证		借方科目				收入合计	结存
月	日			种类	号数				支出合计		

3. 购货日记账的设计

购货日记账是用来专门反映企业购货业务的特种日记账。采购业务较多的企业为了简化记账、过账工作，并了解货款给付情况，应单独设置购货日记账，用来序时登记材料或商品采购业务的发生和完成情况（见表 3—47）。购货业务一般有现购和赊购两种情况，为了避免重复设账，一般只设计购货日记账用来登记赊购情况，而将现购业务登记在现金日记账、银行存款日记账中。

表 3—47 **购货日记账**

年		凭证		摘要	供货单位	过账	材料采购借方				应付账款	应付票据
月	日	字	号				买价	运费	其他	合计		

4. 销货日记账的设计

销货日记账是用来专门反映企业销售业务的特种日记账。销售业务较多的企业一般会设置销货日记账(见表 3—48)。销货业务也存在两种情况,即赊销和现销。为了避免重复设账,销货日记账的设计应按只登记赊销业务的情况来设计,将现销业务登记在现金日记账、银行存款日记账中。

表 3—48　　销货日记账

年		凭证		摘　要	购货单位	过账	应收账款（借方）	主营业务收入（贷方）	应交税金（贷方）
月	日	字	号						

三、分类账的设计

分类账是对全部经济业务按照依会计要素的具体类别而设置的分类账户进行登记的账簿。为了满足管理的需要,按照提供指标的详细程度,分类账可以分为总分类账和明细分类账。总账统驭明细账,明细账补充说明总账。

(一)总分类账的设计

总分类账简称总账,是根据一级会计科目开设的,用以分类记录全部经济业务,提供总括核算资料的分类账簿。通过总账,可以全面、总括地了解企业经济活动情况及其结果,为编制财务报告提供总括性指标。

为了全面、总括地反映经济活动和财务收支情况,并为编制会计报表提供资料,各企业都要设置总分类账。总分类账是根据总分类账户分类登记全部经济业务的账簿。总分类账是企业比较重要的账簿,为了保证账簿资料的安全、完整,一般采用订本式账簿,按照一级会计科目的编码顺序分设账户,并为每个账户预留若干账页,以集中登记各账户的经济业务及其发生的增减变动。

总分类账的格式有三栏式和多栏式两种,企业一般采用三栏式的账页格式。

1. 三栏式总分类账的设计

三栏式总分类账的基本结构为"借方""贷方"和"余额"三栏。总分类账采用货币计量单位,对企业的经济活动只进行价值反映(见表 3—49)。

表 3—49　　总　账

会计科目____________

年		凭证册号	摘　要	借　方											贷　方											核对号	借或贷	余　额										
月	日			亿	千	百	十	万	千	百	十	元	角	分	亿	千	百	十	万	千	百	十	元	角	分			亿	千	百	十	万	千	百	十	元	角	分

2. 多栏式总分类账的设计

多栏式总分类账是把所有总账(一级)科目合并设在一张账页上,但其具体设计又有两种格式:一种是按会计科目分设专栏,所有经济业务都根据记账凭证序时、分类、直接登记入账。这种格式的总分类账兼有序时账和分类账的作用,实际上是序时账和分类账相结合的账簿,这种格式的总账称为日记总账(见表 3—50)。另一种格式是按经济业务性质分设专栏,所有经济业务都根据记账凭证定期汇总登记入账(见表 3—51)。

表 3—50 日记总账

年		凭证号		摘　要	发生额	现金		银行存款		应收账款		……
月	日	字	号			借方	贷方	借方	贷方	借方	贷方	

表 3—51 总分类账

年　月

会计科目	期初余额		本月发生额						期末余额	
			借方			贷方				
	借方	贷方	银行存款业务	现金业务	转账业务	银行存款业务	现金业务	转账业务	借方	贷方
银行存款										
库存现金										
应收账款										
固定资产										
原材料										
生产成本										
制造费用										
管理费用										
短期借款										
合　计										

(二)明细分类账的设计

明细分类账简称明细账,是根据二级或明细科目设置的,用以分类记录某一类经济业务,提供明细核算资料的分类账簿。通过明细账可以具体、详细地了解某项经济业务的增减情况及其结果,有利于加强对各项资产的管理,为编制会计报告提供详细资料。

各企业应结合自己的经济业务特点和经营管理要求,在总分类账基础上设置若干明细分类账,作为总分类账的必要补充。这样,既可以根据总分类账了解某一账户的总括情况,又可以根据明细分类账了解该账户更详细的情况。

明细分类账的格式一般有三栏式、数量金额式和多栏式。

1. 三栏式明细分类账的设计

三栏式明细分类账设有“借方”“贷方”和“余额”三栏。这种账簿适用于只要求进行金额核算的经济业务，如“应收账款”和“应付账款”等反映债权债务关系的账户的明细账（见表3－52）。

表3－52　　　　**明细账**

会计科目

年		凭证册号	摘要	借方											贷方											核对号	借或贷	余额										
月	日			亿	千	百	十	万	千	百	十	元	角	分	亿	千	百	十	万	千	百	十	元	角	分			亿	千	百	十	万	千	百	十	元	角	分

2. 数量金额式明细分类账的设计

数量金额式明细分类账设有“收入”“发出”和“结存”三栏，并在每一栏中既登记金额，又登记实物数量。这种明细账提供了企业有关财产物资的数量和金额收、发、存的详细资料，从而能加强对财产物资的实物管理和使用监督，可以保证这些财产物资的安全、完整。数量金额式明细分类账适用于既需要进行金额核算，又需要进行实物数量核算的各种实物资产账户的明细分类核算，如“原材料”和“库存商品”等账户的明细账（见表3－53）。

表3－53　　　　**材料明细账**

编号：________　　　　总页：________

材料名称：________　　规格：________　　单位：________　　分页：________

年		凭证册号	摘要	收入			发出			结余		
月	日			数量	单价	金额	数量	单价	金额	数量	单价	金额

3. 多栏式明细分类账的设计

多栏式明细分类账是根据经济业务内容和管理的需要，将同属于一个总账科目的各个明细科目合并在一张账页上进行登记，即在这种格式的账页的借方或贷方金额栏内按明细项目设若干专栏进行登记。这种账簿主要适用于有关成本、费用、收入和财务成果等科目的明细分类核算，如“生产成本”“制造费用”“管理费用”“销售费用”“营业外收入”和“本年利润”等账户的明细账。

费用明细账一般按借方设置多个栏目，当发生一笔或少数几笔贷方金额时，可在借方有关栏内用红字登记，表示从借方发生额中冲减。会计期末将借方净发生额从贷方结转到“本年利润”账户或其他账户中（见表3－54）。

表 3—54　　制造费用明细账　　第　页

<table>
<tr><th colspan="2">年</th><th rowspan="2">凭证号</th><th rowspan="2">摘　要</th><th colspan="6">借　方</th><th rowspan="2">贷方</th><th rowspan="2">余额</th></tr>
<tr><th>月</th><th>日</th><th>物料消耗</th><th>工资</th><th>折旧费</th><th>办公费</th><th>水电费</th><th>合计</th></tr>
<tr><td></td><td></td><td></td><td></td><td></td><td></td><td></td><td></td><td></td><td></td><td></td><td></td></tr>
<tr><td></td><td></td><td></td><td></td><td></td><td></td><td></td><td></td><td></td><td></td><td></td><td></td></tr>
<tr><td></td><td></td><td></td><td></td><td></td><td></td><td></td><td></td><td></td><td></td><td></td><td></td></tr>
<tr><td></td><td></td><td></td><td></td><td></td><td></td><td></td><td></td><td></td><td></td><td></td><td></td></tr>
<tr><td></td><td></td><td></td><td></td><td></td><td></td><td></td><td></td><td></td><td></td><td></td><td></td></tr>
<tr><td></td><td></td><td></td><td></td><td></td><td></td><td></td><td></td><td></td><td></td><td></td><td></td></tr>
<tr><td></td><td></td><td></td><td></td><td></td><td></td><td></td><td></td><td></td><td></td><td></td><td></td></tr>
</table>

收入明细账一般按贷方设置多个栏目，当发生一笔或少数几笔借方金额时，可在贷方有关栏内用红字登记，表示从贷方发生额中冲减。会计期末将贷方净发生额从借方结转到“本年利润”账户（见表 3—55）。

表 3—55　　主营业务收入明细账　　第　页

<table>
<tr><th colspan="2">年</th><th rowspan="2">凭证号</th><th rowspan="2">摘　要</th><th rowspan="2">借方</th><th colspan="3">贷　方</th><th rowspan="2">余　额</th></tr>
<tr><th>月</th><th>日</th><th>商品销售收入</th><th>劳务收入</th><th>合　计</th></tr>
<tr><td></td><td></td><td></td><td></td><td></td><td></td><td></td><td></td><td></td></tr>
<tr><td></td><td></td><td></td><td></td><td></td><td></td><td></td><td></td><td></td></tr>
<tr><td></td><td></td><td></td><td></td><td></td><td></td><td></td><td></td><td></td></tr>
<tr><td></td><td></td><td></td><td></td><td></td><td></td><td></td><td></td><td></td></tr>
<tr><td></td><td></td><td></td><td></td><td></td><td></td><td></td><td></td><td></td></tr>
</table>

利润明细账一般按借方和贷方分设多栏，即按利润构成项目设多个栏目（见表 3—56）。

表 3—56　　本年利润明细账　　第　页

<table>
<tr><th colspan="2">年</th><th colspan="2">凭证</th><th rowspan="2">摘　要</th><th colspan="4">借方（项目）</th><th colspan="4">贷方（项目）</th><th rowspan="2">借或贷</th><th rowspan="2">余　额</th></tr>
<tr><th>月</th><th>日</th><th>字</th><th>号</th><th></th><th></th><th></th><th>合计</th><th></th><th></th><th></th><th>合计</th></tr>
<tr><td></td><td></td><td></td><td></td><td></td><td></td><td></td><td></td><td></td><td></td><td></td><td></td><td></td><td></td><td></td></tr>
</table>

四、备查账的设计

备查账是对某些序时账簿和分类账簿中未能记载或记载不全的经济业务进行补充登记，提供必要的参考资料，所以又称辅助账簿。备查账的特点：它与有关明细账有勾稽关系，但不受总账统驭；在账务处理上比较灵活，不受会计期间结算工作的严格限制。备查账的特点决定了它没有固定的格式，可根据实际需要灵活确定。

（一）备查账反映的主要事项

1. 代保管的财产物资

代保管的财产物资是指所有权不属于本企业，但由本企业代为保管或使用的财物，如经营性租入的固定资产、受托加工的物资、受托代销商品、租入包装物和代管商品物资等。为了反映租入固定资产的租入和归还时间、支付租金的情况及受托加工物资加工费的收取和保管责任等，企业应设置“租入固定资产备查簿”和“受托加工物资备查簿”进行详细登记。

2. 发出财产物资

发出财产物资是指所有权属于本企业，但由于某种原因已发往外地或外单位的财产物资，如展览中的商品、委托代销商品和分期收款发出的商品等。为了避免这些财物受损，按期收回实物或货款，应设置如“分期收款发出商品备查簿”和“委托代销商品备查簿”等进行登记。

3. 大宗、贵重物资

这主要是指对同一业务需要进行多方面登记的财产物资，应设置如“固定资产保管登记卡”和“使用登记卡”等。

4. 重要空白凭证和经济事项记录

企业重要的空白凭证、经济合同执行记录和贷款还款情况记录等资料所反映的事项，由于管理上的需要而必须予以反映，应设置相应的备查账簿进行详细记录。

5. 其他不便于在日记账和分类账中反映的事项

例如，对应收票据和应付票据，为了详细反映其种类、起止时间、金额、利率和贴现等情况，应分别设置“应收票据备查簿”和“应付票据备查簿”进行记录。再如，企业的长期股权投资，在确认被投资单位发生的净亏损中本企业应负担的部分冲减长期股权投资的账面价值时，长期股权投资的账面价值只能减记至零，对本企业应负担的未予冲减的金额，应设置“长期股权投资备查簿”进行登记，待以后各期被投资单位实现净利润，按本企业应分享的部分冲减备查登记数，尔后的余额再恢复长期股权投资的账面价值。

(二)备查账设计举例

备查账是根据各企业会计核算和经营管理的需要而设置的。它可以弥补序时账簿和分类账簿提供资料的不足，提供备查性质的资料。它没有固定的格式，各企业可以根据实际需要设计。现举例说明备查账的设计如表3—57、表3—58和表3—59所示。

表3—57 租入固定资产登记簿 第 页

资产名称	规格	合同号	租出单位	租入日期	租期	租金	使用地点	备注

表3—58 应收票据登记簿

种类	号数	出票日期	出票人	票面金额	到期日期	利率	付款人	承兑人	背书人	贴现			收回		注销	备注
										日期	贴现率	贴现额	日期	金额		

表 3—59 委托加工材料登记簿 计量单位：

材料名称	规格	合同号	委托单位	接收数量	成品名称	消耗定额	预计成品量
材料名称	接收日	加工日	完工日	完工量	交付日期	加工费用	备注

第四节 会计报告系统设计

一、会计报告设计概述

会计报告又称财务报告，是指企业对外提供的反映企业某一特定日期的财务状况和某一会计期间的经营成果、现金流量等会计信息的文件。会计报告包括会计报表、附注以及其他应当在会计报告中披露的相关信息和资料。其中，会计报表是会计报告的核心，企业对外提供的主要财务信息都应纳入会计报表。一套完整的会计报表至少应当包括资产负债表、利润表、现金流量表、所有者权益(或股东权益，下同)变动表以及附注。

资产负债表反映企业在某一特定日期所拥有的资产、需偿还的债务以及股东(投资者)拥有的净资产情况；利润表反映企业在一定会计期间的经营成果，即盈利或亏损的情况，表明企业所拥有的资产的获利能力；现金流量表反映企业在一定会计期间现金及现金等价物流入和流出的情况；所有者权益变动表反映构成所有者权益的各组成部分当期增减变动的情况。

附注是财务报表不可或缺的组成部分，是对在资产负债表、利润表、现金流量表和所有者权益变动表等报表中列示项目的文字描述或明细资料，以及对未能在这些报表中列示项目的说明等。

为了反映企业经营管理者受托责任的履行情况，帮助会计报告使用者做出经济决策，企业必须按照国家会计法规的规定定期编制会计报告，向会计报告使用者提供与企业财务状况、经营成果和现金流量等有关的会计信息。

(一)会计报告设计的意义

设计会计报告是对会计核算工作的全面总结，也是及时提供合法、真实、准确、完整会计信息的重要环节。会计报告的使用者通常包括投资者、债权人、政府及相关机构、企业管理人员、职工和社会公众等，他们对企业会计报告所提供信息的要求各有侧重。企业的投资者和债权人通过会计报告了解企业的资金营运情况、短期偿债能力和支付能力，了解企业的经营前景、盈利能力和发放股利的能力等，以保证投资者能获取相应收益，债权人能及时、安全地收回各项贷款。政府有关部门通过会计报告，便于加强对企业经营管理的指导，实现经济稳定、有序地发展。企业管理者通过会计报告了解企业资产、负债和所有者权益的构成情况，以及资金、成本和利润的基本状况，从而有针对性地组织企业的生产经营活动，加强经营管理，为提高企业的经济效益服务。

会计报告设计的意义主要表现为以下几个方面：

1. 有助于会计报告使用者进行合理决策

在企业外部集团中，投资者和债权人是会计报告最重要的使用者。投资者和债权人利用企业会计报告可以分析企业在激烈的市场竞争中生存、适应、成长与扩展的能力，预测企业未来的现金流量状况，这些因素都是外部信息使用者进行投资和信贷决策时必须考虑的。

2. 有助于考核企业管理当局受托经管责任的履行情况

目前，我国企业的组织形式以股份有限公司为主，股份有限公司的"两权分离"使股东和企业管理当局之间出现委托代理关系。股东即财产所有者，为了维护自身利益，需要及时了解经营管理者对受托经济资源的经营管理情况。会计报告的编制受企业会计准则和相关法规的约束，能够比较全面、系统地反映企业的财务状况、经营成果和现金流量，有助于分析、评价和考核管理当局的经营业绩及其受托经管责任的履行情况。企业管理当局的主要职能是鼓励和激发各种集团保持或扩大对企业的贡献，协调企业与相关利益集团之间的关系，通过会计报告，可以定期向有关利益集团全面、系统、连续和客观地报告对受托资源的管理与利用情况，以及利用这些资源所创造的效益和分配情况。

3. 有助于国家有关部门进行宏观调控和资源配置

通过企业提供的会计报告，国家有关部门可以考核国民经济各部门的运行情况，了解经济与社会目标的实现情况，并进行必要的宏观调控，促进社会资源的有效配置。

(二)会计报告设计的种类

1. 按反映的经济内容分为反映财务状况的报表和反映经营成果的报表

反映财务状况的报表是指反映企业在某一时点的资产、负债和所有者权益的构成情况及其在一定期间的变动情况的报表。这类报表主要有资产负债表及其附表、所有者权益变动表和现金流量表等。

反映经营成果的报表是指反映企业一定期间收入、费用和利润情况的报表。这类报表主要有利润表、主营业务收支明细表、产品生产成本表、制造费用明细表和管理费用明细表等。

2. 按服务对象分为外部报表和内部报表

外部报表是企业向外部会计信息使用者，包括投资人、债权人、政府管理部门和证券交易所等报告其经济活动和财务收支情况的会计报表，如资产负债表、利润表、现金流量表和所有者权益变动表。这类报表一般有统一的格式和编制要求。

内部报表是用来反映企业经济活动和财务收支的具体情况，为管理者进行决策提供信息的会计报表，如成本报表和有关附表，以及企业预算、计划、业绩考评等的报表。这类报表的内容和格式一般没有国家的统一规定。

3. 按编制单位分为基层报表和汇总报表

基层报表是由独立核算的基层单位编制的反映本单位经济活动情况的报表。

汇总报表是由基层单位的主管部门根据所属单位编报的基层报表进行逐级汇总而编制的会计报表。

4. 按编制时间分为月报、季报、半年报和年报

月报是按月编制的会计报告。企业的月度会计报告应当在月份终了后 6 天内(节假日顺延)报出。

季报是按季度编制的会计报告。企业季度会计报告应当在季度终了后 15 天内报出。

半年报是每年年中编制的中期会计报告。企业半年度会计报告应当于年度中期结束后

60天内(2个月内)报出。

年报是按年编制的会计报告。企业年度会计报告应当在年度终了后4个月内对外提供。

(三)会计报告设计的原则

为了充分发挥会计报告的作用,为会计报告的使用者提供对决策有用的信息,在设计会计报告时,应遵循以下原则:

1. 完整性

完整性是指会计报告及其指标体系应当严密、完整,形成一个系统文件,这主要是针对对外报送的报告而言。企业必须设计一套完整的会计报告体系,具体要求是设计的会计报告种类齐备、主次分明、配合有序、协调一致,并根据企业会计准则、企业的经营特点和管理要求设计各个方面的指标。各种会计报告中的指标应当相互联系、相互补充、相互衔接,共同构成一个完整的会计指标体系,以便反映企业经济活动的全貌。

2. 统一性

统一性是指遵照现行企业会计准则和会计制度的规定设计对外会计报告。关于对外会计报告的种类、格式、项目排列及内容、编报时间和要求等,财政部门通过企业会计准则做了统一规定,需要企业自行设计的空间不大,企业在编制会计报告时要严格遵守企业会计准则的相关规定。

此外,企业要考虑自身的管理要求和业务特点,设计适合本企业的各种对内会计报告的种类、名称、格式、内容、编制方法、报送时间和程序等,以满足企业内部经营管理的需要。

3. 稳定性

稳定性是指会计报告的指标内容与名称应保持相对稳定,以保持不同时期报告指标之间的可比性。

不论是对外会计报告还是对内会计报告,都是由一系列指标构成的,并且报告指标之间以及不同报告指标之间具有一定的联系,它们的有机结合方能更加准确地提供会计信息。设计会计报告的过程实质上也是设计报告指标体系的过程。因此,报告指标及指标体系一经确定,就不应随意改动,以保持不同时期报告指标的可比性,使信息使用者通过不同时期的同类和同种会计指标的对比,分析、考查企业的成长性,评价企业的经济效益。

4. 明晰性

明晰性是指会计报告的项目名称和内容必须简明清晰、容易填制、易于理解、方便分析,并可以确保企业能够及时编报各种会计报告,以满足有关方面的信息需要。在设计会计报告时,应避免向其使用者提供"垃圾信息",杜绝提供误导性信息,并尽可能减少需要复杂分析与计算填列的报告项目。

(四)会计报告设计的基本内容

会计报告设计主要包括经济指标体系设计、报告基本格式设计、报告编制程序设计和报告报送程序设计。

1. 会计报告经济指标体系的设计

经济指标是构成会计报告的基本要素。会计报告指标体系设计是会计报告设计的核心任务,应根据会计制度适用的企业或行业的经营活动与管理要求,分析设计企业需要的财务指标。在设计会计报告指标体系时,应满足以下要求:

(1)根据用途和日期设计不同的经济指标。报告指标要集中、稳定、扼要,注意指标之间的勾稽平衡关系。内部报表的指标要及时、灵活、具体且便于计算。

(2)设计时应分主次,规定主表指标和附表指标。

(3)根据报告期的长短和编制要求设计经济指标。报告期长,指标就要详细;反之,则可粗略一些。

(4)指标体系内容要完整、明确。

2. 会计报告基本格式的设计

会计报告的用途不同,内容也千差万别,但各种会计报告的基本格式是相同的。在一般情况下,会计报告的格式包括表头、正表和附注三个部分。

(1)表头

表头的设计一般包括报告的名称、编制单位、计量单位和编制日期四个部分。

(2)正表

正表的设计是指会计报告主要内容的设计,即各项经济指标的设计,用于反映某一报告所要揭示的会计信息。在一般情况下,正表可以使用本期数与上期数或计划数与实际数等指标体系。在实际设计过程中可以根据需要适当选择具体的指标体系。

(3)附注

附注是会计报告的补充资料,是对报告有关项目所做的解释。附注反映的内容包括:采用的主要会计方法,会计方法的变更原因、情况和影响,非常项目的说明;会计报告中有关重要项目的明细说明;等等。附注一般可以采用报告尾注、表外单独附注等形式。

3. 会计报告编制程序的设计

为了保证会计报告的及时编制,必须规定会计报告的编制程序。

(1)确定会计期间

企业会计准则规定:企业应当划分会计期间,分期结算账目和编制会计报告。会计期间分为年度和中期。中期是指短于一个完整的会计年度的报告期间。因此,会计期间分为公历的年度、半年度、季度和月度,以会计期间的结束作为报告的编制时间。

(2)设计结账日程表

要想及时编制会计报告,必须加强期末的汇总、对账和结账工作,从而保证报告的准确性和及时性。因此,必须按照结账日程表的规定进行对账和结账,使期末各项工作顺利完成。

(3)设计报表工作底稿

通过工作底稿,将一定期间发生的经济业务进行调整、试算、分析和汇总,为编制会计报告做好准备。

(4)编制报表及附注

(5)编制财务状况说明书

在一般情况下,企业需要编制财务状况说明书,对企业的财务活动情况进行文字说明,总结经验和教训,指明发展趋势,提出整改措施。

4. 会计报告报送程序的设计

会计报告按照报送对象的不同,可分为对外报告和对内报告。对内报告的报送程序比较简单,主要是向企业的管理当局报送;而对外报告的报送则应当按规定的程序和要求进行。

(1)整理会计报告

会计报告编制好后,应由编制人员复核,确保内容完整、数据准确,并由编制人员依次编写页码、加具封面、装订成册、加盖公章。封面上应注明企业名称、企业地址、会计报告所属期间和报送日期等。

(2)对报告进行审核、签章

会计报告应提交机构负责人、主管会计工作的负责人和企业负责人审核，审核无误后，上述人员分别在封面上签名、盖章。设置总会计师岗位的企业还应由总会计师签章。

(3)委托注册会计师进行审计

按照我国法律法规的规定，会计报告需要注册会计师审计的，企业在向外报送前要先经过注册会计师的审计，并将会计师事务所出具的审计报告与会计报告一并报出。

(4)对外报送会计报告

经上述程序后，会计报告应按规定的对象、方式和期限对外报送。会计报告的报送期限规定如下：月报应于月度终了后6天报出，季报应于季度终了后15天报出，半年报应于年度中期终了后60天报出，年报应于年度终了后4个月报出。

二、资产负债表的设计

资产负债表是反映企业某一特定日期财务状况的会计报表。资产负债表属于静态报表，其编制基础是“资产＝负债＋所有者权益”这一会计恒等式。具体来讲，资产负债表是反映企业某一特定日期(通常为各个会计期末)所拥有或控制的经济资源、所承担的现时义务和所有者对企业净资产的要求权的报表。

(一)资产负债表结构的设计

资产负债表的结构包括表头、表身(表体)和表尾三个部分。表头包括表名、编制单位、编制日期和货币计量单位四个要素；表身是资产负债表的主要部分，包括资产、负债和所有者权益各项目的金额；表尾主要是指附注部分。

资产负债表表体的格式有报告式和账户式两种。

1. 报告式资产负债表的格式设计

报告式资产负债表又称垂直式资产负债表，它是将资产、负债和所有者权益各报表项目自上而下垂直排列，其简化格式如表3－60所示。

表3－60　　资产负债表

编制单位：　　年　月　日　　单位：

项　目	金　额	
	年初数	期末数
资产：		
流动资产		
非流动资产		
其他非流动资产		
小　计		
负债：		
流动负债		
长期负债		
小　计		

续表

项　目	金　额	
	年初数	期末数
所有者权益：		
实收资本		
资本公积		
盈余公积		
未分配利润		
小　计		
负债及所有者权益合计		

2. 账户式资产负债表的格式设计

账户式资产负债表又称平衡式资产负债表，该报表分为左右两方，左方列示资产项目，右方列示负债和所有者权益项目。左方资产项目的合计数与右方负债和所有者权益项目的合计数相等。我国企业的资产负债表采用账户式结构，其格式如表 3－61（一般企业）所示。

表 3－61　　**资产负债表**　　会企 01 表

编制单位：　　年　月　日　　单位：

资　产	行次	年初数	期末数	负债和所有者权益（或股东权益）	行次	年初数	期末数
流动资产：				流动负债：			
货币资金				短期借款			
交易性金融资产				交易性金融负债			
衍生金融资产				衍生金融负债			
应收票据				应付票据			
应收账款				应付账款			
预付款项				预收款项			
其他应收款				合同负债			
存货				应付职工薪酬			
合同资产				应交税费			
持有待售资产				其他应付款			
一年内到期的非流动资产				持有待售负债			
其他流动资产				一年内到期的非流动负债			
流动资产合计				其他流动负债			
非流动资产：				流动负债合计			
债券投资				非流动负债：			
其他债券投资				长期借款			

续表

资　产	行次	年初数	期末数	负债和所有者权益（或股东权益）	行次	年初数	期末数
长期应收款				应付债券			
长期股权投资				长期应付款			
其他权益工具投资				预计负债			
其他非流动金融资产				递延收益			
固定资产				递延所得税负债			
在建工程				其他非流动负债			
生产性生物资产				非流动负债合计			
油气资产				负债合计			
无形资产				所有者权益（或股东权益）：			
开发支出				实收资本（或股本）			
商誉				其他权益工具			
长期待摊费用				其中：优先股			
递延所得税资产				永续债			
其他非流动资产				资本公积			
非流动资产合计				减：库存股			
				其他综合收益			
				专项储备			
				盈余公积			
				未分配利润			
				所有者权益（股东权益）合计			
资产总计				负债和所有者权益总计			

（二）资产负债表内容的设计

资产负债表主要反映以下三个方面的内容：

1. 资产

资产按照其流动性由强到弱的顺序分类排列，具体分为流动资产和非流动资产两部分。在账户式资产负债表中，资产项目列示在左方。

（1）流动资产

流动资产的具体项目包括货币资金、交易性金融资产、衍生金融资产、应收票据、应收账款、预付款项、其他应收款、存货、合同资产、持有待售资产和一年内到期的其他流动资产等。

（2）非流动资产

非流动资产的具体项目包括债券投资、其他债券投资、长期应收款、长期股权投资、其他权益工具投资、其他非流动金融资产、固定资产、在建工程、无形资产、开发支出、商誉、长期待摊费用和其他非流动资产等。

2. 负债

负债按照其偿还期限的长短分类排列，具体分为流动负债和非流动负债，流动负债排列在前，非流动负债排列在后。在账户式资产负债表中，负债项目列示在资产负债表的右上方。

(1)流动负债

流动负债具体包括短期借款、交易性金融负债、衍生金融负债、应付票据、应付账款、预收款项、合同负债、应付职工薪酬、应交税费、其他应付款、持有待售负债、一年内到期的非流动负债和其他流动负债等项目。

(2)非流动负债

非流动负债具体包括长期借款、应付债券和长期应付款、预计负债、递延收益、递延所得税负债和其他非流动负债等项目。

3. 所有者权益

所有者权益一般按永久性程度由高到低的顺序排列。在账户式资产负债表中，所有者权益项目列示在右下方。

所有者权益主要包括实收资本、其他权益工具、资本公积、其他综合收益、专项储备、盈余公积和未分配利润等项目。

(三)资产负债表编制方法的设计

资产负债表是一张静态报表，反映企业某一时点的财务状况，因此，在编制时应该根据有关账户的余额填列。

资产负债表的“年初数”栏内各项目应该根据上年末(12 月 31 日)资产负债表“期末数”栏内所列数据填列。如果本年度资产负债表规定的各个项目的名称和内容与上年度不一致，应对上年年末资产负债表各项目的名称和数据按本年度的规定进行调整，按调整后的数据填入本年度资产负债表的“年初数”栏内。

资产负债表的“期末数”栏内各项目应该根据本期总分类账和明细分类账的期末余额填列。其编制方法一般有以下几种：

1. 根据总分类账户余额直接填列

资产负债表的很多项目可以根据相应的总分类账户期末余额直接填列，如“交易性金融资产”“固定资产清理”“短期借款”“应付票据”“应付职工薪酬”“应交税费”“应付利息”“应付股利”“其他应付款”“实收资本”“资本公积”和“盈余公积”等报表项目。

2. 根据若干总分类账户余额分析填列

有些项目要根据若干总分类账户余额分析填列。例如，“货币资金”项目应根据“库存现金”“银行存款”和“其他货币资金”账户的余额合计数填列，“存货”项目应根据“原材料”“库存商品”“材料采购”“周转材料”“生产成本”和“材料成本差异”等账户的期末余额合计填列。

3. 根据明细分类账户余额分析填列

有些项目需要根据明细分类账户余额计算填列，如“应付账款”项目应根据“应付账款”和“预付账款”账户所属明细账的期末贷方余额合计数填列。

4. 根据总账和明细账户余额分析填列

有些项目需要根据总账和明细账户余额分析填列，如“长期借款”项目应根据“长期借款”总账期末余额扣除其明细账中将于一年内到期的部分计算填列。

5. 根据有关账户余额减去其备抵账户余额后的净额填列

有些项目需要根据有关账户余额减去其备抵账户余额后的净额填列，如“固定资产”项目根据“固定资产”账户的期末余额减去“累计折旧”和“固定资产减值准备”账户的余额后的净额填列。

三、利润表的设计

利润表又称收益表、损益表，是反映企业某一会计期间经营成果的报表。利润表属于动态报表，它把企业一定期间（通常是1个月）的收入与费用配比，计算出企业一定期间的净利润（或净亏损）。利润表的编制基础是“收入－费用＝利润”这一会计等式。编制利润表的主要目的是将企业经营成果的信息提供给各种报表用户，以供他们作为决策的依据或参考。

（一）利润表结构的设计

利润表的结构一般包括表首和正表两个部分。表首概括地说明报表名称、编制单位、编制日期、报表编号和货币单位等；正表是利润表的主体，反映了形成经营成果的各个项目及其计算过程。

利润表的格式一般有两种，即单步式利润表和多步式利润表。

1. 单步式利润表格式的设计

单步式利润表是将汇总的本期各项收入的合计数与各项成本、费用的合计数相抵后计算求得本期最终损益的表式。单步式利润表的编制方法简单，但收入和费用的性质不加以区分，缺少利润构成情况的详细资料，不利于报表分析。单步式利润表的格式如3－62所示。

表3－62 **利润表**

编制单位： 年 月 日 单位：

项 目	本月数	本年累计数
一、收入		
营业收入		
投资收益		
公允价值变动收益		
营业外收入		
收入合计		
二、费用		
营业成本		
税金及附加		
销售费用		
管理费用		
财务费用		
资产减值损失		
营业外支出		
所得税费用		
费用合计		
三、净利润		

2. 多步式利润表格式的设计

多步式利润表是将收入与费用项目按不同性质归类后依次计算营业利润、利润总额和净利润的表式。多步式利润表注重收入与成本费用配比的层次性，从而得出一些中间性的利润数据，与单步式利润表相比，能够提供更为丰富的信息。这样有利于报表使用者从不同损益类别中了解企业经营成果的不同来源，有利于对生产经营情况进行分析，有利于利润表的纵向和横向比较。

我国企业会计准则明确规定采用多步式利润表。其格式如表3—63所示。

表3—63 利润表

编制单位： 年 月 日 单位：

项 目	本月数	本年累计数
一、营业收入		
减：营业成本		
税金及附加		
销售费用		
管理费用		
财务费用		
资产减值损失		
加：公允价值变动损益		
投资收益		
二、营业利润		
加：营业外收入		
减：营业外支出		
三、利润总额		
减：所得税费用		
四、净利润		

(二)利润表内容的设计

利润表主要反映以下几个方面的内容：

1. 构成营业利润的各项要素

从营业收入出发，减去营业成本、税金及附加、销售费用、管理费用、财务费用和资产减值损失，加上公允价值变动收益(减公允价值变动损失)和投资收益(减投资损失)，计算出营业利润。

2. 构成利润总额的各项要素

在营业利润的基础上，加上营业外收入，减去营业外支出等项目，计算出利润总额。

3. 构成净利润的各项要素

在利润总额的基础上，减去所得税费用，计算出净利润(或净亏损)。

(三)利润表编制方法的设计

1. 利润表编制步骤的设计

企业的利润表分以下三个步骤编制：

第一步，计算营业利润：

营业利润＝营业收入－营业成本－税金及附加－销售费用－管理费用－财务费用
－资产减值损失＋公允价值变动收益（减去公允价值变动损失）＋投资收益（减去投资损失）

第二步，计算利润总额：

利润总额＝营业利润＋营业外收入－营业外支出

第三步，计算净利润（或净亏损）：

净利润＝利润总额－所得税费用

2. 利润表各项目填列方法的设计

我国《企业财务会计报告条例》规定，年度、半年度会计报表至少应当反映两个年度或者两个期间的比较数据。也就是说，企业需要提供比较利润表。所以，利润表需要提供“本期金额栏”和“上期金额栏”两列数据。

利润表中的“上期金额栏”应根据上年该期间利润表的“本期金额栏”内所列数据填列。如果上年该期利润表规定的各项目名称和内容与本期不一致，应先对上年该期利润表各项目的名称和数据按本期的规定进行调整，然后填入本期利润表的“上期金额栏”。

利润表中的“本期金额栏”根据各项目对应的损益类账户的发生额分析填列，而营业利润、利润总额和净利润则根据相关项目计算填列。

通常，月份利润表中“本期金额栏”还需要分别提供“本月数”和“本年累计数”两列数据。“本月数”栏反映各项目的本月实际发生额，根据各有关账户的本月发生额填列。“本年累计数”栏反映各项目自年初起至本月末的累计实际发生数。根据上月利润表“本年累计数”栏的数据加上本月利润表“本月数”栏的数据，可以得出本月利润表各项目的“本年累计数”，然后填入相应的项目。

利润表中各项目应根据有关损益类账户的发生额填列，具体填列方法如下：

（1）“营业收入”项目反映企业经营业务所取得的收入总额。本项目应根据“主营业务收入”账户和“其他业务收入”账户的发生额分析填列。

（2）“营业成本”项目反映企业经营业务所发生的实际成本。本项目应根据“主营业务成本”账户和“其他业务成本”账户的发生额分析填列。

（3）“税金及附加”项目反映经营业务应负担的增值税、消费税、资源税、城市维护建设税和教育费附加等各项税费。本项目应根据“税金及附加”账户的发生额分析填列。

（4）“销售费用”项目反映企业为销售产品所发生的各项费用。本项目应根据“销售费用”账户的发生额分析填列。

（5）“管理费用”项目反映企业行政管理部门为组织和管理生产而发生的各项费用。本项目应根据“管理费用”账户的发生额分析填列。

（6）“财务费用”项目反映企业为筹集资金而发生的各项费用。本项目应根据“财务费用”账户的发生额分析填列。

（7）“资产减值损失”项目反映企业因资产减值而发生的损失。本项目应根据“资产减值损失”账户的发生额分析填列。

（8）“公允价值变动损益”项目反映企业资产因公允价值变动而发生的损益。本项目应根据“公允价值变动损益”账户的发生额分析填列；如为公允价值变动损失，则以“－”号填列。

（9）“投资收益”项目反映企业以各种方式对外投资所取得的收益。本项目应根据“投资收益”账户的发生额分析填列;如为投资损失,则以“－”号填列。

(10)“营业外收入”项目反映企业发生的与其日常经营活动无直接关系的各项利得。本项目应根据“营业外收入”账户的发生额分析填列。

(11)“营业外支出”项目反映企业发生的与其日常经营活动无直接关系的各项损失。本项目应根据“营业外支出”账户的发生额分析填列。

(12)“所得税费用”项目反映企业按照规定从本期收益中减去的所得税。本项目应根据“所得税费用”账户的发生额分析填列。

(13)“净利润”项目反映企业本期实现的净利润。本项目应根据利润表中“利润总额”项目和“所得税费用”项目计算求得。

四、现金流量表的设计

现金流量表也称账务状况变动表,是反映企业一定期间现金流入和流出情况的会计报表,也是反映企业财务状况变动情况的报表。现金流量表是动态会计报表。编制现金流量表的主要目的是为使用者提供企业一定期间现金流入和流出的信息,以便其了解和评价企业获得现金和现金等价物的能力。

(一)现金流量表编制基础的设计

现金流量表是以现金为基础编制的。这里的现金是广义的现金,包括现金和现金等价物,具体包括以下内容:

1. 库存现金

库存现金是指企业持有的可随时用于支付的现款,即与会计核算中“库存现金”账户所核算的内容一致。

2. 银行存款

银行存款是指企业存在银行或其他金融机构的可随时用于支付的存款,即与会计核算中“银行存款”账户所核算的内容基本一致,但不能随时支取的定期存款,不作为现金流量表中的现金。

3. 其他货币资金

其他货币资金是指企业存在银行或其他金融机构的有特定用途的资金,包括银行汇票存款、银行本票存款、外埠存款、信用证保证金存款、信用卡存款和存出投资款等。

4. 现金等价物

现金等价物是指企业持有的期限短、流动性强、易于转换为已知金额的现金和价值变动风险很小的短期投资。现金等价物虽然不是现金,但其支付能力与现金的差别不大,所以可以视同现金。典型的现金等价物通常是指自购买日起3个月内到期的短期债券投资。

(二)现金流量表项目分类的设计

现金流量表将企业现金按照产生来源的不同,分为以下三类:

1. 经营活动产生的现金流量

经营活动是指企业投资活动和筹资活动以外的所有交易或事项。对于工业企业而言,经营活动主要包括销售商品、提供劳务、购买商品、接受劳务、发放工资和支付税款等。

在通常情况下,工业企业经营活动的现金流入主要有销售或提供劳务收到的现金、收到的租金和税费返还等;经营活动的现金流出主要有购买商品、接受劳务支付的现金,支付的租金、工资、税款和各项费用等。

2. 投资活动产生的现金流量

投资活动是指企业长期资产的购建和不包括在现金等价物范围内的投资及其处置活动。

投资活动的现金流入主要有收回投资，分得股利或利润，取得债券利息等；投资活动的现金流出主要有购建固定资产和无形资产支付的现金，取得权益性投资和债权性投资支付的现金等。

3. 筹资活动产生的现金流量

筹资活动是指会导致企业资本及债务规模和构成发生变化的活动。

筹资活动的现金流入主要有吸收权益性资本和发行债券取得的现金，筹资活动的现金流出主要有偿还债务、分配股利或利润支付的现金等。

（三）现金流量表内容和结构的设计

现金流量表分为两个部分：第一部分为正表，第二部分为附表。

现金流量表正表主要分类反映经营活动产生的现金流量、投资活动产生的现金流量和筹资活动产生的现金流量，最后汇总反映企业某一期间现金及现金等价物的净增加额。在有外币现金流量及境外子公司的现金流量折算为人民币的企业，还应设置“汇率变动对现金及现金等价物的影响”项目。

现金流量表附表是现金流量表不可或缺的一部分，主要反映将净利润调节为经营活动现金流量、不涉及现金收支的重大投资和筹资活动以及现金及现金等价物净变动的情况。

我国企业现金流量表采用报告式结构，其格式如表 3－64 和表 3－65 所示。

表 3－64 **现金流量表**

编制单位： 年 单位：

项　目	行次	金　额
一、经营活动产生的现金流量		
销售商品、提供劳务收到的现金	1	
收到的税费返还	3	
收到的其他与经营活动有关的现金	8	
经营活动现金流入小计	9	
购买商品、接受劳务支付的现金	10	
支付给职工以及为职工支付的现金	12	
支付的各项税费	13	
支付的其他与经营活动有关的现金	18	
经营活动现金流出小计	20	
经营活动产生的现金流量净额	21	
二、投资活动产生的现金流量		
收回投资所收到的现金	22	
取得投资收益所收到的现金	23	
处置固定资产、无形资产和其他长期资产所收回的现金净额	25	
收到的其他与投资活动有关的现金	28	

续表

项　目	行次	金　额
投资活动现金流入小计	29	
购建固定资产、无形资产和其他长期资产所支付的现金	30	
投资所支付的现金	31	
支付的其他与投资活动有关的现金	35	
投资活动现金流出小计	36	
投资活动产生的现金流量净额	37	
三、筹资活动产生的现金流量		
吸收投资所收到的现金	38	
取得借款所收到的现金	40	
收到的其他与筹资活动有关的现金	43	
筹资活动现金流入小计	44	
偿还债务支付的现金	45	
分配股利、利润和偿付利息支付的现金	46	
支付的其他与筹资活动有关的现金	52	
筹资活动现金流出小计	53	
筹资活动产生的现金流量净额	54	
四、汇率变动对现金及现金等价物的影响	55	
五、现金及现金等价物净增加额	56	
加:期初现金及现金等价物余额	57	
六、期末现金及现金等价物余额	58	

表 3—65　　现金流量表附表

项　目	行次	金　额
1.将净利润调节为经营活动现金流量		
净利润	59	
加:资产减值准备	60	
固定资产折旧	61	
无形资产摊销	64	
长期待摊费用摊销	65	
处置固定资产、无形资产和其他长期资产的损失(收益以“—”号填列)	66	
固定资产报废损失(收益以“—”号填列)	67	
公允价值变动损失(收益以“—”号填列)	68	
财务费用(收益以“—”号填列)	69	

续表

项　目	行次	金　额
投资损失(收益以“－”号填列)	70	
递延所得税资产减少(增加以“－”号填列)	71	
递延所得税负债增加(减少以“－”号填列)	72	
存货的减少(增加以“－”号填列)	73	
经营性应收项目的减少(增加以“－”号填列)	74	
经营性应付项目的增加(减少以“－”号填列)	75	
其他	76	
经营活动产生的现金流量净额	77	
2.不涉及现金收支的投资和筹资活动		
债务转为资本	78	
一年内到期的可转换公司债券	79	
融资租入固定资产	80	
3.现金及现金等价物净变动情况		
现金的期末余额	81	
减:现金的期初余额	82	
加:现金等价物的期末余额	83	
减:现金等价物的期初余额	84	
现金及现金等价物净变动额	85	

(四)现金流量表编制方法的设计

编制现金流量表时,列报经营活动现金流量的方法有两种:一是直接法,二是间接法。在直接法下,一般是以利润表中的营业收入为起算点,调节与经营活动有关项目的增减变动,然后计算出经营活动产生的现金流量。在间接法下,将净利润调节为经营活动现金流量,实际上就是将按权责发生制原则确定的净利润调整为现金净流入,并剔除投资活动和筹资活动对现金流量的影响。

采用直接法编报现金流量表,便于分析企业经营活动产生的现金流量的来源和用途,预测企业现金流量的前景;采用间接法编报现金流量表,便于将净利润与经营活动产生的现金流量净额进行比较,了解净利润与经营活动产生的现金流量存在差异的原因,从现金流量的角度分析净利润的质量。

我国企业会计准则规定企业应当采用直接法编报现金流量表,同时要求在附注中提供以净利润为基础调节到经营活动现金流量的信息。采用直接法具体编制现金流量表时,企业可以根据业务量的大小及复杂程度,选择采用工作底稿法、T形账户法或直接根据有关科目的记录分析填列现金流量表。

现金流量表各项目的填列方法说明如下:

1.经营活动产生的现金流量

(1)“销售商品、提供劳务收到的现金”项目，反映企业本年销售商品、提供劳务收到的现金，以前年度销售商品、提供劳务本年收到的现金(包括应向购买者收取的增值税销项税额)和本年预收的款项，减去本年销售本年退回商品和以前年度销售本年退回商品支付的现金。企业销售材料和代购代销业务收到的现金也在本项目反映。

(2)“收到的税费返还”项目，反映企业收到返还的所得税、增值税、消费税、关税和教育费附加等各种税费的返还款。

(3)“收到的其他与经营活动有关的现金”项目，反映企业经营租赁收到的租金等其他与经营活动有关的现金流入，金额较大的应当单独列示。

(4)“购买商品、接受劳务支付的现金”项目，反映企业本年购买商品、接受劳务实际支付的现金(包括增值税进项税额)，本年支付以前年度购买商品、接受劳务的未付款项和本年预付款项，减去本年发生的购货退回收到的现金。企业购买材料和代购代销业务支付的现金也在本项目反映。

(5)“支付给职工以及为职工支付的现金”项目，反映企业本年实际支付给职工的工资、奖金、各种津贴和补贴等职工薪酬(包括代扣代缴的职工个人所得税)。

(6)“支付的各项税费”项目，反映企业本年发生并支付、以前各年发生本年支付及预缴的各项税费，包括所得税、增值税、消费税、印花税、房产税、土地增值税、车船使用税和教育费附加等。

(7)“支付的其他与经营活动有关的现金”项目，反映企业经营租赁支付的租金，支付的差旅费、业务招待费、保险费、罚款支出等其他与经营活动有关的现金流出，金额较大的应当单独列示。

2. 投资活动产生的现金流量

(1)“收回投资所收到的现金”项目，反映企业出售、转让、到期收回除现金等价物以外的对其他企业的长期股权投资而收到的现金，但处置子公司及其他营业单位收到的现金净额除外。

(2)“取得投资收益所收到的现金”项目，反映企业除现金等价物以外的对其他企业的长期股权投资等分得的现金股利和利息等。

(3)“处置固定资产、无形资产和其他长期资产所收回的现金净额”项目，反映企业出售、报废固定资产、无形资产和其他长期资产所取得的现金(包括因资产毁损而收到的保险赔偿收入)，减去为处置这些资产而支付的有关费用后的净额。

(4)“收到的其他与投资活动有关的现金”项目，反映企业除上述项目外收到的其他与投资活动有关的现金。其他现金流入如果价值较大的，应当单独列示。

(5)“购建固定资产、无形资产和其他长期资产所支付的现金”项目，反映企业购买、建造固定资产、取得无形资产和其他长期资产所支付的现金(含增值税等)，以及用现金支付的应由“在建工程”和“无形资产”负担的职工薪酬。

(6)“投资所支付的现金”项目，反映企业取得除现金等价物以外的对其他企业的长期股权投资所支付的现金以及佣金、手续费等附加费用，但取得子公司及其他营业单位所支付的现金净额除外。

(7)“支付的其他与投资活动有关的现金”项目，反映企业除上述项目外支付的其他与投资活动有关的现金，金额较大的应当单独列示。

3. 筹资活动产生的现金流量

(1)“吸收投资所收到的现金”项目，反映企业以发行股票、债券等方式筹集资金实际收到的款项，减去直接支付的佣金、手续费、宣传费和印刷费等发行费用后的净额。

(2)“取得借款所收到的现金”项目，反映企业举借各种短期借款、长期借款而收到的现金。

(3)“收到的其他与筹资活动有关的现金”项目，反映企业除上述项目外收到的其他与筹资活动有关的现金，如接受现金捐赠等，金额较大的应当单独列示。

(4)“偿还债务所支付的现金”项目，反映企业为偿还债务本金而支付的现金。

(5)“分配股利、利润或偿付利息所支付的现金”项目，反映企业实际支付的现金股利、支付给其他投资单位的利润或用现金支付的借款利息和债券利息。

(6)“支付的其他与筹资活动有关的现金”项目，反映企业除上述项目外支付的其他与筹资活动有关的现金，金额较大的应当单独列示。

4. 汇率变动对现金及现金等价物的影响

该项目反映下列项目之间的差额：

(1)企业外币现金流量折算为记账本位币时，采用现金流量发生日的即期汇率或按照系统、合理的方法确定的与现金流量发生日即期汇率近似的汇率折算的金额(编制合并现金流量表时折算境外子公司的现金流量应当比照处理)。

(2)企业外币现金及现金等价物净增加额按资产负债表日即期汇率折算的金额。

5. 附表项目的内容及填列方法

附表中的“将净利润调节为经营活动现金流量”，实际上是以间接法编制的经营活动的现金流量。采用间接法将净利润调节为经营活动的现金流量时，需要调整的项目可分为四大类：一是实际没有支付现金的费用，二是实际没有收到现金的收益，三是不属于经营活动的损益，四是经营性应收应付项目的增减变动。

附表中的“不涉及现金收支的重大投资和筹资活动”，反映企业一定期间影响资产或负债但不形成该期间现金收支的所有投资和筹资活动的信息。这些投资和筹资活动虽然不涉及现金收支，但对以后各期的现金流量有重大影响。例如，融资租入设备，记入“长期应付款”科目，当期并不支付设备款及租金，但以后各期必须为此支付现金，从而在一定期间形成一项固定的现金支出。

(1)“资产减值准备”项目，反映企业计提的各项资产的减值准备。本项目根据“资产减值准备”科目的记录分析填列。

(2)“固定资产折旧”项目，反映企业本期累计提取的折旧。本项目根据“累计折旧”科目的贷方发生额分析填列。

(3)“无形资产摊销”和“长期待摊费用摊销”项目，分别反映企业本期累计摊入成本费用的无形资产的价值及长期待摊费用。这两个项目根据“累计摊销”和“长期待摊费用”科目的贷方发生额分析填列。

(4)“处置固定资产、无形资产和其他长期资产的损失(收益以‘－’号填列)”，反映企业本期由于处置固定资产、无形资产和其他长期资产而发生的净损失。本项目根据“营业外收入”“营业外支出”“其他业务收入”和“其他业务支出”科目所属有关明细科目的记录分析填列；如为净收益，以“－”号填列。

(5)“固定资产报废损失(收益以‘－’号填列)”项目，反映企业本期固定资产盘亏的净损失。本项目根据“营业外支出”和“营业外收入”科目所属有关明细科目的记录分析填列；如为净收益，以“－”号填列。

(6)“公允价值变动损失(收益以‘－’号填列)”项目，反映企业本期公允价值变动净损失。

根据“公允价值变动损益”科目分析填列；如为净收益，以“－”号填列。

(7)“财务费用(收益以‘－’号填列)”项目，反映企业本期发生的应属于投资活动或筹资活动的财务费用。本项目根据“财务费用”科目的本期借方发生额分析填列；如为收益，以“－”号填列。

(8)“投资损失(收益以‘－’号填列)”项目，反映企业本期投资所发生的损失减去收益后的净损失。本项目根据利润表“投资收益”项目的数据填列；如为投资收益，以“－”号填列。

(9)“递延所得税资产减少(增加以‘－’号填列)”项目，反映企业本期递延所得税资产的增加或减少。本项目根据资产负债表“递延所得税资产”项目期初、期末余额的差额填列。“递延所得税资产”的期末数小于期初数的差额以正数填列，期末数大于期初数的差额以“－”号填列。

(10)“递延所得税负债增加(减少以‘－’号填列)”项目，反映企业本期递延所得税负债的增加或减少。本项目根据资产负债表“递延所得税负债”项目期初、期末余额的差额填列。“递延所得税负债”的期末数大于期初数的差额以正数填列，期末数小于期初数的差额以“－”号填列。

(11)“存货的减少(增加以‘－’号填列)”项目，反映企业本期存货的减少(减：增加)。本项目根据资产负债表“存货”项目期初、期末余额的差额填列，期末数大于期初数的差额以“－”号填列。

(12)“经营性应收项目的减少(增加以‘－’号填列)”项目，反映企业本期经营性应收项目(包括应收账款、应收票据、其他应收款和预付账款中与经营活动有关的部分等)的减少(减：增加)。这里的应收账款和应收票据包括应收的增值税销项税额。

(13)“经营性应付项目的增加(减少以‘－’号填列)”项目，反映企业本期经营性应付项目(包括应付账款、应付票据、应付职工薪酬、应交税费、其他应付款和预收账款中与经营活动有关的部分)的增加(减：减少)。这里的应付账款和应付票据包括应付的增值税进项税额。

(14)“债务转为资本”项目，反映企业本期转为资本的债务金额。

(15)“一年内到期的可转换公司债券”项目，反映企业一年内到期的可转换公司债的金额。

(16)“融资租入固定资产”项目，反映企业本期融资租入固定资产记入“长期应付款”科目的金额减去“未确认融资费用”科目余额后的余额。

五、内部会计报告的设计

为了满足企业内部管理的需要，企业除按规定编报统一的对外会计报告外，还需要编制内部会计报告。内部会计报告不仅是编制外部会计报告的基础资料，而且是为企业管理者提供决策的依据。

(一)内部会计报告的设计要求

内部会计报告一般需根据企业的生产特点和管理要求自行设计，其格式和种类随企业实际情况的变化而调整。根据内部会计报告的特点，在设计时应达到以下要求：

1. 专题性

内部会计报告主要反映内部核算与管理某一方面的问题，因此，专题性是内部会计报告的重要特点。

2. 针对性

内部会计报告格式的设计要能针对某一具体业务的特点及其存在的问题，重点突出，简明扼要。

3. 实用性

内部会计报告指标的设计要适应企业内部管理的要求，按使用者的需要设计各种形式的指标。使用者通过设计的报告指标进行分析、比较和评价，可以监督计划和预算的执行情况，分析计划和预算执行过程中存在的问题及不足，总结经验，提高企业的管理水平。

4. 及时性

预测和决策具有较强的时效性，而内部会计报告信息是企业预测和决策的主要依据，因此，内部会计报告需要及时编制、及时反馈。

5. 灵活性

内部会计报告可以不定期编制，在格式上可以不拘一格（在不影响其功能的前提下，尽量排列整齐、美观大方、简单易懂），在种类上可以根据管理需求确定报告类型。

（二）常用内部会计报告设计举例

1. 资金管理报告的设计

（1）货币资金增减情况变动表

货币资金增减情况变动表是反映企业库存现金及银行存款每日增减变动及其余额情况的会计报表，由出纳人员在每日营业终了后，根据库存现金和银行存款日记账及其他有关资料编制，报送会计负责人和企业主要领导，以便其及时掌握企业库存现金和银行存款的变动情况，合理调配资金并准确做出货币资金的使用决策（见表3－66）。

表3－66　　货币资金增减情况变动表

年　月　日　　　　单位：

项　目	库存现金	银行存款	合　计	备　注
一、昨日账面余额				
加：×××				
×××				
减：×××				
×××				
二、本日账面余额				
未记账增加额				
未记账减少额				
三、本日实际余额				

会计主管：　　制单：　　出纳：　　审核：

设计货币资金增减情况变动表应注意三个方面的问题：

一是本日实际资金余额是由昨日账面余额加本日增加金额，减本日减少金额得出的；

二是本日货币资金增加的渠道和减少的去向；

三是资金的存放地点和账户设置。

（2）银行借款报告单

银行借款报告单是对企业各种银行借款的借入、偿还和结欠情况进行详细反映的报表，一般由主管银行借款的会计人员在月底编制，报送会计负责人和企业主要领导，以便掌握银行借款的增减变动和余额情况，加强对银行借款的管理，合理、有效地使用借入资金，并按期归还（见表3－67）。

表3－67　　**银行借款报告单**

年　月　　　　单位：

项　目	短期借款	长期借款	合　计	备　注
一、上月欠款总额				
其中：逾期未还数				
二、本月借款总额				
三、本月还款总额				
四、月末欠款总额				
其中：逾期未还数				
未记账增加数				

会计主管：　　　　制单：　　　　审核：

设计银行借款报告单应注意两个方面的问题：一是该表一般只限于实行存贷分户的企业使用，存贷合一的企业不需要编制；二是应按银行借款的种类划分栏次，分别反映每月的借入、归还和欠款数。

2. 存货管理报告的设计

(1)采购日报表

采购日报表是反映企业每日材料或商品购进情况的报表，由主管材料和应付款业务的会计人员编制，报送材料采购部门和其他有关部门，以便其及时了解采购计划的执行情况，加强对采购业务的管理(见表3－68)。

表3－68　　**采购日报表**

年　月　日

进货编号	客户名称	规格及型号	计量单位	数量	单价	金额	进项税额	应付账款总额

会计主管：　　　　制单：　　　　审核：

设计采购日报表应注意两个方面的问题：一是该表中应列示相似采购材料或商品的品名、规格型号、计量单位和单价；二是为了反映资金的结算情况，应按现购和赊购分别列示。

(2)销货日报表

销货日报表是反映每日商品销售情况的报表，一般由主管销售和应收款业务的会计人员编制，报送企业主要负责人和其他有关部门，以便其及时掌握企业销售计划的执行情况，及时发现问题，从而调整销售方式，改进销售策略，增加销售收入，减少销售风险（见表3—69）。

表3—69

销货日报表

年　月　日

出货编号	客户名称	规格及型号	计量单位	数量	单价	金额	销项税额	应付账款总额

会计主管：　　　　　　　　　　　制单：　　　　　　　　　　　审核：

设计销货日报表应注意两个方面的问题：一是该表中应列示相似采购材料或商品的品名、规格型号、计量单位和单价，二是应按现销和赊销分别列示。

3. 内部成本报告的设计

内部成本报告是根据日常成本核算资料定期编制，用以反映企业成本费用与产品成本水平及构成情况的报告，目的是考核和分析企业在一定时期内各项费用与生产成本计划的执行情况及结果。企业的经营特点决定了不同行业的成本报告格式和种类不尽相同。这里举例介绍生产企业的几种主要成本报告的设计。

（1）制造费用明细表

制造费用明细表由负责制造费用明细账的会计人员于月末或年末编制，报送生产成本管理部门和其他有关成本费用管理部门，以便及时了解制造费用计划完成情况，掌握其变化趋势，降低制造费用，从而降低成本。此外，企业还可以根据需要编制成本费用明细表、管理费用明细表和销售费用明细表等（见表3—70）。

表3—70

制造费用明细表

年　月　日　　　　　　　　　　单位：

费用项目	本年计划数	上年同期实际数	本月实际数	本年累计实际数
工资及福利费				
办公费				
差旅费				
水电费				
折旧费				
其他				
合　计				

会计主管：　　　　　　　　　　　制单：　　　　　　　　　　　审核：

（2）产品生产成本表

产品生产成本表是反映企业在月份、年度内生产的全部产品的总成本和各种主要产品的单位成本及总成本的报表，以考核全部产品和主要产品成本计划的执行结果，分析各种可比产品成本降低任务的完成情况。它由负责生产成本明细账的会计人员于月末或年末编制，报送企业主要领导和有关成本管理部门（见表3—71）。

表 3—71　　产品生产成本表

年　月　日　　单位：

项　目	本年计划数	本月实际数	本年累计实际数	完成百分比
本月生产费用				
其中：直接材料				
直接人工				
制造费用				
加：在产品、半成品月初余额				
减：在产品、半成品月末余额				
完工产品生产总成本				

会计主管：　　制单：　　审核：

(3)主要产品单位成本表

主要产品单位成本表是反映企业在月份、年度内生产的各种主要产品单位成本构成情况的报表，以考核各种主要产品单位成本计划的执行结果，分析各成本项目和消耗定额的变化及其原因，对比分析不同企业生产的同种产品的成本情况(见表 3—72)。

表 3—72　　主要产品单位成本表

年　月　　产品名称：

成本项目	本月计划	本月实际	完成百分比	本年实际平均	上年实际平均
直接材料					
直接人工					
制造费用					
合　计					

会计主管：　　制单：　　审核：

(4)成本分析表

成本分析表是对影响成本升降的各个因素进行分析的报表，由会计部门根据成本核算资料做出分析后在月末编制，报送企业领导和生产部门(见表 3—73)。

表 3—73　　成本分析表

年　月　　单位：

影响成本变动的因素	全部产品成本变动		主要产品成本变动	
	金额	占金额(%)	金额	占金额(%)
成本升降总额				
产量变动影响				
产品结构变动影响				
单位成本变动影响				

会计主管：　　制单：　　审核：

4. 经营成果报告的设计

经营成果报告主要是对企业一定时期构成经营成果的各项目本期实际数与计划数或本年数与上年同期实际数等进行比较分析的报告,以反映企业利润的增减变动情况以及各项目对利润总额变化的影响程度,进而发现问题并进行整改。这里举例说明几种经营成果报告的设计。

(1)利润分析表

利润分析表是反映利润实际数比计划数或上期数的增减变化情况及其各项目对利润总额变化影响程度的报表(见表3—74)。

表3—74 **利润分析表**

年 月 单位:

项目	本期数				本年累计数			
	计划数	实际数	增减额	完成百分比	计划数	实际数	增减额	完成百分比
合计								

会计主管: 制单: 审核:

(2)主营业务利润分析表及明细表

企业可以按照需要灵活编制主营业务利润分析表以比较利润计划的执行情况(见表3—75),也可以编制主营业务利润明细表(见表3—76),从而把影响主营业务利润的各个因素及其影响程度反映出来。

表3—75 **主营业务利润分析表**

年 月 单位:

项目/商品名称	主营业务收入				主营业务成本				税金及附加				主营业务利润			
	计划数	实际数	增减额	完成率	计划数	实际数	增减额	完成率	计划数	实际数	增减额	完成率	计划数	实际数	增减额	完成率
合计																

会计主管: 制单: 审核:

表3—76 **主营业务利润明细表**

年 月 单位:

影响主营业务利润变动的因素	影响利润变动的金额	各影响因素占总变动额的百分比
销售价格变动影响		
销售数量变动影响		
主营业务成本变动影响		
税金及附加变动影响		
产品销售结构变动影响		
合 计		

会计主管: 制单: 审核:

(3)利润预测表

利润预测表是反映利润预测结果的报表，以便企业领导确定管理目标、制订经营计划(见表3—77)。

表3—77　　**利润预测表**

年　月　日　　　　单位：

项　目	金　额	A产品		B产品		C产品	
		金额	百分比	金额	百分比	金额	百分比
预计单价							
预计销量							
预计收入							
变动成本							
贡献毛益							
固定成本							
净利润							

会计主管：　　　　制单：　　　　审核：

5. 财务状况报告的设计

财务状况分析表是反映企业资产、负债和所有者权益在各自总额中所占比例情况以及对比分析报告期与基期的变化情况的报告，以便考察资产、负债的构成是否合理，了解企业的偿债能力，预测企业未来的财务状况(见表3—78)。

表3—78　　**财务状况分析表**

年　月　日　　　　单位：

资产项目	上期数	本期数			负债及所有者权益	上期数	本期数		
		金额	增减额	增减百分比			金额	增减额	增减百分比
库存现金					短期借款				
银行存款					应付票据				
……					……				
合　计									

会计主管：　　　　制单：　　　　审核：

第五节　会计核算组织程序设计

一、会计核算组织程序设计概述

会计核算组织程序也称会计信息处理程序、账务处理程序或会计核算形式，是指会计凭证、会计账簿与会计报表相结合的方式，即从原始凭证的整理、记账凭证的填制到会计账簿的登记，以及编制会计报表等会计信息处理过程中，会计方法的选择、运用和操作步骤等。

会计凭证组织是指会计凭证的种类、格式和各种凭证之间的相互关系。账簿组织是指账簿的种类、账页格式和各种账簿之间的相互关系。记账程序是指采用一定的记账方法，从填制凭证、登记账簿到编制会计报表的步骤和方法。

(一)会计核算组织程序的意义

在会计工作中，不仅要了解会计凭证的填制、账簿的设置和登记以及会计报表的编制，而且必须明确规定各种会计凭证、账簿和报表之间的关系，把它们科学地组织起来，构成一个有机的整体。凭证、账簿和报表之间一定的组织形式就形成了不同的会计核算组织程序。

建立科学、适当的会计核算组织程序对科学组织会计核算工作具有重要意义。

1. 有利于提高会计核算工作质量和会计核算效率

设计合理的会计核算组织程序可以使会计循环按部就班地进行，而减少不必要的会计核算环节和手续是提高会计核算工作质量和效率的重要保证。会计核算工作质量的高低影响会计对经济活动管理作用的发挥，而核算质量又与其工作效率有直接的关系。效率低下的跨级核算不可能产生高质量的会计核算信息。设计科学、合理的会计核算组织程序有利于简化工作手续，避免重复劳动，从而提高工作效率；否则，会计核算质量将无法保证。

2. 有利于会计工作程序的规范化

会计核算工作需要会计机构和会计人员密切配合。设计科学的会计核算组织程序可以促使会计核算各项工作有条不紊地进行，使会计信息在各个工作环节的整理、加工以及反馈等都及时、准确，杜绝会计凭证和会计账簿的重复登记，同时使每一项经济业务都及时、正确地在账务程序的各个环节反映，并最终反映在会计报表中。通过凭证、账簿和报表之间合理的联系方式和牵制作用，有利于保证会计记录的正确性和完整性。

3. 是设计会计凭证和会计账簿的前提条件

会计凭证和会计账簿的设计取决于企业所采用的会计核算组织程序的种类。如果一个单位采用多栏式日记账核算组织程序，就应设置多栏式库存现金和银行存款日记账簿。如果一家企业采用日记总账核算组织程序，就应该设计既有日记性质又有总账作用的日记总账。会计凭证的设计在有的会计核算组织程序下可以用通用凭证，而有的则必须用收款、付款和转账这三种记账凭证。由此可见，设计科学的会计核算组织程序是设计会计凭证和会计账簿的前提条件。

4. 可以迅速形成会计信息，充分发挥会计在经营管理中的作用

科学、有效的会计核算组织程序在提高会计核算效率的同时，可以及时地形成有效的会计信息，充分发挥会计在经营管理中的作用，并及时传递给决策者，有助于决策者和经营者根据有效的会计信息及时调整经营政策，保证企业的长远发展。

(二)会计核算组织程序设计的原则

在实际工作中，由于各企业的业务性质不一样，组织规模大小各异，经济业务又有繁简之别，它们对需要设置的凭证、账簿的格式和种类也会有不同的要求。为了确保会计工作有条不紊地进行，提高会计工作的质量和效率，确保账簿记录能产生管理所需的信息，各企业应根据自身的实际情况和具体条件，选用合适的凭证、账簿和会计报表，确定它们的格式、填制和登记的步骤及方法，设计并实施适合本企业经济业务特点的会计核算组织程序。

合理、科学的会计核算组织程序不但可以提高会计工作的效率，而且能保证会计工作的质

量。无论哪种会计核算组织程序，其设计都应符合以下五项原则：

1. 从会计主体的实际情况出发

要适合会计主体自身的特点，即设计账务处理程序时，要考虑会计主体经济活动的性质、组织规模的大小、业务的繁简程度以及会计机构和会计人员的设置等因素，使之有利于会计工作的分工协作和内部控制。

2. 以保证会计工作质量为立足点

设立会计核算组织程序的目的是正确、及时和完整地提供本企业的会计信息，以满足各部门和人员的信息需求以及国家宏观管理的需要。因此，在设计会计核算组织程序时，应以会计工作质量为立足点。

3. 力求降低会计核算成本

科学、合理的会计核算组织程序在满足会计核算工作需要，保证正确、及时和完整地提供会计信息的前提下，应尽可能地提高会计工作的效率，节约账务处理的时间及费用，降低核算成本。

4. 应有利于加强会计内部控制

企业的会计核算资料是通过一定的会计核算组织程序整理、加工后提供的。为了保证所提供核算资料的正确性，需要在会计核算组织程序设计时就加以把关，通过对会计凭证、会计账簿种类和格式的设计、选择及组合，从账证、账账、账实的相互联系中加强稽核手段的渗透，增强内部控制的力度。

5. 应使会计核算组织程序所涉及的各个环节协调一致

会计核算组织程序是由各个环节组合起来的，这些环节既相互联系，又相互制约。会计报表的编制依据是会计账簿，会计账簿的登记依据是会计凭证。编制报表的要求制约着会计账簿的种类、格式和内容，登记会计账簿的要求又制约着会计凭证的种类、格式和内容。因此，设计会计核算组织程序时要注意将它们协调好，形成一个完整的、符合企业实际需要的有机整体，保证会计核算工作的有序进行。

(三)会计核算组织程序的种类

会计核算组织程序有多种，可结合会计工作的实际情况进行调整。目前，我国各企业一般采用的会计核算组织程序有记账凭证核算组织程序、科目汇总表核算组织程序、汇总记账凭证核算组织程序、多栏式日记账核算组织程序和日记总账核算组织程序。这五种会计核算组织程序在许多方面是相同的，但又各有特点。它们的主要区别在于登记总分类账的依据和方法不同，各种会计核算组织程序也正是以这一区别命名的。它们的共同之处在于核算的基本内容是相同的，主要包括三个方面：一是当经济业务发生后，要取得或填制原始凭证，然后根据原始凭证编制记账凭证；二是根据凭证登记各类账簿；三是根据总分类账和明细分类账的资料编制会计报表。以上三个方面是每一种会计核算组织程序不可缺少的环节。

在手工会计信息系统中，为了提高会计核算工作的效率和质量，节省人力和物力，各企业可以根据其经济活动的特点、规模大小和业务繁简等实际情况，选择使用会计核算组织程序。但是，不同的会计核算组织程序并不是会计数据处理本身所要求的，而是手工处理的局限性所致，是为了减少或简化转抄工作，避免和减少各种错误。

在电算化会计信息系统中，记账工作完全由计算机代替，由于计算机具有高速、准确处理数据的能力，因此，手工记账程序和方法失去了原本的意义。实现会计电算化的企业不必考虑选用何种账务处理程序，只要会计软件提供的记账程序是正确的，会计人员就可以指挥计算机及时、准确地完成记账工作。

二、记账凭证核算组织程序的设计

记账凭证核算组织程序是最基本的账务处理程序，其他各种账务处理程序基本上是在它的基础上发展形成的，其特点是直接根据各种记账凭证逐笔登记总分类账。在记账凭证核算形式下，现金日记账和银行存款日记账只被用来序时地登记各笔收付款业务，并不作为登记总分类账的依据。

（一）记账凭证和会计账簿的设置

1. 记账凭证的设置

在记账凭证会计核算组织程序下，记账凭证既可以采用通用格式的记账凭证，也可以采用收款凭证、付款凭证和转账凭证这三种格式的专用记账凭证。

2. 会计账簿的设置

在记账凭证核算组织程序下，总账、库存现金日记账和银行存款日记账采用三栏式，明细分类账则可根据管理的需要设置成三栏式明细账、数量金额式明细账和多栏式明细账等。

（二）记账凭证核算组织程序设计的基本步骤

记账凭证核算组织程序设计的基本步骤如下：

①经济业务发生后，根据原始凭证或原始凭证汇总表填制收款凭证、付款凭证和转账凭证或通用的记账凭证。

②根据收款凭证、付款凭证及所附原始凭证或通用的记账凭证，逐笔顺序登记现金日记账和银行存款日记账。

③根据各种记账凭证和原始凭证或原始凭证汇总表逐笔登记明细分类账。

④根据收款凭证、付款凭证和转账凭证或通用的记账凭证逐笔登记总分类账。

⑤按照对账的要求，定期将总分类账与日记账、明细分类账相核对。

⑥期末，根据总分类账和明细分类账编制会计报表。

图3—1为记账凭证核算组织程序流程图。

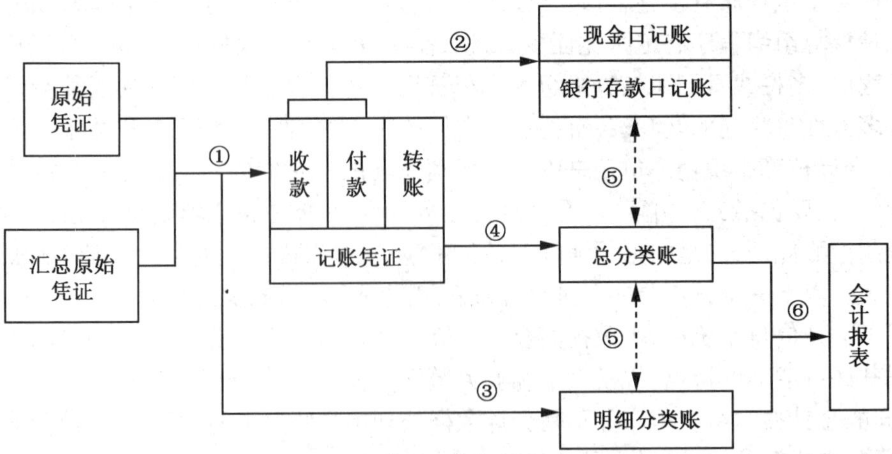

图3—1 记账凭证核算组织程序流程图

（三）记账凭证核算组织程序的优缺点和适用范围

1. 记账凭证核算组织程序的优缺点

记账凭证核算组织程序的优点是记账程序清楚，手续简便，容易掌握。

记账凭证核算组织程序的缺点是根据记账凭证逐笔登记总账，工作量较大，不便于会计分工。

2. 记账凭证核算组织程序的适用范围

记账凭证核算组织程序只适用于规模较小、经济业务不多的企业。

三、科目汇总表核算组织程序的设计

科目汇总表核算组织程序的特点是根据记账凭证定期编制科目汇总表，然后根据科目汇总表登记总分类账。科目汇总表核算组织程序的核算过程清楚，且汇总过程中可以进行试算平衡，减轻了登记总分类账的工作量。

（一）记账凭证和会计账簿的设置

1. 记账凭证的设置

在科目汇总表核算组织程序下，记账凭证既可以采用通用格式的记账凭证，也可以采用收款凭证、付款凭证和转账凭证这三种格式的专用记账凭证。为了定期对记账凭证进行汇总，还必须设计“科目汇总表”（见表3—79和表3—80）。

表3—79　　科目汇总表（一）

凭证号：　　号至　　号　　　　年　月　日

借方发生金额	会计科目	贷方发生金额
	合　计	

该表是每汇总一次就编制一张科目汇总表，每个月编制若干张科目汇总表，适用于按其业务量的大小来汇总的企业。

表3—80　　科目汇总表（二）

年　月　日

会计科目	凭证号码	1—10日		11—20日		21—30日		本月合计	
		借方	贷方	借方	贷方	借方	贷方	借方	贷方
合计									

该表是每旬汇总一次，每月编制一份科目汇总表，适用于按旬汇总的企业。

2. 会计账簿的设置

在科目汇总表核算组织程序下，总账一般采用三栏式，库存现金日记账和银行存款日记账采用三栏式，明细分类账则可根据管理的需要设置成三栏式明细账、数量金额式明细账和多栏式明细账等。

(二)科目汇总表核算组织程序设计的基本步骤

科目汇总表核算组织程序设计的基本步骤如下:

①根据原始凭证或原始凭证汇总表填制收款凭证、付款凭证、转账凭证或通用的记账凭证。

②根据收款凭证、付款凭证及所附原始凭证逐笔顺序登记现金日记账和银行存款日记账。

③根据记账凭证和原始凭证或原始凭证汇总表逐笔登记明细分类账。

④根据各种记账凭证,定期编制科目汇总表。

⑤根据科目汇总表登记总分类账。

⑥按照对账要求,定期将总分类账与日记账、明细分类账核对。

⑦期末根据总分类账和明细分类账编制会计报表。

图 3—2 为科目汇总表核算组织程序流程图。

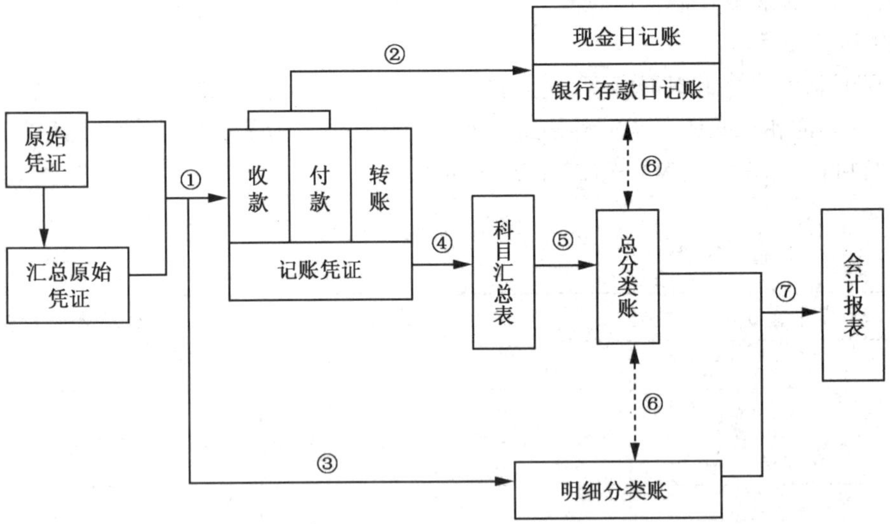

图 3—2　科目汇总表核算组织程序流程图

(三)科目汇总表核算组织程序的优缺点和适用范围

1. 科目汇总表核算组织程序的优缺点

科目汇总表核算组织程序的优点是大大简化了登记总分类账的工作程序,能起到试算平衡的作用,有利于检查记账工作的准确性。

科目汇总表核算组织程序的缺点是汇总工作量较大,登记总分类账后,总账记录不能反映对应关系,不便于了解经济业务的来龙去脉,因而不便于对经济活动情况进行分析和检查。

2. 科目汇总表核算组织程序的适用范围

科目汇总表核算组织程序适用于规模较大、经济业务较多的企业。

四、汇总记账凭证核算组织程序的设计

汇总记账凭证核算组织程序的特点是定期将所有记账凭证分类编制汇总收款凭证、汇总付款凭证和汇总转账凭证,然后根据汇总记账凭证登记总分类账。

(一)记账凭证和会计账簿的设置

1. 记账凭证的设置

在汇总记账凭证核算组织程序下,记账凭证应采用收款凭证、付款凭证和转账凭证。为了定期对记账凭证进行汇总,还应设置汇总收款凭证、汇总付款凭证和汇总转账凭证。

(1)汇总收款凭证

汇总收款凭证是根据一定时期的全部收款凭证,按"库存现金"或"银行存款"科目的借方分别设置,按其相对应的贷方科目加以归类,定期汇总编制而成的。汇总的期限一般为10天,每月汇总三次,每月填制一张,月终结算出汇总科目的合计数,作为登记总分类账的依据。其格式见表3—81。

表3—81　　**汇总收款凭证**

借方科目　　年　月　　汇收字第　号

贷方科目	金　额				总账页数	
	1—10日收款凭证 第　号至第　号	11—20日收款凭证 第　号至第　号	21—30日收款凭证 第　号至第　号	合计	借方	贷方
合 计						

(2)汇总付款凭证

汇总付款凭证是根据一定时期的全部付款凭证,按"库存现金"或"银行存款"科目的贷方分别设置,按其相对应的借方科目加以归类,定期汇总编制而成的。汇总的期限一般为10天,每月汇总三次,每月填制一张,月终结算出汇总付款凭证中各借方科目的合计数,作为登记总分类账的依据。其格式见表3—82。

表3—82　　**汇总付款凭证**

贷方科目　　年　月　　汇付字第　号

借方科目	金　额				总账页数	
	1—10日付款凭证 第　号至第　号	11—20日付款凭证 第　号至第　号	21—30日付款凭证 第　号至第　号	合计	借方	贷方
合 计						

(3)汇总转账凭证

汇总转账凭证是根据一定时期的转账凭证,按每一贷方科目分别设置,按与设置科目相对应的借方科目加以归类,定期汇总编制而成的。汇总的期限一般为10天,每月汇总三次,每月填制一张,月终结算出汇总转账凭证中各借方科目的合计数,作为登记总分类账的依据。为了使填制的汇总转账凭证避免漏汇或重汇,在填制转账凭证时,科目的对应关系应该是一个贷方科目与一个或几个借方科目相对应。在某一贷方科目的转账凭证数量不多时,不需要汇总,直接根据转账凭证登记总账。汇总转账凭证格式见表3—83。

表 3—83　　汇总转账凭证

贷方科目　　年　月　　汇转字第　号

借方科目	金额				总账页数	
	1—10 日转账凭证 第　号至第　号	11—20 日转账凭证 第　号至第　号	21—30 日转账凭证 第　号至第　号	合计	借方	贷方
合 计						

2. 会计账簿的设置

一般应设置三栏式总账(为了反映科目对应关系,应设对方科目专栏)、三栏式库存现金日记账和银行存款日记账。明细分类账则可根据管理的需要设置,分别采用三栏式明细账、数量金额式明细账和多栏式明细账等。

(二)汇总记账凭证核算组织程序设计的基本步骤

汇总记账凭证核算组织程序设计的基本步骤如下:

①根据原始凭证或原始凭证汇总表编制收款凭证、付款凭证和转账凭证。

②根据收款凭证、付款凭证及所附原始凭证逐笔顺序登记现金日记账和银行存款日记账。

③根据各种记账凭证和原始凭证及原始凭证汇总表登记明细分类账。

④根据各种记账凭证编制各种汇总记账凭证。

⑤根据各种汇总记账凭证登记总分类账。

⑥按对账要求,定期将总分类账与日记账、明细分类账核对。

⑦期末根据总分类账和明细分类账编制会计报表。

图 3—3 为汇总记账凭证核算组织程序流程图。

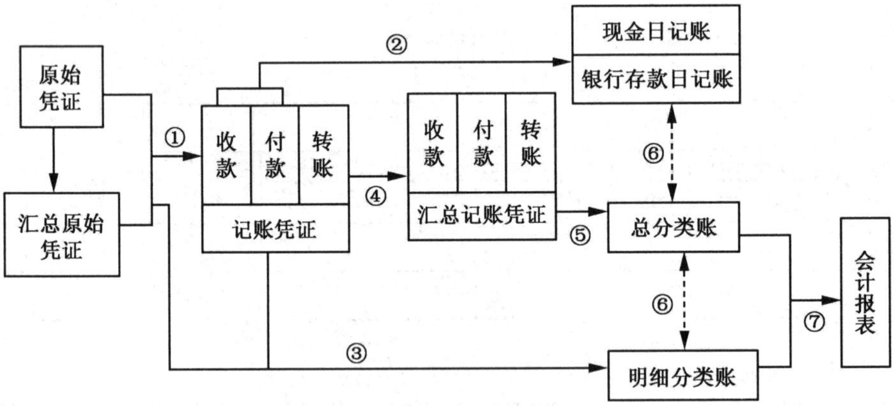

图 3—3　汇总记账凭证核算组织程序流程图

(三)汇总记账凭证核算组织程序的优缺点和适用范围

1. 汇总记账凭证核算组织程序的优缺点

汇总记账凭证核算组织程序的优点是通过编制汇总记账凭证据以登记总账,既简化了登记总账的工作,又可在汇总记账凭证和总分类账户记录中反映账户之间的对应关系,便于了解经济业务的来龙去脉,容易查找发生的差错。

汇总记账凭证核算组织程序的缺点是对于经济业务较少的企业来说,编制汇总记账凭证的工作量相对较大，不能起到简化会计核算的作用；另外，汇总的难度也较大。

2. 汇总记账凭证核算组织程序的适用范围

汇总记账凭证核算组织程序主要适用于规模大、经济业务量多的大中型企业。

五、多栏式日记账核算组织程序的设计

多栏式日记账核算组织程序是根据多栏式日记账和转账凭证或汇总转账凭证登记总分类账的一种核算组织程序。

(一)记账凭证和会计账簿的设置

1. 记账凭证的设置

在多栏式日记账核算组织程序下，记账凭证应设置收款凭证、付款凭证和转账凭证。

2. 会计账簿的设置

一般应设置三栏式总账，为了反映科目对应关系，应设对方科目专栏；设置多栏式现金日记账和多栏式银行存款日记账；明细分类账则可根据管理的需要设置，分别采用三栏式明细账、数量金额式明细账和多栏式明细账等。

采用多栏式日记账核算组织程序时，对于收付款业务，期末根据各多栏式日记账的本期发生额和各对应账户的发生额合计数登记总分类账。对于转账业务，可以根据转账凭证编制汇总记账凭证，然后根据汇总记账凭证登记总分类账。对于转账凭证不多的企业，也可以根据转账凭证直接登记总分类账。

(二)多栏式日记账核算组织程序设计的基本步骤

多栏式日记账核算组织程序设计的基本步骤如下：

①根据原始凭证或汇总原始凭证编制记账凭证。

②根据收款凭证和付款凭证登记多栏式现金日记账和多栏式银行存款日记账。

③根据原始凭证、汇总原始凭证和各种凭证登记多栏式明细分类账及其他明细分类账。

④根据多栏式现金日记账、多栏式银行存款日记账及有关转账凭证登记总分类账；总分类账根据各日记账中结出的对应科目的余额月末一次登记。

⑤定期将多栏式现金日记账、多栏式银行存款日记账、明细分类账与总分类账核对。

⑥根据总分类账和其他有关明细账的资料编制会计报表。

图 3—4 为多栏式日记账核算组织程序流程图。

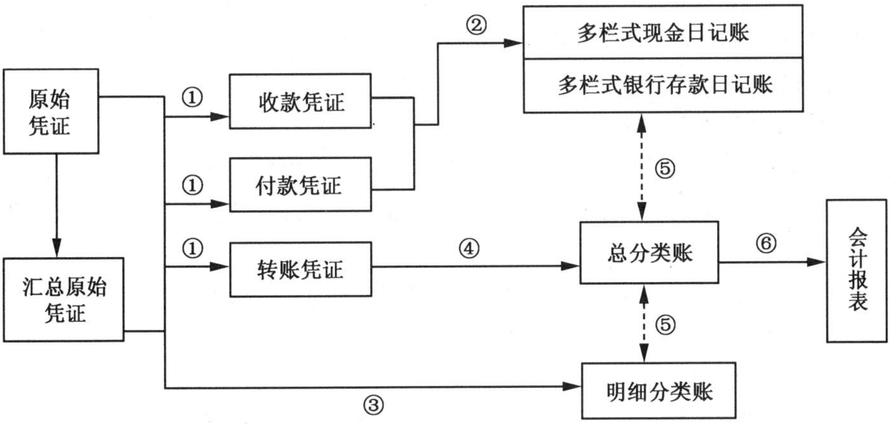

图 3—4 多栏式日记账核算组织程序流程图

（三）多栏式日记账核算组织程序的优缺点及适用范围

1. 多栏式日记账核算组织程序的优缺点

多栏式日记账核算组织程序的优点是将多栏式日记账与汇总记账凭证结合起来登记总分类账，简化了总分类账的登记手续；同时，由于多栏式日记账是按账户对应关系设置专栏，根据各对应账户的本期发生额登记总分类账，因此，它能清晰地反映各科目的对应关系以及每项经济业务的来龙去脉。

多栏式日记账核算组织程序的缺点是在经济业务复杂、账户设置较多的企业，日记账因专栏的栏次过多而造成账页较宽，不便于登记和查阅。

2. 多栏式日记账核算组织程序的适用范围

这种账务处理程序适用于规模较大、收付款业务较多，但涉及会计科目较少的企业。

六、日记总账核算组织程序的设计

（一）日记总账的登记方法

日记总账是指把日记账和总分类账结合起来的一种联合账簿。日记总账将全部总分类账户集中在一张账页上，对发生的经济业务既要按照业务的性质，根据账户的对应关系进行分类记录，又要按照业务发生的时间顺序进行序时记录。因此，日记总账的账页采用多栏式，可分成两大部分：一部分进行序时核算，包括日期、凭证号数、摘要和发生额等内容；另一部分进行总分类核算，按各种会计科目设置，每个科目都必须分设借方和贷方。

登记日记总账时，将每一笔经济业务的发生额分别登记在同一行有关科目的借方栏和贷方栏，将其发生额登记在发生额栏内。月终结出各栏的发生额合计数，并计算出各个科目的月末借方或贷方余额。各科目的借方余额合计数应与贷方余额合计数核对相符。

（二）日记总账核算组织程序设计的基本步骤

日记总账核算组织程序设计的基本步骤如下：

①根据原始凭证或原始凭证汇总表编制收款凭证、付款凭证和转账凭证。

②根据收款凭证、付款凭证及所附原始凭证登记现金日记账和银行存款日记账。

③根据各种记账凭证和原始凭证及原始凭证汇总表登记明细分类账。

④根据收款凭证、付款凭证和转账凭证逐笔登记日记总账。

⑤按对账要求，定期将日记总账与现金日记账、银行存款日记账和明细分类账核对。

⑥根据日记总账和明细分类账编制会计报表。

图 3—5 是日记总账核算组织程序流程图。

（三）日记总账核算组织程序的优缺点及适用范围

1. 日记总账核算组织程序的优缺点

日记总账核算组织程序的优点是由于日记总账采用多栏式，把全部科目都集中在一张账页上，可以反映每一项经济业务的来龙去脉及各个账户之间的对应关系，会计核算组织程序简便易行。

日记总账核算组织程序的缺点是不便于分工记账，若企业运用的会计科目较多，日记总账的账页过宽，容易记串行次，不便于登记。

2. 日记总账核算组织程序的适用范围

该会计核算组织程序主要适用于规模小、业务简单、使用会计科目数量不多的小型企业。

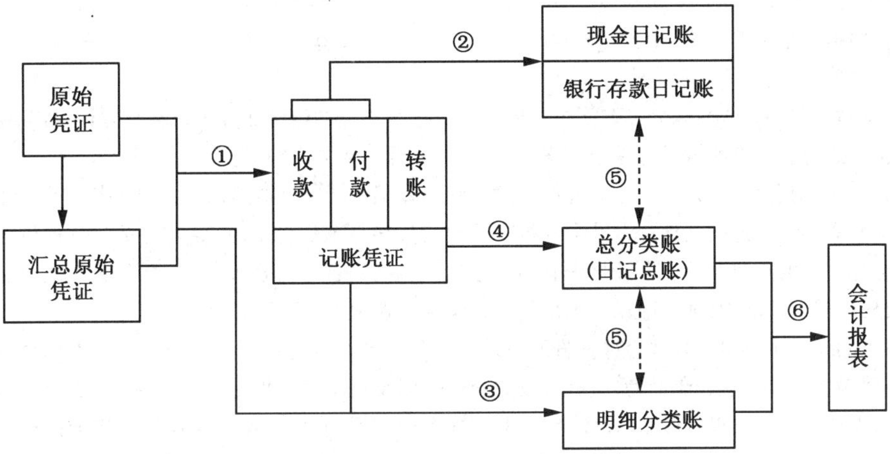

图3—5　日记总账核算组织程序流程图

本章小结

会计科目是按经济内容对会计要素进行分类核算的项目。会计科目分为总分类会计科目和明细分类会计科目。总分类会计科目是对会计要素的具体内容进行总括分类的科目。明细分类会计科目是对总分类会计科目的进一步分类，以反映这一总括分类的明细情况。

会计科目是会计制度的重要组成部分，会计科目设计是会计制度设计的重要环节，是确定会计对象经济内容的分类体系，为会计凭证、会计账簿、会计报表以及会计业务处理程序等的设计奠定了基础。

会计科目的设计包括设计会计科目总则、对经济业务进行分类、确定会计科目名称、对会计科目进行排列和编码并设计会计科目表、编写会计科目使用说明等。

会计凭证简称凭证，是记录经济业务、明确经济责任的书面证明，是用来登记账簿的依据。会计凭证是会计核算的起点和基础，离开会计凭证就无从进行会计核算。会计凭证设计就是根据被设计企业的实际情况，对凭证的种类、内容、用途、格式、传递程序做出科学的规划，绘制出科学、规范的格式，以便完整、及时、真实地记录经济活动所需要的信息。企业应遵循一定的凭证设计原则，根据企业经济业务的特点，科学设计合理的会计凭证。

会计凭证设计主要包括原始凭证的设计和记账凭证的设计。原始凭证的设计主要包括凭证种类的设计、凭证要素的设计、凭证格式的设计、凭证传递程序和保管制度的设计。记账凭证的设计主要包括选择记账凭证的种类，设计记账凭证的格式，确定记账凭证的填制标准和设计记账凭证保管制度。会计凭证传递程序和会计凭证保管制度的设计也是会计凭证设计的重要内容。

会计账簿设计是会计制度设计的重要内容。会计账簿简称账簿，是指由具有一定格式、相互联系的账页组成，以会计凭证为依据，连续、系统、全面地记录经济业务的簿籍。在会计核算中，为了连续、系统、全面地反映企业的经济活动情况，必须在会计凭证的基础上运用账簿这一重要工具，将会计凭证所反映的零散资料加以集中和归类，以便为经济管理提供系统的核算资料。正确、合理地设计和登记账簿是对经济信息进行加工整理的一种方法，也是会计核算工作的重要环节，它对于加强经济核算、发挥会计的监督职能具有重要作用。

会计账簿的设计内容主要包括会计账簿种类的选择、会计账簿基本要素的设计、会计账簿账页格式的设计以及会计账簿管理制度的设计。

会计账簿的种类很多，按其用途可以分为序时账簿、分类账簿和备查账簿。

日记账是指按照经济业务发生的先后顺序，逐日逐笔登记的账簿。日记账按其记录经济业务范围的不同，又可以分为普通日记账和特种日记账。

分类账是对全部经济业务按照依会计要素的具体类别而设置的分类账户进行登记的账簿。为了满足管理的需要，按照提供指标的详细程度，分类账簿可以分为总分类账簿和明细分类账簿。总账统驭明细账，明细账补充说明总账。

备查账是对某些序时账簿和分类账簿中未能记载或记载不全的经济业务进行补充登记，提供必要的参考资料，又称辅助账簿。备查账簿没有固定的格式，可根据实际需要灵活确定。

会计报告又称财务报告，是指企业对外提供的反映企业某一特定日期的财务状况和某一会计期间的经营成果、现金流量等会计信息的文件。设计会计报告是对会计核算工作的全面总结，也是及时提供合法、真实、准确、完整会计信息的重要环节。会计报告有助于会计报告使用者进行合理决策，有助于考核企业管理当局受托经管责任的履行情况，有助于国家有关部门进行宏观调控和资源配置。

会计报告的设计主要包括外部会计报告的设计和内部会计报告的设计。一套完整的外部会计报告应当包括资产负债表、利润表、现金流量表、所有者权益变动表以及附注。资产负债表反映企业在某一特定日期所拥有的资产、需偿还的债务以及股东（投资者）拥有的净资产情况；利润表反映企业在一定会计期间的经营成果，即盈利或亏损的情况，表明企业运用所拥有的资产的获利能力；现金流量表反映企业在一定会计期间现金及现金等价物流入和流出的情况；所有者权益变动表反映构成所有者权益的各组成部分当期的增减变动情况。附注是财务报表不可或缺的组成部分，是对在资产负债表、利润表、现金流量表和所有者权益变动表等报表中列示项目的文字描述或明细资料，以及对未能在这些报表中列示项目的说明等。外部会计报告一般按规定统一编报。

为了满足企业内部管理的需要，企业除按规定编报统一的对外会计报告外，还需要编制内部会计报告。内部会计报告不仅是编制外部会计报告的基础资料，而且是为企业管理者提供决策的依据。内部会计报告一般需根据企业的生产特点和管理要求自行设计，其格式和种类随企业实际情况的变化而调整。

会计核算组织程序是指会计凭证组织、账簿组织和记账程序相互结合的形式。会计核算组织程序的设计必须从企业的实际情况出发，做到会计核算与经营管理相结合，合理简化与保证会计工作质量相结合，有利于加强内部控制和稽核，使会计核算组织程序所涉及的各项内容达到有机结合、协调一致这几点基本要求。

各种会计核算组织程序的主要区别在于登记总分类账的依据和方法不同，因此，在设计会计核算组织程序时，应主要以如何登记总分类账为标准。目前，会计核算组织程序的种类主要有记账凭证核算组织程序、汇总记账凭证核算组织程序、科目汇总表核算组织程序、多栏式日记账核算组织程序和日记总账核算组织程序。

设计会计核算组织程序，除了应对其本身进行深入比较外，还应考虑企业规模、业务特点、会计机构和会计人员的设置等因素。会计核算组织程序设计是任何一个会计实体都必须做好的一项工作。只有根据企业的实际设计出合理的会计核算组织程序，才能科学地组织会计核算工作。

课后练习题

一、单项选择题

1.（　　）是按经济内容对会计要素进行分类核算的项目。

A. 会计科目　　B. 会计凭证　　C. 会计账簿　　D. 会计报表

2.（　　）是指设计出的会计科目体系能包含所有会计事项，所有经济业务都由特定的会计科目反映，并且能够随着经济业务类型的增加而增补新的会计科目。

A. 周延性　　B. 互斥性　　C. 排他性　　D. 可比性

3.（　　）也称会计科目总说明，是对会计科目这项局部性制度所做的总括性说明。

A. 会计科目总则　　B. 会计科目名称　　C. 会计科目编码　　D. 会计科目类别

4.（　　）编码方法适用于经济业务不经常发生变化、比较单一、使用会计科目较少的企业。

A. 数字顺序法　　B. 数字分组法　　C. 小数点式　　D. 数字横线式

5.(　　)是使用者使用会计科目的标准,也是检验会计科目设计是否成功的尺度。

A. 会计科目编码　　B. 会计科目说明　　C. 会计科目名称　　D. 会计科目类别

6.(　　)是记录经济业务、明确经济责任的书面证明,也是用来登记账簿的依据。

A. 会计凭证　　B. 会计账簿　　C. 会计报表　　D. 原始凭证

7. 会计核算系统的基本形式可以概括为“凭证—账簿—报表”,(　　)是会计核算的起点和基础。

A. 会计账簿　　B. 原始凭证　　C. 会计报表　　D. 会计凭证

8.(　　)又称单据,是记录经济业务已经发生、执行或完成的情况,用以明确经济责任,作为记账依据的最初的书面证明文件。

A. 原始凭证　　B. 记账凭证　　C. 会计账簿　　D. 会计报表

9.(　　)是连接原始凭证和账簿记录的桥梁和纽带。

A. 原始凭证　　B. 记账凭证　　C. 会计账簿　　D. 会计报表

10. 规模较大、经济业务较多、会计岗位设置较细、稽核要求较严格、需要汇总登记总账的大中型企业,一般采用(　　)。

A. 通用记账凭证　　B. 专用记账凭证　　C. 复式记账凭证　　D. 单式记账凭证

11.(　　)是指由具有一定格式、相互联系的账页组成,以会计凭证为依据,连续、系统、全面地记录经济业务的簿籍。

A. 会计账簿　　B. 会计凭证　　C. 原始凭证　　D. 记账凭证

12.(　　)可以用来及时、详细地反映经济业务的发生和完成情况,提供连续、系统的会计核算资料。

A. 分类账簿　　B. 序时账簿　　C. 备查账簿　　D. 台账

13.(　　)是指按照经济业务发生的先后顺序逐日逐笔登记的账簿。

A. 日记账　　B. 总分类账　　C. 明细分类账　　D. 备查账

14.(　　)是根据二级或明细科目设置的,用以分类记录某一类经济业务、提供明细核算资料的分类账簿。

A. 明细分类账　　B. 总分类账　　C. 备查账　　D. 日记账

15.(　　)是指由设置三个金额栏的账页组成的账簿,既适用于总分类账和日记账,也适用于只进行金额核算而不需要数量核算的债权债务结算账户的明细分类账。

A. 三栏式账簿　　B. 多栏式账簿　　C. 卡片式账簿　　D. 数量金额式账簿

16.(　　)是会计报告的核心,企业对外提供的主要财务信息都应纳入其中。

A. 会计报表　　B. 内部报表　　C. 成本报表　　D. 往来报表

17. 单步式利润表的缺点是(　　)。

A. 不易编制　　B. 不易理解

C. 不利于掌握利润的构成情况　　D. 无法提供本年累计金额

18. 下列各项中,不属于会计报表设计内容的是(　　)。

A. 会计报表指标体系的设计　　B. 会计报表文字要求的设计

C. 会计报表基本格式的设计　　D. 会计报表编报程序的设计

19. 下列有关利润表设计的表述中,不正确的是(　　)。

A. 利润表的格式一般有两种,即单步式利润表和多步式利润表

B. 多步式利润表有利于报表使用者从不同损益类别中了解企业经营成果的不同来源

C. 多步式利润表有利于报表使用者对生产经营情况进行分析,有利于利润表的纵向和横向比较

D. 我国企业会计准则明确规定采用单步式利润表

20. 下列有关现金流量表的叙述中,正确的是(　　)。

A. 现金流量表是静态会计报表

B. 现金流量表是反映企业财务状况变动情况的报表

C. 现金流量表是以现金为基础编制的

D. 我国企业现金流量表采用报告式结构

21.（　　）是指采用一定的记账方法，从填制凭证、登记账簿到编制会计报表的步骤和方法。

A. 记账程序　　B. 会计凭证组织　　C. 账簿组织　　D. 会计报表组织

22.（　　）核算组织程序是最基本的账务处理程序，其他各种账务处理程序基本上是在它的基础上发展形成的。

A. 记账凭证　　B. 科目汇总表　　C. 汇总记账凭证　　D. 多栏式日记账

23. 在科目汇总表核算组织程序下，总账一般采用（　　）账簿。

A. 多栏式　　B. 三栏式　　C. 数量金额式　　D. 单栏式

24. 规模小、业务简单、使用会计科目数量不多的小型企业适用于（　　）核算组织程序。

A. 日记总账　　B. 多栏式日记账　　C. 汇总记账凭证　　D. 科目汇总表

25. 汇总记账凭证核算组织程序主要适用于（　　）。

A. 规模小、业务量小的小型企业　　B. 规模大、业务量大的大中型企业

C. 规模大、业务简单的企业　　D. 规模小、业务简单的小型企业

二、多项选择题

1. 会计科目设计的意义有（　　）。

A. 有利于提高会计信息　　B. 是编制会计凭证的基本要素

C. 是设计会计账簿的依据　　D. 是编制会计报表的基础

2. 会计科目设计的原则有（　　）。

A. 符合规范性与通用性　　B. 具有周延性与互排性

C. 保持相对稳定性与可比性　　D. 名称要通俗易懂、简明确切

3. 目前，会计科目编码一般采用（　　）位数。

A. 一　　B. 二　　C. 三　　D. 四

4. 会计科目编码的方法有（　　）。

A. 数字顺序法　　B. 数字分组法　　C. 小数点式　　D. 数字横线式

5. 会计科目使用说明是对会计科目的（　　）所做的说明。

A. 核算内容与范围　　B. 所属明细科目的设置

C. 账户结构的特点　　D. 会计科目的主要经济事项及账务处理

6. 会计凭证设计的意义主要表现在（　　）。

A. 提供原始资料，传递经济信息

B. 据以登记会计账簿，进行会计核算

C. 明确经济责任，加强经济责任制

D. 保证会计信息的传递和保管，加强各部门之间的相互联系

7. 会计凭证设计应遵循的原则有（　　）。

A. 凭证的设计要能够反映经济业务的基本情况

B. 凭证内容、格式和用途的设计要尽量规范、统一

C. 凭证联次和传递程序的设计要符合企业管理的要求

D. 凭证的设计应体现企业内部控制的要求

8. 原始凭证设计的要求有（　　）。

A. 根据行业特点和业务特点设计　　B. 凭证内容和要素齐全

C. 满足经营管理的需要　　D. 满足内部控制的需要

9. 原始凭证的设计主要包括（　　）。

A. 凭证种类的设计　　B. 凭证要素的设计

C. 凭证格式的设计　　D. 凭证传递程序和保管制度的设计

10. 专用记账凭证包括(　　)。

A. 通用记账凭证　B. 收款凭证　C. 付款凭证　D. 转账凭证

11. 会计账簿按用途分为(　　)。

A. 序时账簿　B. 台账　C. 分类账簿　D. 备查账簿

12. 会计账簿的账页格式有(　　)。

A. 三栏式　B. 数量金额式　C. 多栏式　D. 单栏式

13. 由出纳人员登记的账簿有(　　)。

A. 现金日记账　B. 银行存款日记账　C. 总账　D. 明细账

14. 日记账按其记录经济业务范围的不同,可以分为(　　)。

A. 普通日记账　B. 特种日记账　C. 备查账　D. 资金日报表

15. 会计账簿按其外表形式的不同,可以分为(　　)。

A. 多栏式账簿　B. 订本式账簿　C. 活页式账簿　D. 卡片式账簿

16. 报表按照编制单位的不同,分为(　　)。

A. 基层报表　B. 汇总报表　C. 个别财务报表　D. 合并财务报表

17. 会计报表设计的原则包括(　　)。

A. 完整性　B. 稳定性　C. 统一性　D. 明晰性

18. 对外会计报表格式设计包括(　　)。

A. 表头　B. 正表　C. 附注　D. 制表

19. 会计报告设计包括(　　)。

A. 经济指标体系设计　B. 报告基本格式设计

C. 报告编制程序设计　D. 报告报送程序设计

20. 资产负债表表体格式有(　　)。

A. 账户式　B. 报告式　C. 列表式　D. 文字式

21. 利润表的格式一般分为(　　)。

A. 多步式　B. 单步式　C. 汇总式　D. 合并式

22. 下列各项中,属于内部报告设计的有(　　)。

A. 制造费用明细表　B. 销售日报表　C. 现金流量表　D. 利润分析表

23. 会计报表至少包括(　　)。

A. 资产负债表　B. 利润表　C. 现金流量表　D. 所有者权益变动表

E. 附注

24. 利润表主要反映(　　)。

A. 构成营业利润的各项要素　B. 构成利润总额的各项要素

C. 构成净利润的各项要素　D. 构成资金来源的各项要素

25. (　　)是指会计凭证、会计账簿与会计报表相结合的方式,即从原始凭证的整理、记账凭证的填制,到会计账簿的登记,以及编制会计报表等会计信息处理过程中,会计方法的选择、运用和操作步骤等。

A. 会计核算组织程序　B. 会计信息处理程序　C. 账务处理程序　D. 会计核算形式

26. 会计核算组织程序的意义是(　　)。

A. 有利于提高会计核算工作质量和会计核算效率

B. 有利于会计工作程序的规范化

C. 是设计会计凭证和会计账簿的前提条件

D. 可以迅速形成会计信息,充分发挥会计在经营管理中的作用

27. 下列各项中,属于会计核算组织程序设计原则的是(　　)。

A. 从会计主体的实际情况出发　B. 以保证会计工作质量为立足点

C. 力求降低会计核算成本　D. 应有利于加强会计内部控制

28. 目前，我国各企业一般采用的会计核算组织程序有（　　）和日记总账核算组织程序。

A. 记账凭证核算组织程序　　B. 科目汇总表核算组织程序

C. 汇总记账凭证核算组织程序　　D. 多栏式日记账核算组织程序

29. 科目汇总表核算组织程序的优点是（　　）。

A. 大大简化了登记总分类账的工作程序　　B. 能起到试算平衡的作用

C. 有利于检查记账工作的准确性　　D. 便于了解经济业务的来龙去脉

30. 记账凭证核算组织程序的缺点是（　　）。

A. 工作量大　　B. 不便于会计分工　　C. 手续简便　　D. 记账清楚

31. 汇总记账凭证核算组织程序的优点是（　　）。

A. 简化了登记总账的工作　　B. 便于了解经济业务的来龙去脉

C. 能起到简化会计核算的作用　　D. 容易查找发生的差错

32. 在多栏式日记账核算组织程序下，记账凭证应设置（　　）。

A. 收款凭证　　B. 原始凭证　　C. 付款凭证　　D. 转账凭证

三、判断题

1. 根据企业会计准则的规定，按照企业经济业务的内容，我国将总分类会计科目分为资产类、负债类、共同类、所有者权益类、成本类和损益类六大类。（　　）

2. 资产类科目可以按照流动性的大小进行排列；负债类科目可以按照求偿的先后顺序进行排列；损益类科目可以按照先收入、利得，后费用、损失的顺序进行排列。（　　）

3. 在经济业务有新变化、经营管理有新要求、会计法规有新变动的情况下，需重新设计会计科目。（　　）

4. 一个会计科目编号可以代表不止一个会计科目。（　　）

5. 劳务支出和研发成本是成本类会计科目。（　　）

6. 制造费用应该按总分类会计科目的核算对象设计明细科目。（　　）

7. 凭证内容、格式和用途的设计一定要规范统一。（　　）

8. 凭证的纸质要根据凭证使用的频率、复写联数和保存期限来确定。（　　）

9. 设计差旅费报销单时，必须要设计出差人、部门领导、财务部审核和主管领导等的签章。（　　）

10. 设计记账凭证时，不要求与企业的具体会计核算形式相适应。（　　）

11. 复式记账凭证能够反映经济业务的来龙去脉。（　　）

12. 专用记账凭证只包括收款凭证、付款凭证。（　　）

13. 账簿的设计应紧密配合企业的账务处理程序。（　　）

14. 账页各行次之间的距离，既要满足记账和更正错账的需要，又要避免因过宽而造成的浪费。（　　）

15. 划线应用蓝色或红色；各栏次之间的区分线应颜色浅一些，线条细一些。（　　）

16. 账簿按用途分为订本账、活页账和卡片账。（　　）

17. 三栏式明细账适用于既需进行金额核算又需进行数量核算的财产物资账户。（　　）

18. 普通日记账的优点是可汇总登记同一类经济业务，然后将汇总金额记入分类账。（　　）

19. 完整性是指会计报告及其指标体系应当严密、完整，形成一个系统文件，主要是针对内部会计报告而言。（　　）

20. 会计报告要提交机构负责人、主管会计工作的负责人和企业负责人进行审核并签章。（　　）

21. 内部会计报告要定期编制，格式也要规范统一，种类上可根据管理需要确定。（　　）

22. 货币资金增减情况变动表是根据货币资金的昨日账面余额和本日实际余额等信息，计算出本日账面余额的报表。（　　）

23. 需要在内部会计报告上签章的责任人有制单、审核和会计主管。（　　）

24. 我国企业会计准则规定，企业应当采用间接法编制现金流量表。（　　）

25. 记账凭证核算组织程序的优点是记账程序清楚，手续简便，容易掌握；缺点是需要根据记账凭证逐日逐笔登记总账，工作量较大，不便于会计分工。（　）

26. 科目汇总表核算组织程序的优点是大大简化了登记总分类账的工作程序，能起到试算平衡的作用，但是不利于检查记账工作的准确性。（　）

27. 汇总记账凭证核算组织程序的优点是通过编制汇总记账凭证据以登记总账，既简化了登记总账的工作，又可在汇总记账凭证和总分类账户记录中反映账户之间的对应关系。（　）

28. 多栏式日记账核算组织程序的缺点是在经济业务复杂、账户设置较多的企业，日记账因专栏的栏次过多而造成账页较宽，不便于登记和查阅。（　）

29. 力求降低会计核算成本是设计会计核算组织程序时应遵循的最重要原则。（　）

30. 各种会计核算组织形式的主要区别是登记总账的依据和方法不同。（　）

四、简答题

1. 会计科目设计的意义是什么？
2. 会计科目设计的原则是什么？
3. 会计科目设计包括哪些内容？
4. 如何设计会计科目表？
5. 举例说明总分类会计科目的设计方法。
6. 举例说明明细分类会计科目的设计方法。
7. 设计会计凭证有何意义？
8. 会计凭证设计应遵循哪些原则？
9. 原始凭证设计需要满足哪些要求？
10. 怎样设计原始凭证？
11. 记账凭证设计需要满足哪些要求？
12. 记账凭证的种类有哪些？怎样设计记账凭证？
13. 会计账簿设计有何意义？
14. 会计账簿设计应遵循哪些原则？
15. 简述会计账簿的种类和作用。
16. 会计账簿设计包括哪些内容？
17. 特种日记账可以选择哪些格式？
18. 三栏式明细账、数量金额式明细账和多栏式明细账分别适用于哪些账户？
19. 什么是备查账簿？它反映的主要事项有哪些？
20. 简述会计报告的含义及其作用。
21. 简述会计报告的种类。
22. 会计报告设计应遵循哪些原则？
23. 会计报告设计的基本内容是什么？
24. 如何设计会计报告的报送程序？
25. 企业外部会计报告包括哪些种类？其主要设计内容和方法是什么？
26. 企业内部会计报告的特点和设计要求有哪些？
27. 会计核算组织程序设计的重要意义是什么？
28. 会计核算组织程序包括哪几种？
29. 如何按企业的不同特点进行会计核算组织程序的设计？
30. 科目汇总表核算组织程序的优缺点是什么？
31. 汇总记账凭证核算组织程序的优缺点是什么？

案例分析

1. 现有三家投资公司决定合股投资400万元经营一家公司，公司名称为华越有限责任公司。公司主要经营服装、家用电器和百货商品，并开设一家快餐店，已租入三层楼房一栋：一楼经营家用电器，二楼经营服装和百货，三楼为快餐店。公司已在银行开立账户，营业执照等已办妥，准备开业。现委托某会计师事务所设计一套会计制度。经事前调查研究，获得以下资料：

(1)除三家合股投资人外，还准备向银行贷款并吸收他人投资，但他人投资不作为股份，只作为长期应付款，按高于同期银行存款利率的20%付息。

(2)商场和快餐店均需要重新装修才能营业。

(3)需购入货架、柜台、音响设备、桌椅、收银机等设备，还需购入运输汽车一辆。

(4)在商场购销活动中，库存商品按售价记账，可以赊购、赊销。购进商品的包装物出售给废品公司。

(5)快餐店的收入作为副营业务处理。

(6)雇用店员若干人，每月按计时工资发报酬，奖金视营销情况而定。

(7)房屋按月交纳租金。

(8)按规定缴纳增值税和所得税，税率按国家规定执行。

(9)公司要求管理费用等共同费用在商场和快餐店之间分摊。

(10)利润按商场和快餐店分别计算，税后利润按规定提取法定盈余公积。

要求：为华越有限责任公司设计会计科目，并对会计科目的使用做出说明。

2. 百盛公司是东方集团下属的子公司，主营业务是制造、销售得利空调。集团公司对百盛公司派出了检查组进行财务检查。检查组对百盛公司商品销售业务的内部控制进行了专题调查，抽查了有关凭证、账簿等会计资料。其中，检查组对发货单进行调查的有关情况如下：

(1)检查组对仓库留存的发货单第二联“仓库发货联”进行了检查，并与仓库根据第二联登记的商品保管明细账的发货数量进行了核对，证实账单核对相符；将仓库的发货数量与销售部门统计的销售数量核对时，发现两者存在误差；会计部门根据会计核算使用的发货单第三联计算的销售数量与仓库计算的数量相同。仓库保管员声称，每笔发货均以销售部门事先开具的发货单为依据。但检查组发现有两笔业务在商品保管明细账登记的发货日期比发货单的开出日期早了两天。

(2)检查组发现只有会计部门与仓库坚持进行发货单第三联和第二联的定期核对工作。检查组将销售部门开出发货单时留存的第一联“存根”与第六联“货物放行联”进行了核对，发货单第六联是公司大门口的保安在货物放行时收到并保存的。检查发现有两张“货物放行联”没有编号且没有与之对应的“存根”，检查组认为其中可能存在重大问题，并将此事做了记录。有7张用汽车提货的“货物放行联”没有按公司的规定登记车牌号码；有一张“货物放行联”上没有加盖销售部门的印章(已与“存根”核对无误)，按规定在这种情况下，保安不应放行。发货单第四联、第五联分别交运输部门和客户，检查组没有对其进行核对。

要求：

(1)指出百盛公司与“发货单”有关的内部控制制度在授权批准、内部核查程序、凭证记录及其预先编号等方面存在的漏洞或缺陷，并分析其危害。

(2)根据上述资料，说明发货单凭证流转程序、各联的用途及其相互之间的核对关系。

3. 某化工有限公司有50余位员工，其下属厂有600余位员工。公司拥有流动资金8亿多元，市内有500多处特约经销点，15年来，在没有任何外界资金投入的情况下，完全凭自身艰苦奋斗，在市场经济的风浪中搏击，发展为“国家无投资，银行无贷款，原料无分配(渠道)”而“产品无积压，企业无利息债”的“五无”企业，现在已是一家拥有近10亿元自有资金的大型现代化涂料有限公司。目前，该公司的岗位设置情况如下：

(1)总会计师1人，监督整个财务科的工作。

(2)公司财务科共9人：

财务科长1人，管理日常的会计工作，负责复核记账凭证，填制银行存款日记账，编制对外会计报表。

销售收款2人。其中,市内应收账款1人,负责登记应收账款明细账兼记分类账;市外应收账款1人,负责登记应收账款明细账兼记总账。

材料采购1人,负责登记原材料明细账。

应付账款1人,负责登记应付账款明细账。

现金出纳1人,负责现金报销和登记现金日记账。

管理会计1人,负责内部管理报表的编制。

电算化2人。其中,操作员1人,负责输入文档资料、打印和复印;程序员1人,负责系统维护。

(3)下属厂财务科共8人:

财务科长1人,负责成本核算及报告。

北新泾地区销售收款1人,负责收款并汇总至公司。

包装材料1人,负责登记包装材料明细账。

原材料1人,负责登记原材料收、付、存明细账。

成本核算1人,负责每月产成品成本的核算。

生产统计1人,负责记录生产中的有关数据,以便成本核算。

电算化2人。其中,操作员1人,负责输入文档资料、打印和复印;程序员1人,负责系统维护。

要求:

(1)请为该公司设计完整的会计凭证和会计账簿体系(包括账簿的种类、用途和格式等)。

(2)该公司应当采用哪一种账务处理程序?请画出其流程图。

4. 某化工有限公司生产甲、乙、丙三种主要产品,企业实行定额成本制度,成本核算采用品种法,基本生产成本设有“原材料”“直接人工”“燃料和动力”和“制造费用”等成本项目。管理当局将成本控制的重点确定为变动成本,为此,管理部门要求财会部门每月报告三种主要产品的变动成本资料,提供必要的分析依据。管理部门还定期召开由财会部门、生产部门、计划部门和销售部门参加的成本控制专题会议。

要求:请设计一份用于变动成本分析的内部会计报告,以满足管理部门的信息需求。

5. 哈尔滨鑫鹏家电经销有限公司成立于2001年,是一家以经营品牌家电批发为主的企业。公司成立之初,经营规模较小、业务量少,会计核算采用记账凭证核算组织程序。经过近几年的发展,公司经营规模不断扩大,业务量逐年增加。最近一年来,会计人员发现每月登记总账的业务量非常大。公司会计负责人决定修改会计核算组织程序,采用汇总记账凭证核算组织程序来组织日常会计核算。

讨论:该公司在不同发展阶段采用不同会计核算组织程序的做法是否正确?请说明理由。

第四章 内部控制制度设计的基本理论

学习目标

本章主要介绍了内部控制制度设计的基本概念、意义和原则，阐述了内部控制制度的主要内容和措施以及内部控制制度设计的基本程序。通过本章的学习，了解内部控制制度的概念及其发展，掌握我国对内部控制的界定，明确内部控制系统设计的意义和原则，了解内部会计控制的主要内容，理解企业内部控制的措施，掌握设计内部控制制度的程序。

第一节 内部控制制度设计的基本内涵

企业再生产过程中经常面临影响目标实现的各种不确定因素，即风险。针对各种风险，需要实施内部控制，以确保企业目标的实现。健全、有效的内部控制不仅能够合理保证企业生产经营活动的合法、合规，提高企业会计信息的可靠性和完整性，而且可以提高企业的经营管理水平和风险防范能力，提高经营效率和效果，帮助企业实现发展战略和经营目标，促进企业持续发展。2008 年 5 月，我国财政部、证监会、审计署、银监会和保监会五部委根据有关法律联合制定了《企业内部控制基本规范》。2011 年 4 月，上述五部委又联合发布了企业内部控制配套指引，从而形成了中国的企业内部控制框架。内部控制制度设计的目的是帮助企业建立健全完整的内部控制框架，而非简单的内部控制制度设计。

一、内部控制理论的发展

内部控制理论在近一个世纪的发展过程中，大体经历了内部牵制、内部会计控制与管理控制、内部控制结构、内部控制整体框架和企业风险管理框架五个阶段（如图 4—1 所示）。

（一）内部牵制阶段（20 世纪 40 年代以前）

现代意义上的内部控制理论是由早期的内部牵制理论发展而来的。一般认为，20 世纪 40 年代以前的内部控制理论处在以内部牵制为表现形式的萌芽状态。内部牵制的思想源远流长，早期的内部牵制主要产生于官厅财计组织的设置中，是国家财计组织建设与完善的保证。例如，我国西周财计中的出纳组织就分为“职内”“职岁”和“职币”三个方面，分掌“收入”“支出”和“结余”，以便形成有效的经济牵制。对企业而言，内部牵制成为一种重要制度并得到广泛应用是 15 世纪以后的事。15 世纪，资本主义经济关系在意大利北方城市得到发展，企业对收入和费用的核算日益重视，同时，复式记账法的出现推动了管理和内部牵制的发展。这一阶段的内部牵制局限于一般性的经济制约关系，其特征可以概括为：以业务授权、职责分工、定期核对

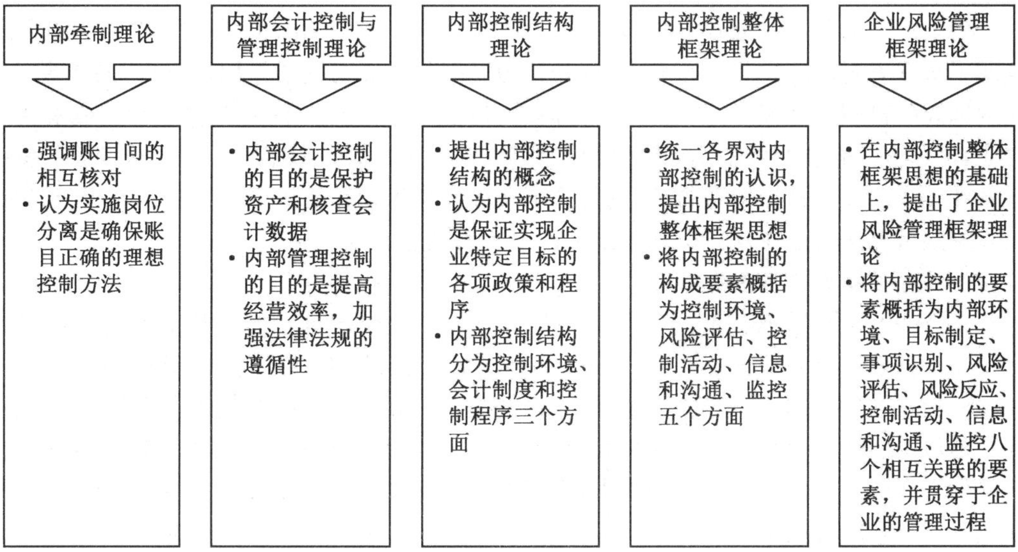

图 4—1　内部控制理论的发展脉络

等会计控制为基本内容，以账簿之间的核对和账簿与财产之间的一致性验证为主要手段，控制的目的主要是查错防弊。

（二）内部会计控制与管理控制阶段（20 世纪 40—70 年代）

20 世纪 40 年代后，欧美各国的产业革命相继完成，生产的社会化得到了极大的提高，股份制公司代替了原有的手工工场，成为先进资本主义国家的主要企业组织形式，与之相适应的是内部控制进入了发展时期。一些企业在传统内部牵制思想的基础上，纷纷在企业内部组织结构、经济业务授权和处理程序等方面借助各种事先制定的科学标准和程序，对企业内部的生产标准、质量管理、统计分析、采购销售和员工培训等经济活动及相关的财务会计资料分别实施了控制，使得以账户核对和职务分工为主要内容的内部牵制从 20 世纪 40 年代起逐步演变为由组织结构、岗位职责、人员条件、业务处理程序、检查标准和内部审计等要素构成的较为严密的内部控制系统。

1949 年，美国注册会计师协会的审计程序委员会对内部控制首次做出定义："内部控制是企业所制订的旨在保护资产安全，保证资料的准确性和可靠性，提高经营效率，以及促进管理部门所制定的各项政策得以贯彻执行的组织计划和相互协调的各种方法和措施。"这个定义对当时审计界的影响较大，并且导致了以评价内部控制的健全性、有效性为基础的审计模式的诞生。但是，由于该定义过于宽泛，美国注册会计师协会审计程序委员会在 1958 年颁布的《审计程序公告第 29 号》中将内部控制划分为"内部会计控制"和"内部管理控制"两类。其中，前者涉及与财产安全和会计记录的准确性、可靠性有直接联系的方法和程序，后者主要是与贯彻管理方针和提高经营效率有关的方法和程序。这一划分方法即内部控制"制度二分法"。

（三）内部控制结构阶段（20 世纪 80—90 年代）

进入 20 世纪 80 年代，人们对内部控制的研究重点逐步从一般含义向具体内容深化，其标志是美国注册会计师协会在 1988 年发布的《审计准则公告第 55 号》。该公告以"内部控制结构"概念取代了"内部控制制度"，并指出"企业的内部控制结构包括为取得企业特定目标的合理保证而建立的各种政策和措施程序"，含控制环境、会计制度和控制程序三个要素。有的学者将其称为内部控制的“三点论”。在这三个构成要素中，会计制度是内部控制结构的关键要素，控制程序是保证内部控制结构有效运行的机制。这一概念跳出了“制度二分法”的圈子，特别强调了管理者对内部控制的态度、认识和行为等控制环境的重要作用，指出这些环境因素是实现内部控制目标的环境保证，要求审计师在评估控制风险时不仅要关注会计控制制度与控制程序，而且应对企业所面临的内外环境进行评估。“内部控制结构”概念的提出适应了经济形势发展和企业经营管理的需要，因而得到了会计界和审计界的认可。20 世纪 80 年代末兴起的风险基础审计法便是在这一概念基础上产生和发展起来的。

（四）内部控制整体框架阶段（20 世纪 90 年代—21 世纪初）

20 世纪 90 年代，内部控制进入了成熟期。该时期关于内部控制的概念具有国际影响力的是由美国反欺诈财务报告委员会（Treadway）下属的发起组织委员会（COSO）提出的。1992 年，COSO 在《内部控制——整体框架》中将内部控制定义为：“内部控制是由企业董事会、经理层和其他员工实施的，为经营的效率/效果、财务报告的可靠性和相关法律的遵循等目标的实现而提供合理保证的过程。”该报告指出，内部控制是环境控制、风险评估、控制活动、信息与沟通和监督五要素的有机结合。该定义不但丰富了可控制环境和会计系统的基本内涵，而且形成了在实现某种目标的指导下，由五个相互联系的要素共同构成的一个整体框架：以控制环境为基础，风险评估为依据，控制活动为手段，信息与沟通为载体，监督为保证（见图 4－2）。有的学者称之为内部控制的“五点论”。

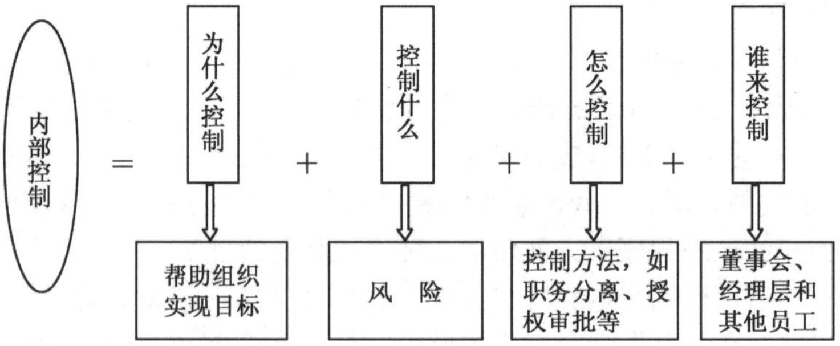

图 4－2 内部控制的基本结构

（五）企业风险管理框架阶段（21 世纪至今）

自 2001 年年底以来，美国一批大公司的会计丑闻接连曝光，诚信危机震撼了美国及国际社会，使人们对美国式自由市场经济制度产生了怀疑，也暴露了美国现行法律的诸多不足。为了增强民众对美国金融市场和政府经济政策的信心，2002 年 7 月 30 日，美国总统签署了《萨班斯－奥克斯利法案》，这是一项旨在加强会计监督、强化信息披露、完善公司治理、防止内幕交易的法案。它规定对违反本法案和渎职以及做假账的企业主管实行严厉的制裁，同时对上市公司实行更为严厉的监督，这是自 20 世纪 30 年代美国企业法规基本框架建立以来最大的一次改革，使美国的公司治理迈入新的阶段。

在此背景下，2002 年，COSO 在内部控制框架概念的基础上，提出了“企业风险管理”（ERM）概念，使内部控制的研究发展到一个新阶段。2004 年，COSO 发布了《企业风险管理——总体框架》。该企业风险管理框架是在 1992 年的研究成果即《内部控制框架》报告的基础上，结合《萨班斯－奥克斯利法案》在报告方面的要求进行扩展研究而得到的。2004 年的 COSO 报告认为，企业风险管理是一个由企业董事会、管理层和其他员工共同参与的，应用于企业战略制定和企业内部各个层次与部门的，用于识别可能对企业造成潜在影响的事项并在其风险偏好范围内管理风险的，为企业目标的实现提供合理保证的过程。这是一个广义的风险管理定义，适用于各种类型的组织、行业和部门。企业风险管理的构成要素为内部环境、目标制定、事项识别、风险评估、风险反应、控制活动、信息和沟通、监控共八个相互关联的要素，各要素贯穿于企业的管理过程。

二、内部控制的概念与构成要素

（一）内部控制的概念

内部控制既有会计的特征，又有管理的特征，是衡量和控制风险的基础。我国《企业内部控制基本规范》将内部控制定义为："由企业董事会、监事会、经理层和全体员工实施的、旨在实现控制目标的过程。内部控制目标是合理保证企业经营管理合法合规、资产安全、财务报告及相关信息真实完整，提高经营效率和效果，促进企业实现发展战略。"

不难看出，上述定义与COSO报告中关于内部控制的定义基本上是一致的：两者都强调内部控制的主体是企业董事会、经理层和全体员工，而不仅仅是经理层；都强调内部控制是一个过程，而并非简单的制度或措施安排；都强调内部控制只能提供合理保证，而并非绝对的保证。不同的是，COSO报告明确了内部控制的三个目标，而我国在内部控制目标方面，多规定了两个目标，即资产安全和促进战略目标的实现。特别是帮助企业实现战略目标和促进企业可持续发展，此内部控制目标的提出是我国内部控制框架的一个突破和创新。

（二）内部控制的构成要素

在内部控制框架理论中，COSO报告将内部控制的构成要素分解为五项内容，即控制环境、风险评估、控制活动、信息与沟通、监控。

内部控制并非由其构成要素简单相加得到，而是由它们相互联系、相互制约、相辅相成而共同组成的完整框架。控制环境是内部控制过程赖以存在的基础；风险评估是实施内部控制的依据，实施风险评估进而管理风险是建立控制活动的终点；控制活动是实现控制目标的手段，是内部控制的主要组成部分；信息与沟通贯穿于内部控制的全过程，信息传递帮助上下各要素有效沟通，将整个内部控制结构凝聚在一起，是保证内部控制全过程良好运行的媒介；监控是内部控制系统的特殊构成要素，它独立于各项生产经营活动，是对其他内部控制的一种再控制。

1. 控制环境

控制环境构成一家企业的基本氛围，是其他内部控制要素的基础，主导或左右着组织成员的控制理念，决定着内部控制的边界和效果。控制环境由股东大会、董事会、监事会和经理层等公司治理结构，企业内部机构，责任分配和授权，诚信和道德价值观，员工素质和人力资源政策，管理哲学和经营风格以及企业文化等要素构成。

（1）公司治理结构

企业应根据国家有关法律法规和企业章程，建立规范的公司治理结构和议事规则，明确决策、执行、监督等方面的职责权限，形成科学、有效的职责分工和制衡机制。在公司治理层面，企业应解决好经营权、决策权等权责的分配和制衡，利益相关方的利益分配与均衡，重大事项的审议和决策等问题。

股东大会享有法律法规和企业章程规定的合法权利，依法行使企业经营方针、筹资、投资和利润分配等重大事项的表决权。

董事会对股东大会负责，依法行使企业的经营决策权。董事会的构成应考虑成员的经验、相对于经理层的独立性、外部董事的比例、成员参与管理的程度、对经理层提出问题的深度和广度等。

监事会对股东大会负责，监督企业董事、经理和其他高级管理人员依法履行职责。

经理层负责组织实施股东大会和董事会决议事项，主持企业的生产经营管理工作。

董事会负责内部控制的建立健全和有效实施。监事会对董事会建立与实施内部控制进行监督。经理层负责组织、领导企业内部控制的日常运行。

企业应在董事会下设立审计委员会，负责审查企业内部控制，监督内部控制的有效实施和内部控制的自我评价情况，协调内部控制审计及其他相关事宜等。

(2)企业内部机构

内部机构是企业根据业务发展的需要，分别设置的不同层次的管理人员及由各专业人员组成的管理团队，针对各项业务功能行使决策、计划、执行、监督和评价的权力并承担相应的义务，从而为业务的顺利开展，进而实现企业发展战略提供组织机构的支撑平台。企业应当根据发展战略、业务和控制要求，设计适合本企业的内部组织机构。

制度和组织安排是企业持续发展的关键，企业的每项活动都是通过特定的职能部门或组织来进行的，只有通过设计完整的组织架构，才能实现组织目标。企业应加强内部审计工作，保证内部审计机构设置、人员配备和工作过程的独立性。内部审计机构应结合内部审计监督，对内部控制的有效性进行监督检查。内部审计机构对监督检查中发现的内部控制缺陷，应按企业内部审计工作程序进行报告；对监督检查中发现的内部控制重大缺陷，有权直接向董事会及其审计委员会、监事会报告。

(3)责任分配和授权

企业的业务经办、管理决策和过程控制等必须经过授权及责任配置。企业应当制定组织结构图、业务流程图、岗位说明书和权限指引等制度，使员工掌握组织架构设计及权责分配情况，正确履行职责。建立权限指引和授权机制非常重要。有了权限指引，不同层级的员工就知道该如何行使并承担责任，也有利于事后的考核、评价。授权是指企业各项决策和业务必须由具备适当权限的人员办理，严禁越权办理。按照授权对象和形式的不同，授权分为常规授权和特别授权。常规授权一般针对日常经营管理过程中发生的程序性和重复性工作，可以在由企业正式颁布的岗位说明书中予以明确，或通过制定专门的权限指引予以明确。特别授权一般是由董事会授予经理层或经理层授予内部机构及其员工处理某一突发事件(如法律纠纷)、做出某项重大决策或代替上级处理日常工作的临时性权力。

权力是履行责任的保障，而非推卸责任或转嫁责任的工具。下级应严格执行上级的决策，在自身职责和权限范围内开展工作。对于突发事件，企业应建立应急预案，并定期测试。在意外事件或紧急情况发生时，应及时处置，预防或减少可能造成的损失，确保业务的持续开展。

在企业管理中，应尽量避免多头领导、越级指挥、权力与责任不配比、权责界定不清等现象。企业可利用信息技术和计算机等现代化手段，加强对远程业务和分支机构业务的管理与监控。

(4)诚信和道德价值观

企业活动的核心是人的活动。经验表明，当个人道德崩塌时，公司道德将荡然无存，财务灾难便会接踵而至。员工的道德价值观决定了其判断事物的标准是否正确或合理。企业应建立良好的道德价值观及行为指南，这些理念和指南应包括：树立良好的企业公民形象，企业观念不能置于社会公理和正义之上；员工行为作风正直与公正，提倡对正义、公理、公德的忠诚，而非狭隘的对企业忠诚；管理层以身作则；员工遵守法律、法规、规则以及企业政策；尊重并公平对待每一个人；公平竞争；正当交易及记录；等等。

(5)员工素质和人力资源政策

用正确的人做正确的事是保证组织成功运行的根本。人力资源政策是影响企业内部环境的关键因素，应科学、规范、公平、公开、公正，有利于调动员工在内部控制和经营管理活动中的积极性、主动性和创造性。若员工素质良好、诚实守信、有正义感，即使某些控制措施缺失，企业也能保持发展；反之，若员工油滑、无原则、无正义感，即使有完美的控制制度，企业也可能因此蒙受损失或名誉扫地。

企业不一定要找最优秀的人，但要找最合适的员工。职业道德修养和专业胜任能力应是企业选拔和聘用员工的重要标准，要切实加强员工培训和继续教育，不断提升员工素质。企业应制定正式或非正式的职务说明书，逐项分析并规定各工作岗位人员须具备的知识和技能。

企业应根据发展战略，合理配置人力资源，调动全体员工的积极性，发挥员工的潜能和创造性。人力资源政策要体现“以人为本”的管理理念，力图实现董事、监事、高级管理人员和全体员工与企业共同发展、良性互动。

人力资源政策包括：员工聘用、培训、辞退与辞职；员工薪酬、考核、晋升与奖惩；关键岗位员工的定期岗位轮换或强制休假制度；对掌握国家秘密或重要商业秘密的员工离岗的限制性规定；有关人力资源管理的其他政策。

(6)管理哲学和经营风格

管理哲学和经营风格主要包括：管理层对待和承担经营风险的方式；是否依靠文件化的政策、业绩指标和报告体系等；对会计报告的态度和所采取的措施；对信息处理以及会计功能、人员的态度；对会计政策和会计估计的谨慎或冒进态度；等等。

董事、监事、高级管理人员和全体员工应统一思想和认识，培育对企业的认同感，要形成卓越的执行力。高管团队应树立有利于企业实现内部控制目标的管理理念和经营风格，强化风险意识，避免因个人风险偏好而给企业带来不利影响和损失。

全体员工应恪守以诚实守信为核心的职业操守，不得损害投资者、债权人、客户、员工及其他社会公众的利益。

高管团队有责任制定并完善信息披露管理制度，明确重大信息披露事项的判定标准和报告程序，确定信息披露事项的收集、汇总和披露程序，不断强化为投资者、债权人和社会公众提供高质量会计信息及依法应披露的其他信息的法制意识和责任意识。

高管团队有责任加强对员工职业道德的宣传、引导、教育、培训、监督和检查，为建立和实施内部控制营造良好的氛围。

企业应加强法制教育，增强董事、监事、经理及其他高级管理人员和员工的法制观念，严格依法决策、依法办事、依法监督，建立健全法律顾问制度和重大法律纠纷案件备案制度。

(7)企业文化

企业文化是企业在生产经营实践中逐步形成的、为团队所认同并遵守的价值观、经营理念和企业精神，以及在此基础上形成的行为规范的总称。俗话说，一流企业做文化，二流企业做市场，三流企业做产品。要实现企业的发展战略和可持续繁荣，必须以打造优秀的企业文化为基础。高管团队应在企业文化建设中发挥主导作用，有责任在企业范围内培育健康向上的整体价值观，培养社会责任感和遵纪守法意识，强化风险管控意识，倡导爱岗敬业、进取创新、团队协作与遵规守纪精神。

企业应根据高级管理人员、中层管理人员和一般员工的职责权限，结合不同层级人员对实现企业内部控制目标的影响程度和不同要求，分别制定适合不同层级人员的职业操守准则或行为守则，并明确相应的监督约束和奖励机制，创造全体员工均充分了解且能履行职责的内部控制环境。

企业员工应遵守员工行为守则，认真履行岗位职责，提升自身职业道德修养，加强业务学习，自觉遵守企业内部各项规章制度，勤勉尽责。

2. 风险评估

风险是对实现内部控制目标可能产生负面影响的不确定因素。企业经营经常面临各种风险，风险评估是及时识别、科学分析和评价影响企业内部控制目标实现的各种不确定因素并采取应对策略的过程，是实施内部控制的重要环节。风险评估主要包括目标设定、风险识别、风险分析和风险应对。

(1)目标设定

目标设定是风险识别、风险分析和风险应对的前提。企业的战略目标通常是由企业的理念及其所追求的价值所决定的。年度经营计划是对战略规划的具体落实，是对战略目标的按年度分解。企业需要将年度经营目标具体分解落实到各业务层面及具体部门和岗位，并根据设定的目标合理确定企业整体风险承受能力和各业务层面上的可接受风险水平。

(2)风险识别

企业应根据设定的控制目标，全面、系统、持续地收集相关信息，结合实际情况，及时进行风险评估。

企业开展风险评估，应准确识别与实现控制目标相关的内部风险和外部风险，确定相应的风险承受度。风险承受度是企业能够承担的风险限度，包括整体风险承受能力和业务层面的可接受风险水平。

企业应在充分调研和科学分析的基础上，准确识别影响企业内部控制目标实现的内部风险因素和外部风险因素。

企业应关注的内部风险因素一般包括：董事、监事、经理及其他高级管理人员的职业操守和员工专业胜任能力等人力资源因素；组织机构、经营方式、资产管理、业务流程、财务报告编制与信息披露等管理因素；财务状况、经营成果和现金流量等财务因素；研究开发、技术投入和信息技术运用等自主创新因素；营运安全、员工健康和环境污染等安全环保因素；其他有关内部风险的因素。

企业应关注的外部风险因素一般包括：经济形势、产业政策、融资环境、市场竞争和资源供给等经济因素；法律法规和监管要求等法律因素；安全稳定、文化传统、社会信用、教育水平和消费者行为等社会因素；技术进步、工艺改进和电子商务等科技因素；自然灾害和环境状况等自然环境因素；其他有关外部风险因素。

企业在进行风险识别时，可采取座谈讨论、问卷调查、案例分析和咨询专业机构意见等方法识别相关的风险因素，特别应注意总结和吸取企业过去的经验教训和同行业的经验教训，加强对高危性、多发性风险因素的关注。

(3)风险分析

企业应针对已识别的风险因素，采用定性与定量相结合的方法，按风险发生的可能性及其影响程度等，对已识别风险进行分析、归类和排序，确定关注重点和优先控制的风险。

企业在进行风险分析时，应充分吸收专业人员，组成风险分析团队，按严格、规范的程序开展工作，确保风险分析结果准确。

企业应合理分析且准确掌握董事、经理及其他高级管理人员、关键岗位员工的风险偏好，采取适当的控制措施，避免因个人风险偏好而给企业经营带来重大损失。

（4）风险应对

企业应根据风险分析情况，结合风险成因、整体风险承受能力和具体业务层次上的可接受风险水平，综合运用风险规避、风险降低、风险分担和风险承受等应对策略，实现对风险的有效控制。

风险规避是企业对超出风险承受范围的风险，通过放弃或停止与该风险相关的业务活动来避免或减轻损失的策略。

风险降低是企业在权衡成本和效益后，准备采取适当的控制措施来降低风险，以减轻损失，将风险控制在风险承受范围内的策略。

风险分担是企业准备借助他人的力量，采取业务分包、购买保险等方式和适当的控制措施，将风险控制在风险承受范围内的策略。

风险承受是企业对风险承受范围内的风险，在权衡成本和效益后，不准备采取控制措施来降低风险或减轻损失的策略。

企业应根据内部控制目标，结合风险应对策略，综合运用控制措施，对各种业务和事项实施有效控制。企业应建立重大风险预警机制和突发事件应急处理机制，明确风险预警标准，对可能发生的重大风险或突发事件制定应急预案、明确责任人员、规范处置程序，确保突发事件得到及时、妥善处理。

3. 控制活动

企业应结合风险评估结果，通过手工控制与自动控制、预防性控制与发现性控制相结合的方法，运用相应的控制措施，将风险控制在可承受范围内。

控制措施，是指企业根据风险评估结果，结合风险应对策略，确保内部控制目标得以实现的方法和手段。控制措施一般包括不相容职务分离控制、授权审批控制、会计系统控制、预算控制、财产保护控制、运营分析控制、绩效考评控制、文件记录控制、内部报告控制和信息技术控制等。

4. 信息与沟通

信息与沟通是指及时、准确、完整地收集与企业经营管理相关的各种信息，并使这些信息以适当方式在企业内部及企业与外部之间进行及时传递、有效沟通和正确应用的过程。企业活动需要协同，协同需要信息和沟通。管理和控制随时需要沟通，美国著名学者奈斯比特曾指出："未来竞争是管理的竞争，竞争的焦点在于每个社会组织内部成员之间及其外部组织的有效沟通。"

沟通不畅是多数企业存在的通病，企业结构越复杂，沟通越困难，基层的许多建设性意见不能及时反馈至高层决策者，而决策层的政策在传达过程中常常无法以原貌展现给员工。

企业应建立信息系统与沟通制度，明确内部控制相关信息的收集、处理和传递程序，确保信息及时沟通，促进内部控制的有效运行。建立信息系统是指企业利用计算机和通信技术，对内部控制进行集成、转化和提升，形成由人员、硬件、软件、信息、规程等组成的管理平台。

企业应对收集的各种内部信息和外部信息进行筛选、核对和整合，提高信息的有用性。有用的信息应是真实、准确、完整、及时和相关的。有效的信息沟通需要合理考虑对来自不同部门、岗位和渠道的相关信息进行合理筛选和相互核对。

(1)内部信息

内部信息主要包括会计信息、生产经营信息、资本运作信息、人员变动信息、技术创新信息和综合管理信息等。企业可通过会计资料、经营管理资料、调查研究报告、会议记录、专项信息反馈、内部报刊网络和办公网络等渠道和方式获取所需的内部信息。

(2)外部信息

外部信息主要包括政策法规信息、经济形势信息、监管要求信息、市场竞争信息、行业动态信息、客户信用信息、社会文化信息和科技进步信息等。企业可通过立法监管部门、社会中介机构、行业协会组织、业务往来单位、市场调查研究、外部来信来访和新闻传播媒体等渠道和方式获取所需的外部信息。

(3)内部沟通

企业应将内部控制的相关信息在企业内部各管理级次、责任单位和业务环节之间进行沟通和反馈。信息沟通过程中发现的问题应及时报告并加以解决。重要信息应及时传递给董事会、监事会和经理层。

企业应利用信息技术促进信息的集成与共享,充分发挥信息技术在信息沟通中的作用。企业可采取互联网、电子邮件、电话传真、信息快报、例行会议、专题报告、调查研究、员工手册、教育培训、内部刊物和内部网络等多种方式实现所需的内部信息和外部信息在企业内部准确、及时地传递和共享,确保董事会、管理层和企业员工之间有效沟通。

(4)外部沟通

企业有责任建立良好的外部沟通渠道,对外部有关方面的订单、建议、投诉和其他信息做记录,并及时处理和反馈。外部沟通应重点关注以下几个方面:

一是与投资者沟通。企业应按我国《公司法》和《证券法》等法律法规和企业章程的规定,通过股东大会、投资者会议和定向信息报告等方式,及时向投资者报告企业的战略规划、经营方针、投融资计划、年度预算、经营成果、财务状况、利润分配方案以及重大担保、合并分立、资产重组等方面的信息,听取投资者的意见和要求,妥善处理企业与投资者之间的关系。

二是与债权人沟通。企业可通过信函、会谈、电话和传真等方式,与债权人就账目核对、信用额度、贷款安排和债务清偿等进行定期或不定期沟通,妥善处理企业与债权人之间的关系,维持或提升企业的信用和形象。

三是与客户沟通。企业可通过座谈、走访和专题调研等形式,定期听取和收集客户对消费偏好、销售政策、产品质量、售后服务和货款结算等方面的意见或建议,妥善解决可能存在的控制不当问题。

四是与供应商沟通。企业可通过供需见面会、订货会和业务洽谈会等形式与供应商就供货渠道、产品质量、技术性能、交易价格、信用政策和结算方式等问题进行沟通,及时发现并妥善解决可能存在的控制不当问题。

五是与监管机构沟通。企业应及时向监管机构了解监管政策、监管要求及其变化情况,并相应完善自身的管理制度;同时,认真了解自身存在的问题,积极反映诉求和建议,努力加强与监管机构的协调。

六是与外部审计师沟通。企业应定期与外部审计师会晤,听取外部审计师有关财务报表审计和内部控制等方面的建议,以保证内部控制的有效运行以及双方工作的协调。

七是与律师沟通。企业可根据法定要求和实际需要,聘请律师参与重大业务、项目和法律纠纷的处理，并保持与律师的有效沟通。

(5)反舞弊机制

企业应建立反舞弊机制，坚持惩防并举、重在预防的原则，明确反舞弊工作的重点领域、关键环节和有关机构在反舞弊工作中的职责与权限，规范舞弊案件的举报、调查、处理和补救程序。

企业至少应将下列情形作为反舞弊工作的重点：一是未经授权或采取其他不法方式侵占、挪用企业资产，牟取不当利益；二是在财务报告和信息披露等方面存在虚假记载、误导性陈述或重大遗漏等；三是董事、监事、经理及其他高级管理人员滥用职权；四是相关机构或人员串通舞弊。

企业应建立健全举报投诉制度和举报人保护制度，设置举报专线，明确举报投诉处理程序、办理时限和办结要求，确保举报和投诉成为企业有效掌握信息的重要途径。

举报投诉制度和举报人保护制度应及时传达至全体员工。

5. 监控

监控是指企业对其内部控制的健全性、合理性和有效性进行监督检查与评估，形成书面检查报告并做出相应处理的过程。企业应利用信息与沟通情况，提高监控工作的针对性和时效性；同时，通过实施监控，不断提高信息与沟通的质量和效率。

(1)监控机构

企业应制定内部控制监督制度，明确审计委员会、内部审计机构（或经授权的其他监督机构）和其他内部机构在内部监督中的职责权限，规范内部监督的程序、方法和要求。

履行监控职责的机构应加强自身队伍的职业道德建设和业务能力建设，不断提高监控工作的质量和效率，树立并增强监控的权威性。

(2)日常监控和专项监控

监控分为日常监控和专项监控。日常监控是指企业对建立与实施内部控制的情况进行持续、全面、系统的监督检查；专项监控是指在企业发展战略、组织结构、经营活动、业务流程和关键岗位员工等发生较大调整或变化的情况下，对内部控制的某一或某些方面进行有针对性的、不定期的监督检查。专项监控的范围和频率应根据风险评估结果和日常监控的有效性等予以确定。

(3)内部控制缺陷认定

企业应制定内部控制缺陷认定标准，对监督过程中发现的内部控制缺陷，应分析缺陷性质和产生的原因，提出整改方案，采取适当的形式及时向董事会、监事会或经理层报告。

内部控制缺陷是指内部控制的设计存在漏洞，不能有效防范错误与舞弊；或内部控制的运行存在弱点和偏差，不能及时发现并纠正错误与舞弊的情形。内部控制缺陷包括设计缺陷和运行缺陷。企业应跟踪内部控制缺陷整改情况，并就内部监督中发现的重大缺陷，追究相关责任单位或责任人的责任。重大缺陷是指已发现的内部控制缺陷可能严重影响财务报告的真实、可靠和资产的安全、完整。

企业应分析内部控制缺陷产生的原因，并有针对性地提出和实施改进方案，不断健全和完善企业内部控制。

企业应结合其内部控制，对在监控中发现的违规行为及时通报情况和反馈信息，并严格追究相关责任人的责任，维护内部控制的严肃性和权威性。

(4)内部控制评价报告

企业应结合内部监督情况，定期对内部控制的有效性进行自我评价，出具内部控制自我评价报告。内部控制自我评价的方式、范围、程序和频率由企业根据经营业务调整、经营环境变化、业务发展状况和实际风险水平等自行确定，但至少每3年进行一次，国家有关法律法规另有规定的，从其规定。

三、我国对内部控制的界定

我国对内部控制的研究从20世纪90年代开始。1996年12月，财政部发布《独立审计具体准则第9号——内部控制和审计风险》。2001年6月至2003年，财政部陆续发布了内部会计控制的一系列规范，包括《内部会计控制规范——基本规范》(2001)、《内部会计控制规范——货币资金》(2001)、《内部会计控制规范——销售与收款》(2002)、《内部会计控制规范——采购与付款》(2002)和《内部会计控制规范——工程项目》(2003)。2003年还对担保、成本费用、对外投资和预算等内部会计控制规范发布了征求意见稿。这些规范主要从内部会计控制的角度出发。为进一步规范上市公司的内部控制行为，2008年6月，我国财政部、证监会、审计署、银监会和保监会联合发布了《企业内部控制基本规范》。

《企业内部控制基本规范》(2008)中提到的内部控制要素包括内部环境、风险评估、控制活动、信息与沟通、内部监督。其中，内部环境是企业实施内部控制的基础，一般包括治理结构、机构设置及权责分配、内部审计、人力资源政策和企业文化等。风险评估是指企业及时识别和系统分析经营活动中与实现内部控制目标相关的风险，合理确定风险应对策略。控制活动是指企业根据风险评估结果，采取相应的控制措施，将风险控制在可承受范围内。信息与沟通是企业及时、准确地收集、传递与内部控制相关的信息，确保信息在企业内部、企业与外部之间进行有效沟通。内部监督是企业对内部控制的建立与实施情况进行监督检查，评价内部控制的有效性，发现内部控制缺陷，及时加以改进。这与1992年COSO在《内部控制——整体框架》中对内部控制定义的要素相同。图4—3反映了内部控制五要素之间的关系。

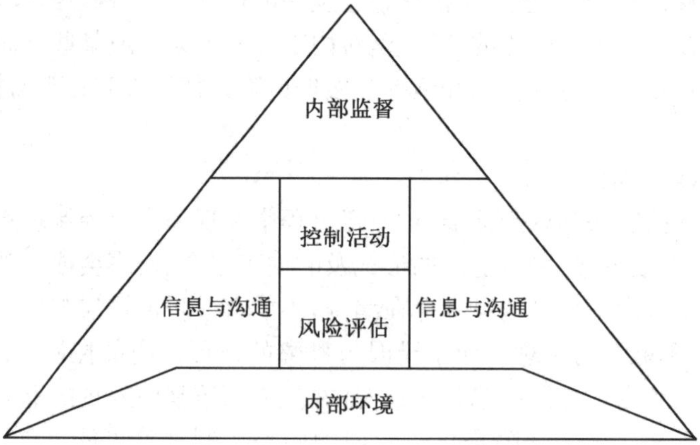

图4—3　内部控制五要素之间的关系

四、内部控制的特征

从内部控制的概念描述中我们可以发现，内部控制不仅仅是指控制，而且包括管理、激励、监督和指导等多方面的含义，缓和了单纯遵守规章制度的生硬和僵化，增加了执行的弹性，使其成为结合各方要素的综合实践过程，体现了以下突出特点：

（一）广泛性（或全面性）

内部控制涉及企业组织的每一位员工，上至董事会，下至普通职工。控制活动的范围涵盖企业组织的各项业务，不仅要对财务、资产和人事等各个方面的计划与执行情况进行控制，而且要负责对这些工作进行分析与研究，总结经验，提出完善措施。

（二）标准性

在内部控制中，书面的法律法规以及企业组织内部的相关规定尽管需要具体执行，但是依然属于关键部分，为内部控制的各项活动从设计到执行提供了标准与依据，使企业可以避免可预知的某些风险。

（三）经常性

内部控制不是短期活动或者是在某一时点上的某一次活动，而是自企业建立之日起就产生，随着企业的消亡而消灭，在企业存在的整个过程中会分阶段、有规律地对企业的所有活动进行检查与考核。

（四）潜在性

内部控制不是与企业的日常工作明显割裂的独立活动，而是暗含在工作的每一个方面和每一个步骤中。不管企业采取哪种方式进行管理和执行业务，都会有潜在的内部控制行为。

（五）关联性或动态性

企业的经营管理过程与内部控制是相互交错、相互关联的。在内部控制的实行过程中不断地与管理和经营过程磨合，针对不同的外部环境对自身进行修正与改进，起到事半功倍的作用。

第二节　内部控制制度设计的意义和原则

为了规范企业的会计工作、加强内部管理，必须进行内部控制系统设计。企业应根据国家有关法律法规及《企业内部控制基本规范》的规定，设计出适合本企业经济业务特点和管理要求的内部控制制度，并组织实施。

一、内部控制制度设计的意义

内部控制制度设计的意义主要表现在以下几个方面：

（一）保证企业经营管理信息和财务会计资料的真实与完整

对企业的管理层而言，要实现其经营方针和目标，就需要及时获取准确的资料和信息，以便做出正确的判断和决策。健全、有效的内部控制制度通过制定和执行恰当的业务控制程序，科学、合理地划分职责范围，建立相互协调、相互制约的机制和及时、畅通的信息反馈系统等，保证提供及时、准确的经营管理信息和财务会计信息，为管理层的决策提供可靠的依据，提高决策质量。

（二）保护企业财产的安全和完整，防止资产被盗用、浪费和无效率地使用

建立内部控制制度并采取严格的控制措施，特别是不相容职务的分工，使授权人与执行人，执行人与记账、保管、出纳和会计人员相分离，形成内部牵制，同时实行限制接近财产和内部定期盘点核对制度，从而使财产的收、付、存、用得到严密的控制，有效地制止浪费，防止各种

贪污舞弊行为，确保企业财产物资的安全与完整。

（三）保证员工恪尽职守，保证业务活动按适当的授权进行，提高企业的经营效率

内部控制制度明确划分了各职能部门和人员的职责范围，有利于建立并实行岗位责任制和各项管理制度以及报告制度，使员工做到各司其职、互相制约、克服并清除舞弊、恪尽职守、提高效率。

（四）保证国家法律、法规及企业各项政策的贯彻执行

为加强宏观经济控制，国家制定并颁布了相应的法律、法规和规章制度，这些法律、法规和规章制度只有在所有企业都认真贯彻执行的情况下，才能发挥相应的作用。同时，企业也只有认真贯彻执行国家的法律、法规和规章制度，才能保证其经营活动的合法性。健全、有效的内部控制制度所形成的相互协调与制约机制，能够及时地反映国家的法律法规在企业内部的贯彻执行情况，并能检查、揭示和纠正经营管理中的违法乱纪行为，从而有效地保证企业各项政策及国家的法律法规在企业内部得以贯彻执行。

（五）有助于避免和降低各种风险，提高经营管理效率

在日益激烈的市场竞争中，企业会面临来自各方面的经营风险，如筹资风险、投资风险、产品研制和开发风险、开拓市场风险、信用风险和担保风险等。从防范风险的角度看，可以说企业的经营管理过程就是不断地“化险为夷”的过程。健全、有效的内部控制有助于企业避免和降低各种风险，提高经营管理效率。

二、内部控制制度设计的原则

企业在进行内部控制制度设计时应遵循以下原则：

（一）合法性与适应性原则

合法性原则是指企业必须以国家的法律法规为依据，在国家规章制度允许的范围内设计切实可行的内部控制制度。这是企业建立内部控制制度体系的基础。在大量违法违规案件中，除了企业不依法办事外，更重要的原因是企业内部控制制度脱离了国家的规章制度，导致个别企业肆意妄为，最后给国家和企业造成损失，给社会带来不良影响。

由于各企业的实际情况千差万别，因此，不可能存在一个完整、固定的内部控制模式。各企业必须根据本企业的实际情况，因地制宜、因人而异地设计本企业的内部控制制度，切不可不顾企业实际，好高骛远，设计空中楼阁式的内部控制制度，或者照搬照抄其他企业的内部控制制度。

（二）系统完整原则

设计内部控制制度应充分体现内部控制各要素的要求。根据《企业内部控制基本规范》的规定，内部控制要素主要包括内部环境、风险评估、控制活动、信息与沟通、内部监督等。设计各种业务的内部控制制度，既要在各个制度中充分表述各个要素的内容，又要相互联系、相互制约，使其构成企业管理中的一个完整、持续、可行的管理系统，以有效地控制企业的经营活动，促使企业完成预期的控制目标。为了使内部控制制度达到系统、完整的目的，在设计时应关注制度的严谨性、完整性和协调性，防止疏漏与失控，充分发挥制度的整体控制功能。在内部控制制度的表述上要简明扼要、清楚易行，在控制手续上要讲究实效，不要烦琐复杂，要通过内部控制提高工作效率，避免重复控制。

（三）成本效益原则

一套合理的内部控制制度应该既能防错防弊，又能提高企业的经营管理水平。设计内部

控制制度是使企业的经营管理活动具有衡量其效果的标准，鼓励有关责任人及经营管理部门为达到目标而努力。但是，在设计内部控制制度时，必须符合成本效益原则，即为控制而花费的成本，包括花费的时间和支付的费用，如工资和其他费用等，与缺乏控制时所遭受的损失相比，当控制的效益大于成本时，该项控制措施才是可行的，否则就是不可行的。在实际工作中，有些工作的效益是难以量化的。例如，企业采取了某些加强物资管理的控制措施(如领料单和发料单须经一定的审批手续才可领发)，这就要花费一定的人力和成本，而实际效益却不能直接以金额来表示，但是这样的控制有利于加强会计责任，有利于提高资产的保管效率。又如，对于某些重大决策，需经高层管理人员共同研究做出决议并须经上级领导批准授权后才可执行，这一措施要花费高层管理人员大量的时间，其效益也是难以直接计量的，但是这项控制措施能保护企业的资源，有利于企业控制目标的实现。如果没有这种事前审批措施，可能会使决策成为“失策”，造成不可估量的损失。所以，控制活动的成本效益要结合具体情况而定，要从全局的角度运用财务分析法或宏观经济分析法来确定其“效益”。对于环保等项目，更要从整个社会的角度运用宏观经济分析法来研究其“社会效益”。

(四)不相容职务相分离原则

不相容职务指的是某些职务如果由一个人单独处理，假设该员工在工作中弄虚作假，其自己就可以掩盖。为此，企业在对经营活动进行组织分工时，要求不相容职务分别由不同人员承担，即进行职务分离，使工作有所牵制、有所制约，防止贪污盗窃，保护资产安全。在横向关系上，至少要由彼此独立的两个部门或人员办理，以使该部门或员工的工作接受另一个部门或员工的检查和制约；在纵向关系上，至少要经过互不隶属的两个或两个以上岗位和环节，以使下级受上级监督，上级受下级制约。其理论根据是，在相互牵制的关系下，几个人发生同一错弊而不被发现的概率是每个人发生该项错弊的概率的乘积，因而将降低误差率。

(五)业务授权处理控制原则

授权控制原则是指企业应该根据各岗位的业务性质和员工的要求，相应地赋予作业任务和职责权限，规定操作规程和处理手续，明确纪律规则和检查标准，以使职、责、权、利相结合。岗位工作要求做到事事有人管，人人有专职，办事有标准，工作有检查。进行授权控制，既可防止滥用职权，又可让员工在授权范围内放手开展有关业务活动。按授权性质的不同，授权可分为一般授权和特别授权。一般授权是对办理常规业务所确定的权利及职责，如规定限额的采购项目等。对于超过限额的采购项目，需由主管人员另行审批才可采购，即为特别授权。企业中的重大业务决策，如大宗采购的招标等，均需要特别授权。

为了做好业务授权，在设计授权控制时要注意以下几点：一是单位要明确规定一般授权和特别授权的管理层次、授权范围和授权的内容标准；二是要规定各类经济业务授权批准的程序，以保持授权工作的有序性和规范性；三是为了明确特别授权决策者的责任，对企业重大项目的决策授权要做记录，并保存好必需的证明文件(如授权决策的会议文件和决策依据等)

企业的经济业务既涉及企业与其他企业之间资产和劳务的交换，也包括企业内部资产和劳务的转移与使用。每类经济业务都会有一系列内部相互联系的流转程序。所以，应规定每类经济业务的审批程序，以便按程序办理审批，避免越级审批和违规审批，这既是对有关决策责任者的绩效考核依据，也是对特定授权责任的控制。

(六)有效控制风险原则

风险是未能实现目标的可能性，因而对预先设定的目标进行风险评价是设计内部控制制度的前提。管理层在设计内部控制制度时，要密切关注并处理企业所面临的风险，要对有关的业务风险加以分类、辨认，认识关键的风险控制点，有针对性地对该项业务设计其内部控制制度，并且要采用一定的技术方法来分析风险发生后的实际情况与目标的差异，进而提出改进风险管理的措施，使风险控制更加完善。

由于企业的风险控制环境一般较难确定，特别是外部环境变化多端，较难实现全面预防和规范，因此，企业在制定战略目标和控制措施时，要考虑相关风险项目是企业的强项还是弱项，是企业的机遇还是威胁。这就要求在设计内部控制制度时，对企业内部控制环境的优势与劣势以及对外部控制环境的压力与计划进行系统分析，从中研究化险为夷的策略和机遇，为实现既定的控制目标做好思想准备和物质准备。因此，在设计内部控制制度时，应树立风险控制的理念，并且要认识到风险与机会是并存的，在风险中寻找转化为机会的契机，并在制定内部控制制度时勇于面对风险。

(七)动态的信息反馈原则

动态的信息反馈原则是指企业的内部控制制度应随着外部环境的变化、单位业务职能的调整和管理要求的提高，不断修订和完善。任何一项制度都不可能一成不变，企业的控制存在于一定的外部环境中，外部环境的变化必然影响企业内部控制目标的制定。例如，证券监管机构和税务机关对会计处理的要求必将影响企业的内部控制制度，财政部门对行政事业单位实行的国库集中收付制度和政府采购制度等会对行政事业单位的内部控制产生或多或少的影响。而企业内部也在不断发展变化，如兼并或收购，设立子公司、分公司，异地开设办事处或分支机构等，都会使原有内部控制制度的作用有所削弱或失效。因此，企业应随着内外环境的变化，不断修订和完善其内部控制制度，以保证内部控制的适应力和活力。

第三节　内部控制制度的内容和措施

一、内部会计控制的主要内容

内部控制的内容非常广泛：从横向看，涵盖企业内部的各个部门和各项业务；从纵向看，涉及各个部门的各个岗位、每个员工以及各项业务的每个环节；从内部控制的工作范围看，包括管理控制和会计控制等。本书主要就内部会计控制进行讲解。

(一)货币资金控制

货币资金是企业资产的重要组成部分，是其中流动性最强的一项资产。任何企业在进行生产经营活动时都必须持有一定的货币资金，因此，货币资金管理是内部控制的重点内容之一。

对货币资金的控制，最主要的目标是保证货币资金的安全和完整，包括现金和银行存款余额的真实、准确，现金和银行存款的恰当使用(一方面要保证生产经营活动的正常进行对货币资金的需要量，另一方面要加强对其支出的控制，防止侵占、挪用行为的发生)以及其他货币资金按规定用途使用。

货币资金的控制要点包括：建立货币资金业务的岗位责任制，并确保不相容岗位相互分离、制约和监督；建立严格的货币资金授权审批制度，保证审批人在授权范围内进行审批；货币资金的收入、支出要有合理、合法的凭据；严格按照“申请—审批—复核—支付”的程序办理货币资金的支付业务，并及时、准确入账；建立对货币资金业务的监督检查制度，加强对货币资金收付业务的内部审计。

（二）实物资产控制

实物资产一般是指企业的存货和固定资产，它们在资产总额中所占的比重最大。因此，实物资产的控制在内部控制中处于重要地位。

存货的内部控制目标主要包括保护存货资产的安全、完整，合理确定存货的价值。固定资产的内部控制目标主要包括保证固定资产取得的合理性，保证固定资产的安全、完整和良好的运营状态，保证固定资产计价及计提折旧的正确、合理。

企业应建立实物资产管理的岗位责任制度，对实物资产的验收入库、领用、发出、盘点、保管及处置等关键环节进行控制，防止实物资产被盗、毁损和流失，并针对不同的实物资产，有侧重地加以控制。

（三）对外投资控制

投资活动是指企业通过分配来增加财富，或为谋求其他利益，将资产让渡给其他单位而获得另一项资产的活动。与企业的其他业务相比，投资活动具有交易数量少、交易金额大和风险大等特点。针对这些特点，投资业务的内部控制一般由投资立项、评估、决策、实施、投资记录和投资处置等环节组成。

对外投资的内部控制目标包括保证投资活动符合国家的方针政策和相关的法律法规，保证投资活动经过适当的审批决策程序，保护投资资产的安全、完整，保证投资计价和收益计算、确认的正确。

对外投资的内部控制要点包括：明确投资决策与实施过程中各相关部门和岗位的职责权限，确保投资项目的提出、论证、决策和实施等不相容岗位相互分离、制约和监督；建立对外投资财务分析制度和预算管理制度，做好投资的可行性研究及事前控制；建立严格、规范的对外投资决策机制和程序，对重大投资决策实行集体审议、联签等责任制度；加强对外投资的取得和保管控制；加强对外投资的处置控制；正确进行投资计价，正确计算各类投资收益并保证其相关会计处理合法、正确。

（四）工程项目控制

工程项目包括基本建设项目和技术改造项目。工程项目一般工期较长、投资数额较大、专业技术要求较高，因此，如果不加强管理和控制，往往容易发生舞弊行为。

工程项目的内部控制目标包括保证工程项目的质量，防止工程项目建设中的各种舞弊行为并严格控制工程支出。

工程项目的内部控制要点包括：明确工程项目决策和建设工程中各相关部门和岗位的职责权限，确保办理工程项目业务的不相容岗位相互分离、制约和监督；加强工程项目决策的控制，对重大工程项目实行集体决策；建立合理的概预算程序与制度，实现对工程项目造价的控制；加强对工程项目招标、投标、开标、评标、定标和合同管理等环节的控制，防止舞弊；加强对施工过程的控制，确保工程质量，控制工程成本；做好竣工验收、决算审查和资产移交等工作，正确进行相应的会计处理。

（五）采购和付款控制

采购和付款业务是各企业经常发生的业务，小到购买办公用品，大到采购机器设备；既有有形物资的采购，又有劳务的采购。因此，采购和付款控制在整个内部控制中具有重要地位。

采购和付款的内部控制目标包括合理、经济地开展各种采购业务，保证采购物资及时、足额入库，按照合同的规定及时支付相应货款并维护良好信誉。

采购和付款的内部控制要点包括：明确采购和付款业务中各相关部门和岗位的职责权限，确保办理该项业务的不相容岗位相互分离、制约和监督；建立严格的采购与付款业务的授权批准制度，规定经办人的职责范围和工作要求，保证审批人在授权范围内审批；对于重要的采购和付款业务组织专家进行可行性论证，并实行企业领导集体决策和审批；建立采购和付款业务的预算管理制度，实行限量采购管理；严格按照“请购—审批—采购—验收—付款”的程序办理采购和付款业务并及时、准确入账；建立健全验收制度，实行验收与入库责任追究制；加强对货款支付的控制，严格核对有关凭证，对符合付款条件的采购业务及时办理付款手续。

（六）筹资控制

筹资活动是指企业为满足生产发展的需要，通过改变企业资本、债务规模和构成而募集资金的行为。筹资活动涉及筹资规模和结构的确定、筹资方式的选择、资金成本和财务风险的控制与防范，因此，需要加强对其的内部控制。

筹资活动的内部控制目标包括保证筹资活动符合国家的方针政策和相关的法律法规，保证有效地控制筹资成本，保证所筹集资金的合理使用。

筹资活动的内部控制要点包括：明确筹资决策与实施过程中各相关部门和岗位的职责权限，确保筹资业务的提出、论证、决策、实施等不相容岗位相互分离、制约和监督；建立筹资业务的财务分析制度，做好筹资的可行性研究；建立严格、规范的筹资决策机制和程序，加强对筹资业务申请、论证、审批、实施等环节的控制；正确计算和合理摊销债券的折价和溢价，正确计提、支付利息和股利。

（七）销售和收款控制

销售是企业经营的主要环节，是实现商品价值、增加收入和获取利润的主要途径。由于销售是一种商品交易行为，涉及现金与商品的进出，次数频繁，极易产生错弊，从而使企业遭受损失，因此，必须加强对其的管理和控制。

销售和收款的内部控制目标包括预防销售和收款过程中的各种差错，保证销货款的及时、足额收回，正确进行销售的会计核算。

销售和收款的内部控制要点包括：建立销售和收款业务的岗位责任制，明确相关部门和岗位的职责权限，确保办理销售和收款业务的不相容岗位相互分离、制约和监督；建立有关的授权批准制度，明确审批人员对销售业务的授权批准方式、权限、程序、责任和相关控制措施，规定经办人的职责范围和工作要求；对销售业务建立严格的预算管理制度，制定销售目标，确立销售管理责任制；建立销售业务的定价控制制度，制定价目表、折扣政策、收款政策并严格执行；加强对收款业务的管理和控制，销售和收款职能应当分离，销售人员避免接触现款；建立应收账款账龄分析制度和逾期应收账款催收制度；正确进行销售和收款的会计处理。

（八）成本费用控制

成本费用是企业在日常生产经营活动中发生的耗费，包括“营业成本”“管理费用”“财务费用”和“销售费用”等。加强对成本费用的控制对于降低消耗，增加收入，不断提高企业的经济效益具有重要意义。

成本费用的内部控制目标包括严格控制成本费用开支，保证成本费用的准确计算与分配。成本费用计算不准确、分配不合理将导致产品成本计算不准确，直接影响企业损益。

成本费用的内部控制要点包括：建立成本费用控制系统，做好成本管理的各项基础工作；制定成本费用标准，分解成本费用指标；考核成本费用指标的完成情况并落实奖惩措施；正确进行成本费用的会计核算。

（九）担保控制

担保是指按照法律规定或者当事人的约定，为确保合同履行，保障债权人利益的实现而采取的法律措施。吴敬琏在2001年举办的中国担保论坛中指出："担保是国民信用体系的重要组成部分，在建立国民信用体系的事业中承担着重大的责任。在建立社会主义市场经济体制的过程中，担保的作用日益显现，但其高风险的特征和走势也逐步变浓和加剧。"因此，加强对担保风险的控制是企业内部控制的重要组成部分。

担保业务的内部控制目标首先是保证担保行为符合法律法规和企业内部的规定。企业为外单位提供担保后就承担了相应的连带责任，一旦被担保单位无法履行责任，担保企业就得替被担保单位履行责任。因此，要减少或降低担保风险，就必须对担保行为的合法性、合规性进行控制；同时，要及时掌握被担保单位的经营情况和财务状况，并根据被担保单位的经营情况和财务状况的变化采取相应措施。

担保业务的内部控制要点包括：保证担保行为符合国家有关法律法规的规定，避免违法担保；按照规定程序进行担保业务的审批，严格控制担保行为；建立担保决策程序和责任制度，明确担保原则、担保标准、担保条件和担保责任等相关内容；加强对担保合同订立的管理，及时掌握被担保单位的经营情况和财务状况，防范潜在风险，避免或减少可能发生的损失。

二、内部控制的措施

《企业内部控制基本规范》指出，内部控制的措施一般包括不相容职务分离控制、授权审批控制、会计系统控制、财产保护控制、预算控制、运营分析控制和绩效考评控制等。此外，常用的控制措施还有内部审计控制、人员素质控制和电子信息系统控制等。

（一）不相容职务分离控制

不相容职务是指那些如果由一个人担任，既可能发生错误和舞弊行为，又可能掩盖其错误和舞弊行为的职务。对于不相容的职务，如果不采取相互分离的措施，就容易发生舞弊等行为。因此，企业在设计、建立内部控制制度时，首先应确定哪些岗位和职务是不相容的；其次要明确规定各个机构和岗位的职责权限，使不相容岗位和职务之间能够相互监督、相互制约，形成有效的制衡机制。

（二）授权审批控制

授权审批控制要求企业根据常规授权和特别授权的规定，明确各岗位办理业务和事项的权限范围、审批程序和相应责任。企业应当编制常规授权的权限指引，规范特别授权的范围、权限、程序和责任，严格控制特别授权。常规授权，是指企业在日常经营管理活动中按照既定的职责和程序进行的授权。特别授权是指企业在特殊情况或特定条件下进行的授权。企业各级管理人员应当在授权范围内行使职权和承担责任。企业对于重大业务和事项，应当实行集体决算审批或者联签制度，任何个人不得单独进行决策或者擅自改变集体意见。

（三）会计系统控制

会计系统作为一个信息系统，对内能够向管理层提供经营管理的诸多信息，对外可以向投资者和债权人等提供用于投资等决策的信息。会计系统控制主要是通过对会计主体所发生的各项能用货币计量的经济业务进行记录、归集、分类和编报等而进行的控制。其内容主要包括：依法设置会计机构，配备会计从业人员；建立会计工作的岗位责任制，对会计人员进行科学、合理的分工，使之相互监督和制约；按照规定取得和填制原始凭证；设计良好的凭证格式；对凭证实行连续编号；规定合理的凭证传递程序；明确凭证的装订和保管手续及责任；合理设置账户，登记会计账簿，进行复式记账；按照《会计法》和国家统一会计制度的要求编制、报送和保管会计报告。

（四）财产保护控制

这种措施要求企业限制未经授权的人员对财产的直接接触，采取定期盘点、财产记录、账实核对和财产保险等措施，确保各项财产的安全、完整。在定期盘点中，如果盘点结果与会计记录不一致，可能说明资产管理上存在错误、浪费、损失或其他不正常现象，应当分析原因、查明责任、完善管理制度。限制接近是指严格限制未经授权的人员对资产的直接接触，只有经过授权批准的人员才能接触该资产。限制接近包括限制对资产本身的接触和通过文件批准方式对资产进行使用或分配的间接接触。在一般情况下，对货币资金、有价证券和存货等变现能力强的资产必须限制无关人员的直接接触。

（五）预算控制

预算控制要求企业实施全面预算管理制度，明确各责任单位在预算管理中的职责、权限，规范预算的编制、审定、下达和执行程序，强化预算约束。预算控制的内容涵盖企业经营活动的全过程。企业通过预算的编制和检查预算的执行情况，可以比较、分析内部各单位未完成预算的原因，并对未完成预算的不良后果采取改进措施，以确保各项预算的严格执行。在实际工作中，预算的编制不论采用自上而下还是自下而上的方法，其决策权都应落实在内部管理的最高层，由这一权威层次进行决策、指挥和协调。预算确定后由各预算单位组织实施，并辅之以对等的权、责、利关系，由内部审计部门等负责监督预算的执行。预算控制的主要环节有确定预算的项目、标准和程序，编制和审定预算，预算指标的下达和责任人的落实，预算执行的授权，预算执行过程的监控，预算差异的分析和调整，以及预算业绩的考核和奖惩。

（六）运营分析控制

运营分析控制要求企业建立运营情况分析制度，管理层应当综合运用生产、购销、投资、融资和财务等方面的信息，通过因素分析、对比分析和趋势分析等方法，定期开展运营情况分析，从而发现存在的问题，进而及时查明原因并加以改进。

（七）绩效考评控制

绩效考评控制要求企业建立和实施绩效考评制度，科学设置考核指标体系，对企业内部各职能部门和全体员工的业绩进行定期考核和客观评价，并将考评结果作为确定员工薪酬以及职务晋升、评优、降级、调岗和辞退等的依据。

（八）内部审计控制

内部审计是指在本企业负责人的领导下，在企业内部设置独立的审计机构，配备专职的审计人员，根据国家有关法律、法规和政策的规定，采用一定的程序和方法，对本企业及其下属单位的财政、财务收支及各项经济活动的合法性、真实性和效益性进行审核、鉴定和评价，并提出改进建议的一种经济监督活动。在企业的内部控制中，内部审计控制具有极其重要而又特殊的地位。从内部控制的组成上看，它是内部控制的一个重要部分；从内部控制的作用上看，它是对内部控制执行情况的一种监督，是对内部控制的控制。

（九）人员素质控制

内部控制的成败关键在于员工素质的高低。人员素质控制的目的在于保证员工忠诚、正直且具备有效的工作能力，从而保证其他方面内部控制措施的有效实施。人员素质控制包括：建立严格的招聘程序，保证应聘人员符合招聘要求；制定员工工作规范，用以引导、考核员工的行为；定期对员工进行培训，提高其业务素质；定期对员工的业绩进行考核；对重要岗位的员工建立职业信用保险制度；建立工作岗位轮换制，以及时发现存在的错弊。

（十）电子信息系统控制

电子信息系统控制包括两个方面的内容：一方面是指企业要运用电子信息技术手段建立控制系统，以减少和消除内部人为控制的影响，确保内部控制的有效实施；另一方面是要加强对电子信息系统本身的控制。随着电子信息技术的发展，企业利用计算机从事经营管理的手段越来越普遍，除了会计电算化和电子商务的发展外，企业的生产经营与购销、储运都离不开计算机。为此，必须加强对电子信息系统的控制，包括系统组织和管理控制，系统开发和维护控制，文件资料控制，系统设备、数据、程序、网络安全的控制以及日常应用的控制等。

第四节　内部控制制度设计的步骤和基本流程

一、内部控制制度设计的步骤

一般而言，企业内部控制制度的设计应遵循以下步骤：

（一）对企业内部结构和外部环境展开调查，明确控制目标

控制目标既是管理经济活动的基本要求，又是实施内部控制的最终目的，还是评价内部控制的最高标准。在实际工作中，管理人员和审计人员总是根据控制目标建立和评价内部控制系统。任何一家企业总是处于一定的经营环境中，经营环境的变化必然对企业形成一定的外部机会与威胁。这些外部环境主要包括政治、经济、文化、人口和技术等。尽管外部机会与威胁不在企业内部控制范围内，但在设计内部控制制度前必须对此有所了解，这样制定出的内部控制制度才能有效规避外部风险，实现内部控制目标。因此，设计内部控制制度，应首先对企业内部结构和外部环境展开调查，明确控制目标。

（二）按照系统理论和方法的要求划分企业内部结构

一般而言，企业内部结构可划分为行政领导体系、构成要素体系、经营体系和管理体系四个系统。这四个系统的组成部分和内容又可划分为若干所属的系统。例如，行政领导体系可分为董事长、总经理、各个职能部门和分支机构经营的所属系统；构成要素体系可分为人、财、物资、技术和信息沟通的所属系统；经营体系可分为销售、采购、生产、存储和运输等系统；管理体系可分为会计、统计、审计、电子监控和信息系统管理等系统。当然还可细分，如会计系统的控制又可分为货币资金、实物资产、债权、债务、成本费用和利润等控制系统。划分企业内部结构的过程是正确认识、理解企业组织结构、经济活动的过程，为下一环节确定所属系统活动过程中的关键环节奠定基础。

（三）确定所属系统活动过程中的关键环节

根据划分的各个所属控制系统，确定系统运行过程中的关键环节作为内部控制的要点。那些可能发生错弊因而需要控制的业务环节通常被称为控制环节或控制点。控制点按其发挥作用的程度，可以分为关键控制点和一般控制点。那些在业务处理过程中发挥作用最大、影响范围最广甚至决定全局的控制点，对于保证整体业务活动控制目标的实现具有至关重要的影响，即为关键控制点。相比之下，那些只能发挥局部作用、影响特定范围的控制点则为一般控制点。例如，材料采购业务中的“验收”控制点，对于保证材料采购业务的完整性、实物的安全性等控制目标都起着重要的保障作用，因此是材料采购控制系统中的关键控制点；相比之下，

审批、签约、登记和记账等控制点为一般控制点。需要说明的是,关键控制点和一般控制点在一定条件下是可以相互转化的。某个控制点在此项业务活动中是关键控制点,而在另一项业务活动中则可能是一般控制点;反之亦然。

确定了关键控制点后,还要制定对每一控制点的操作规范,然后把各个环节按照活动的先后次序进行编排,予以连接,从而可以制定出一个完整的程序。

(四)用文字形式形成内部控制制度

在确定了程序、方法和操作规范后,把内部控制制度的各项原则贯穿各个有关控制系统的程序、方法和规范,用文字形式分别在有关的内部控制制度中予以说明,这样就形成了一整套严密的内部控制制度体系。

值得注意的是,用文字表述内部控制制度时,要恰当表达有关内容。行文要规范,定义要严谨,语句要确切,要避免无关紧要的修饰,防止过于冗长,避免使用易误解的词句。要注意排列得体,同一层次的语句、段落要采用相同的字号排列;不同层次的语句、段落要采用合适的编号形式,如一、(一)、1、(1)等。

二、企业内部控制设计的基本流程

内部控制设计流程用以指导设计者高效、有序地完成内部控制设计的每一个环节和步骤。内部控制设计流程应包括组织规划阶段、调查准备阶段、具体设计阶段以及试运行和改进提高阶段。

(一)组织规划阶段

(1)了解内部控制设计的任务,是全面设计企业的整体内部控制框架,还是仅完成某些环节或业务的流程。完整的企业内部控制框架设计至少应包括企业层面的内部控制设计、附属企业的内部控制设计和业务层面的内部控制设计等。

(2)任命或聘任设计小组,可由本企业人员自行设计,也可聘请外部专家代为设计,最好由本企业人员和外部专家共同组成设计小组。

(3)研究部署整体构思、工作重点、所需资料和所取得的资料等。

(4)草拟设计方案,包括设计大纲、时间概算与分配、人员分工、组织协调和审核改进等。

(二)调查准备阶段

在具体设计之前,需要对企业的组织机构、业务范围、企业规模、经营特点、管理模式和现有内部控制状况等进行深入调查和观察。调查的重点如下:

(1)企业基本情况调查,主要包括:所属行业和经营范围(主营和兼营);经营方式和经营风险;组织机构、下属分公司或子公司;生产组织方式和工艺流程;产品销售方式和市场情况;材料供应和采购方式;税款申报和缴纳方式;资本结构、筹资渠道和筹资方式;等等。

(2)企业组织框架和权责分配情况,主要包括:企业组织结构是否覆盖计划、决策、执行、控制和监督等企业活动的全过程;法人治理机制是否规范,总裁是否独裁;是否设置相对独立和权威的审计委员会及内部审计机构;管理是否存在行政化或家族化行为;管理人员是否经常违规;是否存在越权接触实物、现金和重要凭证的行为;岗位分工是否合理、职责是否明确、报告关系是否清晰;部门之间、岗位之间和上下级之间有无制衡机制;人员是否称职;对远程业务和分支机构业务的管理和监控是否合理;有没有突发事件应急预案;等等。

(3)会计基础工作状况,主要包括:账户设置状况;会计凭证、会计账簿、会计报表体系;会计核算的技术和手段;成本核算程序;会计核算程序;有关流程图表;财产清查和定期对账制度;等等。

(4)各类业务的处理程序，主要包括：货币资金的收支；与薪酬有关的考勤、结算、代扣款、提现、发放和记账等；固定资产的验收、安装、维修、保养、折旧、报废、重置和清查等；存货的收发、计价、盘存、保管、账实核对和记账等；存货的采购、验收、入库和货款结算等；销售过程中的信用评价、合同管理、开单、发货和结算等；成本核算中的成本项目、计算流程、费用归集、在产品成本计算、辅助性生产费用的分配、成本结转和成本控制等；投资分类、计价、投资损益确认和计量、长期股权投资核算、溢价或折价摊销及减值准备的计提；筹资资本的筹集、长期负债和流动负债等；利润分配中的损益结转、分配顺序和支付方式等；担保业务的控制；等等。

(5)财务报告的编制状况，主要包括：是否经常变更会计政策和会计估计；编制财务报告前是否就关键政策、不确定事项和主要风险等进行充分的讨论与分析；是否认真履行对账和试算平衡工作；账项调节是否经过批准；报表的合并范围是否包括所有子公司；母子公司之间的主要会计政策、会计估计和会计假设等是否一致；外币报表的折算是否符合规定；内部交易抵消是否充分；有没有对报表及报表间的勾稽关系进行认真复核；等等。

(6)现有内部控制状况。制度设计人员可采用定量与定性相结合的方法对企业现有内部控制状况进行评估，发现和认定现有内部控制的设计缺陷和运行缺陷，从而为内部控制设计的改进和完善提供依据。

(三)具体设计阶段

(1)评估内部控制成本。在实地调查的基础上，内部控制设计小组应对企业的现行内部控制体系进行评价，初步评估达到预期目标将要发生的控制成本，从而决定内部控制设计阶段将要采取的控制措施。

(2)按一定的逻辑和思路合理归集、构建适应企业经营管理状况和内部控制要求的相关子系统，包括：职责确定、机构设置、职能划分和人员配备等决策管理系统；采购、生产、销售、储存和运输等经营系统；会计、统计、审计和计算机信息技术等支持保障系统。

(3)对各相关子系统进行认真研究和梳理，确定各子系统运行过程中的主要风险、关键环节和关键控制点，并针对每一个关键环节和关键控制点制定有效的控制措施。

(4)用文字、流程图、表格和风险控制文档等形式将各相关子系统及其业务和事项的风险类型、控制目标、关键控制点、控制措施及控制频率加以规定和说明，形成与经营管理制度有机结合的内部控制。在内部控制制度的表达过程中，应注意：行文规范，定义严谨，语言确切，表达完整；图表制作统一规范，尺寸尽量统一，画线标准，栏目设计简明实用；符号和编码明确易懂，前后一致，符合规定；等等。

(5)运用计算机信息技术手段实施内部控制的企业，在建立健全本企业内部控制时，应充分考虑手工控制与计算机信息技术控制的特点和差异，但不得因实行计算机信息技术控制而免除或减少必要的控制程序。

(四)试运行和改进提高阶段

内部控制的合理性和有效性需要通过试运行来检验。在试运行的初期，设计人员需要向制度涉及人员详细讲述设计意图、控制目标、岗位职责、主要措施和操作程序等具体规定。在试运行阶段，设计人员需要深入基层，采用现场观察、重复流程、问卷调查、证据查验和访谈询问等方法，测试并记录内部控制的合理性和有效性。在试运行结束后，应广泛收集来自各方面的反馈意见，寻找和分析薄弱环节，确认内部控制缺陷。根据对试运行结果的分析和反馈，进一步修正、改进和完善内部控制的设计工作。

内部控制的试运行和改进可多次反复进行，从而不断提高和完善企业内部控制体系的合理性和有效性。

第五节 内部控制整体框架

一、内部控制整体框架思想

1994年,COSO在《内部控制——整体框架》中系统描述了内部控制的构成要素为控制环境、风险评估、控制活动、信息与沟通、监控五个要素。与以往的内部控制理论相比,COSO提出了许多更有价值的观点(如图4—4所示)。

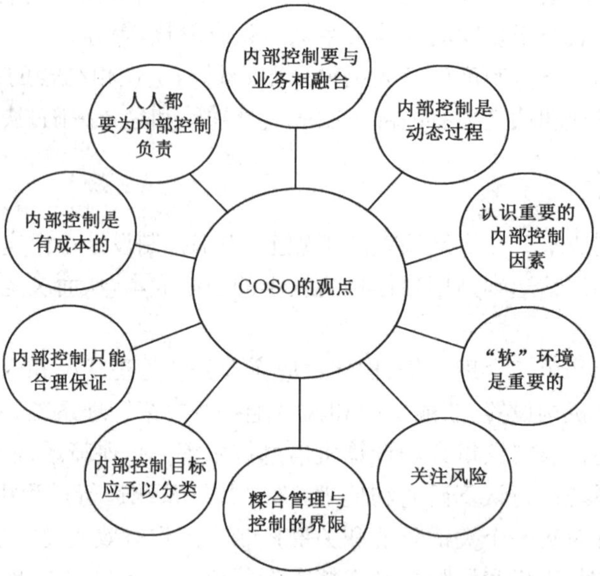

图4—4 COSO的观点

(一)明确对内部控制的责任

COSO报告认为,不仅仅是管理人员、内部审计或董事会,企业中的每一个人对内部控制的制定和实施都负有责任。这种思想有利于企业所有员工团结一致,主动维护并改善企业的内部控制,消除与企业管理层之间的相互对立。

(二)强调内部控制应与企业的经营管理过程相结合

COSO报告认为,经营过程是指通过规划、执行及监督等基本管理过程对企业加以管理。内部控制散布在企业作业的一连串行动中,是企业经营过程的一部分,与经营过程结合在一起,而不是凌驾于企业基本活动之上,它使经营过程发挥其应有的功能,并监督企业经营过程的持续进行。

(三)强调内部控制是一个动态过程

内部控制是对企业的整个经营活动进行监督与控制的过程,是一个"发现问题—解决问题—发现新问题—解决新问题"的循环往复的过程。企业的经营活动是永不停止的,企业的内部控制过程也不会停止。

（四）强调“人”的重要性

COSO 报告特别强调，企业员工既是控制的主体，又是控制的客体，既对其所负责的作业实施控制，又受他人的控制和监督。只有人才可能制定企业目标，并设置控制机制；反过来，内部控制又影响着人的行动。

（五）强调“软控制”的作用

“软控制”主要是指那些属于精神层面的事物，如高级管理层的管理风格、管理哲学、企业文化和内部控制意识等。所有内部控制都是针对“人”而设立和实施的，企业内部会因此形成一种控制精神和控制观念，直接影响企业的控制效率和效果。

（六）强调风险意识

COSO 报告指出，所有企业，不论其规模、结构、性质或产业是什么，其组织的不同层次都会遭遇风险。管理层必须密切注意各层次的风险，并采取必要的应对措施。

（七）糅合了管理与控制的界限

在 COSO 报告中，控制已不再是管理的一部分，管理与控制的职能界限已经模糊。

（八）强调内部控制的分类及目标

COSO 报告将内部控制的目标分为三类：与营运有关的目标、与会计报告有关的目标和与法令的遵循性有关的目标。这样的分类高度概括了企业控制目标，有利于不同的人从不同的视角关注企业内部控制的不同方面。COSO 报告认为，目标的设定是管理过程的一个重要部分，它虽然不是内部控制的组成要素，但却是内部控制的先决条件，也是实施内部控制的要件。

（九）明确指出内部控制只能做到“合理”保证

COSO 报告认为，不论设计及执行有多么完善，内部控制都只能为管理层及董事会提供达成企业目标的合理保证，而目标达成的可能性还要受内部控制的“先天”条件所限制。

（十）提出了成本与效益原则

COSO 报告明确指出，内部控制要建立在成本与效益原则的基础上，应当正确处理成本与效益的关系，保证以合理的控制成本达到最佳的控制效果。天下没有不花钱的内部控制，也不存在完美无缺的内部控制。

二、内部控制框架体系

现代企业的内部控制框架包括控制环境、会计系统和控制程序这三个基本要素。构建企业内部控制框架，可以考虑从上述三个基本要素入手（如图 4—5 所示）。这些基本要素按照一定的结构有机结合起来而构成的系统，就是内部控制的外在表现形式。

- 内部控制框架
  - 控制环境
    - 董事会
    - 企业经理层的素质、品行和企业文化
    - 组织结构与权责分配体系
    - 预算控制
    - 人力资源政策和实务
  - 会计系统
  - 控制程序
    - 交易授权
    - 风险评估
    - 职责划分
    - 信息流动与沟通
    - 内部审计与独立稽核
      - 内部审计
      - 独立稽核
      - 控制自我评估

图 4—5　企业内部控制框架的要素体系

(一)控制环境

控制环境是指对建立、加强或削弱特定政策、程序及其效率产生影响的各种因素。它反映了企业董事会和管理层关于内部控制对企业重要性的态度。它是一种氛围,塑造企业文化,影响企业员工的控制意识,影响企业内部控制框架内各成员实施控制的自觉性,决定其他控制要素能否发挥作用,是内部控制其他要素作用的基础。控制环境直接影响企业内部控制的贯彻和执行,以及企业经营目标和整体战略目标的实现。

控制环境包括以下因素:

1. 董事会

虽然从理论上可以将对经营者的控制机制分为以资本市场、产品市场及法律规章制度为主体的外部控制机制和以董事会为主体的内部控制机制,但外部控制机制并不能替代内部控制机制的功能。董事会是企业内部控制系统的核心,它负责为企业管理层制定"游戏规则",因而设立董事会是约束经营者日常行为的最合适的手段。

董事会对企业负有重要的受托管理责任,应对企业内部控制的建立、完善和有效运行负责。这点具体体现在三个方面:(1)对于董事会而言,建立内部控制框架是为了通过"不丧失控制的授权"来保证企业的有效运行,完成企业目标;(2)内部控制是董事会抑制管理者在获取短期盈利机会过程中的机会主义倾向,保证法律、企业政策及董事会决议切实贯彻实施的手段;(3)内部控制以及涉及内部控制的信息流动构成解决信息不对称,保证会计信息真实、可靠的重要手段,而确保信息质量是董事会不可推卸的责任。

加强企业内部控制,首先要加强董事会的建设,发挥董事会的作用和潜能,使股东及其他利益团体的利益真正受到保护。

2. 企业经理层的素质、品行和企业文化

管理者素质在企业经营管理中起绝对重要的作用,直接影响企业的行为,进而影响企业内部控制的效率和效果。在较发达的市场经济体系中,一般已形成较为成熟的职业经理人市场,企业管理者自我完善和自我提高的激励与约束机制比较健全。

企业制定的任何制度都不可能超越设立这些制度的人,以及企业内部那些管理与监督制度的人员的操守及价值观。企业管理者的操守和价值观是构成控制环境的一个基本要素。管理者的管理哲学及管理风格,包括对待经营风险的态度和控制经营风险的方法,企业为实现预算、利润和其他财务及经营目标而对管理的重视程度,对会计报表所持的态度和所采取的行动等,都会深深地影响内部控制的成效。企业管理层的操守、管理哲学和管理风格还会直接影响下级员工的道德行为、思维方式和品行,从而对企业内部控制的效率和效果产生深远的影响。因此,内部控制结构的建立必须考虑与员工道德水准和价值观念的承接性。

为了能使企业员工持续理解规范企业实践的内部控制机制和政策,企业管理者应书面制定持续的、针对关键管理人员和会计人员的、具有可操作性的道德规范与行为准则方案,督促他们履行企业道德惯例,从而在企业营运中按照较高的道德标准来增强员工的责任感。

企业文化是随着现代工业文明的发展,在一定的民族文化传统中逐步形成的,具有本企业特征的基本信念、价值观念、道德规范、规章制度、生活方式、人文环境以及与此相适应的思维方式、行为方式的总和。企业文化对企业经营管理产生着潜移默化的影响,也不可避免地影响着企业的内部控制。企业管理者应该注重对企业文化的培养和优化。企业在培养自身文化时,应避免那种只注重内部和短期的企业文化,而应积极塑造一种健康的文化氛围,使其与企业的战略目标保持一致。

3. 组织结构与权责分配体系

组织结构是指企业计划、协调和控制经营活动的整体框架。企业的组织结构包括：(1)确定组织单位的形式和性质，包括确认相关的管理职能和报告关系；(2)为每个组织单位内部划分责任权限制定办法。企业的组织结构通常用组织图列示，组织图应当能准确地反映授权方式和工作报告关系。企业组织结构建设的好坏直接影响企业的经营成果和内部控制效果。良好的组织必须以执行工作计划为使命，并具有清晰的职位层次顺序、流畅的意见沟通渠道和有效的协调合作体系。

但组织结构只是给企业的经营运作与控制提供合理的框架，真正落实这些工作的主要还是企业员工。因此，企业组织设立的另一项重要任务就是权责分配。权责分配所要解决的主要是授权和分配责任问题。如果管理层明确地建立了授权和分配责任的办法，就可大大增强组织的控制意识。权责分配的办法包括：就可接受的经营实务、利益冲突和行为规范宣布书面政策，在书面工作说明书中描述特定的责任、报告关系和有关限制。

由于直接关系到个人和团队在遇到问题并解决问题时的主动性，合理的权责分配体系应该明确界定员工所享有权利的上限、企业的某些政策、关键员工需要具备的知识和经验以及企业应给予员工的资源等。

4. 预算控制

预算控制是内部控制的重要方式。一般来说，预算管理是将企业的目标及其资源配置方式以预算方式加以量化，并使之得以实现的企业内部活动或过程的总称。

在一个信息无成本、信息可观察和计算能力无限的理想企业环境中，企业最高决策者可以适时制定出最优方案并通过内部控制保证其不折不扣地得以贯彻，在这种情况下，预算的作用可能是有限的。但在现实条件下，预算之所以成为内部控制的重要方式，原因就在于，在有复杂层级结构的企业中，由于信息不对称，企业目标在各层级间分解后或者决策权在各层级间分享后会产生偏离。

按现行公司治理结构的规定，预算方案的制订权在董事会，组织实施权在经理层。但在实践中，大多数企业的预算是由企业经理层组织编制并报董事会批准后实施的。由于信息不对称，董事会也不太可能对预算提出实质性意见。董事会在预算管理中职权弱化的现象十分突出，从而滋生了预算管理中的"内部人控制"现象。针对这种情况，应在董事会中设立预算管理委员会等专门机构，具体负责对预算制定和执行过程的监督。只有这样，才能使预算管理权真正掌握在董事会手中。

5. 人力资源政策和实务

企业必须雇用足够的人员并给予其足够的资源，使其能完成所分配的任务，这是建立合适控制环境的基础。除必要的工作能力外，企业员工还应具有一定的职业道德水准。企业员工的胜任能力和正直性在很大程度上取决于企业有关雇佣、训练、待遇、业绩考评及晋升等政策和程序的合理程度。行之有效的人力资源政策对培养企业员工、提高员工素质、更好地贯彻内部控制制度能起到很大的促进作用。

(二)会计系统

企业会计系统(如图 4—6 所示)既是制定决策的信息来源，也是内部控制机制的组成要素。

针对内部控制的要求，有效的会计系统能做到以下几点：(1)确认并记录所有真实的交易；(2)及时、充分、详细地描述交易，以便在会计报表上对交易做适当的分类；(3)计量交易的价

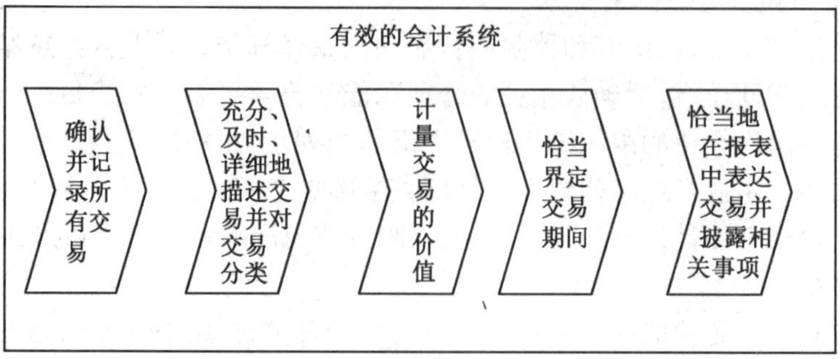

图 4—6　有效的会计系统

值，以便在会计报表上记录其适当的货币价值；(4)确定交易发生的期间，以便在交易记录上界定适当的会计期间；(5)在会计报表中适当地表达交易并披露相关事项。

交易是因某经营实体与外界交换资产或劳务，以及企业内部转移或使用资产与劳务而形成的。会计系统的核心是处理交易。企业的会计系统应为每笔交易提供一个完整的审计轨迹或交易轨迹。所谓交易轨迹，是指通过编码、交叉索引和联结账户余额与原始交易数据的书面资料所提供的一连串迹象。

保留交易轨迹对于企业管理层和利益关联方都很重要。例如，企业管理层可使用交易轨迹来答复顾客或供应商有关账户余额的询问，内部审计部门或注册会计师也可使用交易轨迹来核证和追查交易等。

(三)控制程序

控制程序是由为合理保证企业目标的实现而建立的政策和程序组成的。控制程序可应用于某种交易，也可融合应用于控制环节或会计系统的组成部分。以下列举几种常见的特定控制程序：

1. 交易授权

授权制度的实质是赋予较低层次的管理者部分决策权，以加快决策的速度，同时使高层管理者有更多精力来考虑企业的战略性问题。授权有一般授权与特别授权之分。前者是指授权处理一般性的交易，而后者则是指授权处理非常规交易事件，也可用于超过一般授权限制的常规交易。企业管理层对某项交易的授权与员工对交易的批准是不同的。

授权作为最基本的激励手段，需要同时加以约束，以防止代理人的道德风险。因此，现代企业实行的管理授权所形成的管理架构层次需要会计控制来实施协调、沟通和约束功能，财务总监要通过责任会计制度，将企业内部各部门按其功能划分为不同的责任中心，建立责、权、利统一的运行机制和监督考核机制。

2. 风险评估

环境控制和风险评估是提高企业内部控制效率的关键。企业内部控制制度不可能脱离其赖以生存的环境及企业内外部的各种风险因素。控制与风险的概念是密切相关的，正如房间的前后门，企业选择从哪道“门”进入“房间”，取决于其经营环境以及该企业怎样看待其业务和怎样界定其战略重点等。制定风险管理目标是控制过程的一个重要环节，因此，企业要在整个组织内部制定协调一致的目标，找出企业关键性的风险要素，并设置关键控制点。

企业进行风险评估一般要经过风险辨别、分析、管理和控制等过程。特别要注意的是，当企业内外部环境发生变化时，风险最容易产生，因此，企业应加强对环境改变时的事务管理。

SWOT 分析是一种常用的风险分析方法。企业按照这种方法对内分析自身的优势与劣势、长处与短处，对外分析外界的机会和威胁、考虑自身的生存机遇。企业在日常的内部控制过程中应该时时进行 SWOT 分析，以将其内部控制目标不能达成的风险降至最低。

3. 职责划分

职责划分控制程序是指对某项交易涉及的各项职责进行合理划分，使某一个人的工作能自动地检查另一个人或更多人的工作。职责划分的主要目的是预防和及时发现在执行所分配的职责时所产生的错误或舞弊行为。

从控制的观点看，如果某员工在履行其职责的正常过程中可能发生错误或舞弊，并且企业的内部控制又难以发现该错误或舞弊，那就可以认为其职责是不相容的。对不相容的职责必须实行职责划分，这是内部控制一项基本原则。

不相容职位相分离的常见做法有：(1)某项交易的执行、记录以及维护、保管相关资产应该指派给不同的个人或部门；(2)某项交易执行包括的各个步骤应该指派给不同的部门或个人；(3)某些会计工作的职责应当划分；(4)在计算机信息系统中，其程序设计应进行适当划分。

职责划分会影响三种认定的控制风险：第一，将资产保管与会计记录的掌管相分离可以降低盗窃的风险，因为盗窃者无法通过减少资产的记录来掩盖盗窃真相；第二，将处理现金支出交易与银行调节账户相分离可以降低不记录支票付款的风险，因为在调节过程中可发现这种风险；第三，付款凭单的批准与支票签发相分离可以降低支票书写出错的风险。

4. 信息流动与沟通

企业应按某种形式在某个时间内辨别、取得适当的信息，并加以沟通，以使员工顺利履行其职责。

信息系统不仅处理企业内部所产生的各种信息，而且处理企业与外部的事项、活动，以及与环境等有关的信息。企业的信息系统不仅是企业控制环境建设的一个重要方面，而且是企业内部一个重要的特定控制程序，是企业内部控制的一个组成部分。一个有效的企业信息系统还应能保证企业内部每个人都清楚地知道其所承担的特定职责。每位员工不仅必须了解内部控制制度的有关方面，这些方面如何生效以及自己在内部控制制度中所担负的责任，一旦有非正常事项发生，除了要关注该事项外，还必须能够分析原因，并采取适当的措施。

信息沟通系统不仅要有向下的沟通渠道，而且要有向上的、横向的以及对外界的沟通渠道。具体来说：首先，企业管理层要向全体员工发布有关认真履行各自控制职责的明确信息，使其了解自己在控制系统中的地位和作用；其次，企业要有一条自下而上报告重大信息的有效途径，即建立开放、畅通的信息反馈渠道，以便发现内部控制系统的薄弱环节，并及时采取相应的补救措施；最后，建立反映责任履行情况的报告系统，这对企业实施内部控制尤其重要。

5. 内部审计与独立稽核

企业内部控制是一个过程，这个过程是通过纳入管理过程的大量制度和活动来实现的。因此，要确保内部控制制度被切实地执行，并且保证良好的执行效果，内部控制必须加以监督。监督是一种随着时间的推移而评估制度执行质量的过程。监督可以通过日常的、持续的监督活动来完成，也可以通过进行个别的、单独的评估来完成，或者将两者相结合。

在内部控制的监督过程中，内部审计、独立稽核和控制自我评估发挥着各自的重要作用。

(1)内部审计

在公司治理结构中，内部审计机构的职责除了包括审核企业会计账目外，还包括稽核、评价内部控制制度是否完善和企业内部各组织结构执行指定职能的效率，并向企业最高管理部门提出建议和报告。

内部审计既是企业内部控制的一个部分，也是监督内部控制其他环节的主要力量。内部审计的作用不仅在于监督企业经营业务是否符合内部控制程序、评价内部控制是否有效，而且应该提出完善内部控制和纠正错弊的建议，帮助企业营造“软控制”环境，成为内部控制过程设计的顾问。

(2)独立稽核

一般来讲，独立稽核是指由另一个人或部门执行的验证工作，以验证所记录金额、估价的正确性。内部审计就是一种典型的内部稽核。但应该指出的是，独立稽核是存在于企业管理流程的每一个环节的，并不仅限于内部审计中。

独立稽核与许多认定有关。例如，人工计算稽核发票、工资计算表及存货汇总表的正确性；比较现有资产和有关记录，包括银行存款余额调节表、零用现金盘点表及实物存货记录等；管理层复核汇总账户余额详细情况的报告，如应收账款的账龄分析表；等等。

应在什么时候采用何种方式进行独立稽核，要视具体情况而定。人工计算稽核可以每日对所有交易或选出的交易实施；资产与记录的比较和管理层对报告的复核则可每周、每月定期实施。一些独立的检查，如备用金的盘点，则应采用突击抽查的方式以增加检查结果的真实性。

(3)控制自我评估

控制自我评估是指由企业自身不定期或定期地对其内部控制系统进行评估，评估内部控制的有效性及其实施的效率和效果，以期能更好地达成内部控制目标。这一做法的基本特征是关注业务的过程和控制的成效，由管理部门和员工共同进行以及用结构化的方法开展评估活动。控制自我评估是为提高企业内部控制的自我意识所做的努力，这种活动经常以务虚会或研讨会的形式进行。控制自我评估的目的是使人们了解哪里存在缺陷以及可能导致的后果，然后让他们自己采取行动以改变这种状况。研究表明，实施控制自我评估对于企业加强管理、提高效率、改进流程和控制风险有着积极的作用。

第六节　内部控制框架的实施

许多企业对内部控制的认识还停留在职务分离和账户核对的层面上，尚未认识到内部控制机制与现代企业制度的深刻内在联系。在不断规范公司治理结构的同时，我国企业必须建立健全有效的内部控制机制。首先要对企业内部控制原理和结构做充分了解，对内部控制有效性的标准有深入认识，再在此基础上选择合适的内部控制方法。针对我国企业的一般情况，采用业务循环法实施内部控制制度是一种比较稳妥的选择。

一、内部控制系统的特征

一个有效的内部控制系统应该具有以下特征(见图 4—7)：

(一)简单易懂

有效的内部控制系统应当由简单易懂的程序组成，任何负有控制责任的员工都能够理解控制的理由、目的及其对实现战略的贡献。

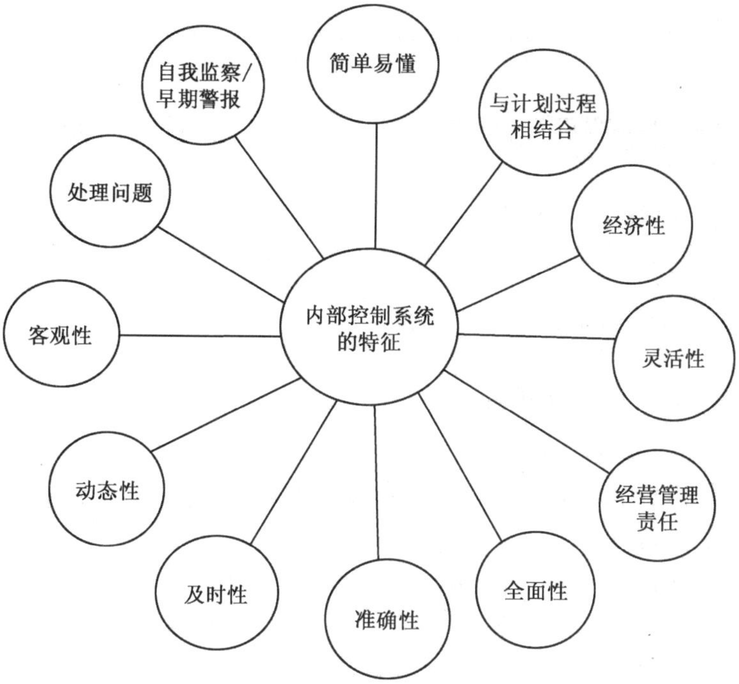

图 4—7　内部控制系统的有效性标准

（二）与计划过程相结合

内部控制与计划过程联系得越明显和恰当，控制系统就越有效。将控制与计划联系在一起的最佳办法是在制订计划时就考虑控制问题，即在确立目标时就明确控制的标准，这些标准可以反映计划的实现情况。

（三）经济性

企业必须不断监控和评估控制系统，以确定管理这一系统的全部费用。企业应将费用与内部控制所创造的价值相比较。

（四）灵活性

内部控制系统应有足够的灵活性来适应变化。内部控制系统应适当地规定其不适用的情况。

（五）经营管理责任

每一种内部控制都必须有专人或专门组织负责监控和管理，这些员工或部门应该了解其责任。

（六）全面性

内部控制系统应反映企业的复杂性、交易的多样性和交易的范围，控制系统涉及的范围要足够宽泛，不能缺乏对非正常交易的理解。

（七）准确性

建立在不准确信息的基础上做出的决策不是好的决策。内部控制提供的信息应是准确的，否则会导致不适当的管理行动和资源浪费。

（八）及时性

内部控制系统要能根据需要随时提供信息，环境越不确定和不稳定，企业就越需要及时获得信息和经常评估。

（九）动态性

内部控制系统应当是动态的，以适应不断变化的技术和过程。

（十）客观性

内部控制系统应尽可能提供客观的信息。客观信息比主观信息更有效，能更好地指导管理。

（十一）处理问题

内部控制系统会经常发生问题和失误，原因在于技术、过程、程序和人员的变化使之绕开了内部控制系统。如果内部控制系统未被恰当使用，那就应为企业每个层次的员工提供情况。

（十二）自我监察/早期警报

内部控制系统应能自我监察，有自动提供警报的机制，而不依赖于人为的检查或审计。

二、内部控制框架的具体实施

根据内部控制理论框架，企业内部控制由组织结构、人员管理和业务程序三部分组成。在实践中，企业要先按照政策控制、流程控制和职责控制这三个层面来考虑内部控制整体框架的建设；再按照先易后难的原则，从业务流程入手，在各个环节上设立互相制约的职能岗位，确定相应的关键控制点，从基础环节改造企业的整个内部控制系统。

（一）分层次构建内部控制整体框架

从流程角度看，企业内部控制主要体现在政策控制、流程控制和职责控制这三个层面（见图4—8）。

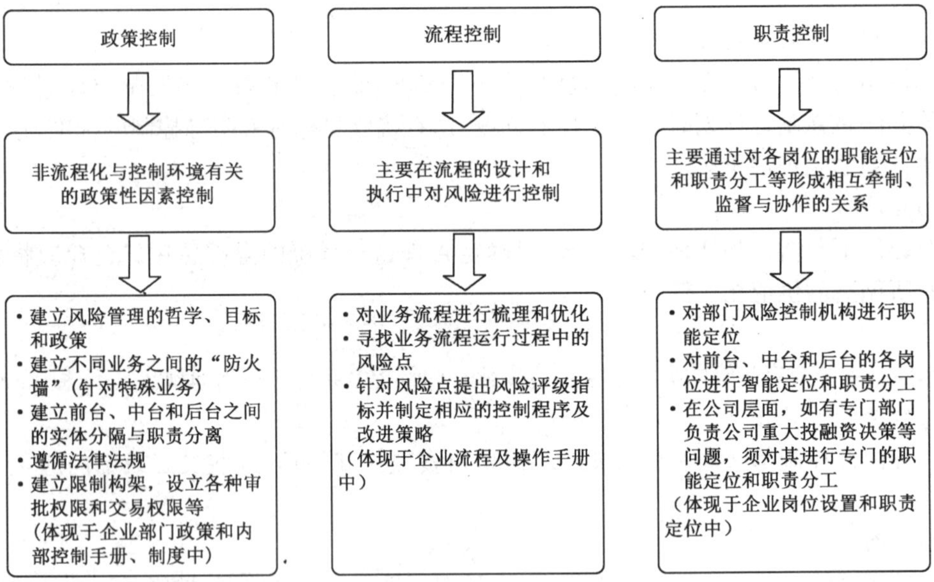

图4—8　分层次构建内部控制整体框架

1. 政策控制

在政策控制层面，企业所做的工作包括：(1)以相关的法律法规为依据，制订企业的内部控制手册；(2)企业的内部控制手册中明确规定企业的风险管理目标和政策；(3)在特定业务中，设定业务防范规定，以建立特定业务的“防火墙”；(4)对于企业业务中特定的授权、审批权限以及相应的汇报、审批流程进行详细、规范的规定，并附流程图为参照，使业务人员在执行中严格遵循。

2. 流程控制

在流程控制层面,企业应做到:(1)通过对业务运作流程的分析,寻找可能给业务带来潜在损失的风险点;(2)在风险评估报告中评估风险点的现状,根据其可能对企业造成的损失进行风险评估;(3)根据评估结果,设计一定的内部控制程序,提出流程改进建议并编制相应的手册,帮助企业弥补业务中可能出现的损失。

3. 职责控制

在职责控制层面,企业应做到:(1)通过对管理部门、业务部门和支持部门各岗位的职责定位和分工,明确各岗位之间相互监督、牵制和协作的关系;(2)建立专门的风险管理和控制机构,设立专门的风险控制岗位并明确其岗位职责、分工及其与业务部门的监督和协作关系;(3)岗位职责和分工须与该岗位的组织结构相结合,以明确具体岗位在组织结构中的地位;(4)岗位职责手册须标明该岗位的具体工作职责、上下级关系和任职资格,以便在操作中严格遵循。

(二)业务流程环节的内部控制建设

按照先易后难的原则,企业可优先考虑从业务流程入手,从业务基础环节来改造企业的内部控制系统。业务基础环节主要包括构造业务循环模型、分析现有弊端、提出内部控制要点和设计内部控制文本这四个环节(见图 4—9)。

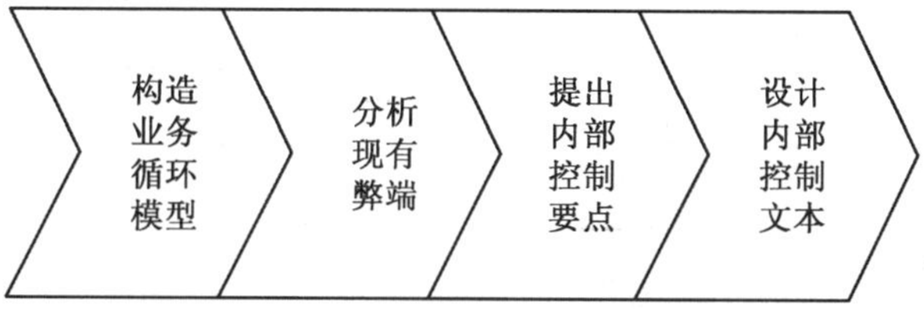

图 4—9　业务循环法改造流程

1. 构造业务循环模型

业务循环法是 20 世纪 70 年代提出和运用的了解和评价内部控制的一种方法。业务循环是指企业中密切相关的交易活动周而复始的过程。企业按照业务循环设置相应的流程图,在各个环节设立互相制约的职能岗位,确定其中的关键控制点来进行内部控制,这样可以避免按业务项目设置内部控制所产生的缺陷,且对不同业务性质的企业更具有普遍性的指导意义。

不同类型的企业,由于其业务构造和规律不同,其业务循环的划分也有所不同。通常,制造企业业务程序的内部控制存在四个循环分类(见图 4—10)。

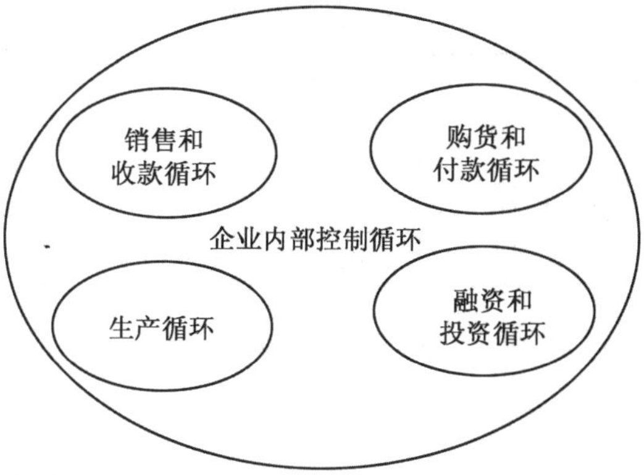

图 4—10　制造企业的内部控制循环

(1)销售和收款循环,包括向客户收受订购单、核准购货方的信用、装运商品、开具销货发票、记录收益和应收账款、记录现金收入等程序。

(2)购货和付款循环,包括购买存货、购买其他资产或劳务、发出订货单、检查所收货物和开具验收报告、记录应付销货方债务、核准付款、支付款项和记录现金支出等程序。

(3)生产循环,不仅包括领取各种原材料及其他物料、交付生产、分摊费用、计算生产成本和核算销售成本等程序,而且包括雇用和辞退员工、制定最低工资标准、核计实际工时、计算应付工薪、计算个人所得税和其他代扣款项、记录工薪卡和发放工资等程序。

(4)融资和投资循环,包括授权、核准、执行和记录有关银行贷款、融资租赁、应付公司债和股本、短期投资与长期投资等业务事项。

企业在设计业务循环模型时,应着重考虑满足如下要求:一是反映企业经营活动全貌,符合企业经营特点;二是以价值运动为主线,以资金流为中心;三是满足审计方法的使用。

以现金流为中心、以价值运动为主线设计的业务循环模型,其构造如图 4—11 所示。

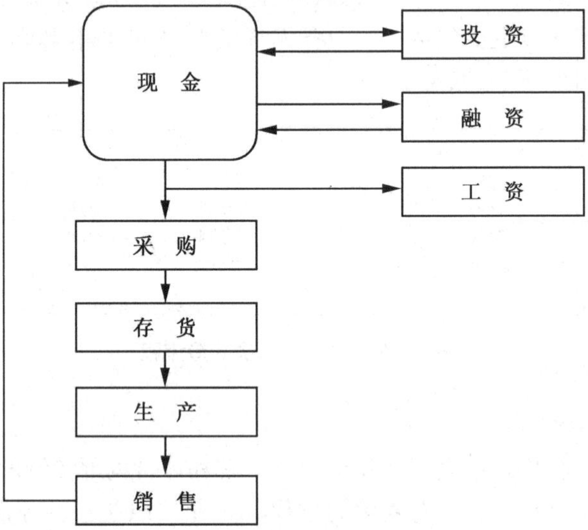

图 4—11　以现金为中心的企业业务循环模型

在企业业务循环模型的基础上,还应对每一个业务循环再进行作业构造。例如,对销售业务可做如图 4—12 所示的作业构造。

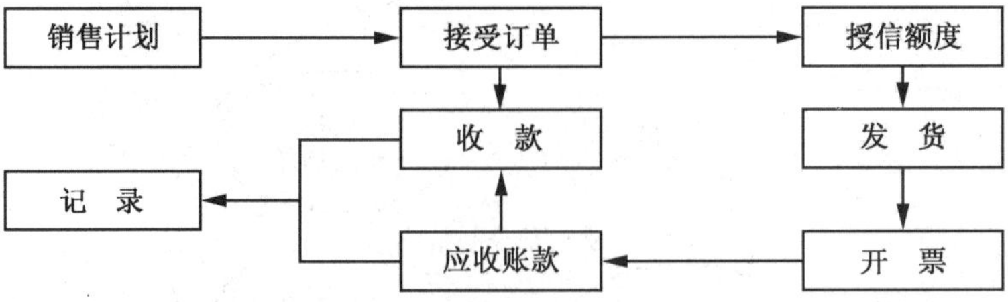

图 4—12　销售业务的作业构造

2. 分析现有弊端

在业务循环构造的基础上分析该业务在运行中可能出现的错误和弊端,这个过程实质上也就是风险评估。业务循环的风险来自记录错误、违反会计政策、欺诈和侵吞、非法交易和资产流失等。

业务循环常见弊端既可通过总结企业历史上该业务曾发生的错弊教训来判断，也可采用“合理怀疑”，即对假设不予控制可能造成损失的机会和可能出现的问题来进行主观推测。例如，销售业务中常见的错弊有虚计销售收入以调节利润、销售成本结转不实以调节利润、结算方式选用不当造成坏账、销售费用支出失控造成成本增加以及销售凭证保管不严造成产品流失等风险。

3. 提出内部控制要点

针对现有弊端，设置相关内部控制要点要考虑以下因素：

(1)关键控制点

所谓关键控制点，是指在业务处理过程中起重要作用的控制环节，如果没有这些控制环节，业务处理过程就很可能出现错误或舞弊，达不到既定目标。设置关键控制点要针对错弊的发现和纠正。例如，为保证会计记录的正确性，明细账与总账之间的核对是关键控制点；为保证银行存款余额的正确性，由非出纳员核对银行对账单就是关键控制点。

(2)补偿性控制

所谓补偿性控制，是指能替代前道控制作用的控制。通常设置补偿性控制的目的是一旦前道控制失控，就可予以补救。要根据每一类业务处理的重要程度设置数目不等的补偿性控制点，从而保证内部控制运行的可靠性。

(3)成本效益分析

内部控制对防范业务活动的错弊只能起到“合理保证”的作用。合理保证就是控制成本不能超过实施控制而获得的收益，这就是成本效益原则。在这个问题上要把握以下几种情况：第一，无论采取哪种控制，都应满足控制收益大于控制成本的基本要求，所有控制点的设置都应符合控制收益大于控制成本的基本要求；第二，当有些业务可以通过不断增加控制点来达到较高的控制程序时，就应考虑采用多少控制点能使控制收益减去控制成本的边际值最大；第三，当控制收益难以确定时，应考虑在满足既定控制的前提下，使控制成本最小化。

结合上述销售业务的例子，我们可以设置以下控制要点：①销售业务的职务分离(审批者、销售员、仓库保管员、收款员与会计相分离)；②销售定价控制(制定价目表并予以执行，特殊情况由专人审批)；③授信额度控制(建立客户信用评估和授信机制，审批信用额度和销售合同)；④销售发票控制(发票编号、空白发票保管、开票审核)；⑤销售费用控制(销售费用预算编制、落实责任人、专人审批、定期分析和考核)；⑥应收账款控制(分析应收账款账龄、催收应收账款、坏账预警信息反馈、销售应收和实收的定期核对)；⑦退货控制(退货审批、退货原因分析、有关责任者追究和货物验收)。

4. 设计内部控制文本

内部控制文本是指导、落实内部控制实施的文件。企业可根据其内部管理的基础和管理水平，选择采用混合格式或单独格式的文本。

(1)单独格式

单独格式是将企业内部控制要点按业务领域单独列示，具体又有如图4－13所示的两种格式。

(2)混合格式

混合格式就是将内部控制与管理制度结合起来，如与会计制度结合起来，其基本格式如图

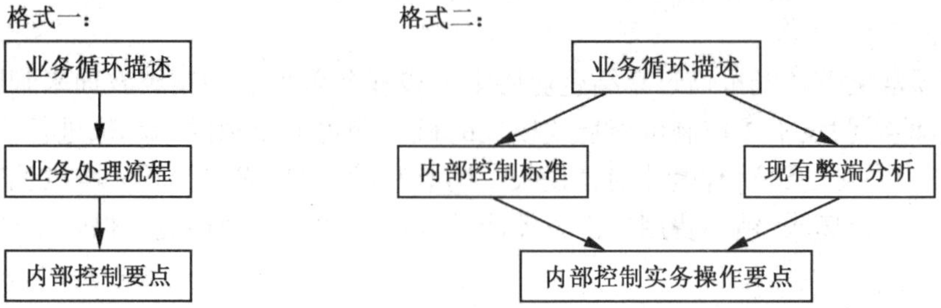

图 4—13　单独格式的内部控制文本

4—14 所示。

图 4—14　混合格式的内部控制文本

混合式文本将内部控制融合于企业的业务管理制度中，使业务管理制度既有业务程序又有控制程序，便于企业有关部门和员工熟悉和掌握。

而独立式文本将业务管理制度中的内部控制要求分离开来单独列示，便于企业管理层、内部审计人员和注册会计师了解和评价。

企业应视自身规模大小和业务复杂程度进行选择，一般中小企业和基层企业可采用混合式文本，而大型企业、集团公司及其总部可考虑采用独立式文本。

本章小结

内部控制制度设计是为了保证企业各项业务活动的有效进行，确保资产的安全、完整，防止欺诈和舞弊行为的发生，以及实现经营管理目标而制定并实施的一系列具有控制职能的方法、措施和程序。

内部控制系统设计的意义是：(1)保证员工恪尽职守，保证业务活动按适当的授权开展，提高企业的经营效率；(2)保证会计信息的质量；(3)保护企业财产的安全和完整；(4)保证党和国家各项政策、法律法规以及企业各项政策的贯彻执行；(5)为开展审计工作创造条件。

内部控制系统设计的原则有合法性与适应性原则、系统完整原则、成本效益原则、不相容职务相分离原则、业务授权处理控制原则、有效控制风险原则和动态的信息反馈原则。

内部控制的类型有组织规划控制、授权批准控制、文件记录控制、全面预算控制、实物保全控制、职工素质控制、风险防范控制、内部报告控制、电算化控制和内部审计控制。

内部控制系统设计的基本内容包括货币资金业务内部控制、采购与付款业务内部控制、生产过程内部控制、销售与收款业务内部控制、实物资产的内部控制、筹资与投资业务内部控制、工程项目内部控制、成本费用内部控制和担保内部控制等。

内部控制制度设计的步骤是：(1)对企业内部结构和外部环境展开调查，明确控制目标；(2)按照系统理论和方法的要求划分企业内部结构；(3)确定所属系统活动过程中的关键环节；(4)用文字形式形成内部控制制度。

课后练习题

一、单项选择题

1. 财政部、证监会、审计署、银监会、保监会五部委于(　　)联合发布了企业内部控制配套指引，从而形成了中国的企业内部控制框架。

A. 2011 年 4 月　　B. 2008 年 5 月　　C. 2004 年 3 月　　D. 2007 年 4 月

2. 内部牵制阶段的目的主要是(　　)。

A. 核对账目　　B. 互相监督　　C. 内部牵制　　D. 查错防弊

3. 内部控制的“制度二分法”是在(　　)阶段的一种划分方法。

A. 内部牵制　　B. 内部控制与内部管理

C. 内部控制结构　　D. 内部控制整体框架

4. 美国注册会计师协会在 1988 年发布的《审计准则公告第 55 号》中以“(　　)”概念取代了“内部控制制度”。

A. 内部牵制制度　　B. 内部控制结构

C. 内部管理控制制度　　D. 内部整体框架

5. 20 世纪 80 年代末兴起的风险基础审计法是在(　　)概念的基础上产生和发展起来的。

A. 内部控制结构　　B. 内部控制制度

C. 内部管理控制　　D. 内部整体框架

6. 自 20 世纪 90 年代以来，(　　)概念是由具有国际影响力的美国反欺诈财务报告委员会(Treadway 委员会)下属的 COSO 委员会提出的。

A. 内部控制　　B. 内部管理控制　　C. 内部牵制　　D. 内部整体框架

7. 下列应对风险的策略中，错误的是(　　)。

A. 风险规避　　B. 风险降低　　C. 风险分析　　D. 风险承受

8. 下列各项中，属于环境控制的因素有(　　)。

A. 董事会　　B. 市场环境　　C. 国家政策　　D. 金融政策

9. 在内部控制制度设计文本中，一般中小企业和基层企业采用的是(　　)。

A. 混合式文本　　B. 单独格式文本　　C. 特殊格式文本　　D. 一般格式文本

10. 下列各项中，属于内部控制基本原则的是(　　)。

A. 成本效益原则　　B. 合法性原则

C. 不相容职务相分离原则　　D. 系统完整性原则

二、多项选择题

1. 内部控制理论在经过近一个世纪的发展后，大体经历了内部牵制、(　　)等阶段。

A. 内部控制制度　　B. 内部控制结构　　C. 内部控制整体框架　　D. 企业风险管理框架

2. 内部牵制阶段的特征可以概括为：以(　　)等会计控制为基本内容。

A. 业务授权　　B. 内部审计　　C. 职责分工　　D. 定期核对

3. 内部控制的“制度二分法”是指(　　)和(　　)两类。

A. 内部审计　　B. 内部核对　　C. 内部会计控制　　D. 内部管理控制

4. 内部控制结构包括(　　)三个有机要素，有的学者将其称为内部控制的“三点论”。

A. 控制环境　　B. 会计制度　　C. 控制手段　　D. 控制程序

5. 在内部控制整体框架阶段，内部控制是(　　)和监督等要素的有机结合。

A. 环境控制　　B. 风险评估　　C. 信息与沟通　　D. 控制活动

6. 下列各项中，属于企业风险管理框架阶段的要素的有(　　)。

A. 内部环境　　B. 目标制定　　C. 事项识别　　D. 风险评估

7. 风险评估主要包括(　　)。

A. 目标设定　　B. 风险识别　　C. 风险分析　　D. 风险应对

8. 下列各项中,属于内部控制特征的是(　　)。

A. 全面性　　B. 标准性　　C. 经常性　　D. 潜在性

9. 内部控制制度设计的原则主要有(　　)。

A. 合法性与适应性原则　　B. 系统完整性原则

C. 成本效益原则　　D. 不相容职务相分离原则

10. 下列关于内部控制整体框架思想的表述中,正确的是(　　)。

A. 明确对内部控制的责任　　B. 强调人的重要性

C. 强调风险意识　　D. 指出内部控制能做到完全保证

三、判断题

1. 控制环境反映了企业董事会和管理层关于内部控制对企业重要性的态度。

2. 控制程序只能融合应用于控制环节或会计系统的组成部分。

3. 交易授权是提高企业内部控制效率的关键。

4. 信息沟通系统不仅要有向下的沟通渠道,而且应有向上的、横向的以及对外界的沟通渠道。

5. 实施控制自我评估对于企业加强管理、提高效率、改进流程和控制风险有着积极的作用。

6. 内部控制系统应有足够的灵活性以适应变化。

7. 内部控制系统应当是静态的。

8. 业务流程环节的内部控制建设遵循"先难后易"的原则。

9. 内部控制要点中要考虑成本效益分析要素。

10. 企业应视其规模大小和业务复杂程度来选择,一般中小企业和基层企业可采用混合式文本,而大型企业、集团公司及其总部可考虑采用独立式文本。

四、简答题

1. 什么是内部控制制度设计?它包含哪些主要内容?

2. 内部控制制度设计应遵循哪些原则?内部控制的措施有哪些?

3. 内部控制制度设计的步骤有哪些?

4. 内部控制制度设计的程序有哪些?

5. 什么是公司治理结构?其目标是要解决什么问题?

6. 内部控制有哪些局限性?在实际工作中如何加以控制?

案例分析

1. 在历史上造成最大损失的欺诈行为发生在巴林银行(一家英国银行)新加坡办事处。该办事处的交易员建立了一个完全自控的账户,隐藏了14亿美元的亏损。在巴林银行的内部审计师意识到交易员一方面控制着交易行为而另一方面又控制着交易记录后,管理层仍然没有采取任何行动。结果是一个交易员在一个遥远的办公室内把一家国际性著名银行搞垮。

要求:巴林银行的内部控制制度在设置上存在什么缺陷使得欺诈行为有可能发生且欺诈金额巨大?

2. 多肯尼是一家为皮尔·卡丹公司与维多利亚·琼斯公司生产运动服的服装公司,其前总裁、财务总监和主计长被起诉利用会计报表进行欺诈。这些管理者编制错误的分录来记录虚假的销售,并隐瞒仓库中的存货量，造成存货已经销售的假象，同时，将实际销售订单的时间前移，提前确认销售收入。这些行为使得公司在一个季节 4 000 万美元的销售收入中，有 2 500 万美元是虚假的。

讨论：

（1）该公司的内部控制制度在设计上存在哪些缺陷从而无法防止此类欺诈行为的发生？

（2）如何阻止这类欺诈行为的发生？请你重新设计该公司的内部控制制度。

第五章 货币资金业务内部控制制度设计

学习目标

本章介绍了货币资金业务内部控制制度设计的目标、设计原则、控制要点、设计措施和内容。通过本章的学习，掌握货币资金业务内部控制制度处理程序的设计、收支业务流程的设计以及货币资金内部报告与监督检查制度的设计。

第一节 货币资金业务内部控制概述

一、货币资金业务内部控制内涵

货币资金是流动性最强的资产，很容易招致非法挪用和侵吞等违法犯罪行为的发生。因此，无论是投资者、债权人还是企业管理当局，都非常关心、重视对货币资金的管理。企业根据自身经营管理特点进行货币资金监控与核算办法的设计，加强对货币资金的管理、核算与监控，对保证货币资金安全与有效使用，促进生产经营活动的正常进行，进而实现企业经营目标具有重要意义。货币资金业务内部控制制度的设计是企业内部控制制度设计的关键环节之一。

二、货币资金业务内部控制的目标和设计原则

(一)货币资金业务内部控制的目标

货币资金业务内部控制的目标是：(1)保证货币资金业务会计核算资料的准确性和可靠性；(2)保证货币资金的安全性和完整性；(3)保证货币资金业务的合规性和合法性；(4)保证货币资金结算的及时性和准确性。

(二)货币资金业务内部控制制度的设计原则

设计企业货币资金业务内部控制制度时，应遵循下列六项基本原则：

1. 钱账分管原则

钱账分管是指按办理货币资金业务的不相容职务相分离的要求，将经管货币资金业务的人员与记录货币资金业务的人员进行岗位分工和职务分离，相关机构和人员相互制约，确保货币资金安全。根据钱账分管原则，对货币资金业务的内部控制应满足如下要求：

(1)确保办理货币资金业务的不相容岗位相互分离、制约和监督。出纳人员不得兼任稽核，会计档案的保管，总账及收入、费用、债权债务明细账的登记工作；同时，负责稽核，会计档

案的保管，总账及收入、费用、债权债务明细账登记的工作人员不得兼任出纳工作。因此，货币资金业务的执行职务应该与货币资金业务的记录职务相分离，货币资金的保管职务应该与货币资金的记录职务相分离，银行存款的对账职务应该与现金日记账、银行存款日记账和应收应付款项明细账的记账职务相分离。

(2)会计人员与出纳人员的分工要明确。

(3)保管支票的人员不能同时负责现金日记账的登账工作和银行存款日记账的对账工作。

(4)货币资金支出审批人员的职责应与出纳人员、支票保管人员和记账人员的职责分离。

2. 严格授权批准原则

授权包括一般授权和特殊授权：一般授权是指授予相关人员处理正常范围内经济业务的权限；特殊授权是指授予相关人员处理超出一般授权范围的特殊业务的权限。确定一般授权范围时，应同时考虑效率和风险，范围过大会造成局部权力过大，潜在风险大；范围过小会使授权名存实亡。根据严格授权批准原则，对货币资金业务的内部控制应满足如下要求：(1)未经授权的机构和人员，不得直接接触货币资金；(2)严禁一人保管支付款项所需的全部票据和印章等。

3. 业务分开原则

不得由一人办理货币资金业务的全过程。根据业务分开原则，对货币资金业务的内部控制应满足如下要求：(1)按照规定的程序办理货币资金支付业务，包括支付申请、支付审批、支付复核和办理支付；(2)将现金支出业务和现金收入业务分开处理，防止将现金收入直接用于现金支出的“坐支”行为。

4. 内部稽核原则

企业应该设置内部稽核部门和人员，建立内部稽核制度，以加强对货币资金管理的监督，及时发现货币资金管理中存在的问题，及时改进对货币资金的管理与控制。

5. 钱证一致原则

企业应该利用发票和收据编号的连续性，核对收到的货币资金是否与发票和收据的金额一致，并确保收到的货币资金全部入账。对发票、收据必须加强印制和收、发、存的日常管理，且必须事先连续编号。因此，应在内部稽核部门设计一个岗位或指定专人负责对存根联和记账联做定期或不定期的抽查核对，及时发现其中的错弊，防止货币资金的浪费和流失。

6. 定期轮岗原则

企业应该对涉及货币资金管理和控制的业务人员实行定期轮换岗位。通过轮换岗位，减少货币资金管理和控制中产生舞弊的可能性，并及时发现有关人员的错弊行为。

第二节　货币资金业务内部控制的要点

为了实现企业货币资金业务的内部控制目标，必须加强企业货币资金业务内部控制的制度建设和程序控制等。其内部控制的要点主要包括以下内容：

(1)实行钱账分管。出纳人员不得兼任稽核，会计档案的保管，总账及收入、费用、债权债务明细账的登记工作。

(2)对于货币资金的收付，应及时逐日逐笔记入明细账，不得拖延。

(3)各种货币资金的收入都应由出纳部门或出纳人员集中办理；除特殊情况(如发生在外

地的收付或事先取得会计部门、出纳人员的同意并授权)外，任何部门和人员不得擅自出具收款凭证或用白条收取款项。

(4)一切货币资金收入必须入账，不得将出售残料、废料，罚款、赔款收入等进行账外记录。

(5)收入的现金应及时送存银行。当天来不及存入银行的现金和支票应集中存放于保险箱，并于次日或收入现金的下一工作日送存银行。

(6)定期核对银行存款日记账余额和银行对账单余额，并由出纳以外的第三人编制银行存款余额调节表；如发现问题，应及时报告有关负责人，以便调查并做出相关处理。

(7)出纳人员应在每日终了时结算出当天的现金收入合计数、支出合计数和账面结存数。

(8)出纳人员应在每日终了时清点库存现金并核对账实，主管部门应对其进行不定期检查。

(9)货币资金的收支凭证应与原始凭证核对相符。

(10)严格支票的管理。未启用的支票应由专人保管，签发支票和加盖印章应由两人以上分工完成，作废支票应与存根一起妥善保存于支票簿内。

(11)出纳人员收付款后，应及时在收付款凭证上加盖“收讫”或“付讫”戳记，并立即凭收付款凭证登记日记账。

(12)出纳人员收付款时，必须以经审核、手续完备的正式凭证为依据。自制收付款凭证必须连续编号。

(13)凡是巨额的现金支出，必须经有关主管人员审核、签章。

(14)空白支票(签章齐全而未填金额的支票)应严格限制于转账支票，并在支票上注明收款单位名称、用途、项目、签发日期和限额。

(15)工资业务是货币资金业务的重要组成部分，也是企业内部会计控制的关键点之一。企业工资业务的内部会计控制要点包括：①考勤、工资结算、提现和记账职务应分离；②建立健全考勤制度，职工病事假等缺勤要有有关方面开具的证明；③建立健全工时记录和产量记录，加强产品质量检验，正确计算完工产品数量，制定科学、合理的定额工时；④严格按国家或企业的工资标准计发工资；⑤按规定及时办理职工的各种代扣款项，防止挤占企业的生产经营资金；⑥根据有关部门的证明，及时办理职工调入、调离或退休手续，并调整相应的工资费用；⑦以国家有关工资政策和主管部门(或机构、人员)的审批文件为准，及时办理职工转正、定级和升级手续，并调整相应的工资费用；⑧仔细复核、检查每期的工资单(或工资汇总表)，以防虚计工资总额；⑨出纳部门的工资提现凭证必须由会计部门主管审核批准；⑩工资的发放必须由收款人签收。签收的工资单副本应交回会计部门妥善保管，对超过工资发放期限而尚未领取工资的现金，应立即存入银行，不得挪用。

第三节　货币资金业务内部控制处理程序的设计

一、现金内部控制制度处理程序的设计

(一)明确控制目标

现金内部控制的目标是：(1)保证现金收支的合法、合理；(2)保证库存现金的安全、完整；(3)保证现金收支核算记录的及时、可靠。

(二)制定控制流程

结合现金收支和核算程序,制定其控制流程如下:

1. 规定授予权限

企业管理部门或业务部门规定或指派业务人员办理有关现金结算的经济业务;对于大宗或特殊现金收支业务,主管部门负责人应做专门批示。

2. 及时填制或取得原始凭证,并由有关人员签字或盖章,作为收付现金的书面证明

3. 审核原始凭证

会计部门收到有关现金收支业务的原始凭证后,由会计主管人员或指定的分管会计负责审核。对于不符合规定的凭证,可拒不受理或责成经办人员补办手续。

4. 编制记账凭证

分管会计根据审核后的原始凭证填制收款凭证或付款凭证,签章后通知办理现金收支事项。

5. 收付现金

出纳人员复核收付记账凭证及原始凭证,按凭证上所列金额收付现金,并在凭证上加盖"收讫"或"付讫"戳记。

6. 复核记账凭证

稽核人员或指定人员审查收款凭证及付款凭证,审查合格后签章传递。

7. 登记账簿

出纳人员根据经过复核的收付记账凭证,登记库存现金日记账;分管会计人员根据审核、签章合格的收付记账凭证,登记相关明细账;总账会计编制总账记账凭证,经复核后登记总分类账"库存现金"科目。

8. 盘点现金

出纳人员每日营业结束后,结出库存现金日记账的收支和结余额,清点库存现金实有数,相互核对。

9. 送存银行

对于超过库存限额的现金,由出纳人员登记现金送存簿后,及时送存银行并收取现金送存回单。

10. 清查库存

定期或不定期由清查小组盘点库存现金并与库存现金日记账余额进行核对。根据清查结果编制现金盘点报告单,填列账存与实存的符合情况。

(三)确定控制点及控制措施

在上述控制流程中,主要应设置下列控制点及控制措施:

1. 授权批准

业务经办人员办理现金收支业务,须得到一般授权或特殊授权。经办人员须在反映经济业务的原始凭证上签章,经办部门负责人审核原始凭证并签字、盖章。授权批准可以保证现金收支业务按照授权进行,增强经办人员和负责人员的责任感,保证现金收付的真实性和合法性,避免乱收乱支、假收假支及现金舞弊等问题的发生。

2. 审核

会计主管人员或其指定人员审查现金收支原始凭证,主要审核原始凭证反映的现金收支业务是否真实、合法,原始凭证的填制是否符合规定;审核无误后,经签章、批准方可登记现金

收付记账凭证。审核原始凭证可以保证现金收支凭证的真实、合法，提供正确的现金支付和核算依据，保证出纳人员支付现金的正确、合法。

3. 收付

出纳人员复核现金收支记账凭证及所附原始凭证，按照凭证所列数额收付现金并在凭证上加盖"收讫"或"付讫"戳记及私章。为了加强现金收付控制，必须建立严格的出纳责任制，对不相容职务进行分离，主要是：出纳人员必须根据经过审签的记账凭证收支现金，而不能直接根据原始凭证办理现金结算；出纳人员不能编制收付记账凭证，不能兼管收入、费用、债权或债务账簿的登记工作、稽核工作和会计档案保管工作；现金支票和印鉴不能全部由出纳人员保管；非出纳人员不能兼职现金管理工作；等等。加强现金收付控制是保证现金实物安全、完整的主要环节，对于明确现金收付责任，防止贪污、挪用、私存现金以及重付、漏收现金等现象的发生具有重要作用。

4. 复核

稽核员复核现金收支记账凭证及所附原始凭证并签字、盖章。复核记账凭证可以保证现金收支业务的正确性和会计核算的真实性，防止记账失实并及时纠正收付错误。

5. 分工记账

出纳人员根据现金收付记账凭证登记库存现金日记账，分管会计人员根据收付凭证登记"现金"对应科目的相关明细账，总账会计登记总分类账。分工登记库存现金账可以保证现金收支业务有据可查，并保证各账目之间相互制约，及时提供准确的现金核算信息。

6. 清点

出纳人员每日清点库存现金，并与日记账余额进行核对，发现现金短缺或溢余应及时查明原因，报经审批后予以处理。每天清点现金能够防止现金丢失和收支记账发生差错，保持账实相符。

库存现金的盘点制度包括：(1)每日营业终了，出纳人员必须结出现金日记账余额并实地盘点库存现金，将现金日记账余额与实地盘点结果相核对；(2)由专门的财产清查人员进行定期与不定期相结合的复核和检查性盘点。

7. 清查

由财务部门主管、审计人员和稽核人员组成清查小组，定期或不定期清查库存现金，核对库存现金日记账。清查时，需有出纳人员在场，核对账实；根据清查结果编制"现金盘点报告表"(如表 5－1 所示)；账实不符的，须报批准后予以调整处理。清查有利于加强对出纳工作的监督，防止贪污、盗窃和挪用现金等非法现象的发生。

表 5－1　　库存现金清查盘点报告表

年　　月　　日

实存金额	账存金额	对比结果		处理结论
		盘　盈	盘　亏	

负责人：　　　　盘点人：　　　　出纳员：

在现金内部控制系统各控制点中，授权批准、审核和清查最为重要，是现金控制系统中的关键控制点。

二、银行存款内部控制制度处理程序的设计

企业按照银行开户办法的规定，申请开设银行账户，企业发生的各项结算款项，除允许用现金结算方式直接以现金收付外，其余款项必须通过银行划拨转账。因此，必须加强对银行存款的管理与控制。

(一)明确控制目标

银行存款内部控制的目标：(1)保证银行存款收付的合法；(2)保证银行存款的安全、完整；(3)保证银行存款核算记录的真实、可靠。

(二)制定控制流程

由于银行存款结算方式的不同，其收支流程和业务环节也有差别。根据银行存款的主要业务环节，可制定如下控制流程：

1. 授权经办业务

业务部门负责人根据企业的规定和业务需要，授权业务人员办理涉及银行存款收支的经济业务或收付往来账款事项。

2. 签订结算协议

经办人员办理经济业务，应与对方商定收付款结算方式和结算时间等，以合同或协议方式加以明确。

3. 填制或取得原始凭证

业务经办人员按照财务会计制度的规定，填制或取得原始凭证，作为办理银行存款收付业务的书面凭证，如购货发票、销货发票等。

4. 审核原始凭证

会计主管或指定人员审核原始凭证及其反映的经济业务，批准办理银行存款收支结算，对于不合规定的凭证应拒绝受理或责成经办人员补正手续。

5. 填制或取得结算凭证并办理结算业务

出纳人员根据已审签的原始凭证，按照规定的手续和结算方式填制或取得银行存款结算凭证，如办理货款托收需填制托收承付结算凭证、办理货款承付需取得银行承付通知单等。出纳人员送交或留存结算凭证及有关记录，向银行办理存款收付业务。

6. 审核结算凭证

会计主管人员或指定人员审核结算凭证回联，并与原始凭证相核对。

7. 编制记账凭证

会计人员根据审签的结算凭证、原始凭证，编制银行存款收付记账凭证。

8. 复核记账凭证

稽核人员或指定人员复核记账凭证及所附结算凭证和原始凭证。

9. 登记账簿

出纳人员根据审签的记账凭证，逐笔登记银行存款日记账；分管会计人员根据审签的记账凭证，登记相应的明细分类账；总账会计按照规定的核算形式登记总分类账。

10. 核对账单并编制调节表

由非出纳人员逐笔核对银行存款日记账和银行对账单，查清未达账项，编制银行存款余额调节表。

11. 账账核对

由非记账人员核对银行存款日记账、有关明细账和总分类账，如发现不符要报经批准后予以处理。

（三）确定控制点及控制措施

在上述控制流程中，主要应确定如下控制环节和控制措施：

1. 审批

业务部门批准的业务人员办理有关银行存款事项或经办有关业务，需核实原始凭证的内容并签章，交业务部门负责人审核并签章；超出业务部门权限规定的银行存款收支业务，须报上级主管部门审批并签章。审批银行存款收支业务可以保证业务办理的正确性和合法性，加强经办人员的责任感，避免违纪违规情况的发生。

2. 审核

会计主管人员或指定人员审核原始凭证和结算凭证，签章同意办理银行存款结算。审核原始凭证可以检查经济业务是否合理、合法，保证银行存款结算正确、有效；审核结算凭证可以检查银行存款结算是否正确，保证存款安全和核算正确。

3. 结算

出纳人员根据审签的凭证或按照授权办理银行存款收付业务；出纳人员在办理结算前，应复核原始凭证及有关合同文本，按不同的结算方式填制结算凭证或取得结算凭证；结算凭证应加盖财务专用章和出纳人员私章；财务专用章、签发支票的印鉴和财务负责人印鉴应由主管会计和出纳人员分别保管；转账支票和结算凭证必须按编号顺序连续使用；作废的转账支票应加盖“作废”戳记；收付款项后应在凭证上加盖“收讫”或“付讫”戳记；非出纳人员不得经管银行存款业务。按此办理银行存款结算能够有效地监督银行存款收付工作，防止套取存款、出借账户和转让支票等弊端的发生。

4. 复核

稽核人员审核银行存款收付记账凭证是否附有原始凭证及结算凭证、结算金额是否一致、记账科目是否正确、有关人员是否签章等，审核无误后签字并盖章。复核记账凭证可以发现银行存款收付中的错误和记账凭证编制差错，保证银行存款的正确核算。

5. 记账

出纳人员根据银行存款收付记账凭证登记银行存款日记账，会计人员根据收付凭证登记相关明细账，总账会计登记总分类账“银行存款”科目，各记账人员在记账凭证上签章。登记银行存款日记账可以保证银行存款收支业务的可查性，防止或发现结算弊端，及时提供可靠的银行存款核算信息。

6. 核对

稽核人员或其他非记账人员核对银行存款日记账、有关明细账和总分类账；如有误差，要报经批准后予以处理；核对人员应签字并盖章。核对银行存款账簿可以及时发现银行存款核算中的错误及记账失误，保证账账相符和记录正确。

7. 对账

由非出纳人员逐笔核对银行存款日记账和银行对账单并编制银行存款余额调节表，调整未达账项。核对对账单可以及时发现企业或银行的记账错误，防止发生违法行为，保证银行存款的真实和货款结算的及时。

在以上控制环节中，审批、审核和对账至关重要，是银行存款控制系统中的关键控制点。

三、备用金内部控制制度处理程序的设计

备用金是指财会部门按企业有关制度的规定，拨付所属报账单位和企业内部有关业务与职能管理部门，用于零售找零、收购零星物资或日常业务零星开支的备用现金。

（一）备用金内部控制设计的内容

1. 设置批准制度

对哪些部门、业务实施备用金管理，应建立一套规范的申请、批准制度。

2. 定额管理制度

对批准使用备用金的部门，必须根据需要事先核定一个科学、合理的备用金定额。

3. 日常管理责任制度

备用金必须指定专人管理，并明确管理人员必须执行的现金管理制度、按规定的适用范围和开支权限使用、接受财会部门的管理及定期报账等各项责任制度。

4. 清查盘点制度

财会部门必须对备用金建立定期与不定期相结合的清查盘点，防止挪用或滥用，保证备用金的安全、完整。

5. 审查入账制度

对备用金使用部门报销的所有票据，财会部门要像对待其他原始凭证一样，进行严格的审核后才能付款、记账。

（二）备用金核算方法的设计

1. 财会部门的“备用金”核算账户

企业的备用金在财会部门是通过“其他应收款——××部门备用金”账户，或单独设置“备用金”账户进行核算的。备用金使用部门领用备用金时记入借方，财务部门收回备用金时记入贷方。本账户的余额表示核定的备用金定额。平时，备用金使用部门报账时不通过本账户核算。

2. 使用部门的收支登记办法

备用金使用部门必须对支付备用金的所有原始凭证顺序编号，与库存现金一起妥善保管，并设立现金日记账，按原始凭证号码顺序逐笔反映备用金的收支情况。

第四节　货币资金收支业务流程的设计

企业因经营特点和业务性质等的不同，货币资金业务的处理流程也不同，这里主要介绍几种常见的货币资金业务处理流程设计。

一、出纳部门收现业务程序的设计

企业收取租金、押金、罚金、赔款和零星销售款等现金收入业务，可按开票、收款、记账三分离的原则，由出纳部门直接收取现金并按下列流程办理：(1)由业务部门开出一式二联收款通知，经本部门负责人审核后交出纳部门；(2)由出纳人员根据收款通知收取现金，编制一式三联的收据（或发票），其中，一联给客户，一联留存，一联用作记账，随同收款通知在登记库存现金日记账后送交财会部门登账；(3)定期将收款通知单、库存现金日记账和相关明细账进行核对，

以便发现是否有多收、少收或登账错误等问题。现金收入业务的一般流程见图5—1。

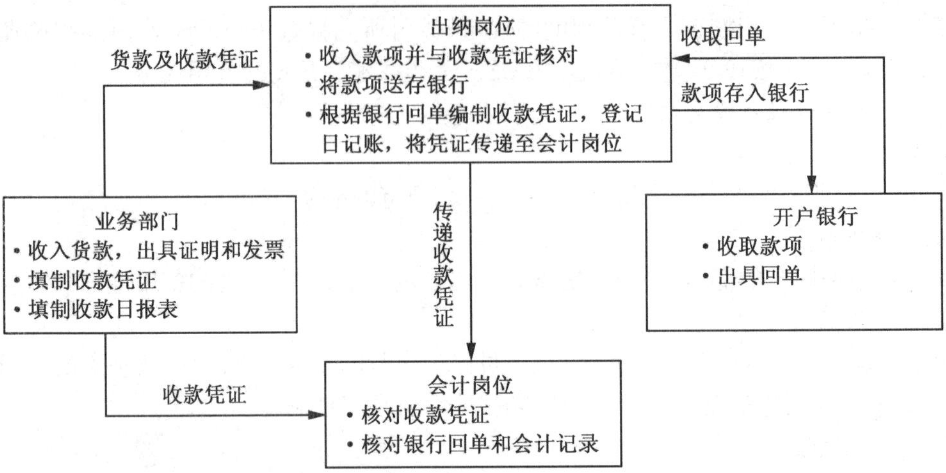

图5—1　货币资金收入的控制程序

二、零星费用借款与核销程序的设计

零星业务报销付现流程主要适用于办理因出差、医疗、招待及日常零星支出等费用报销而支付现金的业务。该业务流程包括借款和核销两部分。

(1)业务经办人员根据实际需要填制借款单，经本部门签字同意后，送交总经理签字审批。

(2)经总经理审批同意后的借款单送交财会部门，并由会计主管签字审核。

(3)经会计主管签字审核后的借款单送交出纳人员，并根据审批的借款单付款。

(4)业务经办人员根据原始凭证(如车船票、住宿费发票和招待费发票等)填制报销凭证，经本部门主管审核后送交财会部门。

(5)报销凭证经会计人员复核，交会计主管审核后送交总经理审批。

(6)报销凭证经总经理审批后，送交出纳人员核销原有借款。报销金额大于借款金额的，差额支付给经办人员；报销金额小于借款金额的，差额由经办人员返还财会部门，以便核销其借款。

(7)出纳人员办理完报销或核销手续后，将报销凭证移交会计人员填制记账凭证。

(8)出纳人员根据记账凭证登记现金日记账或银行存款日记账。

三、支票付款签发程序的设计

支票付款流程用于办理采用支票付款结算的业务，其业务流程见图5—2。

(1)业务部门将外单位收款通知或自制付款凭证经本部门负责人审核后，送交财会部门。

(2)相关单证经会计人员审核，交会计主管复核同意后，交出纳人员办理付款。

(3)出纳人员签发支票，送交相关会计人员审核、签章，再交会计主管复核、签章，并在支票登记簿上做好备查记录。

(4)出纳人员和会计人员根据支票回执分别登记银行存款日记账和其他有关账簿。

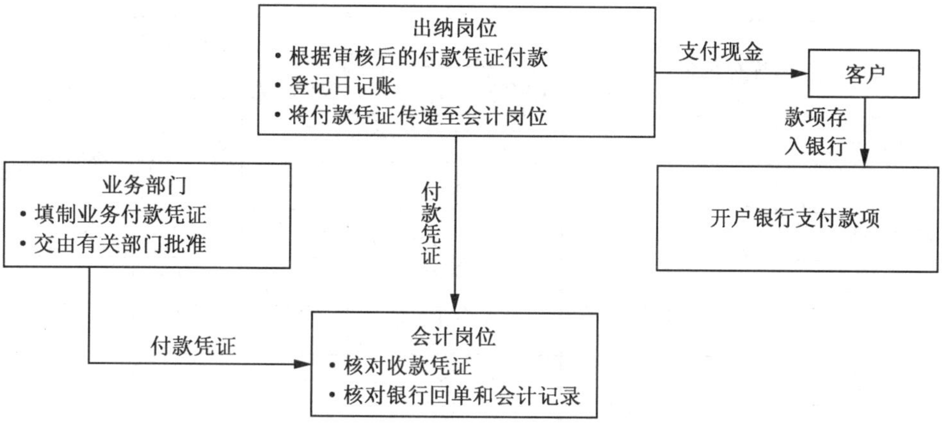

图 5—2　货币资金支出的控制程序

第五节　货币资金内部报告与监督检查制度的设计

一、货币资金内部报告设计

(一)货币资金内部报告的定义

货币资金内部报告也称日常报告,是为管理当日企业货币资金的流动与结存情况,以便有效地调度货币资金而编制的。因此,货币资金内部报告的核心是如何使企业管理当局及时了解货币资金在本期的增加、减少和期末结存情况,其项目设置应一目了然,具有严密的勾稽关系,编制方法应简便易行。企业货币资金内部报告的设计应全面反映各项货币资金的增减变动及结存情况,同时应尽可能详细地披露其来源渠道和用途。

(二)货币资金内部报告设计的注意事项

(1)当日结存货币资金,并使连续时间的各表之间具有勾稽关系。

(2)表明货币资金存在的具体形式。

(3)披露其来源渠道和用途。

(4)能够反映次日可实际动用的最大额度。

(三)货币资金内部报告设计的一般格式

一般在每日营业终了,由出纳人员负责编制"货币资金变动情况表",其一般格式如表5—2所示。

表 5—2　货币资金变动情况表

编制单位:　　　　年　　月　　日　　　　金额单位:

项　目	库存现金	银行存款			其他货币资金			合　计
		账户	账户	……	银行汇票	银行本票	……	
一、上日账面余额								
本日增加额								

续表

项　目	库存现金	银行存款			其他货币资金			合　计
		账户	账户	……	银行汇票	银行本票	……	
其中:营业收入								
融资收入								
账款回收								
其他收入								
本日减少额								
其中:营业支出								
偿还贷款								
归还投资								
投资支出								
内部借款								
其他支出								
二、本日账面余额								
未记账增加数								
未记账减少数								
三、本日实际数								
备　注								

二、货币资金监督检查制度的设计

企业为了明确监督检查机构或人员的职责权限,规范货币资金的用途和使用范围,杜绝营私舞弊和贪污行为的发生,应建立货币资金业务的监督检查制度,并定期和不定期地进行检查。

货币资金监督检查的内容主要包括:(1)相关岗位及人员的设置情况,重点检查是否存在不相容职务混岗的现象;(2)授权审批制度的执行情况,重点检查货币资金支出的授权审批手续是否健全,是否存在越权审批行为;(3)支付款项印章的保管情况,重点检查是否存在办理付款业务所需全部印章交由一人保管的现象;(4)票据保管情况,重点检查票据的购买、领用和保管手续是否健全,票据保管是否存在漏洞;等等。

对监督检查中发现的薄弱环节或缺陷,企业应及时采取措施加以纠正和完善。

本章小结

货币资金是流动性最强的资产,很容易招致非法挪用和侵吞等违法犯罪行为的发生。货币资金业务内部控制制度的设计是企业内部控制制度设计的关键环节之一。

货币资金业务内部控制的目标是:(1)保证货币资金业务会计核算资料的准确性和可靠性;(2)保证货币

资金的安全性和完整性;(3)保证货币资金业务的合规性和合法性;(4)保证货币资金结算的及时性和准确性。

在设计企业货币资金业务内部控制制度时,应遵循钱账分管原则、严格授权批准原则、业务分开原则、内部稽核原则、钱证一致原则、定期轮岗原则。

为了实现企业货币资金业务的内部控制目标,必须加强企业货币资金内部控制的制度建设和程序控制等。现金内部控制的目标是:(1)保证现金收支的合法、合理;(2)保证库存现金的安全、完整;(3)保证现金收支核算记录的及时、可靠。在现金内部控制系统各控制点中,授权批准、审核和清查最为重要,是现金控制系统中的关键控制点。

银行存款内部控制的目标是:(1)保证银行存款收付的合法;(2)保证银行存款的安全、完整;(3)保证银行存款核算记录的真实、可靠。在银行存款内部控制环节中,审批、审核和对账至关重要,是银行存款控制系统中的关键控制点。

企业因经营特点和业务性质等的不同,货币资金业务的处理流程也不同,主要包括出纳部门收现业务程序的设计、零星费用借款与核销程序的设计、支票付款签发程序的设计。

企业货币资金内部报告的设计应全面反映各项货币资金的增减变动及结存情况,同时应尽可能详细地披露来源渠道和用途。企业为了明确监督检查机构或人员的职责权限,规范货币资金的用途和使用范围,杜绝营私舞弊和贪污行为的发生,应建立货币资金业务的监督检查制度,定期和不定期地进行检查。对监督检查中发现的薄弱环节或缺陷,企业应及时采取措施加以纠正和完善。

课后练习题

一、单项选择题

1. 对于审批人超越授权范围审批的货币资金业务,经办人(　　)。

A. 可按规定办理,但要向审批人的上级授权部门报告

B. 可直接拒绝办理,不需要向审批人的上级授权部门报告

C. 无权拒绝办理,但应及时向审批人的上级授权部门报告

D. 有权拒绝办理,并及时向审批人的上级授权部门报告

2. 对于重要的货币资金业务,为防范贪污、侵占、挪用行为,应当(　　)。

A. 实行主管领导"一支笔"审批制度　　B. 实行集体决策和审批,并建立责任追究制度

C. 实行授权人审批制度和报告制度　　D. 实行审批报告制度

3. 不相容职务岗位相分离的核心是(　　)。

A. 内部牵制　　B. 岗位分离　　C. 一人一岗　　D. 多人一岗

4. 货币资金的收付及保管应由被授权批准的(　　)负责。

A. 会计人员　　B. 会计主管　　C. 出纳人员　　D. 公司文员

5. 库存现金的盘点制度不包括(　　)。

A. 出纳人员的日常盘点　　B. 检查现金收付业务的合理性、合法性

C. 填写"库存现金清查盘点报告单"　　D. 会计人员的日常实地盘点

6. 若企业的银行存款收入业务较少,则企业与银行对账至少是(　　)。

A. 每日一次　　B. 每月一次　　C. 每季度一次　　D. 每年一次

7. 出纳人员在每日营业终了进行库存盘点时,如果发现账实不符,应该(　　)。

A. 立即报告主管人员　　B. 立即报告单位负责人

C. 立即报告审计人员　　D. 不必报告,自行处理

8. 出纳人员可以兼任的工作是(　　)。

A. 稽核工作　　B. 会计档案和收入、费用账簿保管

C. 债权债务等账簿登记工作　　　　　　　D. 编制收付款凭证

二、多项选择题

1. 货币资金业务内部控制的目标是(　　)。

A. 保证货币资金业务会计核算资料的准确性和可靠性

B. 保证货币资金的安全性和完整性

C. 保证货币资金业务的合规性和合法性

D. 保证货币资金结算的及时性和准确性

2. 下列各项中,属于货币资金业务内部控制原则的是(　　)。

A. 钱账分管原则　　B. 严格授权批准原则　　C. 业务分开原则　　D. 内部稽核原则

3. 现金内部控制的目标是(　　)。

A. 保证现金及时送存银行　　　　　　B. 保证现金收支的合法、合理

C. 保证库存现金的安全、完整　　　　D. 保证现金收支核算记录的及时、可靠

4. 下列各项中,不能兼任出纳的是(　　)登记的工作人员。

A. 总账　　B. 收入　　C. 费用　　D. 债权债务

5. 在现金内部控制系统各控制点中,(　　)最为重要,是现金控制系统中的关键控制点。

A. 授权批准　　B. 保管　　C. 审核　　D. 清查

6. 下列各项中,(　　)是银行存款控制系统中的关键控制点。

A. 审批　　B. 审核　　C. 对账　　D. 清查

7. 货币资金监督检查的内容主要包括(　　)。

A. 相关岗位及人员的设置情况　　　　B. 授权审批制度的执行情况

C. 支付款项印章的保管情况　　　　　D. 票据保管情况

8. 库存现金清查盘点报告单的项目有(　　)。

A. 处理结论　　B. 出纳员　　C. 盘点人　　D. 机构负责人

三、判断题

1. 保管支票的人员不能同时负责现金日记账的登账工作和银行存款日记账的对账工作。(　　)

2. 出纳员要定期核对银行存款日记账,并编制银行存款余额调节表。(　　)

3. 出纳员不能同时保管现金支票和印鉴。(　　)

4. 由记账人员核对银行存款日记账、有关总账和明细账。(　　)

5. 财务专用章、签发支票的印鉴和财务负责人印鉴应由主管会计和出纳员分别保管。(　　)

四、简答题

1. 如何做好现金和银行存款的日常管理与控制工作?

2. 货币资金业务中应予以分离的不相容职务有哪些?

案例分析

甲公司是一家物业管理服务企业。为了加强风险管理与内部控制,甲公司制定了较为详细的规范业务流程的工作程序。以下是甲公司现金出纳的主要工作程序:

(1)出纳人员在办理收款业务时先把收到的现金清点入库,再给交款人开具收据,交款人签字、收款人签字、加盖财务专用章等收据要素要齐全。

(2)出纳人员每天必须根据交款人已签字的收据汇总金额盘点现金，做到账实相符。

(3)出纳人员每天中午前将核对无误的现金存入银行。当天下午收到的现金在下午6:00后进行清点，然后把现金放进保险库。

(4)出纳人员对当天经手的银行存款及现金交易在每天下午6:00后使用会计软件填制凭证，并打印相关凭证记录，核实其相关交易内容。可打印凭证记录均预先连续编号。

(5)月度终了，出纳人员及时收集银行对账单，及时核对银行对账单余额与会计记录中的余额，编制银行存款余额调节表，调节表交财务经理审核签字确认。

要求：

(1)指出甲公司上述工作程序中哪些做法符合内部控制。

(2)指出甲公司上述工作程序中哪些做法不符合内部控制，并指出可以强化内部控制的改进措施。

第六章　采购业务内部控制制度设计

学习目标

本章介绍了采购业务内部控制制度设计的目标、控制要点和控制环节。通过本章的学习，掌握采购业务凭证及其传递程序的设计以及付款流程的设计。

第一节　采购业务内部控制的内涵

一、采购业务内部控制的重要意义

在企业生产经营过程中，采购业务是企业取得外购材料、商品或劳务并支付价款的过程，是生产经营中的重要环节。采购业务和存货管理、生产、销售等活动紧密相关，业务发生频繁、交易金额大、运行环节多，容易产生管理漏洞。因此，采购业务处理程序及其内部控制制度的设计对于规范采购业务的处理、加强采购过程的成本核算与管理、防范错误和舞弊有着十分重要的意义。

二、采购业务的内部控制的目标

为确保采购业务的合法、合规、有序、高效，采购业务的内部控制应实现如下目标：

（一）保证采购业务的合法、合规

采购业务必须符合国家法律法规和企业内部各项规章制度的要求，有效预防差错和舞弊行为的发生。

（二）保证采购业务中相关资产的安全、完整

要保证企业所购货物安全、完整、按质、按量地运达企业，保证应付账款的真实性和货款支付的严密性。

（三）保证采购业务的合理性

采购必须适应企业生产、销售和管理的需要，既要避免重复采购、盲目采购，也要避免发生采购不及时等情况而影响生产经营的正常进行。

（四）提高采购业务的效益性

在满足需要的前提下，尽量降低采购成本，减少采购资金的占用和采购环节的损失。

第二节　采购业务内部控制的要点和控制环节

一、采购业务内部控制的要点

企业采购业务内部控制的要点包括：

(1)明确审批人对采购业务的授权批准方式、权限、程序、责任和相关控制措施，审批人应当在授权范围内审批，不得越权审批。

(2)规定经办人办理采购业务的职责范围和工作要求，经办人应当在职权范围内按照审批人的批准意见办理采购与付款业务。在不符合审批程序与要求的情况下，经办人有权拒绝办理，并及时向审批人的上级授权部门报告。

(3)对于重要的和技术性很强的采购业务，应当实行集体决策和审批，必要时组织专家论证，防止出现决策失误而造成严重损失。

(4)除小额零星采购外，采购业务通常要经过“请购—订货—验收—付款”程序；重大采购业务必须在订货前报经有关部门或人员审批。物资的请购、订购、验收、付款和记账必须由不同的人员担任，并在各环节设置相关的记录，添置相应的凭证，建立完整的采购登记制度，加强请购手续、采购订单(合同)、验收证明、入库凭证、采购发票等文件和凭证的相互核对工作，严禁未经授权的机构和人员办理采购和付款业务。

(5)采购人员只能在批准的采购计划内采购，不得擅自改变采购的内容，严禁未经授权的机构和人员办理采购及付款业务。

(6)企业采购部门应尽可能与供货单位签订采购合同并按合同组织采购，会计部门应参加合同的签订工作，收货部门应严格按合同规定的品种、规格、数量和质量进行验收。

(7)财会部门只有在发票(或验收单)与采购合同核对相符、填制无误且凭证齐全后，才能付款；如有部分退货，应将其从发票金额中扣除后付款。

(8)除属于国家规定的现金结算范围内的支出可用现金支付外，其他支出必须通过银行转账结算。

(9)财会部门必须严格审核发票以外的各项采购费用和损失(如雇人看管费、装卸搬运费和在途损耗等)，确保其合理、合规。

(10)物资存储量应以保证生产经营需要和节约使用资金为原则。

(11)定期进行应付账款的总账与其明细账的核对。

二、采购业务的关键控制环节

采购业务主要包括编制需求计划和采购计划、请购、签订供销合约、外购物资验收入库和货款结算几个关键控制环节，它们分别由供应部门、保管部门和财会部门负责。各个关键控制环节彼此既相互独立又相互联系、相互制约，每一个环节都需要履行一系列必要的手续并严格贯彻内部控制制度的要求。

(一)编制需求计划和采购计划环节

采购业务从计划(或预算)开始，包括需求计划和采购计划。对于材料物资的正常需要，应严格按企业的材料物资采购预算或采购供应计划进行采购，一般由需求部门根据生产经营需要向采购部门提出物资需求计划，供应部门应会同其他业务部门和财会部门事先制定材料物资采购预算(或采购供应计划)；财会部门着重根据有关材料物资的增减变动情况和货币资金的调度计划进行必要的审核。

该环节的主要风险：需求或采购计划不合理，不按实际需求安排采购或随意超计划采购，甚至与企业生产经营计划不协调等。

该环节的主要控制措施如下：

(1)生产、经营等部门应按照实际需求准确、及时地编制需求计划。需求部门提出需求计划时，不能指定或变相指定供应商。

(2)根据企业发展目标的实际需要，结合库存和在途情况，科学安排采购计划，防止采购过量或不足。

(3)采购计划应纳入预算管理。材料物资采购预算(或采购供应计划)应报企业预算管理委员会或企业领导批准后执行。

(4)凡属于企业材料物资的临时(或超计划)需要，应由使用部门根据生产计划和使用需要(或由物资管理部门根据库存情况)填制“请购单”(一式二联，其中一联经主管领导审批后送供应部门，另一联留存)，提出申请，并由供应部门会同财会部门进行协调，适当追加采购计划。

(二)请购环节

请购是指企业生产经营部门根据采购计划和实际需要提出的采购申请。该环节的主要风险：缺乏采购申请制度，请购未经适当审批或超越授权审批，可能导致采购物资过量或不足从而影响企业的正常生产经营。

该环节的主要控制措施如下：

(1)建立采购申请制度，依据购买物资或接受劳务的类型，确定归口管理部门，授予相应的请购权，明确相关部门或人员的职责权限及相应的请购程序。企业可以根据实际需要设置专门的请购部门，对需求部门的采购需求进行审核，并归类汇总，统筹安排企业的采购计划。

(2)具有请购权的部门对于预算内的采购项目，应当严格按照预算执行进度办理请购手续，并根据市场变化提出合理的采购申请。对于超预算或预算外采购项目，应先履行预算调整程序，由具备相应审批权限的部门或人员审批后，再行办理请购手续。

(3)具备相应权限的部门或人员审批采购申请时，应重点关注采购申请的内容是否准确、完整，是否符合生产经营的需要，是否符合采购计划，是否在采购预算范围内等。对不符合规定的采购申请，应要求请购部门调整请购内容或拒绝批准。

(三)签订供销合约环节

在该环节，供应部门应根据企业的材料采购计划(或临时需要)选择供应商，确定采购渠道和采购价格，并与供货单位签订采购合同。这是企业采购业务流程中非常重要的环节。

该环节的主要风险：供应商选择不当，可能导致采购物资质次价高，甚至出现采购人员收受贿赂等舞弊行为；采购定价机制不科学，采购定价机制选择不当，缺乏对重要物资品种、价格的跟踪监控，导致采购价格不合理，可能造成企业资金损失；框架协议签订不当，可能导致物资采购不顺畅；未经授权对外订立采购合同，合同对方主体资格、履约能力等未达要求，合同内容存在重大疏漏和欺诈，可能导致企业合法权益受到侵害；等等。

该环节的主要控制措施如下：

(1)建立科学的供应商评估和准入制度，对供应商资质和信誉情况的真实性及合法性进行审查，确定合格的供应商清单，健全企业统一的供应商网络。企业新增供应商的市场准入、供应商新增服务关系以及调整供应商物资目录，都要由采购部门根据需求提出申请，并按规定的权限和程序审核、批准后，纳入供应商网络。

(2)采购部门应当按照公平、公正和竞争的原则，择优确定供应商，在切实防范舞弊风险的基础上，与供应商签订质量保证协议。

(3)建立供应商管理信息系统和供应商淘汰制度，对供应商提供物资或劳务的质量、价格、交货及时性、供货条件及其资信、经营状况等进行实时管理和考核评价，根据考核评价结果，提出供应商淘汰和更换名单，经审批后对供应商进行合理的选择和调整，并在供应商管理系统中做相应记录。

(4)健全采购定价机制，采取协议采购、招标采购、询比价采购、动态竞价采购等多种方式，科学、合理地确定采购价格。对标准化程度高、需求计划强、价格相对稳定的物资，通过招标、联合谈判等公开竞争方式签订框架协议。

(5)采购部门应当定期研究大宗通用重要物资的成本构成与市场价格的变动趋势，确定重要物资品种的采购执行价格或参考价格。建立采购价格数据库，定期开展重要物资的市场供求形势及价格走势商情分析并加以合理利用。

(6)对已签订框架协议的供应商的主体资格、信用状况等进行风险评估；框架协议的签订应引入竞争制度，确保供应商具备履约能力。

(7)根据确定的供应商、采购方式、采购价格等拟订采购合同，准确描述合同条款，明确双方的权利、义务和违约责任，按照规定签署采购合同。对于影响重大、涉及较强专业技术或法律关系复杂的合同，应当组织法律、技术、财会等专业人员参与谈判，必要时可聘请外部专家参与相关工作。

(8)对重要物资的验收量与合同量之间允许的差异，应当做出统一规定。

(四)货物验收入库环节

货物验收入库环节的基本程序和手续视货物交接方式的不同而有所不同。下面分别就发货制、送货制和提货制三种情况予以说明。

1. 发货制

它是由供货单位通过运输机构将货物发送给采购企业的货物交接方式。其基本程序为：供货单位按合同规定发货，交由运输机构(铁路、水运、航空和公路等)将货物运送到合同约定的交货地点；承运机构将货物运抵指定地点后，通知采购企业提货；采购企业的供应部门会同运输部门将货物从指定地点提出，运交本企业的仓储保管部门；本企业的仓储保管部门对货物进行验收，入库保管。

企业的供应或运输部门在指定地点提货时，如果发现差错、短少或毁坏等，应及时与销货单位交涉；保管部门在验收过程中如果发现上述问题，也应会同供应部门与销货单位交涉。同时，企业的供应部门(或保管部门)应及时根据交接结果(或验收结果)填制货物交接单(或验收入库单)，并将其中一联(正联)及时交付企业财会部门，通知企业财会部门办理全部(或部分)拒付货款手续；如果没有发现任何差错，也应将其中的货物交接单(或验收入库单)正联交付企业财会部门，通知财会部门付款。

2. 送货制

它是销货单位将货物直接送抵采购企业的一种货物交接方式。在这种货物交接方式下，企业供应部门应及时会同保管部门对供货单位运送来的货物进行验收，根据验收结果及时填制验收入库单，并将其中的正联及时交付企业财会部门，财会部门核对相符后才能付款。

3. 提货制

它是由采购企业到销货单位仓库(或其他指定地点)提取货物的一种货物交接方式。其基本程序为:本企业(购货单位)直接到销货单位的销售部门提出购货要求,由销售单位填制销货发票(销货发票可一式五联,即销货单位的销售部门存根联、发票正联、销货单位记账联、提货联和销货单位门卫放行联。其中,存根联由销货单位的销售部门留存,其余四联交本企业采购人员);本企业采购人员持销货发票(包括发票正联、销货单位记账联、提货联和销货单位门卫放行联)到销货单位的财会部门交款,并让其在销货发票上盖章后退回三联给采购人员(即发票正联、提货联和销货单位门卫放行联);在约定的期限内,本企业的采购人员持提货联并会同运输部门到销货单位仓库(或合同指定地点)提货;销货单位的门卫根据采购人员所持的门卫放行联放行;货物运达企业后,企业仓库保管部门验收入库;仓库保管部门在验收时,如果发现差错,应按与"送货制"相类似的方式处理。

该环节的主要风险:验收标准不明确、验收程序不规范、对验收中存在的异常情况不做处理,可能造成账实不符和采购物资损失。

该环节的主要控制措施如下:

(1)制定明确的采购验收标准,结合物资特性确定必检物资目录,规定此类物资出具质量检验报告后方可入库。

(2)验收机构或人员应当根据采购合同及质量检验部门出具的质量检验证明,重点关注采购合同、发票等原始单据与采购物资的数量、质量、规格型号等是否一致。对验收合格的物资,填制入库凭证,加盖物资"收讫章",登记实物账,及时将入库凭证传递给财务部门。物资入库前,采购部门须检查质量保证书、商检证书或合格证等证明文件。验收时若涉及技术性强的、大宗的和新物资,还应进行专业测试,必要时可委托具有年检资质的机构或聘请外部专家协助验收。

(3)实行验收和入库责任追究制度。对于验收过程中发现的异常情况,如无采购合同或大额超采购合同的物资、损毁的物资等,验收机构或人员应立即向企业有权管理的相关机构报告,相关机构应当查明原因并及时处理。对于不合格物资,采购部门依据检验结果办理接收退货和索赔等事宜。对延迟交货造成生产建设损失的,采购部门要按照合同约定索赔。

(五)货款结算环节

结算付款是指企业在对采购预算、合同、相关单据和凭证、审批程序等内容审核无误后,按照采购合同的规定及时向供应商办理支付款项的过程。

该环节的主要风险:付款审核不严格、付款方式不恰当、付款金额控制不严,可能导致企业资金损失或信用受损。结算方式不同,处理方法也不同。

企业应加强采购付款的管理,完善付款流程,明确付款审核人的责任和权利,严格审核采购预算、合同、相关单据和凭证、审批程序等内容,审核无误后按照合同规定,合理选择付款方式,及时办理付款。

该环节的主要控制措施如下:

(1)严格审查采购发票等票据的真实性、合法性、有效性,判断采购款项是否确实应予支付,如审查发票填制的内容是否与发票种类相符合、发票加盖的印章是否与票据的种类相符合等。企业应重视采购付款过程的控制和跟踪管理,如发现异常,应当拒绝向供货商付款,避免资金损失和信用受损。

(2)根据国家有关支付结算的相关规定和企业生产经营实际,合理选择付款方式,并严格遵循合同规定,防范付款方式不当带来的法律风险,保证资金安全。除了不足转账起点金额的采购可以支付现金外，采购价款应通过银行办理转账。

(3)加强预付款项和定金的管理。涉及大额或长期的预付款项，应当定期进行追踪核查，综合分析预付款项的期限、占用款项的合理性、不可收回风险等情况，发现有疑问的预付款项，应当及时采取措施，尽快收回款项。

(六)会计控制环节

这里的会计控制主要是指采购业务会计系统控制。

该环节的主要风险：缺乏有效的采购会计系统控制，未能全面、真实地记录和反映企业采购各环节的资金流和实物流情况，若相关会计记录与相关采购记录、仓储记录不一致，可能导致企业采购业务未能如实反映以及采购物资和资金受损。

该环节的主要控制措施如下：

(1)企业应当加强对购买、验收、付款业务的会计系统控制，详细记录供应商的情况、采购申请、采购合同、采购通知、验收证明、入库凭证、退货情况、商业票据和款项支付等情况，做好采购业务各环节的记录，确保会计记录、采购记录与仓储记录核对一致。

(2)指定专人通过函证等方式，定期向供应商寄发对账函，核对应付账款、应付票据和预付账款等往来款项，对供应商提出的异议应及时查明原因，报有权管理的部门或人员批准后，做出相应调整。

(七)采购业务的后评估环节

由于采购业务对企业的生存和发展有重要影响，因此，企业应当建立采购业务后评估制度。企业应当定期对物资需求计划、采购计划、采购渠道、采购价格、采购质量、采购成本、协议或合同签约与履行情况等物资采购供应活动进行专项评估和综合分析，及时发现采购业务的薄弱环节，优化采购程序；同时，将物资需求计划管理、供应商管理、储备管理等方面的关键指标纳入业绩考核体系，促进物资采购与生产、销售等环节的有效链接，不断防范采购风险，全面提高采购效能。

第三节　采购业务的主要凭证及其传递程序的设计

除销货方的发货单、提货单、运费单和银行结算凭证外，还要设计请购单、收料单、收料溢缺报告单和退货单等一系列内部核算凭证；同时，购货企业还应按采购业务的过程、特点和管理要求，明确规定各种凭证的传递程序和手续。

一、采购业务主要内部自制凭证的设计

单据是实施内部控制的重要载体，表6－1按业务办理流程列示了采购与付款业务的主要单据及其相关部门。

表6－1　　采购与付款业务的主要单据

主要工作	对应单据	相关部门
编制需求计划	物资需求计划表	需求、采购、仓储
编制采购计划	采购计划表	采购、财务、仓储
请购	请购单	需求、仓储、采购、财务
选择供应商，确定采购价格	询价单	采购、财务

续表

主要工作	对应单据	相关部门
订立供销合同	采购合同	需求、仓储、采购、财务
下订单	采购订单	需求、仓储、采购、财务
验收	验收单	仓储、采购、财务
入库	入库单	仓储、采购、财务
确认支出及负债	发票	采购、财务
退货	退货单	需求、仓储、采购、财务
结算付款	付款凭证	采购、财务
会计控制	往来对账单	采购、财务

(一)物资需求计划表

物资需求计划表的格式如表 6—2 所示。

表 6—2　　物资需求计划表

<table>
<tr><th rowspan="2">序号</th><th rowspan="2">物资名称</th><th rowspan="2">规格型号</th><th rowspan="2">单位</th><th colspan="2">数　量</th><th rowspan="2">质量要求</th><th rowspan="2">需用日期</th></tr>
<tr><th>需　求</th><th>库　存</th></tr>
<tr><td></td><td></td><td></td><td></td><td></td><td></td><td></td><td></td></tr>
<tr><td></td><td></td><td></td><td></td><td></td><td></td><td></td><td></td></tr>
<tr><td></td><td></td><td></td><td></td><td></td><td></td><td></td><td></td></tr>
</table>

审批：　　仓储部门：　　需求部门：　　制表：

(二)请购单

请购单应由请购部门填制，送交供应部门，主要由供应部门会同财会部门在授权范围内批准增加(或修订)采购供应计划。其格式如表 6—3 所示。

表 6—3　　请购单

请购部门：　　年　月　日　　字第　号

<table>
<tr><td rowspan="2">请购</td><td>品名</td><td>规格型号</td><td>单位</td><td>数量</td><td>交货地点及方式</td><td>库存量</td><td>可用天数</td><td>需用日期</td></tr>
<tr><td></td><td></td><td></td><td></td><td></td><td></td><td></td><td></td></tr>
<tr><td rowspan="4">询价</td><td>厂商名称</td><td>单价</td><td>总价</td><td colspan="2">品质要求</td><td>交货日期</td><td colspan="2">付款条件</td></tr>
<tr><td></td><td></td><td></td><td colspan="2"></td><td></td><td colspan="2"></td></tr>
<tr><td></td><td></td><td></td><td colspan="2"></td><td></td><td colspan="2"></td></tr>
<tr><td></td><td></td><td></td><td colspan="2"></td><td></td><td colspan="2"></td></tr>
<tr><td rowspan="2">审核</td><td>仓储部门</td><td colspan="4"></td><td colspan="3">经办人</td></tr>
<tr><td>需求部门</td><td colspan="4"></td><td rowspan="5"></td><td colspan="2" rowspan="5"></td></tr>
<tr><td rowspan="4">审批</td><td>采购部</td><td colspan="4"></td></tr>
<tr><td>财务部</td><td colspan="4"></td></tr>
<tr><td>分管总经理</td><td colspan="4"></td></tr>
<tr><td>总经理</td><td colspan="4"></td></tr>
</table>

主管副总经理：　　财务部：　　仓储部：　　供应部：　　需求部门：

注：本单一式四联，需求、供应、仓储、财务部门各一联。

（三）收料单

收料单一般由保管部门于材料运达并验收入库时填制。收料单可以设置一式三联或一式四联（保管部门、供应部门、财会部门和供货单位各执一联），其格式如表 6—4 所示。

表 6—4　　收料单

供应单位：　　　　　　　　　　　　　　　　凭证编号：

发票编号：　　　　　　年　月　日　　　　　材料仓库：

类别	编号	名称	规格	单位	数量		实际成本			
					应收	实收	单价	金额	运费	合计

供应部主管：　　　　材料核算：　　　　仓库保管：　　　　经办人：

为了简化登记总账的工作，采购频繁的企业可以按月根据"收料单"汇总编制"收料凭证汇总表"，其格式如表 6—5 所示。

表 6—5　　收料凭证汇总表

年　月

应借科目 应贷科目	原材料						
	主要材料		辅助材料		合　计		
	实际成本	计划成本	实际成本	计划成本	实际成本	计划成本	成本差异

财务部主管：　　　　供应部主管：　　　　材料核算：　　　　制表：

（四）收料溢缺报告单

它是用来反映企业验收结果与购货发票是否相符的一种原始凭证。验收部门和人员应认真填制"收料溢缺报告单"，并及时交付财务部门按规定处理。其格式如表 6—6 所示。

表 6—6　　收料溢缺报告单

收料单位：　　　　　　年　月　日　　　　　凭证编号：

<table>
<tr><td>供应单位</td><td colspan="3"></td><td>合同号码</td><td></td><td>发货单号</td><td colspan="2"></td></tr>
<tr><td>车次、航班</td><td colspan="3"></td><td>提货单号</td><td></td><td>到货日期</td><td colspan="2"></td></tr>
<tr><td colspan="3">材料名称</td><td rowspan="2">计量单位</td><td rowspan="2">应收数量</td><td rowspan="2">实收数量</td><td rowspan="2">溢缺数量</td><td rowspan="2">单　价</td><td rowspan="2">金　额</td></tr>
<tr><td>编　号</td><td>品　名</td><td>规　格</td></tr>
<tr><td></td><td></td><td></td><td></td><td></td><td></td><td></td><td></td><td></td></tr>
<tr><td></td><td></td><td></td><td></td><td></td><td></td><td></td><td></td><td></td></tr>
<tr><td colspan="4">合　计</td><td></td><td></td><td></td><td></td><td></td></tr>
<tr><td colspan="4">附单据　张</td><td>备注</td><td colspan="4"></td></tr>
<tr><td colspan="4">溢缺原因</td><td colspan="5"></td></tr>
<tr><td colspan="4">处理意见</td><td colspan="5"></td></tr>
</table>

供应部主管：　　　　材料核算：　　　　仓库保管员：　　　　制单：

（五）退货单

在验收过程中，如果发现所收材料与合同（或发货单）明显不符，又不符合本企业的需要，应及时办理退回手续，并填制“退货单”。“退货单”为一式多联套写，其各联的送交单位或部门主要有销货单位、仓库、供应部门和财会部门等。其格式如表6－7所示（或直接采用“收料单”，用红字表示退货）。

表6—7　　退货单

供货单位：　　年　月　日

物品名称	物品号	数量	进货日期	退货原因	备　注

供应部主管：　　采购员：　　仓库保管员：

二、凭证传递程序的设计

设计各种凭证的传递程序时，应注意下列事项：

第一，指定专人填制有关凭证。通过传递程序的设计和实施，既要分清责任、加强管理与控制，又要有利于提高工作效率和有关业务的正常进行。例如，“请购单”必须由使用（或保管）材料物资部门指定的专人填制，不直接使用（或保管）材料物资的部门和人员无权填制“请购单”。

第二，不能由一个部门（或人员）完成凭证的所有必要手续。制证人员和审核人员应该分离，互相牵制；同一项业务如果涉及两个（或两个以上）部门，应在凭证的适当位置表明意见并签章负责，其目的就是加强内部牵制，防止人为的错弊行为；同时，减少无意差错的出现。

第三，凭证的填制应与业务操作和相应责任结合起来，并与业务授权分离。例如，“收料单”一般由仓库保管员填制，而不应由保管部门主管一人包办全部程序。

第四，按凭证传递的及时性和有关部门归档保管的要求，将凭证设计成多联套写的形式，分送有关部门。例如，将“收料单”设计成一式多联，供货单位可以将其作为发货运达的有效证明，采购供应部门可以据以考核采购供应计划的实施情况，财会部门可以据以办理结算和进行会计处理，仓储保管部门可以据以作为库存材料增加的凭证，统计部门可以据以统计有关业务数据。“收料单”的填写应一次复写完成，有关部门各执一联，既简化手续、提高工作效率，又便于有关部门（单位）分析检查。

第五，凭证的传递程序应符合业务特点和内部会计控制的需要，既不能遗漏重要的手续，又要尽量简化。

三、采购业务及付款流程的设计

企业应建立采购管理制度，对采购方式、询价谈判和供应商选择等做出明确规定，提高采购过程的透明度，确保所购商品在数量和质量方面符合采购要求。企业应对紧急和小额零星采购的处理做出明确规定。

采购业务一般涉及请购与审批、询价与采购、结算与付款等环节，主要有填制请购单并报相关部门及领导审批、编制采购计划、进行采购询价、确定供应商、签订采购合同、预付货款、组织验收货物、货款结算、应付账款记录及与供应商对账等作业流程。

(一)请购与审批控制

1. 采购业务的授权审批

企业应建立采购业务的授权和审批制度，对采购申请、采购计划、询价谈判、合同签订和结算付款等进行授权审批，明确授权审批的方式、权限、程序和责任的相关控制措施，规定经办人办理业务的职责范围和工作要求。

审批人员应根据授权审批制度，在授权范围内审批，不得越权审批。

经办人应在职责权限内，按审批人的批准意见办理采购业务。对审批人越权审批的事项，经办人有权拒绝办理，并及时向审批人的上级授权部门报告。严禁未经授权的机构或人员办理采购业务。

对重要的和技术性较强的采购业务，企业应组织专家论证，实行集体决策和审批，防止决策失误。信息化技术较为先进的企业，采购职责权限可相对集中，以提高采购效率，堵塞管理漏洞，降低成本和费用。

企业应按设定流程办理请购、审批、询价、采购、付款和对账等业务，并在采购业务各环节保持完整的记录、填制相关凭证，加强请购手续、采购订单或采购合同、验收证明、入库凭证、采购发票等文件和凭证的相互核对工作。

2. 采购申请与预算控制

企业应建立采购申请制度，依据购置商品或服务的类型，确定归口管理部门，授予相应的请购权，并明确相关部门或人员的职责权限及请购程序。

采购需求应与企业生产或销售计划相适应，考虑库存量水平，结合经济批量编制请购单。有条件的企业可设置专职请购部门，对需求部门提出的采购申请进行审核，归类汇总，统筹安排采购计划。请购单应明确采购类别、质量等级、规格、数量、相关要求和标准、到货时间等。请购单通常一式三联，经审批后，一联退请购部门以示答复，一联交财会部门筹备资金和备查，一联交采购部门作为编制采购计划和签订购销合同的依据。

企业应加强对采购业务的预算管理。对预算内的采购项目，具有请购权的部门应严格按预算执行进度办理请购手续；对超预算和预算外的采购项目，应明确审批权限，由审批人根据其职责、权限以及企业的实际需要对请购申请进行审批。设置请购部门的，应由请购部门对需求部门提出的申请进行审核后再办理请购手续(如图 6－1 所示)。

(二)询价与采购控制

(1)企业应根据商品或服务的性质及其供应情况确定采购方式。大宗商品或服务的采购应采用招标方式并签订合同。购货合同应按采购权限的规定，由各级授权人审核同意。合同通常一式三份：一份交供应商请求发货；一份由采购部门专人保管，负责合同的执行；一份交财会部门以监督合同的执行。对采购比较频繁的货物，企业可用订单替代购货合同，但订单要素必须设计完整，一般一式三联并连续编号。

(2)明确采购价格形成机制。大宗商品或劳务的采购应采用招标方式确定采购价格，并明确招标的范围、标准、实施程序和评标规则。其他商品或劳务的采购应根据市场行情制定最高采购限价，不得以高于采购限价的价格采购，而以低于最高采购限价进行采购的则可给予适当

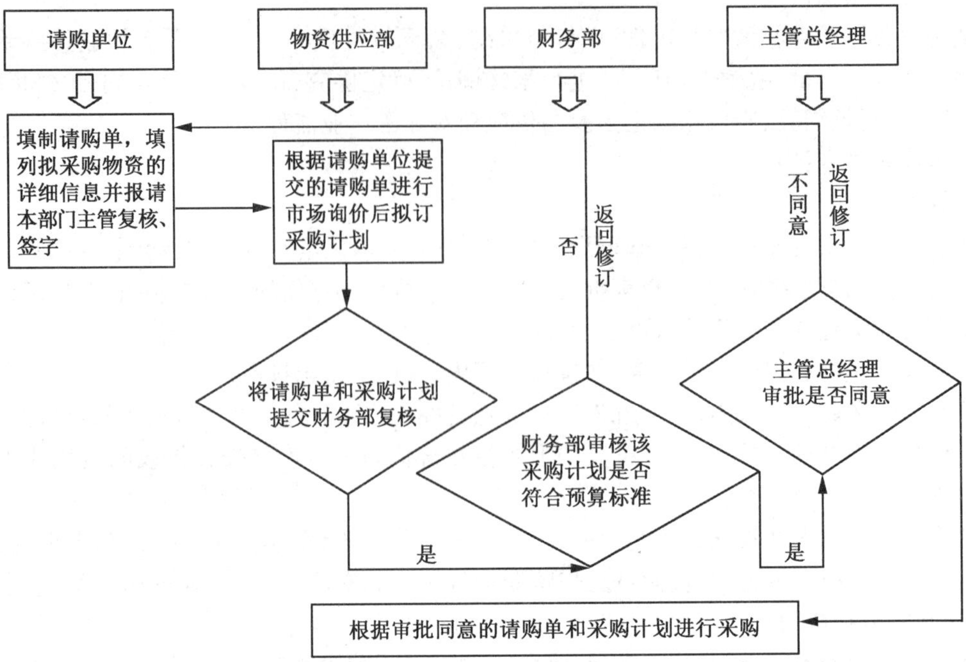

图 6—1　某公司请购审批流程

奖励。企业应根据市场行情的变化适时调整最高采购限价。委托中介机构进行招标的，应加强对中介机构的监督。

(3)一般物品或服务的采购可采用询价或定向采购的方式并签订合同；小额零星物品或服务的采购可采用直接购买等方式，以简化手续、加快进货速度。

(4)企业应充分掌握供应商信誉、供货能力、价格、质量、供货条件、装备技术水平和售后服务等方面的信息，由采购、使用等部门共同参与比质比价，并按规定的授权审批程序确定供应商。小额零星采购也应由经授权的部门事先对采购价格等有关内容进行审核(如图 6—2 所示)。

(三)结算及付款控制

财会部门应参与商定对供应商结算和付款的条件。采购部门在办理结算和付款业务时，应对采购合同约定的付款条件以及采购发票、结算凭证、检验报告、计量报告和验收证明等相关凭证的真实性、完整性、合法性及合规性进行严格审核，并提交付款申请，财会部门依据合同和发票等对付款申请进行复核后，提交企业拥有相关权限的机构或人员审批，办理付款。

企业应建立预付账款和定金的授权审批制度，加强对预付账款和定金的管理。对大额预付账款，企业应定期追踪核查。对预付账款的期限、占用款项的合理性及不可收回风险等进行判断；对有疑问的预付账款及时采取措施，尽量降低预付账款资金风险和形成损失的可能性。

企业应加强对应付账款和应付票据的管理，由专人按约定的付款日期和折扣条件等管理应付款项。应付账款和应付票据必须在发票等凭证经企业授权人审批后方可入账。货款到期后，应及时支付，以维持企业的良好信用。

企业应建立退货管理制度，对退货条件、退货手续、货物出库和退货货款回收等做出明确规定，及时收回退货货款(如图 6—3 所示)。

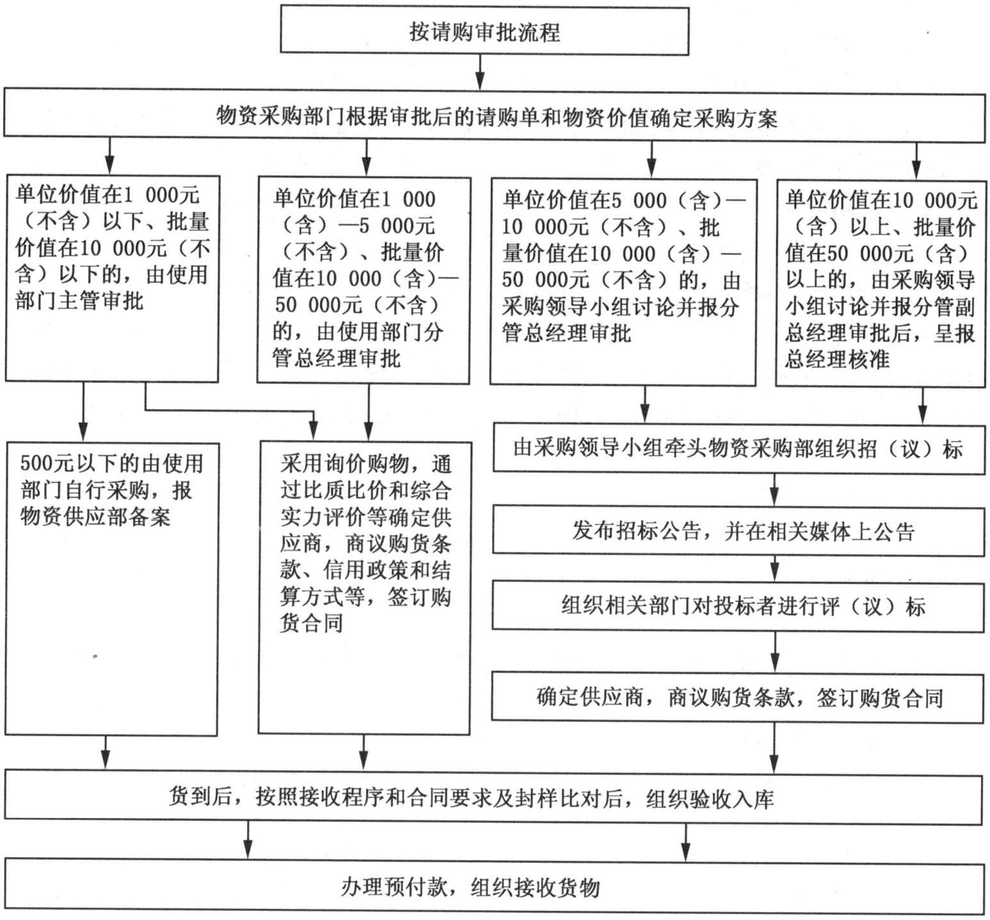

图 6—2 某公司采购业务流程

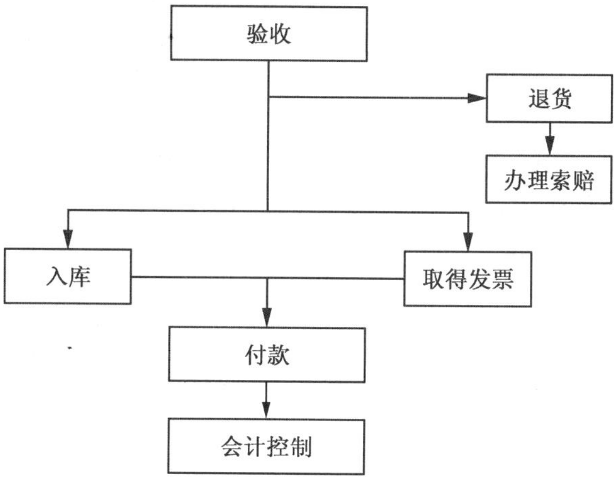

图 6—3 采购付款业务流程

企业应定期与供应商核对应付账款、应付票据和预付账款等往来款项；如有不符，应查明原因，分清责任，按有关规定及时处理。

(四)采购业务的监督检查

企业应建立对采购业务内部控制的监督检查制度，明确监督检查机构或人员的职责权限，定期或不定期地进行检查。

监督检查机构或人员应通过实施符合性测试和实质性测试，检查采购业务内部控制是否健全，各项规定是否得到有效执行。监督检查的内容主要包括：(1)相关岗位及人员的设置情况，重点检查是否存在不相容职务混岗的现象；(2)授权审批制度的执行情况，重点检查大宗采购业务的授权审批手续是否健全，是否存在越权审批的行为；(3)应付账款和预付款项的管理，重点审查应付账款和预付款项支付的正确性、时效性和合法性；(4)有关单据、凭证和文件的使用和保管情况，重点检查凭证的登记、领用、传递、保管和注销手续是否健全，使用和保管制度是否存在漏洞。

本章小结

在企业生产经营过程中，采购业务是企业取得外购材料、商品或劳务并支付价款的过程，是生产经营中的重要环节。为确保采购业务的合法、合规、有序、高效，采购业务的内部控制应保证采购业务的合法与合规，保证采购业务中相关资产的安全、完整，保证采购业务的合理性，并提高采购业务的效益性。

采购业务主要包括编制需求计划和采购计划、请购、签订供销合约、外购物资验收入库和货款结算几个关键控制环节，它们分别由供应部门、保管部门和财会部门负责。每个关键控制环节既相互独立又相互联系、相互制约，每一个环节都需要履行一系列必要的手续并严格贯彻内部控制制度的要求。

采购业务环节的主要风险是：验收标准不明确、验收程序不规范、对验收中存在的异常情况不做处理，可能造成账实不符和采购物资损失。

会计控制主要是指采购业务会计系统控制。该环节的主要风险是：缺乏有效的采购会计系统控制，未能全面、真实地记录和反映企业采购各环节的资金流和实物流情况，若相关会计记录与相关采购记录、仓储记录不一致，就可能导致企业采购业务未能如实反映以及采购物资和资金受损。

除销货方的发货单、提货单、运费单和银行结算凭证外，还要设计请购单、收料单、收料溢缺报告单和退货单等一系列内部核算凭证；同时，购货企业还应按采购业务的过程、特点和管理要求，明确规定各种凭证的传递程序和手续。

采购业务一般涉及请购与审批、询价与采购、结算与付款等环节，主要有填制请购单并报相关部门及领导审批、编制采购计划、进行采购询价、确定供应商、签订采购合同、预付货款、组织验收货物、货款结算、应付账款记录及与供应商对账等作业流程。

课后练习题

一、单项选择题

1. 为了简化登记总账的工作，采购频繁的企业可以按月根据(　　)汇总编制“收料凭证汇总表”。

A. 领料单　　B. 入库单　　C. 出库单　　D. 收料单

2. 收料单一般于(　　)材料运达并验收入库时填制。

A. 采购部门　　B. 使用部门　　C. 保管部门　　D. 财务部门

3. 由供货单位将货物直接送到购货单位指定地点的货物交接方式是(　　)。

A. 提货制　B. 发货制　C. 订货制　D. 送货制

4. 针对存货采购业务的特点,其内部控制制度设计的目标不包括(　　)。

A. 保证销货款的及时回笼

B. 货币资金的支付或负债的增加必须以获得品质优良的存货为前提,保证货款支付或负债增加的真实性与合理性

C. 合理揭示企业应享有的购货折扣与折让

D. 准确提供存货的会计信息

5. 加强应付账款和应付票据的管理,由专人按照约定的付款日期、折让和折扣条件等管理应付账款,这种安排属于(　　)。

A. 职责分工与授权批准设计　B. 授权制度与审核批准制度设计

C. 采购与验收控制设计　D. 付款控制设计

6. 企业的退货管理制度所归属的会计制度设计范畴是(　　)。

A. 职责分工与授权批准设计　B. 授权制度与审核批准制度设计

C. 采购与验收控制设计　D. 付款控制设计

7. 整个采购的关键环节是(　　)。

A. 采购预算　B. 采购作业　C. 采购验收　D. 采购付款及记录

8. 执行采购业务流程的终点是(　　)。

A. 存货入库　B. 财务付款

C. 采购订单信息更新　D. 物料合格入库和财务付款

二、多项选择题

1. 采购业务的内部控制目标是(　　)。

A. 保证采购业务的合法、合规　B. 保证采购业务中相关资产的安全、完整

C. 保证采购业务的合理性　D. 提高采购业务的效益性

2. 采购业务的关键控制环节主要有(　　)。

A. 签订供销合约环节　B. 货物验收入库环节　C. 货物保管环节　D. 货款结算环节

3. 企业应建立采购管理制度,对(　　)等做出明确规定,提高采购过程的透明度,确保所购商品在数量和质量方面符合采购要求。

A. 采购方式　B. 采购合同　C. 询价谈判　D. 供应商选择

4. 采购业务一般涉及(　　)等环节。

A. 计划审核　B. 请购与审批　C. 询价与采购　D. 结算与付款

5. 企业应建立退货管理制度,对(　　)等做出明确规定,及时收回退货货款。

A. 退货条件　B. 退货手续　C. 货物出库　D. 退货货款回收

6. 请购单上的相关责任人有(　　)。

A. 财务部　B. 供应部　C. 仓储部　D. 供应部门

7. 物资需求计划表的项目有(　　)。

A. 质量要求　B. 规格型号　C. 审批　D. 需求数量

8. 收料单上的相关责任人有(　　)。

A. 供应单位主管　B. 材料核算　C. 仓库保管　D. 经办员

三、判断题

1. 财会部门只有在发票(或验收单)和采购合同核对相符、填制无误且凭证齐全后才能付款。(　　)

2. 超预算的采购项目,要先履行预算审批手续,经批准后再行办理请购手续。(　　)

3. 请购单一式四联，需求、供应、仓库和财务部门各一联。 （ ）
4. 对审批人越权审批的事项，经办人要及时向审批人的上级授权部门报告。 （ ）
5. 预付款项必须在发票等凭证经财务负责人审批后方可入账。 （ ）

四、简答题

1. 从内部控制角度分析，采购业务的主要风险有哪些？
2. 如何防范采购定价中的舞弊风险？

案例分析

秦川公司是一家研发、制造和销售手机设备的上市公司。由于没有掌握核心技术，秦川公司只能从外部购买手机芯片。经测算，手机芯片占秦川公司手机生产成本的40%。公司的采购制度规定：每季度初，采购部经理以定向集中采购方式采购本季度生产所需要的数量较大的手机芯片；验收部门负责人对购进芯片的品种、规格和数量进行验收，如果无误，在开具验收单后直接入库。

公司的仓库管理制度规定，仓库保管员同时负责登记手机芯片、手机成品等存货明细账，以便对仓库中的所有存货项目的验收、发、存做永续记录。当收到验收部门送交的存货和验收单据后，仓库保管员根据验收单登记存货明细账。仓库保管员根据车间材料员填写的领料单和销售人员填写的销货单发出手机芯片和手机成品。仓库保管员在空闲时间对存货进行必要的实地盘点。

要求：根据《企业内部控制应用指引——采购业务》的“内部控制要求与措施”，分析采购业务存在的内部控制弱点，并提出改进建议。

第七章　存货业务内部控制制度设计

学习目标

本章介绍了存货业务内部控制制度设计的目标、设计原则、控制要点和内容。通过本章的学习，掌握存货业务内部控制处理程序的设计以及存货核算制度的设计与要求。

存货是企业的一项重要流动资产，是企业利润产生的重要源泉，因此，在企业的日常管理中，如何加强对存货的核算、管理与控制，如何恰当反映企业财务状况、正确计算企业经营成果，对于企业存货周转、考核存货的经济效益、确保企业资产的保值增值有着重要的作用。

第一节　存货业务内部控制的目标和设计原则

一、存货业务内部控制的目标

存货业务内部控制的目标：(1)保证存货的安全与完整，合理确定存货的价值；(2)提供存货的各种真实、可靠、有用的信息；(3)有效控制存货的流动，加快存货的资金周转；(4)监督、落实存货的经济责任；(5)考核存货的经济效益。

二、存货内部控制的设计原则

在设计企业存货内部控制制度时，应遵循下列五项基本原则：

(一)职务分离原则

应明确各项存货业务的职责分工，实行职务分离控制。也就是说，存货的验收职责应与采购、付款职责相分离，存货的验收、保管职责应与记录职责相分离，存货的处置职责应与批准职责相分离。

(二)预算(或计划)控制原则

企业应根据其销售预算(或计划)和生产预算(或计划)等制订物资采购预算(或计划)，并合理确定各项存货的定额储存量、最高储存量和最低储存量；同时，根据市场状况、行业特征和企业实际情况等因素，采用科学的方法确定各项存货的最优采购点和经济采购批量等。

(三)授权批准原则

存货的采购、领用、仓储、保管和报废等必须经过适当的授权后才能办理，并且必须办理相关手续。只有经授权批准的人员才能进入存货仓库，非授权人员不得进入。

（四）专人保管原则

对存货的存放和保管应指定专人负责。存货入库时必须办理验收手续，发出存货应由领用人员和仓库保管人员双方签字。仓储部门应定期对存货进行系统清查，及时了解各项存货的质量和使用情况；应建立最低库存量预警系统，及时反映各项存货的增减变化及结存情况，确保再订购的及时性，防止存货的超储积压或存量不足。

（五）会计系统控制原则

财务部门应科学设计存货的会计核算方法和岗位职责，明确有关凭证的传递程序、入库存货和发出存货的计价方法、存货清查的方法和要求、相关会计事项的处理程序和要求等。期末，应按规定对存货的可变现净值进行全面、合理的估算。如果可变现净值低于账面成本，就应当报请有关部门批准，提取存货跌价准备。

第二节 存货业务内部控制的要点和内容

一、存货业务内部控制的要点

存货业务涉及验收、存储和发货等环节，控制点较多，企业至少应强化对下列要点的控制：

（1）职责分工、权限范围和审批程序应明确、规范，机构设置和人员配备应科学、合理。

（2）存货的验收、存储和发出流程应清晰、严密，存货管理制度及程序应明确、规范。

（3）通过限制未经授权人员直接接触存货、定期盘点、财产记录、账实核对、财产保险和分析考核等多种措施，确保存货的安全、完整。

（4）仓储部门应与采购部门、销售部门和生产部门密切配合，努力降低存货持有总成本，在保证生产和销售需要的前提下，尽量减少对存货资金的占用，加速资金流转，提高资金使用效益。

（5）存货的确认、计量和报告应符合会计准则的规定。

二、存货业务内部控制的内容

（一）落实保管责任制度

存货保管责任制度包括授权控制和职责分工两个部分。授权控制是指对各种存货的收发根据其重要程度指定有关的负责人审核批准，严格把关，确保存货的安全、完整和合理使用，使存货的保管责任与使用责任分离。职责分工是指存货的请购、采购、验收、记账、保管、请领、审批和发放必须由不同的人员担任，不能由一人包办，要实行钱、账、物分管，以便相互牵制、相互制约、减少差错。例如，企业设置专职仓库保管人员，应明确其职责范围，落实存货保管的经济责任。采购部门购货后不得由购货部门接收保管，而必须由仓库保管人员收货。

仓库保管部门应根据购货订单上的数量和质量要求独立地检验收到的货物。每一项收到的货物必须在检验后填制包括供应商名称、收货日期、货物名称、货物数量和质量、运货人名称以及原购货订单编号等内容的收货报告单。收货报告单应及时报送物资供应部门和财会部门，以防止少计应付账款或成本以及存货。为了便于财会部门的处理和收货的登记，收货报告单应事先做好存货编号。验收合格的货物经统一安排交由适当的场所存储，已经仓库保管确认的收货记录成为储存业务部门的业绩考核起点，仓库保管员对已经确认的存货数量和质量负有相应的保管责任。

(二)建立严格的存货计量、记录和管理制度

1. 存货的分类

企业的存货品种较多、收发频繁,为了便于管理和核算,需要对存货进行分类。存货的特征因企业性质的不同而不同,存货类别的划分必须符合企业管理与核算的需要。

工业企业通常将存货划分为以下几个大类:

(1)原料及主要材料,包括经过加工后构成产品主要实体的各种原料和材料。

(2)辅助材料,包括直接用于生产的、有助于产品形成或便于生产进行的各种材料。

(3)燃料,包括在生产过程中用来燃烧发热或创造正常劳动条件的各种燃料。

(4)周转材料,包括包装物、低值易耗品以及企业(建造承包商)的钢模板、木模板和脚手架等。

(5)半成品,包括仍处于加工过程中、尚未完工的产品和完成加工过程、有待装配的产品零部件。

(6)产成品,包括完成生产过程并已验收入库,可按合同规定送交订货单位或可作为商品对外销售的产品。

商业企业对存货的划分主要是根据商品的物理特征,如护肤用品类、服装类、家用电器类和日用品类等。这些对存货的分类既是企业的保管部门对其进行分拣、归类和摆放的依据,也是会计部门对存货进行明细核算的依据。

2. 存货的编号

在上述分类的基础上,为了加强对各类存货的科学管理,还应对各类存货进行编号。编号不仅有助于存货的整理和及时取放,而且可以更好地满足现代物流管理的要求,是实现企业现代化仓储保管的基本技术手段。

常用的编号方法有两种:一种是按存货的性能、技术特征和规格标准编号。例如,在机械制造企业,原料及主要材料可分为黑色金属和有色金属等大类,黑色金属又可分为钢材和生铁等小类,钢材可分为钢板、圆钢和钢管等品种,钢板还可细分为不同的规格。于是,对某一金属进行编号时,可按"类—大类—小类—品种—规格"顺序组合编号,各顺序类文字一般用字母或数字表示。另一种是按存货的存放地点和位置标准编号,该方法又称"四号定位"法,即按材料物资存放的仓库号、料架号、层号和位号(料场则是区号、点号、排号和位号)数组合编号。例如,某一材料存放于2号仓库3号料架第6层第8号位,则该材料编号为"2—3—6—8"。这种编号便于发料。

3. 存货的目录

由于企业存货种类较多,为了保证存货名称在使用时一致,避免相互混淆,应编制存货目录,采购部门、生产部门、会计部门和仓储部门可以统一使用编号,并且采用计算机进行管理。

4. 存货的计量与记录

企业应设置精确的计量工具对收入、发出的存货进行精确计量。

一旦存货经过单据核对和计量验收入库,仓库保管员为了加强对存货的保管,就会对仓库中的每种材料设置材料吊卡(也称料牌,悬挂在料架上的卡片)以记录各种物资的收、发和结存数量。当物资发生收发时,仓库保管员就要在吊卡上做记录,并要对吊卡上的结存数量与实物进行核对,强化管理。材料吊卡并不是账簿,但它是保管和核算材料时的重要资料。

5. 存货的计划和管理

存货的保管包括存货计划和具体管理制度,其控制要点包括:

(1)要求各种存货的收入和发出必须根据有关规定办理相关手续。仓库保管员只有根据经过被授权的责任人批准的领料单、限额领料单和销货单等有关凭证才能发料,领料人和发料人均应在领料凭证、发料凭证上签字。如需超过限额领料,领用部门应说明原因,并经生产技术部门和供应部门的责任人审核同意,才能补发追加材料。

(2)对各种存货要实行计划控制,由财会部门、供应部门和仓储部门在年初拟订生产销售计划时规定合理的储存定额;在本年经营过程中,由仓库保管员随时对照年初拟订的储存定额,掌握存货的最高与最低储备量,及时向有关部门反映,提出调整建议,原则上不得随便偏离计划,以保证生产的正常进行和避免存货的超储积压。

(3)各种存货应妥善保管,按品种、规格和编号定位堆放并悬挂材料吊卡,以便随时核对。

(4)库存物资的任何变动都应有一定的凭证手续作为依据,管理人员和任何人员都不得在没有手续的情况下动用库存货物,不得发出、变卖和赠送存货,或用一种存货交换另一种存货。

(5)对于委托外单位加工的存货,仓库保管员应根据计划部门填写的"委托外加工发料通知单"发料,财会部门据以记账。仓库保管员应同时在备查登记簿中予以登记,加工完成验收入库时再注销原记录。

(6)建立存货的稽核制度。其具体内容包括仓库保管员负责稽核所保管的存货数量与材料吊卡是否相符;采购部门负责稽核存货账、卡和实物数量是否相符;财会部门负责稽核存货的总分类账和明细分类账的金额是否相符,并定期或不定期抽查采购部门的账、卡和实物数量,看其是否相符。

(三)采用永续盘存制,加强会计对各项存货的控制

永续盘存制通过设置详细的存货明细分类账,逐日逐笔记录存货收入的数量、金额和发出的数量,能够随时结出结余存货的数量,从账面求出期末结存金额。其具体做法是,在会计部门设总分类账,仓库部门设明细分类账。在货物收、发、存业务中,所有手续的凭证都应有一联送交会计部门,由会计部门进行记录。同时,仓库部门登记明细分类账,对各种材料和商品的数量和金额分别核算。各种存货每一次收入和支出后,都要计算出结存数。结存数又可分为实物数量、金额和既有实物数量又有金额三种不同方式。设计时应当考虑企业对于存货的计价方法和管理上的不同要求来决定,一般是仓库采用数量永续盘存制,明细分类账则采用数量和金额并用的永续盘存制。

永续盘存制可以随时反映各种物资的库存余额,并能反映其变化的原因。仓库明细分类账与总分类账结合起来,形成一个完整的仓库内部控制体系。在总分类账中,盘存账户实际上是一个总仓库,起到在金额上进行控制的作用,反映众多明细盘存账户的详细汇总情况。明细账逐笔登记,而总账则汇总登记。明细账虽然是由仓库人员登记的,但会计部门总账已对其发生控制作用,可以通过稽核的方式发现错误和防止舞弊。

(四)健全实地盘点制度

盘点控制是指通过对企业的资产实施定期盘点清查,并将盘点结果与会计记录进行比较以确定其是否相符,进而发挥控制作用的一种控制方式。企业应根据自身的特点建立资产盘点制度,主要包括:

1. 定期盘点

针对不同的资产,盘点的时间间隔有所不同,一般而言,重要的、增减过程中容易发生错误和舞弊的资产,其盘点时间间隔应短一些;反之则可以长一些。

2. 盘点人员组成

针对不同的组成，确定盘点人员的具体构成。一般来讲，由资产保管人员、记录人员、内部审计人员、单位或得到授权的部门的负责人共同组成盘点小组，以确保盘点结果的客观和准确。

3. 盘点手续

盘点前应做好各项准备工作，包括盘点表和盘点器具的准备，盘点具体时间的安排等。在盘点过程中，应合理确定哪些人员动手点数、哪些人员监视、哪些人员复查等。

4. 盘点结果的处理

首先，应通过对盘点结果的抽查，确保盘点结果的相对准确；然后，对盘点所查明的问题应在得到有关部门的核准后进行调整处理，如调账等。

采用实地盘点制度，目的是防止并及时揭示出现的差错或舞弊行为，保证账实相符。无论是采取永续盘存制还是实地盘存制的企业，都应该重视并健全企业的实地盘点制度。盘点制度应该经常化、规范化和制度化。盘点工作应由专人负责，成立专门的盘点小组，不得由实物保管人员独自进行，以保证盘点结果的客观、公正。

（五）实施存货保险制度

在存货分类、目录设置以及编号的基础上，由存货管理部门根据企业存货的性质和重要程度以及历史数据，对存货进行价值等级测算，统计各类存货的损失率、库存时间和跌价损失，算出企业存货的储存机会成本，然后与向保险公司投保发生的保险费用进行比较，决定是否投保以及为哪些存货建立保险制度，以降低存货发生意外损失的风险。

（六）建立库存存货质量管理制度

库存存货质量的管理包括两个方面：一是存货的残损变质，二是存货的积压呆滞。无论属于哪一种情况，都必须结合存货的盘点及时发现并采取措施进行处理，以保证存货质量的良好，减少发生的损失，并保证存货会计核算资料的真实、可靠。

对于经仓库保管部门盘点确认已经确实不能继续使用和盘亏的存货，应编制“存货报废审批单”。该单由存货管理部门填制，经财务、存货部门负责人及企业领导审批后方可做报废账务处理。

（七）确定恰当的存货明细分类账分户方法

由于材料和商品等存货的种类、规格繁多，存货的明细核算既可以按其品种、规格和等级分户，也可以按其品种、规格、等级和进货单价等其他方法分户。不同的分户方法直接导致发出或销售存货价值计算结果的不同和库存价值的不同。因此，无论采用哪种分户方法，都必须结合企业自身的经营管理特点，综合考虑设账的繁简程度与成本计算准确程度的关系，选择恰当的分户方法，为准确计算材料发出成本和库存商品销售成本提供必要的资料。

（八）健全存货明细账设置

商品储存指标有业务部门的“可调库存”、仓库部门的“保管库存”和财会部门的“会计库存”三种口径，企业应结合设定的材料和库存商品明细分类账分户方法，分别按三种口径组织存货的明细核算，以充分利用所能提供的各项资料，促进企业改善业务经营，提高存货乃至整个企业的经营管理水平。三种口径的存货明细分类账一方面使各个部门可以随时掌握存货的变动与结存，有利于下一期间工作的进行；另一方面，不同的部门分别设置不同的存货明细账可以健全企业的内部控制，是保证内部稽核工作顺利进行的基础条件。

第三节 存货业务内部控制处理程序的设计

一、存货验收入库

企业应制定存货验收入库管理制度，保持完整的验收入库记录。与验收入库有关的单证包括收料单、退料单、自制材料交库单、产品入库单和收料汇总表等。

（一）外购存货的验收入库

企业应根据存货验收制度和经审批的订单、合同等采购文件，对外购存货或劳务进行验收。验收小组应包括专门验收部门或人员、采购部门、仓储部门、请购部门及供应商等有关方面的代表。验收小组应对所购物品或劳务的品种、规格、数量、质量和技术标准等进行验收，出具检验报告、计量报告和验收证明。

对验收过程中发现的异常情况，应立即向有关部门报告。有关部门应查明原因，及时处理。

验收小组一般应实施下列验收程序：(1)检查订货合同、入库通知单、供应商提供的材质证明、合格证、运单和提货通知单等原始单据与待检验货物是否相符；(2)对拟入库存货的交货期进行检验，确定外购货物的实际交货期与订单交货期是否一致；(3)对待验货物进行数量复核和质量检验，必要时可聘请外部专家协助进行；(4)对数量相符、质量合格的货物办理入库手续，对验收不符合要求的货物应及时办理退货、换货或索赔；(5)对不经仓储直接投入生产或使用的存货，应采取适当方法检验。

收料单的一般格式见表7－1，外购商品入库单的一般格式见表7－2。

表7－1 **收 料 单**

供应单位： 凭证编号：

发票编号： 年 月 日 材料仓库：

类别	编号	名称	规格	单位	数量		实际成本			
					应收	实收	单价	金额	运费	合计

供应部主管： 材料核算员： 仓库保管员： 经办人：

表7－2 **外购商品入库单**

供货单位： 年 月 日 收货部门：

商品编号	等级	规格品名	购进价				零售价				商品进销差价
			单位	数量	单价	金额	单位	数量	单价	金额	

续表

商品编号	等级	规格品名	购进价				零售价				商品进销差价
			单位	数量	单价	金额	单位	数量	单价	金额	

检验员：　　　　仓库验收人：　　　　采购保管员：　　　　制表人：

(二)自制存货的验收入库

拟入库的自制存货一般由生产部门组织专人检验，只有检验合格的产成品才可作为存货办理入库手续。对由生产车间发出至客户、实物不入库的产成品，应采取适当的方法办理出入库手续。

对已售商品退货的入库，仓储部门应根据销售部门填写的退货凭证办理入库手续，经批准后，对拟入库商品进行验收。因产品质量问题而发生的退货，应分清责任，妥善处理。对劣质产品，可选择修复、报废等措施。

(三)存货验收入库记录

仓储保管人员根据验收单点收所购货物的数量和质量，并填写入库单，注明供应商名称、收货日期、物品名称、数量和质量等内容。入库单一式三联：一联留存登记仓库台账，一联交财会部门办理结算，一联退回采购部门并在与购销合同、请购单核对后归档备查。

产品入库单的一般格式见表7—3。

表7—3　　　　产品入库单

产品车间：　　　　年　月　日　　　　编号：

产品名称	规格型号	单　位	移送数量	实际入库数量	备　注

检验员：　　　　仓库验收人：　　　　车间移交人：

二、存储保管控制

企业应建立存货保管制度，综合运用限制未经授权人员对财产的直接接触、财产记录、定期盘点和账实核对等措施，确保存货的安全、完整。

(1)存放和管理应指定专人负责并进行分类编目，严格限制其他无关人员接触存货。入库存货应及时登记，并详细标明存放地点。

(2)应按仓储物资所要求的存储条件存储，并建立健全防火、防潮、防鼠、防盗和防变质等措施。

(3)对贵重物品、生产用关键备件、精密仪器和危险品的存储，应实行严格的审批制度。

(4)重视生产现场的材料、低值易耗品和半成品等物资的管理，防止浪费、被盗和流失。

(5)对于因业务需要而分设仓库的情形，应对不同仓库间的存货流动办理出入库手续。

(6)仓储部门应建立存货台账，详细登记存货类别、编号、名称、规格型号、数量和计量单位等，并定期与财会部门就存货品种、数量和金额等进行核对。存货台账的登记依据有入库单、退库单、领料单、发货单、出库单和销售凭证等单证。台账记录不得随意修改，如确需修改入库记录，应经有效授权审批。

企业应定期对存货保管情况进行检查。

三、领用发出控制

企业应建立严格的存货发出流程和制度，保持完整的发货记录。与发货有关的单证包括领料单、销售材料发料单、委托加工发料单、发料汇总表、产品出库单和盘盈盘亏报告表等。

发出存货需经授权审批，大批商品、贵重商品或危险品的发出应得到特别授权。为保证存货的发出准确无误，仓储保管人员要审核领料单，确认手续齐全，双方要检查存货品名、规格、型号、数量和质量，并签字或盖章。

生产用原材料可采用定额制，由相关部门核定消耗定额，生产部门根据定额填制限额领料单，向仓储部门领料。材料发出后，保管人员要按计划或实际价格在领料单上标明金额，登记材料台账，并转材料明细账记账员记账后，随发料汇总表定期送往财会部门。

为保证存货安全、记录正确，企业应建立内部稽核制度。财会部门应加强对仓储部门的经常性审核，定期进行账证、账账、账实核对。

领料单的一般格式见表7—4，商品出库单的一般格式见表7—5（适用于商业企业），商品内部调拨单的一般格式见表7—6，产品出库单的一般格式见表7—7。

表7—4 **领料单**

领用部门： 仓库：

用 途： 年 月 日 编号：

材料编号	材料名称	规格	单位	数量		计划单价	金额
				请领	实发		

审核： 仓库保管员： 领用人： 制单人：

表7—5 **商品出库单**

购货单位： 年 月 日 仓库：

商品编号	等级	规格品名	购进价				零售价				商品进销差价
			单位	数量	单价	金额	单位	数量	单价	金额	

仓库主管： 仓库保管员： 核算员： 制表人：

表 7—6　　商品内部调拨单　　编　　号：

调出部门：　　年　月　日　　调入部门：

商品编号	等级	规格品名	单位	数量	购进价		零售价		商品进销差价
					单价	金额	单价	金额	

财务主管：　　调出部门主管：　　调入部门主管：　　制表人：

表 7—7　　产品出库单

购货单位：　　年　月　日　　编号：

产品名称	规格型号	单　位	出库数量	产品单价	金　额	备　注

销售主管：　　仓库主管：　　核算员：　　仓库保管员：

四、存货的盘点和处置

企业应制定适当的存货盘点制度，明确盘点范围、方法、人员、频率和时间等，确保及时发现存货丢失、损坏和变质等情况。企业应制订详细的盘点计划，合理安排人员，有序摆放存货，保持盘点记录的完整，及时处理盘盈、盘亏。对特殊存货，可聘请专家采用特定方法进行盘点。

存货盘点应及时编制盘点表，对于盘盈和盘亏情况要分析原因，提出处理意见，经相关部门审批后，在期末结账前处理完毕。

仓储部门应通过盘点、清查等方式全面掌握存货状况，及时发现存货的残、次、冷、背等情况。对残、次、冷、背存货，应选择合理的处置方式，经相关部门审批后及时处置。

仓储部门与财会部门应结合盘点结果对存货进行库龄分析，确定是否需要计提存货跌价准备，经相关部门审批后，方可进行会计处理，并附有关书面记录材料。

五、存货核算制度的设计

存货核算制度的设计必须符合企业会计准则的要求。

（一）确定存货盘存制度

存货盘存制度有永续盘存制和实地盘存制两种。

1. 永续盘存制

永续盘存制又称账面盘存制，要求按存货类别和品种设置数量金额式明细账，逐笔记录存货的收入和发出，并随时算出账面结存数。在永续盘存制下，存货的期初结存数、本期增加数、本期减少数和动态结存数都能从账簿记录中得出。因此，永续盘存制便于加强对存货的账面管理和控制。相关人员能从账簿记录中随时了解存货收、发、存的动态，以便及时调整和处理，提高资金的使用效率。在永续盘存制下，企业也要定期或不定期地进行实地盘点，以核对账存数与实存数是否相符。

在手工核算形式下，永续盘存制使存货明细账的登记工作量大大增加，但这一缺点正随着计算机和网络技术的普遍使用而被克服。在实施会计电算化的企业，应把尽可能多的存货类别按永续盘存制管理。

2. 实地盘存制

实地盘存制又称定期盘存制、以存计销制和以存计耗制。这种盘存制度要求平时只在账簿中记录存货的增加数，不记录存货的减少数，期末通过实地盘点来确定存货的实有数，并据以倒挤出存货的减少数。在实地盘存制下，存货的期初结存数和本期增加数可从账簿记录中得出，而期末结存数则要根据实地盘点结果确定。本期减少数的确定公式为：

本期减少数＝期初结存数＋本期增加数－期末结存数

实地盘存制虽然简化了存货的日常记录和核算程序，但无法随时提供存货发出和结存的详细信息，只能在实地盘点结束后才能得到。同时，存货发出数通过倒挤计算，容易将丢失、毁损等管理不善原因造成的存货损失计入销售成本或生产成本。因此，这种盘存制度不利于存货的日常管理和控制。在实际操作中，对一些量大价低、收发频繁的不重要存货，可采用实地盘存制进行管理。

(二)设计存货计价政策

企业应根据存货实物的流转方式、管理要求和性质等，合理确定发出存货的成本计算方法。发出存货的计价方式可选择先进先出法、加权平均法和个别计价法，不得采用后进先出法。性质和用途相似的存货，应采用相同的计价方法。存货计价政策一经确定，未经审批，不得随意变更。

在资产负债表日，存货应按成本与可变现净值孰低计量。存货成本高于其可变现净值的，应计提存货跌价准备，计入当期损益。

对收发频繁的重要存货，可采用计划成本法进行日常核算。存货的收、发、存均按计划成本计价；同时，另设成本差异科目，作为计划成本和实际成本联系的纽带，用来登记实际成本与计划成本的差额。计划成本法下存货的总分类和明细分类核算均按计划成本计价，期末计算出成本差异率，将发出存货应分摊的成本差异计入成本费用，从而将发出存货的成本调整为实际成本计价。

本章小结

存货是企业的一项重要流动资产，是企业利润产生的重要源泉，因此，在企业的日常管理中如何加强对存货的核算、管理与控制，如何恰当反映企业财务状况、正确计算企业经营成果，对于企业存货周转、考核存货的经济效益、确保企业资产的保值和增值有着重要的作用。

存货业务内部控制的目标是：(1)保证存货的安全与完整，合理确定存货的价值；(2)提供存货的各种真实、可靠、有用的信息；(3)有效控制存货的流动，加快存货的资金周转；(4)监督、落实存货的经济责任；(5)考核存货的经济效益。

在设计企业存货内部控制制度时，应遵循职务分离原则、预算(或计划)控制原则、授权批准原则、专人保管原则、会计系统控制原则。

存货业务内部控制的内容主要有：落实保管责任制度，建立严格的存货计量、记录和管理制度，采用永续盘存制以加强会计对各项存货的控制，健全实地盘点制度，实施存货保险制度，建立库存存货质量管理制度，确定恰当的存货明细分类账分户方法，健全存货明细账设置。

企业应制定存货验收入库管理制度，保持完整的验收入库记录。与验收入库有关的单证包括收料单、退料单、自制材料交库单、产品入库单和收料汇总表等。

企业应建立存货保管制度，综合运用限制未经授权人员对财产的直接接触、财产记录、定期盘点和账实核对等措施，确保存货的安全、完整。

企业应建立严格的存货发出流程和制度，保持完整的发货记录。与发货有关的单证包括领料单、销售材料发料单、委托加工发料单、发料汇总表、产品出库单和盘盈盘亏报告表等。

企业应制定适当的存货盘点制度，明确盘点范围、方法、人员、频率和时间等，确保及时发现存货丢失、损坏和变质等情况。

企业应制订详细的盘点计划，合理安排人员，有序摆放存货，保持盘点记录的完整，及时处理盘盈、盘亏。

存货核算制度的设计必须符合企业会计准则的要求。

课后练习题

一、单项选择题

1. 在资产负债表日，存货应按(　　)计量。

A. 成本　　B. 成本与可变现净值孰低

C. 买价　　D. 评估价

2. 外购的原材料验收入库时，仓库要填制(　　)。

A. 外购商品入库单　　B. 收料单　　C. 产品入库单　　D. 外购材料入库单

3. 车间从仓库领用原材料时，要填写(　　)。

A. 领料单　　B. 库存商品出库单　　C. 产品出库单　　D. 原材料领用单

4. 采购部门负责稽核存货账、卡和实物数量是否相符，这属于存货的(　　)制度。

A. 保管　　B. 计量　　C. 稽核　　D. 盘点

5. 发出需要特别授权审批的存货不包括(　　)。

A. 大批商品　　B. 贵重商品　　C. 危险品　　D. 限购商品

6. 存货的计价方法不得采用(　　)。

A. 后进先出法　　B. 个别计价法　　C. 先进先出法　　D. 加权平均法

7. 仓库保管员据以发货的经过被授权的责任人批准的相关凭证不包括(　　)。

A. 领料单　　B. 收料单　　C. 限额领料单　　D. 销货单

8. 材料吊卡是仓库保管员进行记录和核对材料的(　　)。

A. 总账　　B. 明细账　　C. 备查账　　D. 原始凭证

二、多项选择题

1. 存货业务内部控制的目标是(　　)以及考核存货的经济效益。

A. 保证存货的安全与完整，合理确定存货的价格

B. 提供存货的各种真实、可靠、有用的信息

C. 有效控制存货的流动，加快存货的资金周转

D. 监督、落实存货的经济责任

2. 在设计企业存货内部控制制度时，应遵循(　　)原则。

A. 职务分离　　B. 预算(或计划)控制　　C. 授权批准　　D. 会计系统控制

3. 存货保管责任制度包括(　　)和(　　)两个部分。

A. 验收控制　　B. 授权控制　　C. 出库管理　　D. 职责分工

4. 企业应根据自身的特点建立资产盘点制度，主要包括（　）。

A. 定期盘点　　B. 盘点人员组成　　C. 盘点手续　　D. 盘点结果的处理

5. 库存存货质量的管理包括（　）。

A. 存货的价值　　B. 存货的残损、变质　　C. 存货的安全、完整　　D. 存货的积压、呆滞

6. 与验收入库有关的单证包括（　）和收料汇总表等。

A. 收料单　　B. 退料单　　C. 自制材料交库单　　D. 产品入库单

7. 存货编号的“四号定位”法，是指按照材料物资存放的（　）数组合进行编号。

A. 仓库号　　B. 料架号　　C. 层号　　D. 位号

8. 收料单的相关责任人有（　）。

A. 经办员　　B. 采购保管员　　C. 材料核算员　　D. 供应单位主管

三、判断题

1. 存货的请购、采购、验收、记账、保管、请领、审批和发放，必须由不同的人员担任。（　）

2. 仓库保管员负责稽核存货的账、卡和实物数量是否相符。（　）

3. 存货的验收小组要出具检验报告、计量报告和验收证明。（　）

4. 永续盘存制下，企业可以不对存货进行实地盘点。（　）

5. 对于收发频繁的重要存货，可采用实际成本法进行日常核算。（　）

四、简答题

1. 存货管理中常见的风险有哪些？存货业务中应予以分离的不相容职务有哪些？

2. 如何防范存货出库过程中的舞弊行为？

案例分析

秦川公司是一家研发、制造和销售手机设备的上市公司。由于没有掌握核心技术，公司只能从外部购买手机芯片。经测算，手机芯片占公司手机生产成本的40%。公司的采购制度规定：每季度初，采购部经理以定向集中采购方式采购本季度生产所需要的数量较大的手机芯片；验收部门负责人对购进芯片的品种、规格和数量进行验收，如果无误，在开具验收单后直接入库。

公司的仓库管理制度规定，仓库保管员同时负责登记手机芯片、手机成品等存货明细账，以便对仓库中的所有存货项目的验收、发、存做永续记录。当收到验收部门送交的存货和验收单据后，仓库保管员根据验收单登记存货明细账。仓库保管员根据车间材料员填写的领料单和销售人员填写的销货单发出手机芯片和手机成品。仓库保管员在空闲时间对存货进行必要的实地盘点。

要求：根据《企业内部控制应用指引——资产管理》的“内部控制要求与措施”，分析在存货管理存在的内部控制弱点，并提出改进建议。

第八章　固定资产业务内部控制制度设计

学习目标

本章介绍了固定资产业务内部控制制度设计的目标、控制要点、设计原则和内容。通过本章的学习，掌握固定资产业务内部控制处理程序的设计。

固定资产是企业生产经营的主要劳动资料，直接影响企业的可持续发展能力。其数量和质量在一定程度上反映企业生产规模的大小和技术装备水平的高低，对企业生产经营的发展具有十分重要的意义。因此，企业应根据固定资产的特点，分析、归纳和设计合理的业务流程，抓住控制要点，健全风险控制措施，保证固定资产的安全、完整与高效运行。

第一节　固定资产业务内部控制的目标

企业应根据其固定资产业务的特点和管理要求，建立和健全企业固定资产业务的内部会计控制制度。

企业固定资产业务内部会计控制的目标：监督固定资产业务核算的合规性和恰当性，确保固定资产投资预算的有效执行，保护固定资产的安全与完整，及时发现和纠正固定资产业务中可能出现的错弊，提高固定资产的使用效果和效率。

第二节　固定资产业务内部控制的要点

企业在设计固定资产业务会计处理程序时，应注意以下内部控制要点：

(1)固定资产的采购、保管、记账和付款职务应适当分离。

(2)固定资产的验收、内部转移、出售、出租、报废清理等必须办理有关手续，并经过有关部门的审核批准。

(3)及时记录和反映固定资产的增减变化情况，并按规定对增加的固定资产计价入账。

(4)系统建立固定资产目录、明细账和卡片，做到账、卡、物相符。

(5)对未使用、不需用的固定资产，应及时办理封存和申报手续；对多余、闲置或使用不当的固定资产，应及时向有关部门反映。

(6)及时记录固定资产的报废清理残值并妥善保管和及时处理。

(7)建立和实施固定资产的定期清查制度,及时查明固定资产盘盈、盘亏和毁损原因,明确其责任。

(8)按规定正确计算各项固定资产折旧并及时进行固定资产折旧费用的分配核算。

第三节 固定资产业务内部会计控制设计的原则

在设计企业固定资产业务内部会计控制制度时,应遵循以下三项基本原则:

(一)预算控制原则

企业应当对固定资产的购建和处置实行预算管理。应由固定资产管理部门或使用部门根据企业发展需要提出固定资产购建要求;由管理部门会同财务部门等对固定资产投资进行可行性研究,并根据决策结果编制投资预算草案;企业负责人应会同有关部门(如财务部门、审计部门等)对预算草案进行审核并提出修改意见;最后由企业预算管理委员会(或财务部门、总经理及董事会)审核批准。财务部门和审计部门应按照预算管理的要求对固定资产投资预算的执行情况进行有效监督和必要调整。

(二)分工及授权批准原则

企业要明确相关部门和岗位的职责权限,确保不相容职务(如请购、审批与验收,日常保管与记账等)相互分离。对固定资产业务应建立严格的授权批准制度,严禁未经授权的机构或人员办理固定资产业务。

(三)内部监督检查原则

企业应当建立对固定资产业务的监督检查制度,明确监督检查机构或人员的职责权限,定期和不定期地进行固定资产清查。会计部门依据会计准则、制度和管理的要求,制定适当的会计核算制度,对固定资产业务进行全面、系统、连续的核算,及时提供有关固定资产资金运动、使用效果和投资效率等方面的会计信息。

第四节 固定资产业务内部控制制度的内容

(一)固定资产业务凭证的设计

为了保证固定资产各项管理制度的有效运行,必须首先设计出符合企业机构设置和人员分工等特点的固定资产业务处理程序,并建立规范的业务凭证和表格,这是保证落实固定资产各项管理制度和核算制度的前提。由于固定资产的购建、调拨、报废、折旧和修理等业务的处理程序在前文已经涉及(如固定资产的采购与存货的购进基本相同),因此这里不再详述,只说明有关业务凭证的设计。

1. 固定资产目录的设计

由于企业的经营性质不同、经营规模各异,因此,对固定资产的确认标准也不完全相同,各企业可根据会计准则的规定并结合自身经营管理的需要编制固定资产目录,以明确固定资产的核算范围,并固定资产核算的依据。固定资产目录的一般格式如表 8—1 所示。

表 8－1　　　　　　　　　　　　　　　　**固定资产目录**

编号	名称	规格型号	单位	原始价值	估计使用年限或工作量	残值率	年折旧率	年折旧额	备注

2. 固定资产登记簿的设计

企业的固定资产种类繁多、规格不一，为加强管理和便于组织会计核算，有必要对其进行科学、合理的分类。根据不同的管理需要与核算要求，对固定资产可以进行不同的分类。常见的分类方法主要有：

(1)按固定资产的经济用途不同，可分为经营用固定资产和非经营用固定资产。

(2)按固定资产的使用情况不同，可分为使用中的固定资产、未使用固定资产和不需用固定资产。

(3)按固定资产的所有权不同，可分为自有固定资产和租入固定资产。租入固定资产又分为经营租入固定资产和融资租入固定资产。

(4)按固定资产的经济用途和使用情况综合分析，可分为生产经营用固定资产、非生产经营用固定资产、租出固定资产、不需用固定资产、未使用固定资产、土地和融资租入固定资产。

固定资产登记簿是按固定资产类别开设的、用以记录各类固定资产增减变化和结余情况的账簿，它相当于固定资产二级账。

3. 固定资产卡片的设计

固定资产卡片是为反映、监督每项固定资产而开设的固定资产专用明细账，它相当于固定资产三级账。固定资产卡片一式三联：一联由管理部门留存，一联由使用部门留存，一联交财务部门。其一般格式如表 8－2 所示。

表 8－2　　　　　　　　　　　　　　　　**固定资产登记卡**

（正面）

总账科目：　　　　　　　　　　　　　　　　　　　　　　本卡编号：

明细科目：　　　　　　　　　　　　　　　　　　　　　　财产编号：

<table>
<tr><td>中文名称</td><td rowspan="8"></td><td rowspan="10">抵押设备权解除及保险记录</td><td>抵押行库</td><td></td><td></td><td></td><td></td></tr>
<tr><td>英文名称</td><td>设定日期</td><td></td><td></td><td></td><td></td></tr>
<tr><td>规格型号</td><td>解除日期</td><td></td><td></td><td></td><td></td></tr>
<tr><td>厂牌号码</td><td>险　　别</td><td></td><td></td><td></td><td></td></tr>
<tr><td>购置日期</td><td>承包公司</td><td></td><td></td><td></td><td></td></tr>
<tr><td>购置金额</td><td>保单号码</td><td></td><td></td><td></td><td></td></tr>
<tr><td>存放地点</td><td>投保日期</td><td></td><td></td><td></td><td></td></tr>
<tr><td>耐用年限</td><td>费　　率</td><td></td><td></td><td></td><td></td></tr>
<tr><td rowspan="2">附属设备</td><td rowspan="2"></td><td>保险费</td><td></td><td></td><td></td><td></td></tr>
<tr><td>备　　注</td><td></td><td></td><td></td><td></td></tr>
</table>

续表

调拨转移情况											
年	月	日	使用部门	用途	保管员	年	月	日	使用部门	用途	保管员

（反面）

<table>
<tr><td rowspan="8">固定资产维修情况</td><td>年</td><td>月</td><td>日</td><td colspan="7" rowspan="8">填表注意事项：
(1)本卡适用于机械设备、运输设备和机电设备，新卡由管理部门填制。
(2)本卡的编号由保管卡部门自编。
(3)“附属设备”栏应填写名称、规格及数量。
(4)因管理需要需另行设计表格者，须把新设计的表格送管理部门备查。
(5)“折旧提取情况”栏：日期写开始日期，以后年度为1月1日；本期提取数为本年度提取数。</td></tr>
<tr><td></td><td></td><td></td></tr>
<tr><td></td><td></td><td></td></tr>
<tr><td></td><td></td><td></td></tr>
<tr><td></td><td></td><td></td></tr>
<tr><td></td><td></td><td></td></tr>
<tr><td></td><td></td><td></td></tr>
<tr><td></td><td></td><td></td></tr>
<tr><td rowspan="4">折旧提取情况</td><td>年</td><td>月</td><td>日</td><td>原值</td><td>残值</td><td>已提累计折旧</td><td>本期计提折旧</td><td>累计折旧</td><td>净值</td><td>备注</td></tr>
<tr><td></td><td></td><td></td><td></td><td></td><td></td><td></td><td></td><td></td><td></td></tr>
<tr><td></td><td></td><td></td><td></td><td></td><td></td><td></td><td></td><td></td><td></td></tr>
<tr><td></td><td></td><td></td><td></td><td></td><td></td><td></td><td></td><td></td><td></td></tr>
</table>

4. 固定资产增加单的设计

固定资产增置验收后，使用部门应立即填写“固定资产增加单”一式三联，经管理部门签章后送会计部门，第一联送管理部门记入“固定资产卡片”，第二联由会计部门记账使用，第三联送使用部门留存。“固定资产增加单”是记录固定资产增加的主要内部单据。其一般格式如表8－3所示。其中，“固定资产成本记录”应填写成本科目，如内购、外购、关税和运费等。

表8－3　固定资产增加单

会计科目：　　　　　　　　　年　月　日

中文名称		取得日期		固定资产成本记录		
				设备内容	数　量	取得成本
外文名称		数　　量				
规格型号		取得金额				
厂　　牌		使用年限				
存放地点		月折旧额				
附属设备				合　计		
备　　注						

总经理：　　　　财务部门：　　　　管理部门：　　　　使用部门：　　　　经办人：

5. 固定资产减损单的设计

固定资产因减损而报废的，应由使用部门填制“固定资产减损单”一式四联，注明报废原因，送交管理部门及会计部门，经审核批准后，第一联送管理部门，第二联送会计部门，第三联由使用部门留存，第四联交拆除部门。“固定资产减损单”的一般格式如表8－4所示。

表 8—4　　　　　　　　　　　　　　　固定资产减损单

<table>
<tr><td rowspan="2">名称</td><td>中文</td><td></td><td>规格</td><td colspan="3"></td><td>使用年限</td><td></td></tr>
<tr><td>外文</td><td></td><td>厂牌</td><td colspan="3"></td><td>已使用年限</td><td></td></tr>
<tr><td>购置
日期</td><td colspan="2"></td><td>取得
价值</td><td></td><td>已提
折旧</td><td></td><td>账面价值</td><td></td></tr>
<tr><td rowspan="3">减损
原因</td><td colspan="5" rowspan="3"></td><td>估计残值</td><td colspan="2"></td></tr>
<tr><td>清理费用</td><td colspan="2"></td></tr>
<tr><td>实际损失额</td><td colspan="2"></td></tr>
<tr><td rowspan="3">拟处理
办法</td><td colspan="2" rowspan="3"></td><td rowspan="3">物资
仓库</td><td colspan="2" rowspan="3"></td><td>抵押行库</td><td colspan="2"></td></tr>
<tr><td>保险单号</td><td colspan="2"></td></tr>
<tr><td>月折旧额</td><td colspan="2"></td></tr>
</table>

总经理：　　　　　　财务部门：　　　　　　管理部门：　　　　　　使用部门：　　　　　经办人：

6. 固定资产调拨单的设计

固定资产在企业内部相互调拨时，应由调出部门填写“固定资产调拨单”一式四联，经管理部门签章后送交调出部门签章。第一联由管理部门留存，第二联送会计部门，第三联送调入部门，第四联送调出部门。“固定资产调拨单”的一般格式如表 8—5 所示。

表 8—5　　　　　　　　　　　　　　　固定资产调拨单

年　月　日

管理部门：(调出)　　　　　　　　　　(调入)

使用部门：(调出)　　　　　　　　　　(调入)　　　　　　　　　　　　　　　财产编号：

<table>
<tr><td>中文名称</td><td></td><td>数量</td><td></td><td>购置日期</td><td></td></tr>
<tr><td>英文名称</td><td></td><td rowspan="2">附属设备</td><td></td><td>使用年限</td><td></td></tr>
<tr><td>规　　格</td><td></td><td></td><td>已使用年限</td><td></td></tr>
<tr><td rowspan="3">调出前
用　途</td><td colspan="3" rowspan="3"></td><td>已提折旧</td><td></td></tr>
<tr><td>预计残值</td><td></td></tr>
<tr><td>月折旧额</td><td></td></tr>
<tr><td rowspan="3">调出后
用　途</td><td colspan="3" rowspan="3"></td><td>调出地点</td><td></td></tr>
<tr><td>调入地点</td><td></td></tr>
<tr><td>备　　注</td><td></td></tr>
</table>

主管总经理：　　　财务部主管：　　　资产管理部：　　　调出部门主管：　　　　调入部门主管：

7. 固定资产折旧表的设计

固定资产折旧计算分配表是编制固定资产折旧记账凭证的原始凭证。在计算出每月各部门应负担的固定资产折旧额后，确定固定资产的账面价值。“固定资产折旧表”的一般格式如表 8—6 所示。

表 8—6　　固定资产折旧表

年　月

应借账户	部门	本月计提折旧	累计已提折旧	折旧方法	备　注
制造费用	第一车间 第二车间				
	小　计				
辅助生产成本	机修车间 动力车间				
	小　计				
营业费用	销售部 1 销售部 2				
	小　计				
管理费用	行政部门				
其他业务支出	出　租 附营部门				
合　计					

8. 固定资产盘点表的设计

在固定资产使用过程中，由于客观或人为的原因会出现固定资产账实不符。为保证固定资产的安全和提供会计信息的准确，应定期或不定期地对固定资产进行清查。在清查前，会计人员和固定资产管理人员应将各自负责的有关固定资产的账簿记录核对准确。固定资产的清查方法是实地盘点，即将固定资产卡片与实物相核对。盘点后，首先将盘点结果详细填入“固定资产盘存单”，作为盘点结果的依据，并据此与固定资产卡片相核对，对账实不符的编制“固定资产盘盈、盘亏表”，作为固定资产清查的账务处理依据。有的企业为简化原始凭证的填制工作，也可以把“固定资产盘存单”和“固定资产盘盈、盘亏表”合并为一张原始凭证，其一般格式如表 8—7 所示。

表 8—7　　固定资产盘点表

年　月　日

名　称	编 号	单 位	使用单位	存放地点	盘点数量	备　注

总经理：　　资产管理部主管：　　财务部主管：　　经办人：

(二)固定资产管理制度内容的设计

1. 固定资产业务的职责分工和授权审批

企业应建立固定资产业务的岗位责任制，明确相关部门和岗位的职责、权限，确保不相容岗位相互分离、制约和监督。同一部门或个人不得办理固定资产业务的全过程。固定资产业务的不相容岗位至少包括固定资产投资预算的编制、审批与执行，固定资产的采购、验收与款项支付，固定资产投保的申请与审批，固定资产处置的申请、审批与执行，固定资产取得与处置业务的执行和相关会计记录。

企业应配备合格人员办理固定资产业务，合格人员应具备良好的业务素质和职业道德。

企业应对固定资产业务建立严格的授权审批制度，明确授权审批的方式、权限、程序、责任和相关控制措施，规定经办人的职责范围和工作要求。严禁未经授权的机构或人员办理固定资产业务。

审批人应在授权范围内审批，不得越权审批。经办人在职责范围内，应按审批人的批准意见办理。对审批人越权审批的情况，经办人有权拒绝办理并及时向上级部门报告。

2. 固定资产的日常管理

(1)固定资产按类别归口管理

企业在满足内部管理需要的同时，可根据固定资产的特点和类别等分部门管理。在一般情况下，土地、房屋及建筑物、运输设备、事务性设备由总部行政管理部门负责管理；机械、马达、仪表和机电性设备由设备管理部门负责，但得视实际需要，归性质相关的部门管理；工具由物资仓库负责管理。

(2)固定资产编号

固定资产取得后即归管理部门管理，并会同会计部门，依其类别及会计科目的统驭关系予以分类编号并粘贴样签。

(3)固定资产增减报告

企业会计部门应对本月增加和减少的固定资产进行统计，并于次月 10 日前就土地、房屋及建筑物、运输设备、机械设备和机电性设备等项目编制“固定资产增减表”一式三联送管理部门核对，并填列异常或更正内容后，第一联由管理部门留存，第二联由会计部门留存，第三联送使用部门留存，采用计算机处理报表的企业可用电算报表替代。

(4)固定资产盘点制度

固定资产管理部门应会同会计部门每年盘点一次；另外，每季就固定资产的项目，根据登记卡册，每一类别至少抽查十项，抽查后应填制“固定资产盘存单”一式三联，注明盈亏原因；第一联由管理部门留存；第二联报送总经理，由会计部门留存；第三联送总经理处或总管理处备查。管理部门对于盘盈或盘亏应查明原因并上报，同时依据固定资产增加或减少的规定办理手续。

(5)固定资产估价

固定资产因其他公司拨入、接受捐赠、盘盈而增加，应填明金额，如原价无法查到或根本无原价的，会计部门应会同管理部门予以估价并办理手续。

(6)固定资产移交

当人员调转、停职情况发生时，应该依据有关管理规定进行固定资产移交，并办理相应手续，主要是指固定资产移交的手续制度。

(7)固定资产内部调拨

企业固定资产在企业内部相互调拨时，应由调出部门填写“固定资产调拨单”一式四联，经管理部门签章后，送交调出部门签章：第一联由管理部门留存，第二联送会计部门，第三联送调入部门，第四联送调出部门。如果出入厂区，应填写“调拨转运单”一式六联：第一联由托运部门自存；第二联由托运部门转交会计部门暂存；第三联至第六联出厂时经守卫签注时间和车重后，第三联由守卫留存，并于次日转交会计部门；第四联、第五联和第六联由托运部门随同固定资产出厂，在经调入部门厂门时经守卫签注入厂时间和车重后入厂，经点收后，第四联由调入部门留存，第五联由托运部门暂存并凭此申请运费，第六联由守卫暂存，于次日送交调入部门的会计部门。

(8)固定资产报废处理

企业固定资产因减损而报废的，应由使用部门填制“固定资产减损单”一式四联，注明报废原因，送交管理部门及会计部门签注处理意见后呈报总经理，经审核批准后，第一联送管理部门，第二联和第三联随同残料送交仓库签收，然后将第二联送交会计部门据以向主管机关办理抵押权变更及解除保险等手续，第三联由使用部门留存；如果存在拆除报废固定资产，则第四联交拆除部门。

(9)对闲置固定资产的处理

固定资产管理部门至少应每3个月将经营上认为无利用价值的闲置固定资产予以整理，填制“闲置固定资产明细表”，拟定处理意见后呈报总经理，经核定后进行处理。

第五节　固定资产业务内部控制处理程序的设计

一、固定资产的取得与验收

企业应建立并严格执行固定资产预算管理制度。对预算内的固定资产投资，应严格按预算执行进度办理相关手续；对超预算或预算外的固定资产投资，应由相关部门提出申请，经严格审批后办理。

企业应根据使用情况、生产经营和发展战略等因素拟定固定资产投资项目，进行可行性研究，并按规定程序审批，确保固定资产投资决策科学、合理。重大固定资产投资项目可组织独立的第三方进行可行性研究与评价，并由企业实行集体决策和审批，防止因决策失误而造成严重损失。

企业应建立外购固定资产请购与审批制度，明确请购部门和审批人员的职责权限及请购与审批程序。固定资产采购过程应规范、透明。一般固定资产采购应由物资供应部门充分掌握供应商情况，采取比质、比价的办法确定供应商；重大固定资产采购，应采取招投标方式。

企业应按会计准则的要求，区分融资租赁和经营租赁，并根据风险和报酬转移情况，明确固定资产租赁业务的审批和控制程序。

企业应建立严格的固定资产交付验收制度，确保固定资产的数量、质量等符合使用要求。验收工作由固定资产管理部门、使用部门及相关部门共同实施。外购固定资产，应根据合同和供应商发货单等对所购固定资产的品种、规格、数量、质量和技术要求等进行验收，出具验收单或验收报告，验收合格后方可投入使用。自行建造的固定资产应由制造部门、管理部门和使用部门共同填制固定资产移交使用验收单，移交使用部门使用。对尚未及时办理竣工验收手续，但已达到预定可使用状态的固定资产，应及时按暂估价将“在建工程”转为“固定资产”核算。以投资者投入、接受捐赠、债务重组、企业合并或非货币性资产交换等方式取得的固定资产均应办理验收手续。对经营租赁、借用和代管的固定资产，应设立登记簿记录备查，避免与本企业财产混淆。验收合格的固定资产应及时办理入库、编号、建卡和分配等手续。需要办理产权登记手续的固定资产，应及时到相关部门办理。

固定资产取得和验收业务的具体程序如下：

第一,资产管理部门的固定资产管理员根据固定资产购置计划拟订固定资产购置方案一式两份,交资产管理部经理审核。

第二,资产管理部审核后,资产管理部固定资产管理员根据购置方案选货,填制借款凭证并交资产管理部经理和财务部经理审核、签字,经主管总经理审批后购置。

第三,固定资产管理员持借据到财务部出纳员处借支支票。

第四,财务部出纳员对借据进行认真审核,无异议后签发支票,并依据支票存根登记银行存款日记账。

第五,固定资产管理员按固定资产购置方案购置固定资产,购置后填制"固定资产增加单"一式三联。如果没有专门的管理部门,则由资产管理部门的综合管理员填制"固定资产卡片"一式三联,交总务部综合管理员验收。

第六,综合管理员验收后在固定资产卡片上签字,留存一联后将另外两联分送使用部门和财务部门。

固定资产购置业务的处理程序如图 8－1 所示。

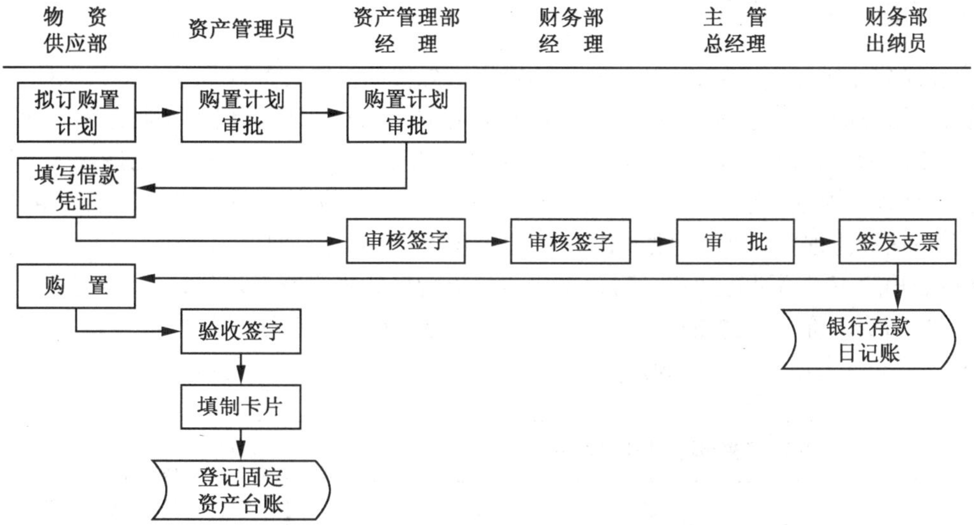

图 8－1　固定资产购置业务处理程序

二、固定资产的使用与维护

企业应加强对固定资产的日常管理工作,授权具体部门或人员负责固定资产的日常使用与维护,以保证资产的安全与完整。固定资产的移动应得到授权。

企业应根据国家及行业的有关要求和自身经营管理的需要,确定固定资产分类标准和管理要求,并编制固定资产目录。企业应依据会计准则,结合企业实际,确定计提折旧的固定资产范围、方法、年限和净残值率等。折旧政策一经确定,除符合会计准则规定的情况外,未经审批,不得随意变更。

企业应建立固定资产维修和保养制度,保证固定资产正常运行,提高使用效率。使用部门应负责固定资产的日常维修和保养,定期检查,及时消除风险。大修理应由使用部门提出申请,按规定程序报批后安排。技术改造应组织相关部门进行可行性论证,经审批通过后实施。

企业应确定固定资产投保范围和政策，由管理部门提出投保申请，按规定程序审批后办理投保手续；必要时，可采取招标方式确定保险公司。已投保固定资产因增减、转移及处置等原因而发生变动时，应提出变更申请，经授权人员审批后办理投保、转移或解除等保险手续。

企业应定期对固定资产进行盘点。盘点前，应保证管理部门、使用部门和财会部门进行固定资产账簿记录的核对，保证账账相符。根据盘点结果填写固定资产盘点表，并与账簿记录核对。如有账实不符，应编制固定资产盘盈、盘亏表。固定资产的盘盈、盘亏应由使用部门和管理部门逐笔查明原因，共同编制盘盈、盘亏处理意见，经授权人员审批后由财会部门及时调整账簿记录。

管理部门和使用部门对未使用、不需用或使用不当的固定资产应及时提出处理措施，报授权人员审批后实施。对封存固定资产，应指定专人负责日常管理，定期检查，确保资产完整。

企业应至少在每年年末由管理部门和财会部门对固定资产进行检查和分析。固定资产存在减值迹象的，应进行减值测试；可收回金额低于账面价值的，应计提减值准备，确认减值损失。

三、固定资产的处置

企业应建立固定资产处置制度，确定固定资产处置的范围、标准、程序和审批权限等，确保固定资产的合理利用。企业应区分固定资产的不同处置方式，采取相应控制措施。对使用期满、正常报废的固定资产，应由使用部门或管理部门填制固定资产报废单，经授权人员审批后进行报废清理。对使用期限未满、非正常报废的固定资产，应由使用部门提出报废申请，注明报废理由；估计清理费用、可回收残值和预计出售价值等。企业应组织有关部门进行技术鉴定，按规定程序审批后进行处置。对拟出售或投资转出的固定资产，应由有关部门或人员提出处置申请，列明原价、已提折旧、预计使用年限、已使用年限、预计出售价格或转让价格等，报经授权人员审批后出售或转让。固定资产处置的一般流程如图 8－2 所示。

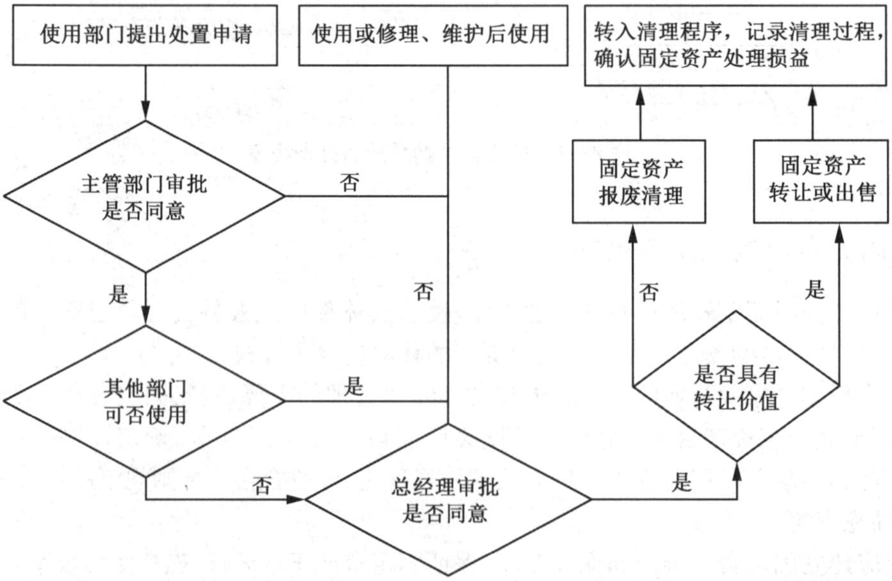

图 8—2　固定资产处置的一般流程

固定资产报废的会计处理程序如下：

第一，固定资产使用部门根据固定资产的使用年限、折旧和残值等填制固定资产报废申请表（一式四份），交总务部固定资产管理员。

第二，固定资产管理员对固定资产报废申请表进行复核，无异议的将申请表交资产管理部经理和财务部经理等联合对固定资产使用情况进行鉴定。

第三，资产管理部经理和财务部经理认为符合报废条件的，分别在固定资产报废申请表上签字，交企业主管总经理审批。

第四，经主管总经理审批后，资产管理部固定资产管理员留存一份申请表，一份交固定资产使用部门，一份交财务部凭证复核员。

第五，资产管理部固定资产管理员根据报废申请表注销固定资产卡片。

第六，固定资产使用部门根据报废申请表注销固定资产卡片。

第七，财务部凭证复核员收到固定资产报废申请表后审核，无异议的交财务部数据录入员。

第八，财务部数据录入员根据固定资产报废申请表进行数据录入，打印记账凭证交财务部复核员。

第九，财务部复核员根据记账凭证对录入数据进行复核，无异议的进行账务处理（登记固定资产账、累计折旧账、固定资产清理账、营业外收支账、银行存款账或现金账）。

固定资产报废的会计处理程序如图 8—3 所示。

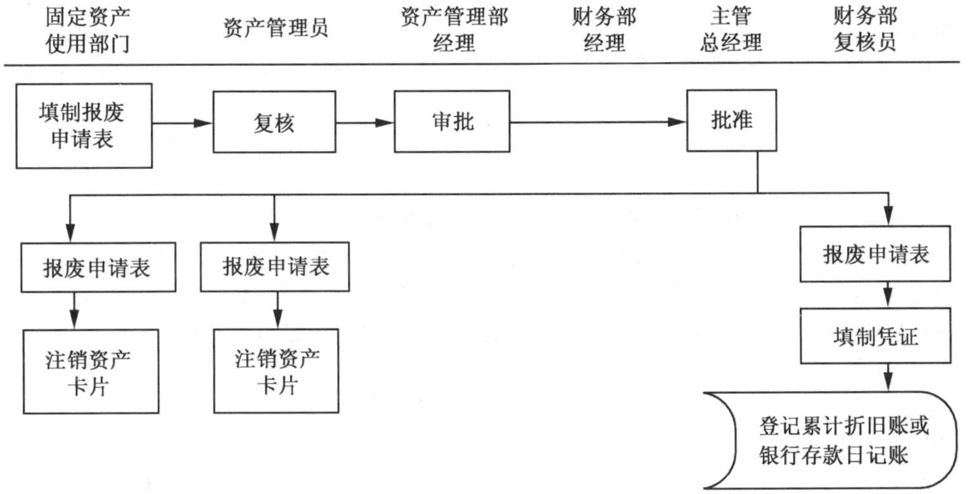

图 8—3　固定资产报废业务流程

固定资产处置应由独立于使用部门和管理部门的其他部门或人员办理。固定资产处置价格应选择合理的方式，经授权人员审批后确定；如有必要，可委托中介机构进行资产评估。重大固定资产处置，应采取集体合议审批制度，并记录集体审批过程。固定资产处置涉及产权变更的，应及时办理产权变更手续。

出租、出借固定资产应由管理部门会同财会部门按规定报经审批后签订合同，对固定资产出租、出借期间的维护保养、税赋责任、租金和归还期限等进行约定。对固定资产处置及出租、出借收入和发生的相关费用及时入账，保持记录的完整。

固定资产内部调拨应填制内部调拨单，明确调拨时间、调拨地点、编号、名称、规格和型号等，经有关负责人审批通过后，及时办理调拨手续。固定资产调拨的价值应由财会部门审批。

本章小结

固定资产是企业生产经营的主要劳动资料，直接影响企业的可持续发展能力。其数量和质量在一定程度上反映企业生产规模的大小和技术装备水平的高低，对企业生产经营的发展具有十分重要的意义。

企业固定资产业务内部会计控制的目标是：监督固定资产业务核算的合规性和恰当性，确保固定资产投资预算的有效执行，保护固定资产的安全与完整，及时发现和纠正固定资产业务中可能出现的错弊，提高固定资产的使用效果和效率。

设计企业固定资产业务内部会计控制制度时，应遵循预算控制原则、分工及授权批准控制原则、内部监督检查原则。

固定资产业务内部控制设计的内容包括固定资产业务凭证的设计、固定资产管理制度内容的设计。固定资产业务处理程序的设计包括固定资产的取得与验收、固定资产的使用与维护、固定资产的处置这三个方面的设计。

课后练习题

一、单项选择题

1. 固定资产登记簿是按固定资产类别开设的、用以记录各类固定资产增减变化和结余情况的账簿，它相当于固定资产(　　)。

A. 总账　　B. 明细账　　C. 一级账　　D. 二级账

2. 固定资产登记卡相当于固定资产(　　)。

A. 三级明细账　　B. 一级明细账　　C. 二级明细账　　D. 总账

3. 盘点固定资产时，要填写(　　)，作为盘点结果的依据，并据此与固定资产卡片相核对。

A. 固定资产增加单　　B. 固定资产盘存　　C. 固定资产盘点表　　D. 单固定资产减损单

4. 固定资产管理部门至少每(　　)将经营上认为无利用价值的闲置固定资产整理后报总经理核定处理。

A. 9 个月　　B. 6 个月　　C. 3 个月　　D. 一年

5. 固定资产盘点表的有关责任人不包括(　　)。

A. 资产管理部主管　　B. 财务部主管　　C. 总经理　　D. 资产使用部门主管

二、多项选择题

1. 企业固定资产业务内部会计控制的目标是(　　)。

A. 监督固定资产业务核算的合规性和恰当性

B. 确保固定资产投资预算的有效执行

C. 保护固定资产的安全与完整

D. 提高固定资产的使用效果和效率

2. 设计企业固定资产业务内部会计控制制度时，应遵循的三项基本原则是(　　)。

A. 预算控制原则　　B. 分工及授权批准控制原则

C. 内部监督检查原则　　D. 安全完整原则

3. 固定资产登记簿是按固定资产类别开设的、用以记录各类固定资产(　　)的账簿,它相当于固定资产二级账。

A. 增减变化　　B. 损耗情况　　C. 结余情况　　D. 管理情况

4. 固定资产卡片一式三联,分别交(　　)留存。

A. 管理部门　　B. 采购部门　　C. 使用部门　　D. 财务部门

5. 固定资产管理制度内容的设计主要包括(　　)。

A. 职责分工　　B. 授权审批

C. 固定资产的日常管理　　D. 固定资产的投资管理

三、判断题

1. 系统建立固定资产目录、明细账和卡片,做到账、卡、物相符。(　　)

2. 固定资产折旧计算表是编制固定资产折旧记账凭证的原始凭证。(　　)

3. 固定资产内部控制的目标是在提高固定资产使用效率的前提下,保护固定资产的安全与完整。(　　)

4. 固定资产目录中关于折旧的项目包括原始价值、预计使用年限、残值、年折旧率和年折旧额。(　　)

5. 自行建造的固定资产应由建造部门、管理部门和使用部门共同填制固定资产移交使用验收单,移交使用部门使用。(　　)

四、简答题

1. 固定资产管理中常见的风险有哪些?

2. 固定资产购进与报废业务的处理流程如何设计?

案例分析

身为国有企业工作人员,利用职务上的便利,骗取国有财产64余万元,面对法院的终审判决,被告人归某不得不低下头,吞下自己“精心隐藏”7年的苦果,等待他的将是15年的牢狱生活。50岁的归某是原上海某技术工程公司轻纺工程部经理。2000年11月,山东某公司向归某所在公司求购精疏机一套,但当时公司没有购买此类机械的配额,头脑活络的归某想出一个办法,利用其他公司的配额到上海纺机总厂定购。随后,归某将本公司的45万余元划入纺机总厂。然而,2001年初,他代表公司到纺机总厂核账时发现,“纺机总厂”财务出错:把已提走的设备当作其他公司购买,而他划入的45万余元却变为公司的预付款。于是,一场偷梁换柱的把戏开始上演。

2001年3月至4月,归某派人到纺机总厂以其公司的名义购买混条机等价值60余万元的设备。因为有了45万余元的“预付款”,归某仅向纺机总厂支付了15万元。随后,他找到了亲戚经营的某纺织器材公司,开出了公司以67万元的价格购得这批设备的发票。而公司不知内情,向该纺织器材公司支付了全部购货款,归某从中得利52万元。同年7月至10月期间,归某又以相同手段骗得公司11万余元,占为己有。2001年底,归某终于梦想成真,开办了自己的公司——中岛纺织机械成套设备公司,并担任法定代理人。

2008年上半年,纺机总厂发现45万元被骗,向公安机关报案,归某随后被捕。法院认定归某贪污公款64万余元,构成贪污罪,判处归某有期徒刑15年。

要求:一个普通的轻纺工程部经理,利用手中的职权和相关内部控制的漏洞,竟采用相同的伎俩两次贪污公款共64万多元,这个给企业造成沉痛教训的案例不能不引起我们的反思。归某所在公司的内部控制究竟出了什么问题,会给犯罪分子以可乘之机?

第九章　无形资产业务内部控制制度设计

学习目标

本章介绍了无形资产业务内部控制制度设计的要点和内容。通过本章的学习，掌握无形资产业务内部控制处理程序的设计。

无形资产是企业拥有或控制的没有实物形态的可辨认非货币性资产，包括专利权、非专利技术、商标权、特许权和土地使用权等。企业应加强对无形资产的管理与控制，落实管理责任制，建立健全分类管理制度，保护无形资产的安全，提高无形资产的使用效率，充分发挥无形资产对提升创新能力和核心竞争力的作用。

第一节　无形资产业务内部控制的要点

企业在建立与实施无形资产内部控制的过程中，应强化对下列关键点的控制：

(1)职责分工、权限范围和审批程序应明确、规范，机构设置和人员配备应科学、合理。

企业应建立无形资产业务的岗位责任制，明确相关部门和岗位的职责与权限，确保不相容岗位相互分离、制约和监督。同一部门或个人不得办理无形资产业务的全过程。无形资产业务的不相容岗位至少包括无形资产投资预算的编制、审批与执行，无形资产的取得、验收与款项支付，无形资产处置的审批与执行，无形资产取得及处置业务的执行与相关会计记录，无形资产的使用、保管与会计处理。

企业应配备合格人员办理无形资产业务。合格人员应具备良好的业务素质和职业道德。

企业应建立无形资产业务授权审批制度，明确授权批准的方式、权限、程序、责任和相关控制措施，规定经办人的职责范围和工作要求。严禁未经授权的机构或人员办理无形资产业务。审批人应在授权范围内审批，不得越权审批。经办人在职责范围内按审批人的批准意见办理无形资产业务。对审批人越权审批的情况，经办人有权拒绝办理并及时向上级部门报告。

(2)无形资产的取得依据应充分、适当，决策过程应科学、规范。

(3)无形资产的取得、验收、使用、保护、评估、技术升级和处置等环节的控制流程应清晰、严密。

(4)无形资产的会计处理应符合会计准则的规定。

企业应制定无形资产业务流程，明确无形资产投资预算编制、研发预算编制、取得与验收、使用与保全、处置和转移等环节的控制要求，并设置相应的记录或凭证，如实记载各环节业务的开展情况,及时传递相关信息,确保无形资产业务的全过程得到有效控制。

第二节　无形资产业务内部控制制度的设计

无形资产业务内部控制制度主要包括职务分离与相应责任控制制度、投资管理控制制度、取得与处置控制制度等若干方面。这里着重结合无形资产的特点强调以下几个方面:

(一)支出预算控制制度

企业的无形资产有外购的,也有自行研制、开发取得的,但无论通过哪种方式获取都要花费一定的代价。同时,由于它具有提供未来经济效益的不确定性,因此在购置或自创无形资产时,必须经过认真调查研究,反复论证其可行性,并与相应的生产经营策略统筹安排,编制支出预算,以防止盲目投资造成意外风险。

(二)审核入账控制制度

企业的无形资产,无论是专利权、商标权还是专有技术,往往是企业自创的,其中,有的在正式形成无形资产前(如专利权和专有技术)发生的大量研究开发费用已作为期间费用入账,正式取得时花费的直接费用反而很少;有的(如商标权)在正式取得时花费很少,一般作为期间费用入账,但随着企业的持续经营,其价值反而迅速提高。这些无形资产确认和计量的复杂性都要求其会计核算必须按会计准则和会计制度的规范,结合企业自身的特点,建立一套严格、规范的无形资产审核入账控制制度,正确划分资本性支出与收益性支出的界限,以保证可靠地提供企业财务信息,正确计算经营成果。

(三)保密控制制度

专有技术是一种技术秘密,不受法律保护;专利权虽然与专有技术不同,法律保护其在有效年限内享有专利的独占权,但有时仍然会发生侵权行为。因此,企业必须根据拥有的专有技术和专利权的自身特征,实施包括人事控制、资料保密、配方垄断和法律相关保护等一系列有效的措施,防止泄密和侵权。由于保密控制制度直接影响会计核算的准确性和提供财务信息的可靠性,因此它也是会计管理与核算非常关注的一项内部控制制度。

(四)无形资产摊销控制制度

无论是专利权、土地使用权、经营特许权还是专有技术或商标权等,都会以各种方式表现出时效性,但这种时效性的表现又极其复杂;与此同时,对时效性长短的判断又决定了无形资产在各个期间的费用分摊金额,直接影响各个期间提供的财务状况和经营成果信息。因此,与无形资产审核入账的控制制度一样,企业必须按会计准则和会计制度的规定,结合企业各种无形资产的特点,建立一套严格、规范的无形资产摊销控制制度,以确保可靠地提供企业财务信息并正确地计算经营成果。

第三节　无形资产业务内部控制处理程序的设计

一、无形资产的取得与验收控制

企业应建立无形资产预算管理制度,根据使用效果、生产经营和发展目标等拟定无形资产投资项目，进行可行性研究，编制无形资产投资预算，并按规定程序审批，确保相关决策科学、合理。

对重大无形资产投资项目，应考虑聘请独立的第三方进行可行性研究与评价，并实行集体决策和审批，防止因决策失误而造成严重损失。

企业应严格执行无形资产投资预算。对预算内的无形资产投资项目，有关部门应严格按预算执行进度办理相关手续；对超预算或预算外的无形资产投资项目，应由相关责任部门提出申请，经审批后办理相关手续。

外购无形资产应建立请购与审批制度，明确请购部门和审批人员的职责权限及相应的请购与审批程序。无形资产采购过程应规范、透明。对一般无形资产的采购，应由采购部门充分掌握供应商情况，采取比质、比价的办法确定供应商；对重大无形资产的采购，应采取招标方式进行；对非专有技术等非公开性无形资产，还应注意采购过程中的保密、保全措施。

企业应建立严格的无形资产交付验收制度，确保无形资产符合使用要求。验收工作由无形资产管理部门、使用部门及相关部门共同实施。外购无形资产必须取得有效的所有权证明文件，仔细审核合同等，必要时应听取专业人员或法律顾问的意见。

自行开发的无形资产，应由研发部门、管理部门和使用部门共同填制无形资产验收单，移交使用部门使用。购入或以支付土地出让金方式取得的土地使用权，必须有取得土地使用权的有效证明文件。除已经确认为投资性房地产外，在尚未开发或建造自用项目前，应根据合同和土地使用权证办理无形资产验收手续。对通过投资者投入、接受捐赠、债务重组、政府补助、企业合并和非货币性资产交换等方式取得的无形资产，均应办理验收手续。

对验收合格的无形资产，应及时办理编号、建卡和调配等手续，对需要办理产权登记手续的无形资产，应及时到相关部门办理。

二、无形资产的使用与保全控制

企业应加强对无形资产的日常管理工作，授权具体部门或人员负责日常使用与保全管理，保证无形资产的安全与完整。

企业应根据国家及行业有关要求和经营管理需要，确定无形资产的分类标准和管理要求，并建立无形资产目录。企业应依据会计准则，结合企业实际，确定无形资产的摊销范围、摊销年限、摊销方法和残值等。摊销方法一经确定，不得随意变更；确需变更的，应遵循会计准则，按规定程序审批。

企业应根据无形资产的性质确定无形资产的保全范围和政策。保全范围和政策应足以应对无形资产因各种原因而发生损失的风险。应限制未经授权人员直接接触技术资料等无形资产，对技术资料等的保管及接触应保有记录，重要无形资产应及时申请法律保护。

企业应定期或至少在每年年末由无形资产管理部门和财会部门对无形资产进行检查和分析。存在减值迹象的，应计算可收回金额；可收回金额低于账面价值的，应计提减值准备，确认减值损失。

三、无形资产的处置与转移控制

企业应建立无形资产处置和转移制度，确定处置与转移的范围、标准、程序和审批权限等。

企业应区分无形资产的不同处置方式，采取相应控制措施。使用期满、正常报废的无形资产，应由使用部门或管理部门填制无形资产报废单，经授权部门或人员批准后进行报废清理。

使用期限未满、非正常报废的无形资产，应由使用部门提出报废申请，列明报废理由，估计清理费用、可回收残值和预计出售价值等，组织有关部门进行技术鉴定，按规定程序审批后进行报废清理。拟出售或投资转出的无形资产，应由有关部门或人员提出处置申请，列明原价、已提摊销、预计使用年限、已使用年限、预计出售价格或转让价格等，报经授权部门或人员批准后出售或转让。对于重大无形资产的处置，处置价格应委托中介机构进行资产评估，同时采取集体合议审批，并建立集体审批记录机制。

无形资产的处置应由独立于管理部门和使用部门的其他部门或人员办理，涉及产权变更的，应及时办理产权变更手续。

企业出租、出借无形资产，应由管理部门会同财会部门按规定报经批准后办理并签订合同，对出租、出借期间所发生的维护保全、税赋责任、租金以及归还期限等进行约定。

对无形资产处置及出租、出借收入和相关费用，应及时入账，保持完整的记录。

无形资产的内部调拨应填制内部调拨单，明确无形资产的名称、编号和调拨时间等，经有关负责人审批通过后，及时办理调拨手续。无形资产的调拨价值应由财会部门审核批准。

四、无形资产业务流程的设计

无形资产的业务流程包括无形资产的取得、验收并落实权属、自用或授权其他单位使用、安全防范、技术升级与更新换代、处置与转移等环节。其主要作业有编制无形资产投资预算、拟订研发方案、进行可行性论证、确定权属关系、进行所有权登记、签订技术保密协议、进行技术适用性评估、技术升级和无形资产处置等。

无形资产业务的一般流程如图 9－1 所示。

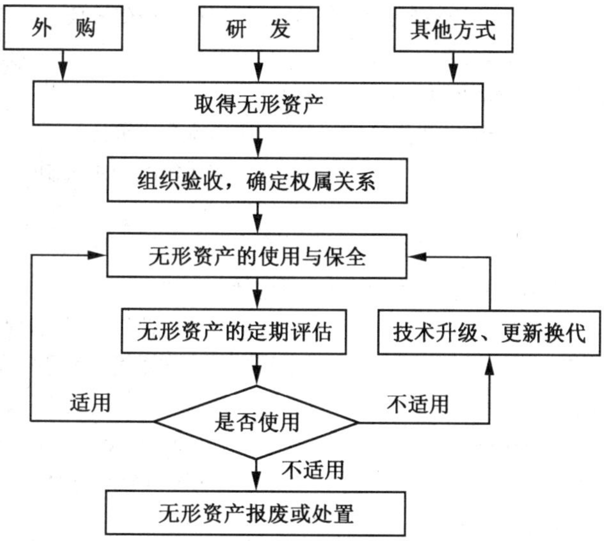

图 9—1　无形资产业务的一般流程

本章小结

无形资产是企业拥有或控制的没有实物形态的可辨认非货币性资产，包括专利权、非专利技术、商标权、特许权和土地使用权等。

企业应制定无形资产业务流程，明确无形资产投资预算编制、研发预算编制、取得与验收、使用与保全、处置和转移等环节的控制要求，并设置相应的记录或凭证，如实记载各环节业务的开展情况，及时传递相关信息，确保无形资产业务的全过程得到有效控制。

无形资产业务内部控制制度主要包括职务分离与相应责任控制制度、投资管理控制制度、取得与处置控制制度等若干方面。

无形资产业务内部控制处理程序的设计主要包括无形资产的取得与验收控制、无形资产的使用与保全控制、无形资产的处置与转移控制、无形资产业务流程的设计等。

课后练习题

一、单项选择题

1. 无形资产的处置应由(　　)办理。

A. 管理部门人员

B. 使用部门人员

C. 企业外的独立第三方

D. 企业内的独立于管理部门和使用部门的其他部门或人员

2.(　　)不是无形资产的核算对象。

A. 商标权　　B. 商誉　　C. 土地使用权　　D. 专利权

3. 自行开发的无形资产，参与验收的部门不包括(　　)。

A. 财务部门　　B. 使用部门　　C. 管理部门　　D. 研发部门

4. 企业应该定期或至少在(　　)检查和分析无形资产是否存在减值迹象。

A. 每年年末　　B. 每年年初　　C. 每季度初　　D. 每季度末

5. 以下关于重大无形资产处置的做法，没有必要的是(　　)。

A. 处置价格委托中介机构进行资产评估　　B. 采取集体合议审批

C. 聘请独立的第三方进行可行性研究　　D. 建立集体审批记录机制

二、多项选择题

1. 无形资产业务内部控制处理程序的设计内容主要包括(　　)。

A. 无形资产的取得与验收控制　　B. 无形资产的使用与保全控制

C. 无形资产的业务流程　　D. 无形资产的处置与转移控制

2. 无形资产的不相容职务包括(　　)。

A. 投资预算的编制、审批与执行　　B. 取得、验收与付款

C. 处置的审批与执行　　D. 使用、保管与会计处理

3. 外购无形资产的内部控制，正确的做法有(　　)。

A. 一般的采购，由采购部门采取比质、比价的办法确定供应商

B. 重大的采购，采取招标方式进行

C. 采购公开性无形资产，注意采购过程中的保密和保全措施

D. 建立请购与审批制度，明确请购部门和审批人员的职责权限

4. 无形资产的摊销，要确定(　　)。

A. 摊销范围　　B. 摊销年限　　C. 摊销方法　　D. 残值

5. 上市公司的重大无形资产的投资项目，正确的做法有(　　)。

A. 聘请独立的第三方进行可行性研究和评价　　B. 实行集体决策与审批
C. 股东大会按自己的权限进行审批　　D. 董事会按自己的权限进行审批

三、判断题

1. 企业要严格划分为取得无形资产而发生的资本性支出和收益性支出。（　）
2. 外购无形资产必须取得有效的使用权证明文件。（　）
3. 对技术资料等的保管和接触应保有记录，重要无形资产应及时申请法律保护。（　）
4. 非正常报废的无形资产，应由管理部门提出报废申请，列明报废理由等事项。（　）
5. 企业对于拥有的专业技术，必须实施包括人事控制、资料保密、配方垄断和法律保护等一系列有效的措施。（　）

四、简答题

1. 设计无形资产业务的一般流程图。
2. 无形资产业务的不相容职务有哪些？

案例分析

YXY 商场于 1989 年 5 月开业，之后仅用 7 个月时间就实现销售额 9 000 万元，1990 年达 1.86 亿元，实现税利 1 315 万元，一年就跨入全国 50 家大型商场行列。到 1995 年，其销售额一直呈增长趋势，1995 年达 4.8 亿元。该商场当年以其在经营和管理上的创新创造了一个平凡而奇特的现象。来自全国三十多个省市的近 200 个大中城市的党政领导、商界要员纷纷去 YXY 商场参观学习。然而，1998 年 8 月 15 日，YXY 商场悄然关门，面对这残酷的事实，人们众说纷纭。导致商场倒闭的原因是多方面的，而其内部控制的极端薄弱是促成倒闭的主要原因之一。下面仅就其无形资产内部控制方面进行分析。该商场的冠名权属于无形资产，其转让都是由总经理一个人说了算，只要总经理签字同意，别人就可以建一个 YXY 商场。在经营管理上，YXY 商场有派驻人员，但由于并不掌控管理，所起的作用不大。这种冠名权的转让，能迅速带来规模的扩张，可也给 YXY 的管理控制带来了风险。对这些企业的管理，YXY 商场并不严格，导致了某些企业在管理方面、服务质量或者产品质量等诸多方面给客户留下了不好的印象，在社会上造成了不良影响，对 YXY 品牌的影响起了负面作用。

要求：针对 YXH 商场出现的问题，分析并提出解决其无形资产内部控制上的改进措施。

第十章　销售业务内部控制制度设计

学习目标

本章介绍了销售业务内部控制制度设计的目标和控制要点。通过本章的学习，掌握销售业务内部控制制度的设计以及销售业务内部控制处理程序的设计。

第一节　销售业务内部控制的目标

一、保证销售业务的合法合规

销售业务必须符合国家法律法规和企业内部各项规章制度的要求，有效预防差错和舞弊行为的发生。

二、保障商品和货款的安全与完整

商品是企业对外销售的基础，货款是企业经济利益流入的体现，商品和货款的安全与完整是企业销售业务内部控制的基本目标。

三、保证销售业务的合理性和有效性

企业应综合运用内部控制的多种方法，加强对市场推广、订单处理、信用评估、合同签订、客户服务、开票发货、货款结算和账款回收等的控制与管理，确保销售各环节有序、高效，避免重大差错、舞弊、欺诈和诉讼等情况的出现。

四、提高销售业务的效益

企业应采取积极的销售和收款政策，努力扩大销售量，不断提高市场占有率，同时注意控制营销费用，积极催收货款，争取将营业收入尽快转变为现金流量。

五、维持良好的客户关系

企业应积极主动地与客户沟通，针对自身业务流程及特点，寻找影响客户满意度的因素，通过对客户关系的维持，努力与客户建立长期友好的合作伙伴关系。

第二节　销售业务内部控制的要点

企业在建立与实施销售业务内部控制的过程中，至少应强化对下列关键点的控制：

(1)职责分工、权限范围和审批程序应明确、规范，机构设置和人员配备应科学、合理。

(2)销售政策和信用管理应科学、合理，销售与发货控制流程应规范、严密。

(3)应收账款应有效管理，及时催收；往来款项应定期核对，如有差错，应及时改正。

(4)销售业务的会计处理应符合会计准则的规定。

第三节　销售业务内部控制制度的设计

销售与收款业务内部控制的设计主要是建立严格的审批制度、科学的分工制度和系统的核算制度。

一、职务分离制度

企业应建立销售业务岗位责任制，明确相关部门和岗位的职责权限，确保不相容岗位相互分离、制约和监督。销售业务的不相容岗位至少应包括客户信用管理与销售合同的审批、签订，销售合同的审批、签订与办理发货，销售货款的确认、回收与相关会计记录，销售退回货品的验收、处置与相关会计记录，销售业务经办与发票的开具、管理，坏账准备的计提与审批以及坏账的核销与审批。

企业应将办理销售、发货和收款三项业务的部门分设。销售部门主要负责处理订单、签订合同、执行销售政策和信用政策、催收货款。发货部门主要负责审核发货单据是否齐全并办理发货的具体事宜。财会部门主要负责销售款项的结算和记录、监督货款的回收。任何一个部门或岗位都不得办理销售业务的全过程。

企业应建立销售业务授权制度和审批制度，明确授权审批的方式、权限、程序、责任和相关控制措施。审批人应在授权范围内审批，不得越权审批。经办人应在职责范围内按审批人的批准意见办理销售业务。对审批人越权审批的事项，经办人员有权拒绝办理并及时向上级授权部门报告。严禁未经授权的机构和人员经办销售业务。对超过企业既定销售政策和信用政策范围的特殊销售业务，应集体决策，防止决策失误而造成严重损失。

企业应配备合格人员办理销售业务，合格人员应具备良好的业务素质和职业道德。企业应根据具体情况对办理销售业务的人员进行岗位轮换或管区、管户调整。

销货业务需要办理的主要事项有制定商业折扣标准、接受客户订单、核准付款条件、填制销货通知、发出商品、开具发票、核准销售折扣、确定销售折让或退货条件并办理退款或接受退货、收取货款以及各环节相应的会计记录等。在这些事项中，需要进行职务分离的有：

(1)接受客户订单的人员不能同时负责核准付款条件和客户信用调查的工作；

(2)填制销货通知的人员不能同时负责发出商品的工作；

(3)开具发票的人员不能同时负责发票的审核工作；

(4)办理各项业务的人员不能同时负责该项业务的审核批准工作；

(5)记录应收账款的人员不能同时负责货款的收取和退款工作;

(6)会计人员不能同时负责销售业务各环节的工作。

二、订单控制制度

企业商品的销售一般是从接受客户的订单开始的。建立订单控制制度是销售业务控制的重要环节。

订单控制制度包括以下几个方面:(1)根据不同的客户和销售形式设计多种订单格式,以满足企业内部各个部门协调工作、相互制约的经营管理需要;(2)规定订单在企业内部各环节的流转程序,并规定相应的授权批准程序;(3)实行订单顺序编号法,对已执行的订单和尚未执行的订单分别进行管理和控制,以便随时检查订单的执行情况和每一订单的处理过程。

三、销售价格政策控制制度

商品的销售价格一方面直接影响商品的销售市场,另一方面影响企业当期利润指标的实现,因此,企业必须制定良好的销售价格政策控制制度。这项制度至少包括以下两个方面:一是制定统一的产品销售价格目录;二是规定灵活的商业折扣和现金折扣标准,并建立相应的授权批准权限。

四、销售发票控制制度

商品发出后向客户开具销售发票既是企业销售成立的标志,也是向客户收取货款的依据。如果在向客户开出销售发票和账单时缺乏有效的控制,不但会导致营私舞弊行为的发生,而且会使会计的营业收入记录不真实。

销售发票控制制度主要包括:(1)指定专人负责发票的保管和使用,明确发票管理制度;(2)发票使用人领用发票时应签字注明所领用发票的起讫号;(3)发票使用人所开具的发票必须以发货通知单等有关凭证上载明的客户名称、日期、数量、单价和金额等为依据如实填列各项内容;(4)财会部门必须指定独立于发票使用人的专人定期或不定期地对所有使用过的发票与会计记录和有关凭证进行核对、检查。

五、收款业务控制制度

根据订单的规定期限和结算方式收取销售款项是销售业务的最终环节,它直接影响企业的财务状况,保证足额、安全地收取款项是收款业务控制制度的根本目标。关于现款销售控制制度已在货币资金的内部控制制度中做了详细描述,这里只就应收账款控制问题进行研究。

对应收账款的控制主要体现在以下几个方面:

(一)客户信用审查

收到客户订单后,首先应由负责客户信用调查的部门进行客户信用审查,然后才能决定是否接受订单。

(二)现金折扣政策

确定切实可行的现金折扣政策,鼓励客户尽早付款。

(三)应收账款记录

会计部门的应收账款记录必须严格地以销售部门销售业务的原始凭证为依据,防止应收账款的虚计；应收账款的总分类账记录和明细分类账记录应由不同的会计人员负责。

（四）对账制度

会计部门应与客户建立定期或不定期对账制度，及时了解客户的财务状况，并将对账结果和对客户财务状况的了解情况通报销售部门和客户信用部门，以便及时采取有效措施，减少坏账损失。

（五）账龄分析

客户信用部门应定期编制应收账款账龄分析表，对账龄较长的客户重点采取措施。

六、退货业务控制制度

企业发生的销货退回相对正常销售来说是少量的、不经常发生的业务，但由于其直接影响企业的信誉、销售收入和应收账款的确认，直接抵减企业的经济效益，并且有可能产生舞弊行为，因此，建立退货业务控制制度是至关重要的。

退货业务的控制制度主要有以下几个方面：

（一）建立退货损失惩罚制度

在整个销售控制制度中明确每一个环节的责任人，当发生退货业务时能够找到承担损失的责任人，并给予相应的处罚，以加强生产和销售等各环节业务人员的责任意识，减少不必要的退货损失。

（二）设立独立于销售部门的销货争议处理机构

当客户验收商品发现问题并通知企业时，销货争议处理机构能够立即展开调查，积极与客户协调，确认责任方。对由于本企业责任而造成客户争议的，应拿出双方都能接受的解决方案。

（三）建立销售折让优先制度

对确认为本企业责任的销售争议，第一解决方案是给予客户销售折让，以减少可能发生的退货损失。

（四）理顺销售折让和销售退回的凭证流转程序

它可以使会计记录所使用的原始凭证真实、可靠，从而保证相应会计记录的客观性。

（五）建立退货、索赔和销售折让审批制度

任何退货、索赔及销售折让的执行都必须有授权领导的批准。

（六）建立退货验收制度和退款审查制度

这个制度的具体内容与进货验收制度和付款制度基本相同。

七、售后服务控制制度

在激烈的市场竞争中，企业为树立信誉、扩大销路，必须对售出商品进行质量担保。既要在规定的质量担保范围内为客户提供良好的服务，又要将保修费用降到最低，这是售后服务控制制度的核心。为此，企业必须根据自身商品的特点，对服务对象、服务时间、服务标准、服务单位和服务业务的手续等建立相应的内部控制制度。

第四节 销售业务内部控制处理程序的设计

一、销售与发货控制

企业应制定销售目标，建立销售管理责任制，明确有关部门或岗位在订单处理、信用评估、签订合同、开票发货和客户服务等作业中的职责权限，确保销售和发货业务按规定程序办理。

（一）接受订单，授权审批

销售部门在收到客户订单后，应依据授权范围决定是否接受订单。销售授权可分别设置一般授权和特别授权。一般授权是对常规业务的制度性授权。例如，金额在 5 000 元以下的销售可由销售部门自行决定是否同意客户赊销或给予折扣与折让。特别授权是针对非常规业务或超过一般授权限制的常规业务，销售部门不能自行决定，而需特别报请经理办公会议或董事会决定是否同意客户赊销或给予折扣与折让。销售部门对已受理订单应填制销售通知单，并要求顾客在收款部门办理款项预付及结算手续。对没有受理的订单，销售部门应及时向客户说明原因。

（二）评估信用，确定政策

企业应充分了解和考虑客户的信用及财务状况等，加强赊销管理。赊销业务应遵循规定的销售政策、信用政策及程序。有条件的企业可设立专职信用管理部门或岗位，负责制定信用政策，评估客户信用等级，确定客户信用政策，监督各部门信用政策的执行情况。信用政策应明确规定定期（至少每年一次）对客户的资信情况进行评估，明确不同客户的信用额度、回款期限、折扣标准及违约情况下应采取的应对措施等。信用管理应利用先进的科学技术，不断收集、健全客户信用资料，建立客户信用档案或数据库。有条件的企业可运用计算机网络集成分公司、子公司或业务分部的销售发货信息与授信情况，防止向未经信用授权的客户发出商品，并防止客户以较低的信用条件同时与两个或多个分公司、子公司进行交易而损害企业利益。有条件的企业还可利用国家政策性出口信用保险机构的政策支持以防范风险。

（三）协商谈判，订立合同

企业应建立销售定价控制制度，制定价目表、折扣政策和收款政策，定期审阅并严格执行。在销售合同订立前，应指定专人就销售价格、信用政策、发货及收款方式等具体事项与客户谈判。谈判人员应有两人以上，并与合同订立人员分离。谈判中涉及的重要事项应有书面记录。企业应授权有关人员与客户签订销售合同，重大合同应征询法律顾问或专家的意见。企业应建立健全销售合同审批制度。审批人员应对销售价格、信用政策、发货及收款方式等严格把关。

（四）通知销售，组织发货

销售部门根据经审批的销售合同编制销售计划，向发货部门下达销售通知并编制销售发票通知单，经审批后传达给财会部门，由财会部门或经授权的有关部门在开具销售发票前对客户信用及实际出库记录凭证审查无误后向客户开出销售发票。编制销售发票通知单的人员与开具销售发票的人员应分离。

发货部门应对销售发货单据进行审核，严格按销售通知单所列货物品种、规格、数量、时间、发货方式和接货地点等组织发货，并建立货物出库和发运等环节的岗位责任制，确保货物安全发运。

（五）保持记录，定期核对

企业应做好销售与发货各环节的相关记录，并加强销售订单、销售合同、销售计划、销售通知单、发货凭证、运货凭证和销售发票等文件及凭证的相互核对工作。销售部门应设置销售台账，及时反映各种商品、劳务等销售的开单、发货和收款情况，并指定专人对销售合同的执行情况进行定期跟踪审阅。销售台账应附有客户订单、销售合同和客户签收回执等单据。

二、收款控制

（一）货款结算与收款管理

企业应及时办理货款结算和收款业务。对以银行转账方式办理的销售收款，应通过企业核定的账户进行结算。销售收入应及时入账，不得账外设账，不得坐支现金。应避免销售人员直接接触销售现款。

（二）应收账款管理

企业应建立应收账款账龄分析制度和逾期催收制度。销售部门应负责应收账款的催收。催收记录（包括往来函电）要妥善保存，财会部门应督促销售部门加紧催收。催收无效的逾期账款可通过法律程序解决。应收账款应分类管理，针对不同性质的应收款项采取不同方法和程序。严格区分并明确收款责任，建立合理的清收奖励、责任追究和处罚制度，及时清理欠款，提高应收账款周转效率。企业应按客户设置应收账款台账，及时登记并评估每一客户的应收账款余额变动和信用额度使用情况。

（三）呆账与坏账管理

呆账是可能成为坏账的应收账款，企业应按会计准则的规定计提坏账准备，并按权限范围和审批程序进行审批。发生坏账损失应查明原因、明确责任，并在履行审批程序后做出会计处理。已核销坏账应进行备查登记，做到账销案存。已核销坏账又收回时应及时入账，防止形成账外款。呆、坏账处理程序如图 10－1 所示。

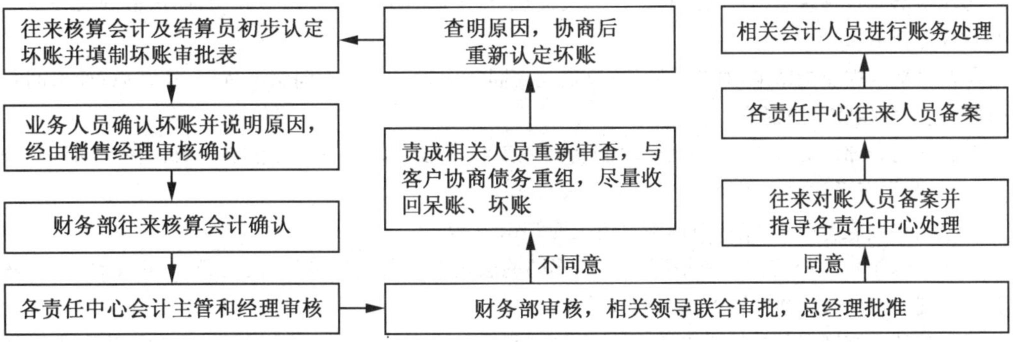

图 10－1　某公司呆、坏账业务处理流程

（四）应收票据管理

企业应结合销售政策和信用政策，明确应收票据的受理范围和管理措施。企业应加强对应收票据合法性和真实性的审查，防止票据欺诈。应收票据贴现必须经授权人员审批。企业应由专人保管应收票据，对即将到期的应收票据应及时向付款人提示付款。已贴现但仍承担收款风险的票据应在备查账簿中登记，以便日后追踪管理。企业应制定逾期票据追索监控和冲销管理制度。

(五)保持记录,定期核对

企业应定期抽查、核对销售业务记录和收款记录等,及时发现并处理收款业务中存在的问题。企业应定期与客户通过函证等方式核对应收账款、应收票据和预收账款等往来款项,如有不符,应查明原因,及时处理。

三、销售退回与折让控制

企业应建立销售退回与折让管理制度。销售退回与折让必须经授权审批后方可执行。销售退回的货物应由质检部门检验并经仓储部门清点后方可入库。质检部门应对客户退回的货物进行检验并出具检验证明;仓储部门应填制退货接收报告单,注明退回货物的品种、数量、金额和退货原因等;财会部门应对检验证明、退货接收报告单及退货方出具的退货凭证等进行审核并办理相应的退款事宜。企业应对退货原因进行分析并明确有关部门和人员的责任。销售退回与折让控制的一般流程如图 10—2 所示。

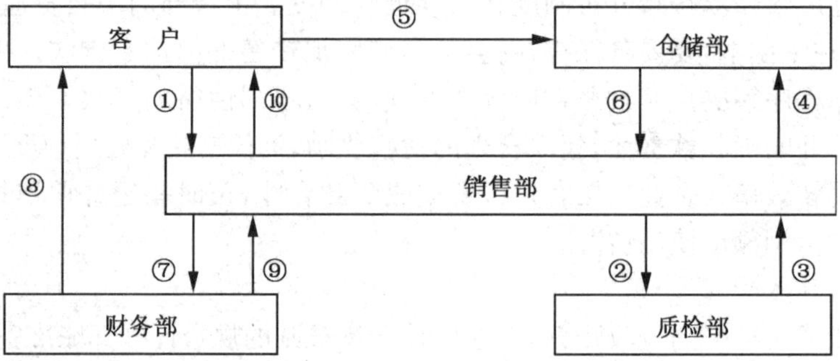

流程图业务描述:

①客户持货物或货物样品向销售部提出退货申请。

②销售部通知质检部对货物或货物样品进行质检或其他检查。

③质检部对货物或货物样品进行质检或其他检查,确认有无质量或其他问题,向销售部反馈检验结果并建议是否退货。

④销售部根据质检结果,对照合同等,决定是否同意退货。如果不同意退货,工作结束;如果同意退货,通知仓储部接收客户退货。

⑤客户向仓储部交付退货,仓储部填制货物入库单(一式五联:一联交客户,一联交销售部,一联交财务部,一联用于登记存货明细簿,一联为存根)。

⑥仓储部接收客户退货后,根据验收情况通知销售部。

⑦销售部根据质检部的检查情况和仓储部的验收情况开具退货单(一式三联:一联交客户,一联交财务部,一联为存根)并通知财务部退款或冲账。

⑧财务部审查销售部的退货单和仓储部的收货情况,向税务部门申请退货发票,为客户办理退款或冲账手续。

⑨财务部将退款或冲账情况反馈给销售部。

⑩销售部将退款或冲账情况与客户沟通。

图 10—2 销售退回业务处理流程

四、销售业务的流程设计

销售业务一般涉及销售、发货、结算和收款等环节,主要作业有接受订单、信用调查、签订合同、预收货款、开票发货、货款结算、账款回收、应收账款管理和坏账处理等。为简化设计，本节以流程图的形式介绍几种常见销售业务的处理程序。图 10－3 是商业零售企业现金销售业务的一般处理流程，图 10－4 是制造业企业现金销售业务的一般处理流程，图 10－5 是制造业企业赊销业务的一般处理流程。

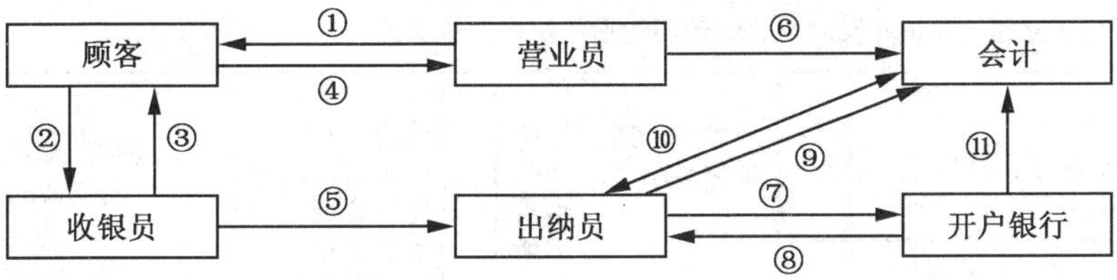

流程图业务描述如下：

①营业员为顾客开具一式多联的售货小票。

②顾客持售货小票到收银台缴款。

③收银员收到货款后，在小票上盖上“收讫”字样的戳记，以示收到货款。

④顾客持盖“收讫”字样戳记的小票到营业员处取货。

⑤收银员在每日终了编制缴款单，到财务部向出纳员送交营业款。

⑥营业员定期编制进、销、存报告表，传递给财务部会计处。

⑦出纳员每天将营业款送存银行。

⑧银行根据收到的款项开具存款回执。

⑨出纳员将缴款单及银行存款回执等收款凭证传递给会计，以便进行账务处理。

⑩会计和出纳员定期或不定期进行账目核对。

⑪银行定期出具对账单，便于银企核对账目。

图 10－3　商业零售企业现金销售业务的一般处理流程

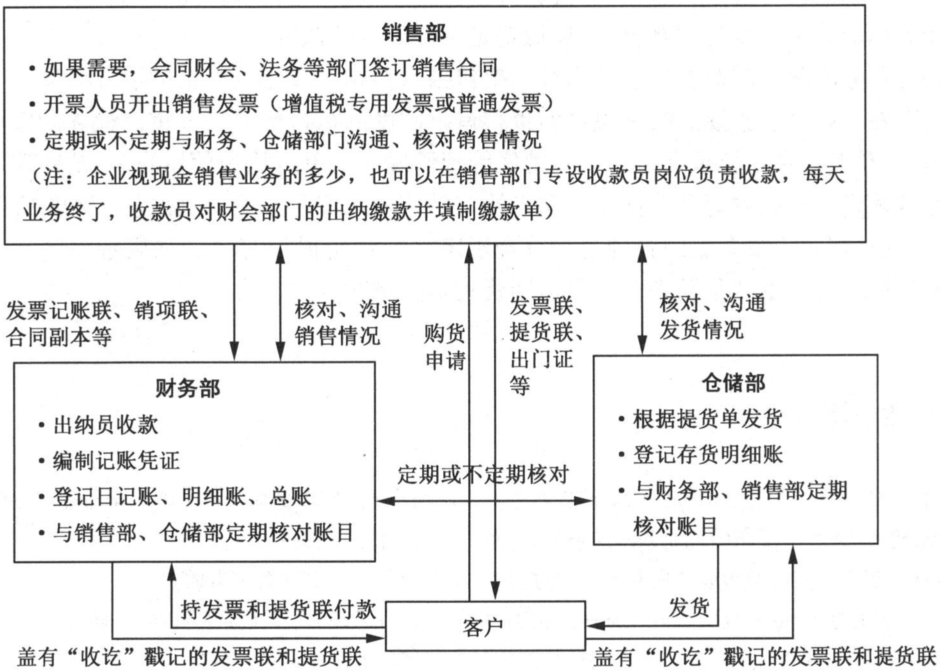

图 10－4　制造业企业现金销售业务的一般处理流程

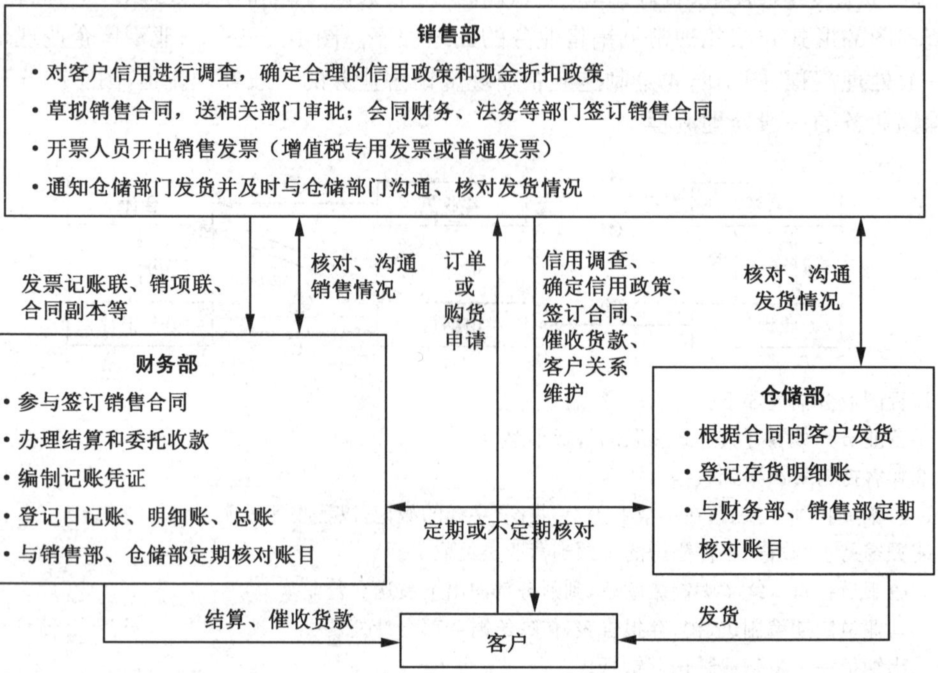

图 10－5　制造业企业赊销业务的一般处理流程

五、销售业务内部控制的监督检查

企业应建立对销售业务内部控制的监督检查制度，明确监督检查机构或人员的职责权限，定期或不定期地进行检查。监督检查机构或人员应通过实施符合性测试和实质性测试来检查销售业务内部控制制度是否健全，各项规定是否得到有效执行。

销售业务内部控制监督检查的内容主要包括：(1)相关岗位及人员的设置情况——重点检查是否存在不相容职务混岗的现象；(2)授权审批制度的执行情况——重点检查授权审批手续是否健全，是否存在越权审批行为；(3)销售管理情况——重点检查信用政策、销售政策的执行是否符合规定；(4)收款管理情况——重点检查销售收入是否及时入账，应收账款的催收是否有效，坏账核销和应收票据的管理是否符合规定；(5)销售退回与折让的管理情况——重点检查销售退回与折让手续是否齐全以及退回货物是否及时入库。

本章小结

销售业务内部控制的目标包括保证销售业务的合法与合规，保障商品和货款的安全与完整，保证销售业务的合理性和有效性，提高销售业务的效益性，以及维持良好的客户关系。

企业在建立与实施销售业务内部控制的过程中，至少应强化对下列关键点的控制：

第一，职责分工、权限范围和审批程序应明确、规范，机构设置和人员配备应科学、合理。

第二，销售政策和信用管理应科学、合理，销售与发货控制流程应规范、严密。

第三，应收账款应有效管理，及时催收；往来款项应定期核对，如有差错，及时改正。

第四，销售业务的会计处理应符合会计准则的规定。

销售业务内部控制制度设计包括职务分离制度、订单控制制度、销售价格政策控制制度、销售发票控制制度、收款业务控制制度、退货业务控制制度、售后服务控制制度。

销售业务内部控制处理程序的设计包括销售与发货控制、收款控制、销售退回与折让控制、销售业务的流程设计、销售业务内部控制的监督检查等内容。

课后练习题

一、单项选择题

1. 企业在设计销售与收款业务的内部会计控制制度时，销售与收款业务的不相容岗位是指（　　）。

A. 销售货款的确认、回收与办理发货岗位

B. 销售货款的确认、回收与相关会计记录岗位

C. 销售货款的确认、回收与销售合同审批岗位

D. 销售货款的确认、回收与销售合同签订岗位

2. 根据内部控制制度的岗位分离原则，可担任企业现销业务收款工作的是（　　）。

A. 销售人员　　B. 会计记账人员　　C. 销售业务主管　　D. 出纳人员

3. 规范应收账款对账制度不包括（　　）。

A. 对账工作由独立于销售部门的财会部门操作　B. 强化回收情况的监督

C. 在对账时间上有规范的定期日　　D. 设计符合要求的标准对账单

4. 退货、索赔、销售折让审批制度应包括（　　）。

A. 理顺销售折让和销售退回的凭证流转程序

B. 设立独立于销售部门的退货争议处理机构

C. 退货、索赔和销售折让的执行必须由有授权领导批准

D. 对责任人实行退货损失惩罚

5. 以下单据中，（　　）不是销售过程中发生的。

A. 销售计划　　B. 销售通知单　　C. 产品出库单　　D. 运货凭证

二、多项选择题

1. 对应收账款日常管理的控制包括（　　）。

A. 应收账款账龄分析　　B. 应收账款对账制度

C. 客户信用审查　　D. 应收账款催收制度

2. 销售退回的货物应由（　　）检验与清点后方可入库。

A. 质检部门　　B. 仓储部门　　C. 财务部门　　D. 销售部门

3. 销售业务一般涉及（　　）等环节。

A. 销售　　B. 发货　　C. 结算　　D. 收款

4. 销售业务内部控制监督检查的内容主要包括（　　）。

A. 相关岗位及人员的设置情况　　B. 授权审批制度的执行情况

C. 销售管理情况　　D. 收款管理情况

5. 销售过程发生的单据有（　　）。

A. 销售订单　　B. 销售合同　　C. 发货凭证　　D. 销售发票

三、判断题

1. 销售部门主要负责处理订单、签订合同、执行销售政策和信用政策和办理发货。（　）

2. 财会部门必须指定独立于发票使用人的专人对所使用过的发票与会计记录进行核对。（　）

3. 对于非常规业务或超过一般授权的常规业务，销售部门不能自行决定，需特别报请董事会或经理办公会决定。（　）

4. 发生销售退回时，财会部门对检验证明、退货接收报告单和退货凭证等进行核对后办理退款。（　）

5. 应收账款的催收，由财会部门负责。（　）

四、简答题

1. 销售业务中的内部控制要点有哪些？赊销业务中的内部控制要点有哪些？

2. 如何为应收账款业务控制设计账龄分析表？

案例分析

1. 华星公司成立于2011年，是一家致力于汽车零配件研发、生产及销售的公司。2015年公司拟实行全面预算管理体系，并于2015年底由财务总监牵头各部门负责人成立预算管理小组，该小组根据公司的发展战略和经营计划直接编制2016年年度预算草案，经总经理审核通过并下发各部门。公司给销售部下达的2016年预算收入指标为5 000万元。2016年6月，甲公司采购员李某联络华星公司销售员张某，表示需要购买价值300万元的汽车零部件，李某承诺先支付定金30万元，余款在三个月内偿还。过去几年甲公司李某从华星公司大批量采购过几次货物，属于华星公司的重要客户，这几年的交易中甲公司信用不错，双方合作愉快。这次销售员张某见其很有购买诚意，该业务又属于公司重大的销售业务，便直接与甲公司签订了购销合同，并电话通知仓储部门按合同三天内给甲公司发送全部货物。三个月后甲公司并没有支付余款，华星公司财务部联系甲公司催收货款，发现甲公司2016年2月就已经陷入财务危机，8月已经处于破产清算状态。华星公司只能全额计提坏账准备。由于受甲公司事件影响，10月份销售部发现当年预算难以完成，便自行把预算销售额调整为4 500万元，然后就详细情况通告了预算管理小组。

要求：根据《企业内部控制应用指引第9号——销售业务》，简要分析华星公司在销售环节中存在的内部控制缺陷。

2. 请指出下面ABC公司销售业务的内部控制制度中的优点和存在的问题。

（1）销售部门的业务人员在了解客户的基本情况后，确定交易的初步意向，填写客户资料表。该表交由信用管制部门派驻的信用管制师对客户的经营能力、资信状况进行评核，出具授信建议。经销售部门经理核准与客户的交易方式及给予客户的信用额度后，签订销售合同。销售部门业务助理将客户资料输入电脑系统存档。

（2）如是现销客户，当收到客户订货单及缴款时，将客户的缴款填写缴款单送交财会部门出纳员。出纳员在收款后，将缴款单的一联交财会部门负责收款的会计进行电脑系统缴款确认。如是放账客户，须将已获核准的授信责任书送交财会部门负责应收款的会计进行电脑系统的授信额度确认，同时，将客户的订货单的一联及相应的销售合同一份转交营业管理部门。

（3）营业管理部门的人员将电脑系统中制作的销货通知单送交储运部门（营业管理部门、储运部门工作由一人领导）。储运部门依据销货通知单标明的品种、数量进行备货并生成一式四联的送货单送交财会部门。财会部门核对价格、收款金额无误后签字并在电脑系统确认生成销货清单，据此填制销货发票并予以记账。财会部门将销货发票及三联送货单送交储运部门。储运部门留存一联，其余两联送货单及销货发票连同货物送交客户。客户签收后将送货单留存一联，另一联送货单由储运部门返回财会部门作为销售收入或应收账款的依据。

第十一章　投资业务内部控制制度设计

学习目标

本章介绍了投资业务内部控制制度设计的目标与原则、控制要点。通过本章的学习，掌握投资业务内部控制制度的设计、投资业务内部控制处理程序的设计以及投资业务流程的设计。

企业对外投资就是将企业的资金投放于企业外部以取得投资收益；或者为了影响或控制其他企业的经营与财务政策，以保障本企业正常经营业务的顺利进行和扩大；或者通过积累巨额资金为满足未来特定用途的需要做准备等，而将企业的现金、实物资产或无形资产、固定资产等对外投出，从而形成企业的各种投资。

第一节　企业对外投资会计制度设计的目的与原则

一、投资业务会计制度设计的目的

（一）优化资源配置，提高资产利用效率

资产是企业拥有或控制的经济资源。企业的生产经营活动就是运用资产取得收益以使资本不断增值的过程。因此，企业必须利用现有的资产来提高其利用效率以增加企业的收益。但企业在经营过程中，由于市场的变化或者企业管理的原因，有时会出现资产闲置或资产报酬率下降甚至亏损的情况，在这种情况下，企业就可以考虑利用现有的资产对外投资，进行资产的重新组合，以优化资源配置，增加企业收益。

（二）优化投资组合，降低经营风险

有时企业并不是因为出现了闲置资产或资产报酬率下降才进行对外投资的，而是出于降低经营风险的考虑。企业在经营过程中，由于经营领域单一，可能会产生较大的经营风险，一旦市场发生变化，就会给企业造成重大的经济损失。在这种情况下，企业可以考虑将一部分资产投放于企业外部，以优化投资组合，降低经营风险。

（三）保护企业资产的安全与完整

各种行之有效的投资管理制度能使企业的各项投资活动在一种有条不紊和高效率的方式下运转。如果没有有效的对外投资管理制度，企业的各项投资资产就可能遭盗窃、受损或被滥用，有关的会计凭证、账簿记录和统计计量等非实物资产也可能遭到破坏和毁损，导致各种贪污、舞弊行为的发生。所以，完善的投资制度可以在一定程度上保证财产物资及相关记录的安全与完整。

（四）强化企业管理，提高经济效益

加强企业管理是企业永恒的主题。管理的重心在决策，决策的科学性则离不开正确、可靠的管理制度。对于管理者来说，科学、合理的管理制度能为管理者提供准确的信息，从而做出正确的决策，并能提高企业的经济效益；否则，决策失误会给企业带来各种投资风险，使企业蒙受各种损失。

二、对外投资会计制度设计的原则

（一）成本效益原则

企业在设计对外投资各项制度的过程中，贯彻成本效益原则就是要运用科学化的经营管理方法来降低成本、提高经济效益，力争以最小的控制或管理成本获取最大的经济利益，即实施各项投资管理制度所花费的代价不能超过因此所获得的收益。

在设计对外投资会计制度时要坚持成本效益原则，要有选择地控制，要精心设计控制点，太多就不经济，太少则会失去控制的有效性。应尽量精简机构和人员，改进控制方法和手段，减少过繁的手续和程序，避免重复劳动，使企业能因工作简化、效率提高而节省费用。花费少而控制效率高才是有效的控制系统。

（二）安全性原则

企业的对外投资通常会面临许多风险，一般来说，风险越大，报酬率越高；风险越小，报酬率越低。因此，企业必须在投资报酬与风险之间权衡利弊，寻找一种能够按期收回本金并能获得投资收益的安全的会计制度。因为企业的各种财产物资，特别是货币资金和有价证券等变现性较强的资产很容易被挪用或盗窃，对于这些资产，只有经过适当授权，方可接触或处理，以保证资产的安全与完整。另外，在设计投资会计制度时，应建立实存资产与账面资产定期核对控制制度，使两者相互牵制，有助于核实实物资产的完整性，当两者产生差异时，管理者可以及时采取措施，防微杜渐，确保账账相符、账实相符。

（三）权责明确、奖惩结合原则

企业在设计对外投资会计制度的过程中，坚持权责明确原则就是根据各岗位和部门的职能与性质，明确各部门及人员应承担的责任范围，赋予其相应的权限，规定操作规程和处理手续，确定追究责任的措施与奖惩办法等，做到事事有人管、事事有人干、办事有标准，使权有所属、责有所归、利有所享，避免发生越权、争权夺利或互相推诿的现象。同时，应定期对各部门的业绩进行考核与评价，并与其切身利益紧密挂钩，做到奖惩分明。

（四）信息反馈原则

按照系统论的观点，对于一个控制系统来说，不仅控制主体作用于受控系统，而且受控系统会反作用于控制主体，即具有反馈功能。对外投资信息的反馈是否及时，直接关系到会计制度设计的有效性。因此，坚持信息反馈原则就是要根据信息反馈过程及各阶段的特征，在企业内部设置严密的记录和报告等信息反馈系统，使各控制主体能够及时了解控制措施的执行情况，不失时机地行使权力、履行责任、调整投资活动，有效实现企业目标。

三、投资业务的内部控制目标

针对上述风险，为规范投资行为、防范投资风险、保证投资安全、提高投资效益，投资业务的内部控制应实现如下目标：

(1)防范投资决策风险,确保企业投资活动符合企业发展战略。

(2)控制合规性风险,投资活动要遵循国家法律法规,符合国家产业政策和宏观调控趋势。

(3)堵塞漏洞,防止舞弊,保护投资资产的安全。

(4)合理安排与投资活动有关的资产结构,控制流动性风险。

(5)投资及投资收益的确认、计量和报告符合会计准则的要求。

第二节　投资业务内部控制的要点

企业在建立和实施投资业务内部控制的过程中,控制要点有以下几个方面:

第一,职责分工、权限范围和审批程序应明确、规范,机构设置和人员配备应科学、合理。

企业应建立投资业务岗位责任制,明确相关部门和岗位在投资论证、授权、执行、记录、资产保管等方面的职责权限,确保不相容职务相互分离、制约和监督。投资业务中的不相容职务至少应包括:投资计划的编制、可行性研究与投资项目评估;投资审批与执行;投资处置环节的申请、执行与审批;投资绩效评估与执行;投资执行与会计记录;投资执行与有价证券的保管;会计记录与有价证券的保管;等等。

企业应配备合格人员办理对外投资业务。合格人员应具备良好的职业道德,掌握金融、投资、财会和法律等方面的专业知识。

企业应建立投资授权和审批制度,并按规定的权限和程序办理投资业务。

企业应根据投资类型制定业务流程,明确投资业务中各环节的责任人、风险点和控制措施等。

第二,投资项目建议书和可行性研究报告的内容应真实、可靠,支持投资建议和可行性论证的依据应充分、恰当,投资合同的签订应征求法律顾问的意见。

第三,投资实施方案应科学、完整,对投资项目的跟踪管理应全面、及时,对投资收益的确认应符合会计准则,对投资权益证书的管理应严格、有效,计提投资减值准备的依据应充分、恰当。

第四,投资处置的方式和程序应明确、规范,与投资处置有关的文件资料和凭证记录应真实、完整。

企业应保持完整的记录和凭证,如实记载投资业务各环节的开展情况。明确与投资业务相关文件资料的取得、归档、保管和调阅等各个环节的管理规定及相关人员的职责权限。

第三节　投资业务内部控制制度的设计

投资活动与其他经营业务活动相比,在各家企业之间具有较大的相同性,因而对投资环节的内部控制制度可予以规范。具体而言,投资业务内部控制制度主要包括职务分离制度,财务分析制度,投资调查审批制度,投资取得、保管和处置控制制度以及投资核算控制制度。

一、职务分离制度

投资业务的职务分离制度主要体现在以下几个方面:(1)投资计划的编制人员与审批人员相分离,以保证审批人员客观地分析投资的可行性和合理性;(2)投资业务的操作人员与会计人员相分离,以保证业务运行和会计记录的相互核对与控制关系;(3)有价证券的保管人员与会计记账人员相分离，以保证会计账簿对有价证券的安全性进行有效控制；(4)参与投资交易活动的人员不能同时负责有价证券的盘点工作；(5)投资红利和利息的经办人员与会计核算人员相分离，以保证红利和利息所获现金的全款入账。

二、财务分析制度

财务分析制度贯穿于投资的提出、立项、调查、审批、跟踪和处理过程，应由负责投资的部门和财务部门定期或不定期地对被投资企业的财务状况和证券市场行情等进行分析，并据此编制财务分析报告，递交企业最高管理当局或董事会。当企业自己无能力进行某些分析活动或者自己进行分析活动不经济时，应聘请证券分析专家、市场分析专家或其他投资咨询公司来实施，以便掌握投资状态，及时采取相应对策，规避投资风险。

三、投资调查审批制度

由于投资活动存在巨大风险，在投资前必须进行充分的调查研究，并以财务分析的结果为依据编制投资计划，详细说明准备投资的对象、投资理由、投资品种、投资数量、投资期限、投资组合方案、影响投资收益的潜在利益和风险等，经决策部门审查批准后方可执行。所有投资决策都应当用书面文件予以记录。这些书面文件应进行编号控制，以便日后追查经济责任。

四、投资取得、保管和处置控制制度

对各种间接投资取得的有价证券和直接投资的合同、章程等需协调专门机构(专人)妥善保管，无论有价证券是由银行或其他独立机构代为保管还是由企业自行保管，证券保管人都必须设置证券登记簿，根据经复核和批准的原始凭单，详细登记存取证券的名称、号码、数量、面值、存放和取出日期及经手人等内容。该登记簿与会计部门的投资明细账应定期由专门人员进行核对，以保证投资资产的安全。

对各项投资的出售和收回等处置，也需要有相应的部门主管授权批准，并将处置的各项原始凭证及获取的款项交财会部门入账。如果投资资产的处置为不同证券之间的转移，则该业务应同时置于证券取得和处置的控制制度下。如果处置的结果是收回现金，就还应结合现金收入的控制方法对投资资产的处置进行控制。

五、投资核算控制制度

投资的会计核算控制制度包括投资的发生、期末计价、利息和股利的收取以及投资的收回等投资业务全过程的会计核算控制制度，通过相应的账户设置和会计核算方法的选定，对各项投资业务进行真实、完整和系统的会计核算。

第四节　投资业务内部控制处理程序的设计

一、投资可行性研究、评估与决策控制

企业应加强对投资可行性研究、评估与决策环节的控制，对投资项目建议书的提出、可行性研究、评估和决策等做出明确规定，确保投资决策合法、科学、合理。企业因发展战略的需

要，在原投资基础上追加投资的，仍应严格履行控制程序。

企业应编制投资项目建议书，由相关部门或人员对投资项目进行分析与论证，对被投资方的资信情况进行尽职调查或实地考察，并关注被投资方管理层或实际控制人的能力和资信等情况。投资项目如有其他投资者，应根据情况对其他投资者的资信情况进行了解或调查。对交易性投资项目，还应对投资品种、投资理由、投资数量、投资期限、投资组合以及影响收益的潜在因素等进行调研和论证。

企业应由相关部门、人员或委托具有相应资质的专业机构对投资项目进行可行性研究，编制可行性研究报告，重点对投资目标、投资规模、投资方式、潜在风险与收益等做出评价。企业应对可行性研究报告进行独立评估，形成评估报告。重大投资项目必须委托有资质的专业机构对可行性研究报告进行独立评估。

投资计划必须进行严格的审批。根据经股东大会（或类似权力机构）批准的年度投资计划，按职责分工和审批权限，对投资项目进行决策审批。重大投资项目应根据公司章程及相应权限报经股东大会和董事会（或类似决策机构）批准。交易性投资项目可由董事会授权一位高级职员来负责审批。

企业可设立投资审查委员会或类似机构，对达到一定标准的投资项目进行初审。只有初审通过的投资项目才能提交上一级管理机构和人员进行审批。初审应审查下列内容：(1)拟投资项目是否符合国家有关法律法规和相关调控政策，是否符合企业主业发展方向和投资的总体要求，是否有利于企业的长远发展；(2)拟订的投资方案是否可行，主要风险是否可控，是否采取了相应的防范措施；(3)企业是否具有相应的资金能力和项目监管能力；(4)拟投资项目的预计经营目标和收益目标等是否能实现，企业的投资利益能否确保，所投入的资金能否按时收回。

二、投资执行控制

企业应制定投资实施方案，明确出资时间、出资金额、出资方式及责任人员等内容。投资实施方案及方案的变更应重新履行审批程序。对交易性投资项目，企业可委托证券经纪人从事证券投资。经纪人应按委托合同及委托人的指令在授权范围内操作。证券买卖成交后，经纪人应填写成交通知书，列明成交编号、投资指令号、证券名称、证券数量、证券面值、实际成交价格、佣金和税金等。企业应授权相关人员对成交通知书进行审核，并作为记账依据之一。

企业应指定专职部门或人员对投资项目进行跟踪管理，掌握被投资方的财务状况、经营情况和现金流量状况，定期组织投资质量分析，发现异常应及时报告，以便采取相应措施。

企业可根据管理需要和有关规定向被投资方派出董事、监事、财务负责人或其他管理人员。对派驻被投资方的人员应建立适时报告、业绩考评与轮岗制度。

投资账户调整和投资收益计算应按会计准则进行。被投资方以股票形式发放股利，应及时更新账面股份数。按公允价值核算的投资项目，期末应将投资账户余额调整为公允价值并记录公允价值变动。按成本核算的投资项目，在有减值迹象时应进行减值测试，确认是否发生减值损失。

企业应指定专职部门或人员保管投资资产，并保持详细记录。未经授权的人员不得接触投资资产。企业也可委托银行、证券公司、信托投资公司等机构代为保管投资资产。财会部门应定期或不定期地对投资资产进行账实核对。同时，企业应设置投资备查登记簿，记载被投资单位的基本情况、动态信息、取得投资时被投资方各项资产及负债的公允价值、关联交易情况和发放股利情况等。

企业应定期或不定期地与被投资方核对有关投资账目，以保证投资的安全、完整。

三、投资处置控制

企业应对投资收回、转让、核销等的决策和授权审批程序做出明确规定。投资收回、转让与核销应按规定权限和程序审批并履行相关审批手续。

对应收回的投资资产要及时、足额收取。转让投资应由相关机构或人员合理确定转让价格，并报授权审批部门审批，必要时可委托具有相应资质的专门机构进行评估。核销投资应取得因被投资方破产等而不能收回投资的法律文书和证明文件。

企业应认真审核与投资处置有关的审批文件、会议记录和资产回收清单等相关资料，确保资产处置真实、合法。

企业应建立投资项目后续跟踪评价管理制度，对企业的重要投资项目和所属企业超过一定标准的投资项目有重点地开展后续跟踪评价工作，并作为进行投资奖励和责任追究的基本依据。

四、投资业务的监督检查

企业应加强对投资业务内部控制的监督检查，明确监督检查机构或人员的职责权限，定期或不定期地进行检查。

投资业务内部控制监督检查的内容包括：(1)相关岗位设置及人员配备情况，重点检查岗位设置是否科学、合理，是否存在不相容职务混岗现象及人员配备是否合理；(2)授权审批制度的执行情况，重点检查分级授权是否合理，对外投资的授权审批手续是否健全，是否存在越权审批等违规行为；(3)投资业务决策情况，重点检查对外投资决策过程是否符合规定的程序；(4)投资业务执行情况，重点检查各项资产是否按投资方案投出，投资期间获得的投资收益是否及时进行会计处理以及对外投资权益证书和有关凭证的保管与记录情况；(5)投资处置情况，重点检查投资资产的处置是否经过决策并符合授权审批程序，资产的回收是否完整、及时，资产的作价是否合理；(6)投资业务会计处理情况，重点检查会计记录是否真实、完整，是否符合会计准则的要求。

五、投资评价

投资评价是指定期或不定期地对已实施的投资(或投资项目)从立项、决策、实施到结果(包括企业的经济效益和社会效益)等进行综合评价，以便总结经验，及时发现问题或错弊，提出相关对策、建议等。对外投资项目评价的时间安排包括：投资项目前期工作的评价、项目实施一定时期后的评价和证券投资后的评价等。投资评价的程序及方法可以根据企业的具体情况确定，如一些企业采取三个步骤进行投资评价，即先由项目单位进行自我评价并编制投资评价报告，然后由主管部门或企业内部审计部门对投资评价报告进行初步审查并提出评价意见，最后由企业最高管理层对投资评价报告进行复审并提出评价意见。

投资项目评价完成后，企业应根据评价结果，按其奖惩办法对有关业务部门、投资项目负责人和其他有关人员实行奖励或惩罚，以起到激励作用。

第五节　投资业务流程的设计

投资业务涉及可行性研究、投资决策、投资执行、投资处置和投资评价等环节，主要作业有提出投资建议、拟订投资方案、进行可行性论证、编制投资计划、投资计划审批、投资执行、收益或减值核算与持续管理、投资处置、投资评价与考核等。图 11－1 是投资业务的一般流程，图 11－2 是购入有价证券(包含持有至到期投资和长期股权投资)的业务流程，图 11－3 是交易性金融资产的业务流程，图 11－4 是有价证券出售的业务流程。

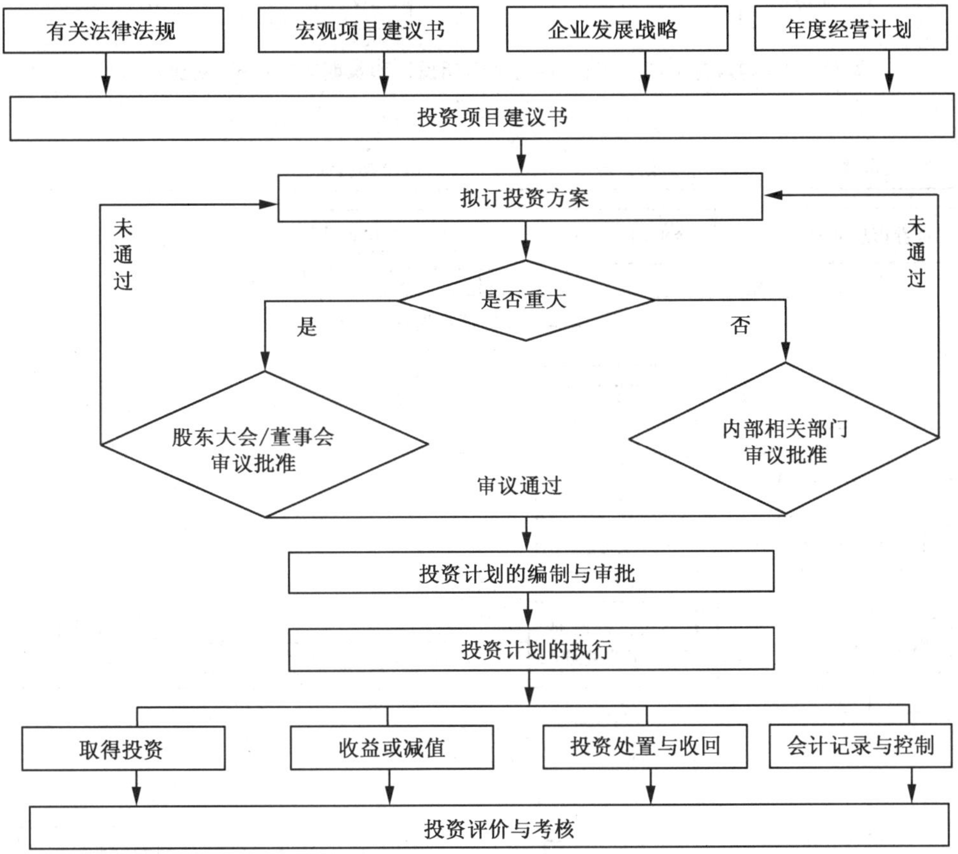

图 11－1　投资业务的一般流程

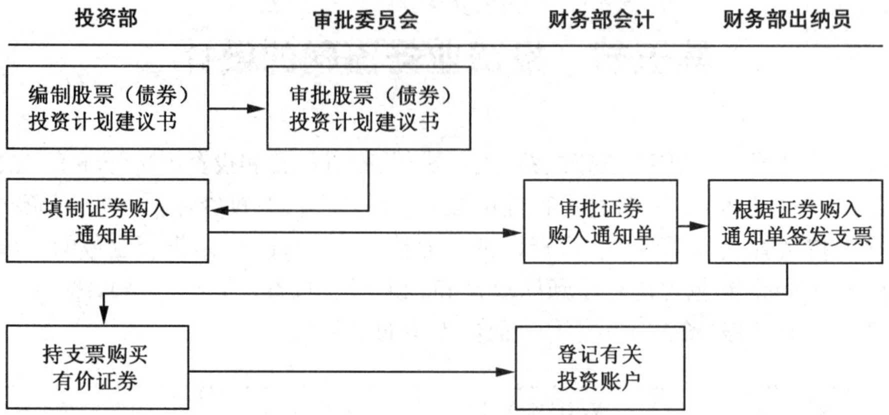

图 11—2　购入有价证券(包含持有至到期投资和长期股权投资)的业务流程

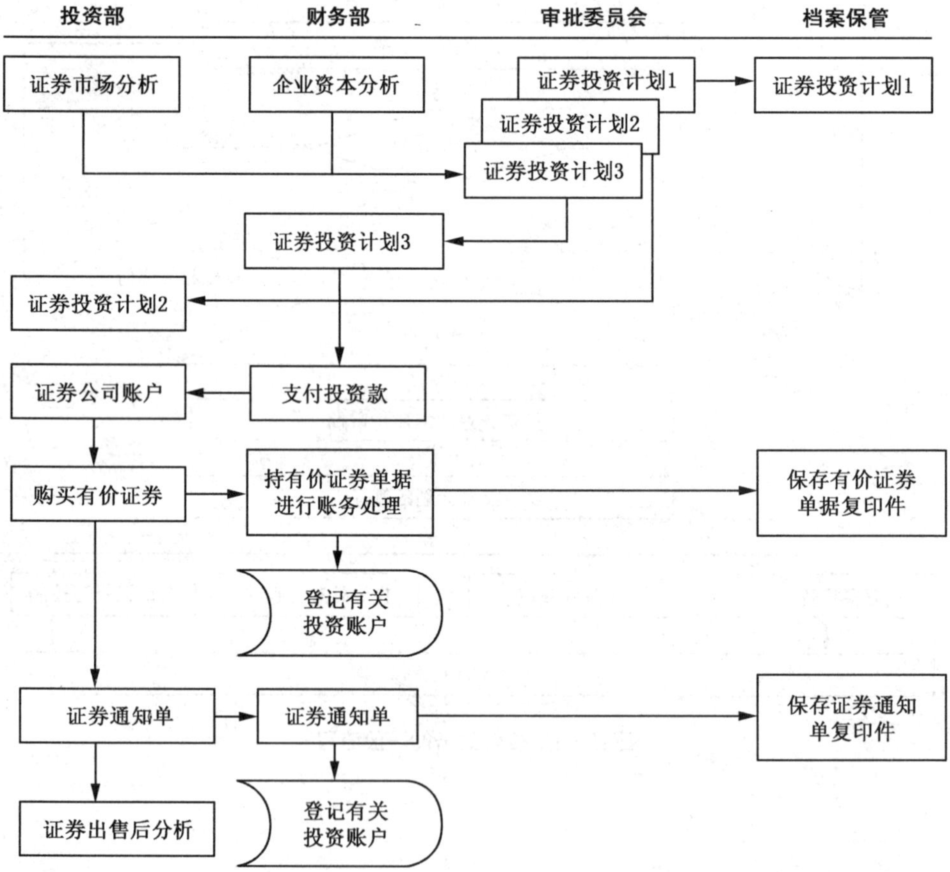

图 11—3　交易性金融资产的业务流程

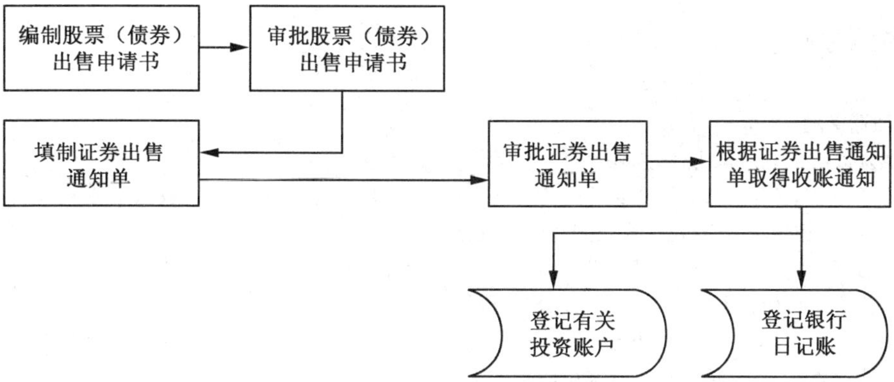

图 11－4　有价证券出售的业务流程

本章小结

企业对外投资就是将企业的资金投放于企业外部以取得投资收益；或者为了影响或控制其他企业的经营与财务政策，以保障本企业正常经营业务的顺利进行和扩大；或者通过积累巨额资金，为满足未来特定用途的需要做准备等，而将企业的现金、实物资产或无形资产、固定资产等对外投出，从而形成企业的各种投资。

投资业务会计制度设计的目的：一是优化资源配置，提高资产利用效率；二是优化投资组合，降低经营风险；三是保护企业资产的安全与完整；四是强化企业管理，提高经济效益。

对外投资会计制度设计的原则包括成本效益原则、安全性原则、权责明确与奖惩结合原则、信息反馈原则。

投资业务的内部控制应实现如下目标：(1)防范投资决策风险，确保企业投资活动符合企业发展战略；(2)控制合规性风险，投资活动要遵循国家法律法规，符合国家产业政策和宏观调控趋势；(3)堵塞漏洞，防止舞弊，保护投资资产的安全；(4)合理安排与投资活动有关的资产结构，控制流动性风险；(5)投资及投资收益的确认、计量和报告符合会计准则的要求。

在投资业务内部控制的过程中，控制要点有以下几个方面：

第一，职责分工、权限范围和审批程序应明确、规范，机构设置和人员配备应科学、合理。

第二，投资项目建议书和可行性研究报告的内容应真实、可靠，支持投资建议和可行性论证的依据应充分、恰当，投资合同的签订应征求法律顾问的意见。

第三，投资实施方案应科学、完整，对投资项目的跟踪管理应全面、及时，对投资收益的确认应符合会计准则，对投资权益证书的管理应严格、有效，计提投资减值准备的依据应充分、恰当。

第四，投资处置的方式和程序应明确、规范，与投资处置有关的文件资料和凭证记录应真实、完整。

投资业务内部控制制度主要包括职务分离制度，财务分析制度，投资调查审批制度，投资取得、保管和处置控制制度以及投资核算控制制度。

投资业务内部控制处理程序的设计包括：(1)投资可行性研究、评估与决策控制；(2)投资执行控制；(3)投资处置控制；(4)投资业务的监督检查；(5)投资评价。

投资业务涉及可行性研究、投资决策、投资执行、投资处置和投资评价等环节，主要作业有提出投资建议、拟订投资方案、进行可行性论证、编制投资计划、投资计划审批、投资执行、收益或减值核算与持续管理、投资处置、投资评价与考核等。

课后练习题

一、单项选择题

1. 企业发放的股利应该由(　　)决定。

A. 监事会　　B. 董事会　　C. 总经理　　D. 股东大会

2. 投资账户调整和投资收益计算应按(　　)进行。

A. 会计制度　　B. 会计规范　　C. 会计准则　　D. 核算程序

3. 重大投资项目应根据公司章程和相应权限报经(　　)批准。

A. 股东大会　　B. 董事会　　C. 股东大会和董事会　　D. 战略管理委员会

4. 企业应设置(　　),记载被投资单位的基本情况等信息。

A. 投资备查登记簿　　B. 投资项目建议书　　C. 投资计划　　D. 投资计划建议书

5. 企业要编制(　　),由相关部门和人员对投资项目进行分析和论证。

A. 投资备查登记簿　　B. 投资项目建议书　　C. 投资计划　　D. 投资计划建议书

二、多项选择题

1. 投资业务会计制度设计的目的主要是(　　)。

A. 优化资源配置,提高资产利用效率　　B. 优化投资组合,降低经营风险

C. 保护企业资产的安全与完整　　D. 强化企业管理,提高经济效益

2. 对外投资会计制度设计的原则主要有(　　)。

A. 成本效益原则　　B. 安全性原则

C. 权责明确、奖惩结合原则　　D. 信息反馈原则

3. 投资业务内部控制制度主要包括职务分离制度和(　　)。

A. 投资调查审批制度　　B. 财务分析制度

C. 投资取得、保管和处置控制制度　　D. 投资核算控制制度

4. 编制可行性研究报告,重点对(　　)等做出评价。

A. 投资目标　　B. 投资规模　　C. 投资方式　　D. 潜在风险与收益

5. 投资业务涉及(　　)和投资评价等环节。

A. 可行性研究　　B. 投资决策　　C. 投资执行　　D. 投资处置

三、判断题

1. 对外投资要兼顾投资的安全性和效益性。(　　)

2. 参与有价证券投资活动交易的人员,不能同时负责有价证券的盘点工作。(　　)

3. 所有投资决策都应用书面文件予以记录。这些书面文件应进行编号控制。(　　)

4. 根据董事会(或类似权力机构)批准的年度投资计划,对投资项目进行决策审批。(　　)

5. 对于各项投资的出售和收回等处置,需要有相应的主管部门授权批准。(　　)

四、简答题

1. 投资业务管理中常见的风险有哪些?投资业务中应予以分离的不相容职务有哪些?

2. 设计投资业务的一般流程图。

案例分析

中国 ABC(新加坡)股份有限公司成立于 1993 年,由中央直属大型国企中国 ABC 集团公司控股,总部和

注册地均位于新加坡。经政府批准，ABC公司自2003年开始做油品套期保值业务，在此期间擅自扩大业务范围，从事石油衍生品期权交易，账面实际损失和潜在损失总计约5.54亿美元。

2004年8月，公司在与投资者的在线沟通中，针对某位投资者关于公司是否会在原油上涨中获益的提问，以晦涩语言答复道："公司自身的状况比油价上涨时公司的盈利情况影响更大，所以不能说我们能从原油上涨中获益。"而当讨论到公司的股票时，公司方面称，从当前的市场水平来看，公司股价便宜，同时公司还称对全年的盈利数据表示乐观。然而，随着公司在交易中损失的骤增，公司再也无力应付来自银行的担保需求。最后，公司不得不向"黑暗"中的投资者揭示真相。

根据公司前总裁陈某向法院做出的证明，2004年6月公司就已经面临3 580万元的潜在亏损，在原油价格继续上升的时候还继续追加了错误方向(做空)的资金。而在8月份披露的第二季度报告中，公司的净利润仍有1 020万美元，但该报告没有揭示交易损失和负债情况，相反，还在吹嘘公司紧抓风险管理的程序。该公司在11月份发布的声明中还表示："公司仍有把握认定，2004年全年收益将超过2003年，因此将达到创纪录水平。"

要求：根据上述资料，请分析ABC公司在投资管理上有哪些缺陷？所带来的风险有哪些？

第十二章　筹资业务内部控制制度设计

学习目标

本章介绍了筹资业务内部控制制度设计的目标与原则、控制要点。通过本章的学习，掌握筹资业务内部控制处理程序的设计。

第一节　筹资业务内部控制的目标

筹资是指企业根据其生产经营活动的资金需要，通过一定的渠道，采取适当的方式获取所需资金的行为。企业可采取多种筹资方式筹措其生产经营活动所需资金，如发行股票（包括普通股和优先股）、发行债券、借款、吸收直接投资、商业信用和融资租赁等。企业筹资业务内部会计控制的目标是合理确定筹资规模和筹资结构，合理选择筹资渠道和筹资方式以及防范和控制财务风险。

第二节　筹资业务内部会计控制的要点

企业在设计筹资业务会计处理程序时，应注意以下内部会计控制要点：

第一，筹资计划的编制人员与审批人员应分离，以便审批人员独立衡量其合理性。

第二，负责筹资业务的人员应与会计记录人员分离，负责证券出售和发行的人员不能同时担任相关会计工作。

第三，负责利息（或股利）计算和会计记录的人员应与支付利息（或股利）的人员分离，并尽可能由独立的金融机构代理支付。

第四，企业筹资时应编制筹资计划，并在正式执行前组织或聘请有关人员、专家分析、审核其可行性和合理性。

第五，加强对有价证券的保管。企业尚未发售的有价证券，一般应委托金融机构代管。企业自行保管时，应将有价证券存入专用的保险箱内，并规定只有被授权人员才能接触；打开保险箱时，应有两位负责保管的人员同时在场，并在登记簿中记录开箱时间和原因，保管人员应共同在上面签名。无论是委托代管还是自行保管，都应由与筹资业务无关的人员定期对证券进行核对（或实地盘点）。

第六，加强利息和股利的支付控制。负责利息支付的人员应根据面值和票面利率计算应付利息，在其他人员复核和负责人审核批准后，才能支付利息，企业可以将到期的利息开出单张支票委托金融机构代为发放。股利的发放控制制度与利息相似。

第七，加强筹资的会计记录控制。应按规定和要求设置相关明细账户，加强明细核算；及时记录筹资业务的发生和完成情况，明确有关经办人员的责任；定期进行有关总账与其明细账的核对，分月编制债券利息调整摊销表等。

第三节　筹资业务内部会计控制的设计原则

在设计企业筹资业务的内部会计控制制度时，应遵循以下五项基本原则：

一、职责分离原则

筹资预算的编制人与审批人应适当分离，会计记录人员与负责收付款的人员应相互分离。经办人员不能接触会计记录，并按规定由独立的机构代理发行债券和股票。

二、授权审批原则

通常，由董事会或总会计师授权财务经理负责组织编制筹资计划，并交由董事会或其他类似权力机构审批。通过适当授权及审批，可以提高筹资活动的效率，降低筹资风险，防止由于缺乏授权、审批而出现的一系列舞弊现象。

三、委托收付款项原则

如果采取发行股票或债券筹集资金且筹资金额大，应按规定委托独立的代理机构代为发行，防止以筹资为名进行不正当的活动。企业也可以委托有关代理机构代理支付利息或股利，并定期核对利息支付清单和开出的支票总额。

四、及时、详细地备查记录原则

企业应设立有关筹资登记簿，及时且详细地登记已发行债券的签发日期、债券面值、发行价格、债券利率、债券到期日、债券本息支付方式或股票种类、签发日期、股票面值和发行价格等；同时，应对不同的筹资项目进行编号。如果是增资配股，可以通过备注形式予以充分、详细地说明。

五、及时核算和监督检查原则

财务部必须按规定进行筹资业务的账务处理，保证金额正确、入账及时、披露充分。对债券的溢折价，应选用适当方法及时进行摊销。同时，企业应当建立和健全筹资业务的监督检查制度，明确监督检查机构或人员的职责权限，定期或不定期地进行检查。

第四节　筹资业务内部控制处理程序的设计

企业采用的筹资方式不同，筹资业务的具体处理程序也有所不同。下面着重说明发行股票筹资、发行债券筹资和银行借款筹资业务处理程序以及股利分配业务处理程序的设计。

一、发行股票筹资业务处理程序的设计

公司发行股票包括设立发行始发股和增资发行新股两种情况。

(一)设立发行始发股筹资

当公司采用设立发行始发股筹资时,其业务处理程序和要求的设计主要包括以下内容:

(1)发行人确定公司注册资本并认缴股款。如果采取发起设立方式,应由发起人认购公司应发行的全部股份。发起人可以用货币资金出资,也可以用实物、工业产权、非专利技术和土地使用权作价出资。发起人交付全部出资后,应当选举产生董事会和监事会,由董事会办理申请登记事项。

如果采取募集设立方式,应由发起人认购公司应发行的一部分股份(不少于股份总数的35%),其余股份向社会公开募集。

(2)提出发行股票的申请。发起人向社会公开募集股份时,必须向国务院证券管理部门递交募股申请报告。办理申请时,应报送批准公司设立的文件、公司章程、财务报告、审计报告、资产评估报告、经营估算书、发起人认股情况、验资证明和招股说明书等文件。

(3)公告招股说明书,制作认股书,签订承销协议。在募股申请报告批准后,发起人应在规定期限内公告招股说明书并制作认股书。招股说明书应附有发起人制定的公司章程,载明发起人认购的股份数、每股面额和发行价格、无记名股票的发行总数、认股人的权利和义务等。确定股票发行价格时,应综合考虑当时股票市场的价格水平、同行业上市公司的股票价格水平、股票发行量和公司知名度等。

公司发行股票应委托证券公司或有权承销证券业务的其他金融机构承销并签订承销协议。按我国有关规定,股票发行必须由证券公司承销(不允许自销)。承销又分为包销与代销两种,其中,包销比代销的费用高,但风险较小,因此发起人应综合考虑相关因素后进行选择。

(4)招认股份,缴纳股款,交割股票。认购者认购股份时,应在认股书上填写认购股数、认购金额和认购者地址并签名、盖章。认购者一旦填写了认股书,就承担了按认股书记载的金额缴纳股款的义务。认股人应在规定的期限内向承销商(代收股款的银行)缴纳股款,同时交付认股书;承销商应向缴纳股款的认购人出具由公司签名、盖章的股款缴纳收据,并负责向有关部门出具收缴股款的证明。承销商销售股票结束后,应将股东交款单和股东名册送交公司证券部门(或财会部门等)。

公司财会部门收到交款清单和银行收账通知,经审核后编制收款凭证、登记银行存款日记账,并应在规定的期限内向认股人交付所售出的股票;否则,发行公司及其代理机构应负违约责任。股款缴足后,公司应委托具有法定验资资格的机构验资并出具验资报告。同时,在股东登记簿(股票登记簿)中,应详细记录股东姓名、持股份额、股票面值和股票发行日等,并按照会计准则的要求正确核算其筹资费用,包括承销费、审计费、评估费和律师费等。

验资后,发起人应在规定的期限内主持召开由认股人组成的公司创立大会。由公司创立大会通过公司章程选举产生董事会和监事会,然后由董事会办理申请公司成立的登记手续。

(二)增资发行新股筹资

若公司采用增资发行新股筹资的,其业务处理程序和要求的设计内容主要包括:

(1)由股东大会(或董事会)做出发行新股的决议(或决定)。公司应根据其生产经营的资金需要,提出发行新股计划,并提交股东大会讨论通过(在授权限额内发行新股可以交董事会

研究决定)。股东大会做出发行新股决议的内容包括新股的种类和数量、向原有股东发行新股的种类和数量、新股发行价格和新股发行的起讫日期等。公司可以根据其历年市盈率、每股净资产、行业前景、公司在同行业中的地位、证券市场供求状况和股利水平等因素来确定作价方案。在具体作价时,可以按市价或面额发行,也可以根据情况按市价与面额的中间价发行。

(2)提出发行新股的申请。根据《公司法》的规定,新股发行必须具备以下条件:具备健全且运行良好的组织机构;具有持续盈利能力,财务状况良好;公司在最近3年内财务会计文件无虚假记载,并且无其他重大违法行为;经国务院批准的国务院证券监管机构规定的其他条件。股东大会做出发行新股的决议后,应向国务院证券监管机构提出申请,并经其核准。

(3)公告招股说明书,制作认股书,签订承销协议。

(4)招认股份,缴纳股款,交割股票。

公司募足股款后,应立即召开股东大会,改选董事会和监事会,向公司登记机关办理变更登记并向社会公告。

不论是设立发行始发股还是增资发行新股,股票筹资业务处理程序的控制要点大致相同,主要包括:(1)股票的发行、收款和记录职务应分离;(2)核对股票交款单合计和银行收款通知金额合计;(3)核对股东名册持有数合计与会计报表列示的发行股数合计。

二、发行债券筹资业务处理程序的设计

企业采取债券筹资方式时,按其发售债券的过程,可分为直接募集(即自销)和间接募集(即承销)两种。直接募集是指由债券发行者直接在债券市场上经办一切发行业务,承办债券发行具体手续的一种债券筹资方式;间接募集是指通过银行或其他证券经营机构发行债券,由他们包销或代销全部债券的一种债券筹资方式。按其募集对象,可分为私募发行和公募发行两种方式。私募发行是指以特定的少数投资者为对象发行债券的一种债券筹资方式,公募发行是指在债券市场上以非特定的广大投资者为对象公开发行债券的一种债券筹资方式。我国企业发行债券,应当由证券经营机构承销,并且须通过公开发行的形式进行。

企业采用发行债券筹资时,其业务处理程序和要求的设计主要包括以下内容:

(一)股东大会或其他有关权力机构做出发行债券的决议

企业采用发行债券筹资时,应先由企业董事会制定债券筹资方案,然后报股东大会或其他有关权力机构审核批准并做出发行债券的决议。在债券筹资方案中,应明确债券发行面值总额、利率、发行的起讫日期、发行价格(或定价方法)、资金用途和预计经济效益等;同时,还应进行债券筹资的可行性分析和评价。

(二)提出发行债券的申请

股东大会或其他有关权力机构做出发行债券的决议后,应按规定程序报请国务院证券管理委员会审批。在办理申请时,应提交公司登记证明、公司章程、债券募集方法、资产评估报告和验资报告等。根据我国《公司法》的规定,企业发行债券必须具备以下条件:(1)如果发行企业是股份有限公司,其净资产不得少于人民币3 000万元;如果发行企业是有限责任公司,其净资产不得少于人民币6 000万元;(2)累计债券总额不超过公司净资产的40%;(3)最近3年平均可分配利润足以支付公司债券1年的利息;(4)所筹集资金的投向符合国家产业政策;(5)债券的利率不得超过国务院限定的利率水平;(6)国务院规定的其他条件。

(三)公告企业债券筹集方法并委托证券经营机构承销,签订承销合同

获得国务院证券管理委员会批准后,企业应向社会公告债券募集办法。在企业公告的债

券募集办法中，应载明债券总额、票面金额、利率、期限、还本付息方式、发行的起讫日期、企业净资产、企业已发行但尚未到期的债券总额和债券承销机构等。在企业印制债券后，应建立和登记债券发行登记簿，并与承销机构签订承销合同。

（四）发售债券，收缴债券款

发售债券时通常不需要填写认购证，而是由债券购买人直接向承销机构付款购买；然后，承销机构与企业进行结算，并向企业汇缴债券款。同时，企业应建立严格的未发行债券保管制度，指定专人保管和委托独立机构（如银行等）代为保管，并应设立库存债券登记簿，详细记录未发行债券的动用情况。

（五）对债券的处理

企业应及时对债券的发行和各期利息进行账务处理，并按实际利率法合理摊销债券利息调整。财会部门应填制“债券应付利息计算表”和“债券利息费用计算表”，其格式如表12－1和表12－2所示。

表12－1　　债券应付利息计算表

年　月　日

债券名称		发行单位	
债券面值		债券数量	
债券票面利率		计息时间	
应付利息	人民币（大写）		

财务盖章：　　　　财务主管：　　　　复核：　　　　制表：

表12－2　　债券利息费用计算表

日　期	应付利息① 面值×票面利率/2	利息费用② ④×票面利率/2	冲减投资成本额③ ①－②	摊余成本④ 上期末④－③
合　计				

（六）债券到期的处理

债券到期时，企业应按规定及时还本付息，并进行相应的账务处理。

三、银行借款筹资业务处理程序的设计

企业向银行办理长期借款和短期借款的程序基本相同，只是长期借款更复杂些，银行控制得更为严格。企业采用银行借款筹资时，其业务处理程序和要求的设计主要包括以下内容：

（一）向银行提出借款申请

企业第一次向银行申请长期借款时，应先向银行提出书面申请，经银行对企业的偿债能力、信用状况和借款理由初审同意后，再填写正式的借款申请书。已办理过长期借款的企业通常不必先提交书面申请，可直接填写正式借款申请书。正式银行借款申请书的内容主要包括借款金额、用途、还款计划、使用借款项目的预计经济效益、借款的抵押品和担保单位等。

企业申请短期借款时，应在流动资金定额（或计划占用额）范围内，按生产经营的需要，逐笔向银行提出申请。企业在借款申请书中应注明借款种类、数额、用途、原因和还款日期等；同时，应附上企业的流动资产定额（或计划占用额）、预计销售额和销售收入资金率等有关资料。

企业应当在能够满足其资金需要的前提下，选择适合自身条件的筹资成本较低的贷款方式、还款方式（到期一次偿还或贷款期内等额偿还）、利息支付方式和借款期限等。

（二）经银行审核同意后，签订借款合同或协议书

对于企业的长期借款申请书，银行信贷人员审查后应签署审查意见并交银行行长或其他授权人员审批。通常，银行对企业的长期借款申请书进行审查的主要内容包括：(1)借款企业的基本情况。审查的重点是企业的生产经营状况、产品质量、技术水平、竞争能力、市场占有率和盈利能力等，并将其作为评价企业投资项目可行性的基础。(2)投资项目技术、经济的可行性。审查的重点是是否符合国家产业政策和长期规划，是否符合市场需要，所需各项投入品（如设备、材料、能源、技术等）是否能够得到充分保证，生产工艺是否先进、合理，投资项目的投资回收期、净现值、投资报酬率和还本付息能力是否具有社会经济效益等。

对于企业的短期借款申请书，银行审查的重点主要包括：借款的用途和原因，以便决定是否给予贷款；企业产品（或劳务）的市场供求情况、市场竞争能力和贷款的物资保证程度，以便决定贷款的数额；企业的资金周转情况和物资耗用情况，以便决定贷款的期限。

经银行审查同意后，双方就可签订借款合同（即借款契约），明确借贷双方的权利、义务及经济责任等。借款合同按其是否有担保或抵押品，可分为担保借款合同、抵押借款合同和信用借款合同等形式。借款合同的主要内容包括借款单位、借款用途、借款金额、借款日期、还款日期和还款计划等。

为了进一步明确借贷双方、担保和公证单位的权利、义务和经济责任等，往往在签订借款合同之外再签订借款协议书（包括担保借款协议书、抵押借款协议书和信用借款协议书等）。借款协议书一般一式四份，借贷双方各持一份、担保单位一份、公证单位一份（如果没有担保，就一式三份）。其主要内容包括分期借款和还款计划、利息计算方法、借款延期手续、借款方抵押品情况、担保人责任和借贷双方违约责任等。借款协议书必须由借贷双方、担保单位和公证单位共同加盖公章并由其主要负责人签字、盖章。

（三）支取和使用借款

在一般情况下，签署长期借款合同后，企业应按固定资产投资计划，在合同确定的借款总额范围内编制年度分季用款计划并报送经办银行（同时，还应按期报送其会计报表和其他有关资料）。企业需用资金时，在核定的贷款指标内，按借款合同规定的用途和时间支用借款。

签署短期借款合同后，银行应按合同规定的时间和金额向借款人提供贷款，企业即可按计划支取和使用所借款项。

（四）按期还本付息

企业应按借款合同规定的期限还本付息。如果因故不能按期支付本息，就应在借款到期前的3～5天内提出展期申请。如果展期理由合理、正当，经银行审查同意后，通常可以展期一

次。逾期不能归还借款本息的，银行可以依法按合同规定没收(或变卖)抵押品，或要求担保单位偿还。

银行借款筹资业务处理程序的控制要点主要包括以下内容：(1)银行借款筹资决策、具体经办借款业务和会计记录职务分离；(2)指定专人严格审核借款合同，审核通过后交由企业法人代表在合同上签章；(3)核对银行收款通知和借款合同，确保两者相符。

四、股利分配业务程序的设计

企业采用留存收益筹资时，其业务处理程序主要体现于企业股利分配业务程序中。企业股利分配业务程序主要包括审批、记账和付款等业务环节。因此，其业务处理程序和要求的设计主要包括以下内容：

(1)企业财务部门(或财务人员)根据董事会通过的现金股利分配方案或股东大会通过的股票股利分配方案，登记股利登记簿，编制股利分配清单(对于现金股利，可设计一式三份：一份自留，一份为会计人员记账联，一份为出纳付款联。对于股票股利，可设计一式二联：一份自留，另一份为会计人员记账联)并交有关人员审核；然后，将记账联和出纳联全部交财务部门(或会计人员)。

(2)财务部门(或会计人员)收到审核过的股利分配清单后，根据其中的记账联填制股利分配的转账凭证(借记“利润分配——应付普通股股利”或“利润分配——应付优先股股利”科目，贷记“应付股利”科目；或借记“利润分配——未分配利润”科目，贷记“股本”“资本公积——股票溢价”科目)并登记有关总账和明细账。

(3)发放现金股利时，财务部门(或会计人员)应根据股利分配清单的出纳联，填制银行存款付款凭证(借记“应付股利”科目，贷记“银行存款”“库存现金”科目)，经审核后将付款凭证和股利分配清单出纳联一并交给出纳人员，由出纳人员签发支票并到银行办理有关转账手续或委托银行向投资者支付现金股利手续；同时，登记银行存款日记账或现金日记账；然后，将付款凭证和支票存根交回会计人员。

(4)会计人员根据出纳人员转来的付款凭证和支票存根登记有关总账和应付股利明细账，并通知财务部门(或财务人员)登记股利登记簿。

(5)会计人员定期进行有关账账核对工作，保证账账相符。

本章小结

企业筹资业务内部会计控制的目标是合理确定筹资规模和筹资结构，合理选择筹资渠道和筹资方式，以及防范和控制财务风险。

企业在设计筹资业务会计处理程序时，应注意以下内部会计控制要点：

第一，筹资计划的编制人员与审批人员分离，以便审批人员能独立衡量其合理性。

第二，负责筹资业务的人员与会计记录人员分离，负责证券出售和发行的人员不能同时担任相关会计工作。

第三，负责利息(或股利)计算和会计记录的人员应与支付利息(或股利)的人员分离，并尽可能由独立的金融机构代理支付。

第四，企业筹资时应编制筹资计划，并在正式执行前组织或聘请有关人员、专家分析、审核其可行性和合理性。

第五，加强对有价证券的保管。

第六，加强利息和股利的支付控制。

第七，加强筹资的会计记录控制。

在设计企业筹资业务的内部会计控制制度时，应遵循职责分离原则、授权审批原则、委托收付款项原则、及时和详细地备查记录原则、及时核算和监督检查原则。

筹资业务的具体处理程序设计主要包括发行股票筹资、发行债券筹资和银行借款筹资业务处理程序以及股利分配业务处理程序的设计。

课后练习题

一、单项选择题

1. 企业由(　　)负责拟订筹资方案。

A. 投资部门　　B. 证券部门　　C. 销售部门　　D. 财务部门

2. 在计算下列各项资金的筹资成本时，不需要考虑筹资费用的是(　　)。

A. 普通股　　B. 债券　　C. 留存收益　　D. 长期借款

3. 企业向银行申请借款时要填写的凭证是(　　)。

A. 借款申请书　　B. 借款合同　　C. 借款协议书　　D. 还款计划

4. 由(　　)授权财务经理负责组织编制筹资计划，并交由董事会或其他类似权力机构审批。

A. 董事会　　B. 股东大会　　C. 董事长　　D. 总经理

5.(　　)是我国上市公司筹资的最主要的方式。

A. 发行债券　　B. 发行股票　　C. 向银行借款　　D. 商业信用

二、多项选择题

1. 对于企业短期借款申请书，银行审查的重点主要包括(　　)。

A. 借款的用途和原因

B. 企业产品(或劳务)的市场供求情况、市场竞争能力

C. 贷款的物资保证程度

D. 企业的资金周转情况和物资耗用情况

2. 企业采取债券筹资时，按其发售债券的过程可分为(　　)。

A. 直接募集(即自销)　B. 代销　　C. 间接募集(即承销)　D. 包销

3. 债券应付利息计算表上的项目有(　　)。

A. 债券面值、债券数量　B. 债券名称、发行单位　C. 债券票面利率、应付和息计息时间

4. 债券应付利息计算表的相关责任人(部门)有(　　)。

A. 制单　　B. 复核　　C. 财务主管　　D. 单位公章

5. 企业自行保管有价证券的正确做法有(　　)。

A. 将有价证券存入企业出纳员的金库

B. 只有被授权人才能接触被保管的有价证券

C. 打开存放有价证券的保险箱时，应有两个负责保管的人员同时在场

D. 保管人员在登记簿上记录开箱时间和原因，并共同在上面签名

三、判断题

1. 负责利息支付的人员，应根据面值和票面利率计算应付利息，在其他人员复核和负责人审核批准后，

才能支付利息。 (　　)

2. 企业一般由董事长或总会计师授权财务经理编制筹资计划。 (　　)

3. 股东大会或类似权力机构做出发行债券的决议后，应按规定程序报请国务院证券管理委员会审批。 (　　)

4. 企业财会部门根据董事会通过的股票股利分配方案或股东大会通过的现金股利分配方案，登记股利登记簿，编制股利分配清单。 (　　)

5. 采取募集方式设立的公司，发起人要认购公司发行股份总数的至少25%，其余股份向社会公开募集。 (　　)

四、简答题

1. 筹资业务管理中常见的风险有哪些？如何防范债券融资过程中的各种风险？
2. 如何防范股票发行过程中的各种风险？

案例分析

主营单晶硅、多晶硅太阳能电池产品研发和生产的益强公司于2003年成立。这是一家由董事长兼总经理李自一手创办并控制的家族式企业。

2010年11月益强公司挂牌上市。在资本市场获得大额融资的同时，益强公司开始了激进的扩张之路。从横向看，为了扩大市场份额，益强公司在欧美多个国家投资或设立子公司；从纵向看，益强公司布局光伏全产业链，实施纵向一体化发展战略，由产业中游的组件生产，延伸至上游的硅料和下游的电站领域。益强公司还大举投资房地产、炼油、水处理和LED显示屏等项目。

为了支持其扩张战略，益强公司多方融资。公司上市仅几个月便启动第二轮融资计划——发行债券，凭借建设海外电站的愿景，通过了管理部门的审批，发行10亿元的“益强债”，票面利率为8.98%，在当年新发债券中利率最高。自2011年2月起，李自及其女儿李丽陆续以所持股份作抵押，通过信托融资约9.7亿元，同时益强公司大举向银行借债。李自还发起利率高达15%的民间集资。这样，益强公司在上市后3年内，通过各种手段融资近70亿元。

受2008年美国次贷危机和2011年欧债危机影响，欧美国家和地区纷纷大幅削减甚至取消光伏补贴，光伏产品国际市场需求急剧萎缩。随后欧盟对中国光伏产品发起“反倾销、反补贴”调查，光伏企业出口遭受重创。而全行业的非理性发展已经导致产能严重过剩，市场供大于求，企业间开始以价格战展开恶性竞争，利润急速下降，甚至亏损。

在这种情况下，益强公司仍执着于多方融资扩大产能，致使产品滞销，库存积压。同时，在海外大量投资电站致使公司的应收账款急速增加。欧盟经济低迷，海外客户还款能力下降，欧元汇率下跌。存货跌价损失、汇兑损失、坏账准备的计提使严重依赖海外市场的益强公司出现大额亏损。公司把融资筹措的大量短期资金投放于回款周期很长的电站项目，投资回报期和债务偿付期的错配使公司的短期还款压力巨大，偿债能力逐年恶化。2010年公司的流动比率为3.165，到了2013年只有0.546。公司资金只投不收的模式使现金流很快枯竭。2012年和2013年多家银行因贷款逾期、供应商因货款清偿事项向益强公司提起诉讼，公司部分银行账户被冻结，深陷债务危机。益强公司由于资金链断裂，无法在原定付息日支付公司债券利息8 980万元，成为国内债券市场上第一家违约公司，在资本市场上掀起轩然大波，打破了公募债券刚性兑付的神话。

2014年5月益强公司因上市后连续3年亏损被ST处理，暂停上市。仅仅3年多的时间，益强公司就从一家市值百亿元的上市公司深陷债务违约危机导致破产重组。

要求：依据《企业内部控制应用指引第6号——资金活动》，简要分析益强公司筹资和投资活动中存在的主要风险。

第十三章　责任会计制度设计

学习目标

本章主要介绍责任会计制度设计的意义、原则和作用，并阐述了责任中心设计的方法。通过本章的学习，了解责任中心会计制度设计的内容，理解责任预算制度设计，掌握内部转移价格、内部结算制度和责任会计报告的设计等内容。

第一节　责任会计制度设计概述

责任会计是企业为了有效控制各责任中心的职责履行情况并合理地确定与其职责履行相关的经济利益而建立的一套行之有效的、能及时和正确地反映、评价和考核各责任中心实际经营业绩的企业内部会计制度。责任会计的重要特性在于强调以责任中心为组织基础收集资料、编制计划并提供计划实际完成情况的会计信息。一套完整的责任会计制度通常包括以下几项具体内容：划分责任中心、规定权责范围、确定责任核算系统、建立企业内部转移价格和内部结算制度、编制责任报告以及考评工作业绩。

一、责任会计制度设计的意义

随着现代经济的发展，企业规模不断扩大，传统的企业集中管理模式已无法满足经营管理的需要。为了有效地控制和管理庞大的经济组织，分权管理模式应运而生。采用分权管理的优点在于：

第一，通过授予各部门管理人员一定的决策权，以及通过为他们提供许多发挥其创造力的机会，可以提高各层级管理人员的工作积极性。

第二，由于部门的计划、决策和控制是与其所处的特定环境或特定问题密切相关的，因此能迅速、及时地解决问题，提高管理效率。

第三，通过业绩评价和奖惩措施，将各部门管理人员的利益与其经营业绩紧密联系，从而使管理人员的利益与企业利益保持高度一致。

第四，通过分权后的部门化组织结构划分，由各部门的管理人员承担企业的日常管理工作，可使企业最高管理层将精力集中在企业战略目标的制定及管控上。

但分权管理也会带来诸如部门以牺牲整体利益为代价实现自身利益、部门之间产生摩擦、恶性竞争等问题。为使分权管理兴利除弊，责任会计应运而生。通过设计一套行之有效的、完整的责任会计制度，将企业划分为各种不同形式的责任中心，建立起以责任中心为主体，以责、权、利相统一为特征，以责任预算、责任控制和责任考核为内容，通过信息的积累、加工和反馈而形成的企业内部控制系统，就可以使企业确定的目标、组织、控制和决策等达到最优组合。

二、责任会计制度设计的原则

在设计责任会计制度时，应遵循以下基本原则：

(一)责任主体原则

在分权管理模式下，企业经营管理的责任也随着经营决策权的下放而层层落实到各级管理部门，使各级管理部门在充分发挥经营决策权的同时，对其经营管理的有效性承担相应的经济责任。为了考核和评价各级管理部门经济责任的落实情况，责任会计的核算必须按各级管理部门设置相应的责任中心，建立责任主体，并以责任中心为对象进行会计资料的收集、加工、整理、记录、计算和分析等工作。

(二)目标一致原则

无论是集中管理还是分权管理，其最终目的都是实现企业的整体目标。因此，当经营决策权授予各级管理部门时，实际上就是将企业的整体目标分解成各责任中心的具体目标。为此，责任会计制度的设计，无论是对责任中心权责范围的确定，还是责任预算的编制、责任中心的业绩考评，都必须始终注意与企业的整体目标保持一致，避免因片面追求局部利益而损害整体利益。

(三)可控性原则

由于各责任中心的利益与其经营业绩直接挂钩，因此，对各责任中心的业绩考核与评价，包括对其收入和费用的核算，必须以责任中心自身能够控制为原则。如果一个责任中心自身不能有效地控制其可实现的收入或发生的费用，那就很难合理地反映其实际工作业绩，从而无法对其做出相应的评价与奖惩。所以，设计责任会计制度，在责任中心的责任目标、责任预算、责任核算与责任考核等方面必须始终关注可控性原则，尽可能排除责任中心不能控制的因素。

(四)激励原则

分权管理及相应责任会计的建立都是为了最大限度地调动各责任中心员工的工作积极性，提高工作质量，更好地实现企业的整体目标。这就要求对各责任中心的责任目标和责任预算的确定应相对合理，具体包括两个方面：一是目标合理、切实可行，目标过高会挫伤员工的积极性，也不利于企业整体目标的实现；二是经过努力完成目标后所得到的奖励与所付出的努力相适应。

(五)反馈原则

责任会计的管理集中在事前、事中和事后三个方面，这些都需要相应的信息反馈，尤其是事中与事后管理。只有及时、准确地反馈生产经营中的各种相关信息，才能有效地实施管理控制。这就要求责任会计制度的设计必须保证以下两个信息反馈渠道的畅通：一是信息向责任中心的反馈，使其能够及时了解预算的执行情况，以便采取有效措施调整偏离目标或预算的差异；二是向责任中心的上级反馈，以便上级管理部门做出适当反应。

(六)重要性原则

重要性原则要求责任会计在责任预算、责任核算、业绩考核、报告及评价等方面的指标设计在全面中突出重点，注重成本效益性。

三、责任会计的作用

(一)设置责任中心,明确权责范围

企业应该根据内部管理的需要,合理地设置责任中心,即将企业所属的各部门、各单位划分为若干个责任中心,并依据各责任中心经营活动的特点,明确规定其权责范围,使其能在权限内独立自主地履行职责。

(二)编制责任预算,确定考核标准

企业的全面预算是按照生产经营过程来落实企业的总体目标的。而责任预算则是按责任中心来落实企业的总体目标,即将企业的总体目标层层分解,具体落实到每一个责任中心,作为其开展经营活动和评价工作成果的基本标准和主要依据。

(三)建立跟踪系统,进行反馈控制

在预算的实施过程中,每个责任中心应建立一套责任预算执行情况的跟踪系统,定期编制责任报告,将实际数与预算数进行对比,据以找出差异、分析原因,并通过信息反馈,控制和调节经营活动,以保证企业总体目标的实现。

(四)分析评价业绩,建立奖罚制度

企业通过责任报告,对各个责任中心的工作成果进行全面分析和评价,并按实际工作成果的好坏奖惩,做到功过分明、奖惩有据,最大限度地调动各个责任中心的积极性。

第二节　责任中心的设计

责任中心是指具有一定的管理权限并承担相应经济责任的企业内部单位,其基本特征是责、权、利相统一。划分责任中心的目的是调动企业的一切积极因素,使各中心在其职责范围内努力工作,为实现企业的总体目标创造有利条件。设置责任中心是进行责任会计设计的首要问题。

一、责任中心设计的原则

在一家企业里,如何设置责任中心、设置多少责任中心,取决于以下几个基本原则:

(一)与企业的组织机构相适应

一家企业的经营管理机构是由一个个既相互依存又相互制约的管理部门组成的完整体系。无论是集权管理的企业还是分权管理的企业,都会有若干个部门和若干管理层次。这就要求责任会计作为企业内部管理的一种形式,其责任中心的设置,一方面必须与企业的组织机构相适应,另一方面必须对企业原有的组织机构作通盘研究、统筹设计,根据责任会计的要求进行适当调整,将责任会计管理与企业管理的其他形式有机结合。

(二)能够划清责任,单独核算

为保证责任中心经营管理责任的有效落实,企业的各个责任中心必须单独核算。而只有以划清各责任中心的责任范围为前提,才能对责任中心进行单独核算。

(三)使责、权、利紧密结合

在责、权、利三者中,“责”是核心,“权”是尽责的必要条件,“利”是履行责任的内在动力。它要求企业对责任中心的管理:第一,让责任中心拥有与企业总体管理目标相协调并且与其职能责任相适应的经营决策权;第二,使其承担与其经营决策权相适应的经济责任;第三,建立与其责任相配套的利益机制。

二、责任中心的形式

因授权范围的不同,各责任中心承担的经济责任也不同。按授权范围和责任范围的不同,责任中心可以设置成本中心、利润中心和投资中心三种形式。

(一)成本中心的设计

1. 成本中心的含义

成本中心是对成本或费用负责的责任中心,即只考核所发生的成本和费用,而不形成或不考核其收入的责任单位。这类责任中心大多是指只负责产品生产的生产部门、劳务提供部门以及给予一定费用指标的企业管理部门。

成本中心是责任中心中应用较为广泛的一种形式。上至工厂一级,下至车间、工段、班组甚至个人,都可划分为成本中心。可以说,只要有费用支出的地方,就可以建立成本中心。由于成本中心的规模大小不一,因此各成本中心的控制和考核内容也不相同。成本中心有两种类型,即标准成本中心和费用中心。标准成本中心通常是通过技术分析相对可靠地估算出该部门成本发生的数额的成本中心,如产品成本中的直接材料、直接人工和制造费用等。其特点是投入(耗用)量与产出量有密切关系,成本可通过标准成本或弹性预算予以控制。或者说,标准成本中心是对那些实际产出量的标准成本负责的成本中心。

一般而言,成本中心的特点是只衡量成本费用,不衡量收益。成本中心没有经营权和销售权,其工作成果不会形成可以用货币计量的收入。例如,一个生产车间,由于其所生产的产品仅为企业生产过程的一个组成部分,不能单独出售,因此不可能计算货币收入。有的成本中心可能有少量收入,但不是主要的考核内容,因而没有必要计算货币收入。

成本中心的责任成本是当期发生的各项可控成本之和。可控成本是相对于不可控成本而言的。凡是责任中心能控制的各种耗费,均称为可控成本;凡是责任中心不能控制的各种耗费,均称为不可控成本。具体而言,可控成本应具备如下三个条件:第一,责任中心能够通过一定的方式了解将要发生的成本;第二,责任中心能够对发生的成本进行计量;第三,责任中心能够通过自己的行为对成本加以调节和控制。凡不能同时具备上述三个条件的成本通常为不可控成本,一般不在成本中心的责任范围内。

2. 成本中心的考核

成本中心考核的主要内容是责任成本,即将成本中心实际发生的责任成本与预算的责任成本目标或目标成本进行比较,包括成本(费用)降低额和降低率。其计算公式如下:

成本(费用)降低额=预算成本(费用)-实际成本

成本(费用)降低率=成本降低额÷预算成本×100%

在对成本中心进行考核时需要注意,如果预算产量与实际产量不一致,应按弹性预算的方法首先调整预算指标,然后计算上述指标。

(二)利润中心的设计

1. 利润中心的含义

利润中心是对利润负责的责任中心。由于利润等于收入减去成本和费用,因此利润中心实际上既要对收入负责,又要对成本和费用负责。这类责任中心一般是指有产品或劳务生产经营决策权的部门。在一家企业中,利润中心往往处于较高的层次,如分厂、分公司和有独立经营权的各部门,包括辅助生产部门或封闭式生产车间等。各利润中心都自成一体、独立经营,但也相互协调。与成本中心相比,利润中心的权力和责任相对要大一些。

利润中心可以分为自然的利润中心和人为利润中心。自然的利润中心是指以对外销售产品而取得实际收入为特征的利润中心。这类利润中心一般具有产品销售权、价格制定权、材料采购权和生产决策权。例如,当企业采取事业部制时,每个事业部均有销售、生产和采购的机能,有很大的独立性,这些事业部就是自然的利润中心。人为的利润中心是以产品在企业内部流转而取得内部销售收入为特征的利润中心,即在企业内部按照内部结算价格将产品转让给本企业其他部门而取得收入,实现内部利润的责任中心。这类责任中心一般也应具有独立的经营管理权,即能够自主决定本利润中心的产品品种、产品产量、作业方法、人员调配和资金使用等。

2. 利润中心的考核

考核利润中心的指标主要是利润。对于不同范围的利润中心来说,其利润指标的表现形式也不相同,但一般包括毛利、贡献毛益和营业利润三种形式。

(1)毛利

毛利等于销售净额与销售成本之差。作为利润中心的考核指标,它包含了利润中心管理者所能控制的收入和销售产品的成本两个因素,有利于各部门进行成本分析与控制。此外,这一指标不考虑销售费用因素,能促使各部门管理者调整产品结构,以最大限度地获取毛利,为最终利润的实现奠定基础,但在采用这一指标时,应注意由于毛利的增加所引起的销售费用不相应增加,从而导致净收益减少的问题。

(2)贡献毛益

贡献毛益是毛利减去直接费用后的差额。在计算贡献毛益时首先要区分直接费用和间接费用。这里的直接费用是指那些由于特定部门的业务所引起、能直接归属于该部门并能为该部门所控制的费用,如与销售量相关的推销员工资等;而间接费用则是指那些由企业整体受益、不能直接归属于某一部门的费用,如企业管理人员工资等。某一部门的毛利减去部门直接费用后即该部门的贡献毛益。采用贡献毛益指标对利润中心进行考核评价有三个明显的优势:一是将各部门可以影响和控制的一部分销售费用(直接费用)计入各部门,使这些费用的减少有利于企业净收益的增加,保持了利润中心目标与企业整体目标的一致;二是贡献毛益指标更好地体现了可控性原则,能促使各部门充分利用公用设备、设施,节约有关费用;三是采用贡献毛益指标有利于企业高层管理者的决策,即当一个部门亏损时,只要它能创造贡献毛益,在没有其他合理方案的前提下就应保留。

(3)营业利润

营业利润是在上述贡献毛益的基础上减去各部门应承担的销售费用(间接费用,包括摊销费用和管理费用)后的余额。采用营业利润作为考核指标,不但可以克服毛利指标可能出现的利润中心目标与企业整体目标的不一致现象,而且考虑了企业发生的间接费用都是间接地为各部门经营服务的事实。但间接费用在各部门之间的分配应根据企业的具体情况,有公平、合理的基础,这是保证营业利润可控及保护各部门工作积极性的关键。

(三)投资中心的设计

1. 投资中心的含义

投资中心是对投资负责的责任中心,其特点是既要对成本和利润负责,又要对投资效果负责。由于投资的目的是获取利润,因此投资中心也是利润中心。它与利润中心的区别主要在于：

(1)利润中心没有投资决策权，它是在企业确定投资方向后进行的具体的经营；而投资中心则拥有投资决策权，能够相对独立地运用其所掌握的资金，有权购置和处理固定资产，扩大或缩小生产规模。

(2)投资中心在责任中心中处于最高层次，具有最大的决策权，也承担最大的责任。

(3)投资中心是分权管理模式的最突出表现，大型集团公司下属的分公司和子公司往往采用投资中心的组织形式。

(4)成本中心基本上不是独立的法人，利润中心可以是也可以不是独立的法人，但投资中心一般是独立的法人。

2. 投资中心的考核

评价投资中心业绩的指标主要是投资利润率和剩余收益。

(1)投资利润率

投资利润率又称投资报酬率，是指投资中心所获得的利润与投资额之间的比率，其计算公式为：

投资利润率＝利润÷投资额×100%

为便于分析，投资利润率还可扩展为：

投资利润率＝资本周转率×销售成本率×成本费用利润率

投资利润率是目前许多企业十分偏爱的评价投资中心业绩的指标。其优点如下：

一是能反映投资中心的综合盈利能力。

二是投资利润率具有可比性，体现了资本的获利能力，有利于评价各投资中心经营业绩的优劣。

三是可以作为选择投资机会的依据，有利于调整资本流量和存量，优化资源配置。

四是以投资利润率作为评价投资中心经营业绩的尺度，有利于正确引导投资中心的管理行为，避免短期行为。以投资利润率作为评价指标的不足之处是缺乏全局观念，各投资中心为达到较高的投资利润率，可能会采取减少投资的方式，损害企业的整体利益。

(2)剩余收益

剩余收益是指投资中心获得的利润扣除其最低投资收益后的余额。其计算公式为：

剩余收益＝利润－利润额×预期最低投资收益率

以剩余收益作为投资中心经营业绩评价指标的基本要求是，只要投资利润率大于预期的最低收益率，该项投资便是可行的。一项投资，只要其投资利润率高于预期最低投资收益率，就能为投资中心和企业所接受；反之，该投资项目既不会为企业，也不会为投资中心所接受。它避免了投资利润率的缺陷，起到了与投资利润率互补的作用，可以在投资决策方面使投资中心的利益与企业整体利益保持一致。

三、责任预算分解制度的设计

责任预算是指以责任中心为对象，以其可控的收入、成本和利润等为内容编制的预算。责任预算既是责任中心的努力目标和控制依据，又是考核责任中心业绩的标准，同时还是企业总预算的具体化，可以与总预算融为一体。

(一)责任预算分解制度设计的原则

责任预算分解制度的设计应遵循以下四个原则：

1. 以明确的经营目标为前提

责任预算作为联结企业整体经营目标与目标落实的中介，是以定量方式将企业的整体经营目标具体地描述为各责任中心的经营目标，使之明确各自为目标的完成应做出何种程度的贡献。经营目标的确定是会计管理活动的起点，也是责任预算编制的基础。

2. 全面性与突出重点相结合

责任预算对影响经营目标实现的各项业务都要以金额或数量的形式反映，应尽量避免由于缺乏周详的考虑而影响目标的实现，使有关责任指标之间相互衔接，保证责任预算的综合平衡。同时，由于企业经营的多面性和复杂化导致责任预算编制的困难程度增加，因此，在编制责任预算时，又要注意抓住经营重点。

3. 积极可行并留有余地

面对竞争激烈的市场环境，任何一家企业，无论其规模多大、管理水平多高，都不可能洞悉市场的一切，不可能十分准确地计算出自身的产品销售量、销售额和费用水平等，因此，在编制责任预算时必须留有余地。

4. 编制过程要充分民主集中，先自上而下再由下而上反复论证

责任预算在编制程序上，首先，要由企业依据种种预测资料制定出全年经营目标，并按责任中心的具体情况将经营目标分解为数量指标和价值指标并下达给有关责任中心；其次，由各责任中心根据自身情况提出资金、技术、设备、材料和用工等方面的安排及相应的意见与要求；再次，经企业与各责任中心反复协调、平衡后，由各责任中心结合企业制定的内部结算价格编制出各自的责任预算；最后，由企业依据各责任中心的预算进行平衡、修订，编制出企业的责任预算并下发到各责任中心，作为具有强制约束力的文件要求责任中心执行。

（二）责任预算的编制方法

编制责任预算的目的在于将责任中心的经济责任数量化。责任预算的编制有两种方法：

一是在企业总预算的基础上，从责任中心的角度对总预算进行层层分解而形成的各责任中心预算。或者说，是把总预算确定的目标按照企业内部各责任中心进行划分，落实到企业的各个部门和各级单位，以保证实现企业的总体目标。这种自上而下将指标层层分解的方式比较常见。其优点是使企业的各个部门浑然一体，便于统一指挥和调度；不足之处是可能遏制责任中心工作的积极性和创造性。

二是采取自下而上的方式，即由各个责任中心先自行列示各自的预算指标，层层汇总，然后由企业负责人或诸如预算管理委员会等机构进行汇总和调整，从而建立企业总预算。这种方式有利于发挥各责任中心的积极性，但容易使各责任中心只注意本中心的具体情况，或者局限于本部门管理的狭窄范围，从而影响企业总目标的实现。

责任预算的编制程序与企业组织机构设置和经营管理方式有密切关系。组织机构设置与经营管理方式不同，责任预算的编制程序也会有很大差异。在编制责任预算时，企业应根据自身特点来选择编制方法。

第三节　责任核算系统的设计

在责任核算系统下，要求分别考核各责任中心的经营业绩。为此，当各责任中心相互提供产品或劳务时，应当按照合理的内部转移价格进行结算，对于因责任归属而发生的责任成本也

应进行转移和清算，以便分清各责任中心的经济责任，明确各责任中心的业绩，为考核提供依据。在进行责任核算系统设计时，需要设计内部转移价格和内部结算制度以及选择适合本企业特点的责任会计核算方法。

一、内部转移价格的设计

为了正确反映各责任中心的工作业绩，需要对企业内部各责任中心之间相互提供(内部转移)的各种产品、劳务等进行结算，并确定其转移价格。由于转移价格的确定直接涉及与其相关的各责任中心的利益，因此，企业在制定内部转移价格时必须根据各种产品或劳务的具体情况，将其确定得科学、合理、无可争议，为内部结算和考核打好基础。

所谓内部转移价格，是指企业内部有关责任中心之间转移中间产品和相互提供劳务的结算价格。从企业总体来看，内部转移价格无论怎样制定，都不影响企业的利润总数，影响的只是利润或内部利润在各责任中心之间的分配情况。

(一)内部转移价格的设计原则

1. 全局性原则

设计内部转移价格应强调企业的整体利益高于各分权单位的利益。由于内部转移价格直接关系到各责任中心经济利益的大小，因此每个责任中心必然会为本责任中心争取最大的利益。在利益发生冲突的情况下，企业应从整体利益出发设计内部转移价格，以保证企业利润最大化。

2. 激励性原则

内部转移价格的设计应公正、合理，防止某些部门因价格上的缺陷而获得一些额外的利益或损失，也就是说，内部转移价格的设计应能激励各责任中心经营管理的积极性，使他们的工作与所得到的收益相适应。

3. 自主性原则

在保证企业整体利益的前提下，要承认各责任中心的相对独立性，就必须给予各责任中心相对独立的经营权，如生产权、技术权、人事权和理财权等，设计的内部转移价格必须为各方所接受。

(二)内部转移价格的设计类型

1. 市场价格

以市场价格作为内部转移价格的责任中心，应该是独立核算的利润中心，其有权决定生产的数量、出售或购买的对象及其相应的价格。通常认为，市场价格是制订内部转移价格的最好的依据。因为市场价格最能体现责任中心的基本要求，即在企业内部引进市场机制，造成一种竞争气氛，使其中每个利润中心实质上都成为独立的机构，各自经营、相互竞争，最终通过利润指标来考核和评价其工作成果。

但以市场价格作为内部转移价格时，应注意两点：

第一，在中间产品有外部市场，可向外部单位销售或从外部单位购买时，以市场价格作为内部转移价格并不等于直接将市场价格用作结算，而应在此基础上对外部价格做一些必要的调整。外部销售价格一般包括销售费、广告费及运输费等，这些费用在内部转移时，一般可避免发生。为使利益在各责任中心之间的分配更公平，这些可避免的费用应从市场价格中扣除，即以市场价格减去对外的销售费和广告费等才是尚未销售的中间产品价格。

第二，以市场价格为依据制定内部转移价格时，通常是假设中间产品有完全竞争的市场或中间产品提供部门即“卖”方无闲置生产能力，但完全竞争的市场条件是很难找到的，而且市场价格也受到一定的限制，有些产品（半成品）没有现成的市价，而另一些产品只有非完全竞争市场价格，不能直接作为内部转移价格。

2. 协商价格

以内部协商价格作为内部转移价格具有一定的弹性，可以照顾双方利益并得到双方的认可，但在确定内部协商价格时容易使双方争执不休，造成部门间的矛盾；如果过多地依赖上级管理部门的仲裁，又会降低其衡量部门业绩的能力。

3. 双重内部转移价格

所谓双重内部转移价格，是指对产品（半成品）的供需双方分别采用不同的转移价格。例如，对产品（半成品）的“出售”部门，可按协商的市场价格计价，而对“购买”部门，则按“出售”部门的单位变动成本计价，其差额由会计部门进行调整。这样区别对待，有利于产品（半成品）接受部门正确地进行经营决策，避免因内部定价高于外部市场价格而使接受部门向外部进货而不从内部“购买”。这种方法通常在中间产品有外部市场、生产（供应）部门生产能力受到限制且变动成本低于市场价格的情况下才行之有效。

4. 以“成本”作为内部转移价格

以产品成本作为内部转移价格是制定内部转移价格最简单的方法。由于成本有不同的概念，如实际成本、标准成本和变动成本等，因此在制定内部转移价格时也分别有不同的方法。

实际成本法是以中间产品生产时发生的生产成本作为内部转移价格。这种方法的优点是简单，但只是一种实际成本的计算转让过程，严格来说不能作为一种内部“价格”发挥其在各部门之间划清经济责任和调节企业内部利润的作用。因此，这种方法对于产品或劳务的提供部门降低成本而言缺乏激励作用。

标准成本法是以各中间产品的标准成本作为其内部转移价格。这种方法的最大优点是将管理与核算工作结合起来，可以避免成绩和缺陷转嫁现象的发生，使责任分明，能调动双方的积极性。这种方法适用于成本中心产品的转移。

变动成本法是以变动成本作为内部转移价格。这种方法的优点是符合成本性态，能够明确揭示成本与产量之间的关系，便于考核各责任中心的工作业绩，有利于企业和各责任中心进行生产经营决策。其缺点是不包含固定成本，不能反映劳动生产率的变化对单位固定成本的影响，割裂了固定成本与产量之间的关系，不利于调动各责任中心增加产量的积极性。变动成本法主要适用于采用变动成本法计算产品成本的成本中心。

二、内部结算制度的设计

只有建立以内部转移价格为基础的内部结算制度，才能及时、准确地反映各责任中心之间的相互联系和责任关系。内部结算制度的形式有多种，如内部转让通知单、内部托收承付结算方式、内部货币结算方式和内部银行支票方式等。各种结算制度的繁简程度不一，适合各种不同类型的企业和责任单位。因此，企业必须根据自身的实际需要选择、确定内部结算制度。

三、责任会计核算方法的设计

企业责任会计核算是责任会计设计的一个重要环节，同时也是有别于财务会计核算的一个特殊体系。按照责任会计核算与财务会计核算的相互关系，责任会计的核算方法一般分为双轨制和单轨制两种核算模式。

(一)双轨制核算模式

双轨制核算是指在不影响或不改变企业原有财务会计核算的前提下,根据企业内部控制和责任管理的需要,在财务会计核算体系外构建一套独立的责任会计核算体系,进行责任收入、责任成本和责任利润等方面的核算。

实行双轨制核算,在责任会计核算中可以完全按照内部控制管理的要求,独立设置账户、独立编制凭证、独立登记账簿,从而专门提供企业各责任中心责任预算的完成情况。但它也存在着以下两个缺点:一是由于设置双重的核算体系,加大了日常账务处理的工作量,造成重复性劳动;二是由于两个彼此具有相互联系的核算内容相互脱节,致使财务会计和责任会计所提供的信息之间缺少直接联系,不利于企业管理当局将企业的整体财务状况、经营成果与各责任中心的责任考核相结合进行综合分析。因此,双轨制核算一般只适合实行责任会计初期,随着企业管理水平的提高和会计人员在业务实践中经验的积累,一般会转向单轨制核算。

(二)单轨制核算模式

单轨制核算是指将责任会计的核算纳入财务会计核算体系,使责任会计核算与财务会计核算合二为一,通过设置一套账簿同时进行责任会计与财务会计的核算。

在这种核算模式下,企业必须根据对各责任中心进行考核的需要,增设内部核算账户,或在正常的财务会计账户下,按对各责任中心的考核内容增设二级或三级明细分类账户。在按统一的财务会计制度反映企业财务状况和经营成果的同时,根据内部管理的需要,反映各责任中心的财务状况和经营成果。例如,在"主营业务成本"账户下,按不同的成本中心或利润中心设置二级明细账户,如果企业需要分门别类地反映成本项目,也可按成本项目设置三级明细账户,或按成本项目设置二级明细账户,按责任中心设置三级明细账户。这类账户还有"主营业务收入""税金及附加""销售费用""管理费用""财务费用"和"本年利润"等。

在采用单轨制进行核算时,成本中心既计算责任成本,又计算产品成本。两者结合的形式一般有责任成本与产品成本结合核算、责任成本与产品变动成本结合核算两种。

采用责任成本与产品成本结合核算的形式,其核算方法有两种:一种是以传统的产品成本核算体系为基础设置账簿,计算产品制造成本,并将成本责任中心当期发生的不可控费用剔除,计算责任成本。责任成本的计算是通过编制调整成本计算表完成的,无须另行设置账簿。另一种是在成本中心的"生产费用"账户下分设"可控费用"和"不可控费用"明细账,将可控费用和不可控费用分别进行登记,并分别在各种产品之间进行分配。成本责任中心各种产品的当期可控成本之和为实际责任成本,某种产品的可控费用与不可控费用之和为该产品的实际成本。这两种责任成本与产品制造成本相结合的核算方法能够避免双轨制会计核算下成本计算工作的重复。

采用责任成本与产品变动成本结合核算的形式,一般以变动成本法为基础设置账簿并核算。具体地说,是车间及以下层次的成本责任中心按照变动成本法计算产品成本,变动成本按产品进行归集,固定成本按成本中心进行归集,分为可控成本和不可控成本。成本中心当期发生的可控变动成本与可控固定成本之和为成本责任中心的责任成本。责任成本与产品变动成本相结合的核算形式能够清晰地表明产量变动和成本控制水平变动引起的成本变动,便于合理考核成本责任中心的工作业绩。

第四节　责任会计报告的设计

责任中心的业绩考核是通过编制责任会计报告来完成的。责任会计报告又称业绩报告、绩效报告，是根据责任会计记录编制的反映责任预算实际情况的会计报告，是系统、全面地反映企业内部各级责任中心生产经营活动过程、资金运动情况及其结果的总括性文件。因此，责任会计报告的设计是责任会计制度设计的一项重要内容。

一、责任会计报告设计的基本要求

(一)内容系统

责任会计制度要求以按责任中心编制的责任预算为起点，对预算的执行情况进行系统记录和计量，按期编制责任报告，对责任中心进行考核。责任报告要能够系统地反映企业内部经济活动的全貌，在不同层次的责任中心编制不同的责任报告，其详细程度应根据各责任中心管理人员的管理需要。因此，各企业责任报告的内容不尽相同，但必须以最低的责任层次为起点，将责任报告逐级汇总(如成本中心从班组到车间)，直至向企业最高管理层报告，形成企业的责任报告系统。

(二)信息相关

责任会计制度要求责任会计报告所披露的信息必须与所要报告的管理者需要相关。一方面，它能够提供该层管理人员所能控制的因素并对责任预算指标有影响的指标；另一方面，要保持指标的形成具有清晰的逻辑层次。同时，要以文字形式提出需要管理当局引起特别注意的地方。

(三)形式灵活

由于责任会计报告是对各责任中心的责任履行情况所做出的专门报告，因此，在将责任预算、实际执行情况及其产生的差异用报表列示的同时，还必须对重大差异予以分析，查找原因，并做出说明或提出改进建议。可见，与会计报告不同，由于责任会计报告是企业的一种内部报告，它必须根据管理当局的需要进行灵活多样的设计。除了编制报表外，还必须采用数据分析和文字说明等方式进行报告。

二、责任会计报告的种类

责任会计报告按不同的标志可以有多种不同的分类。由于责任中心是责任会计的基本主体，责任会计报告按不同类型的责任中心分类并进行设计是最重要的。下面就不同类型责任中心的责任报告格式和内容分别进行说明。

(一)成本中心的责任报告

成本中心的责任报告应主要反映其责任成本的预算额、实际发生额及其差异额，并按成本或费用项目分别列示。采用不同成本计算方法的责任中心，其责任报告的成本或费用项目也不相同。表 13－1 是采用变动成本法计算成本的成本中心的责任报告。

表 13—1　　　　　　　　　　　　　　　　**成本中心责任报告**

年　月　日

项　目		本期预算额	本期实际发生额	差异额	差异率	产生差异的原因
可控成本						
变动成本	直接材料					
	直接人工					
	变动制造费用					
	其他变动成本					
固定成本	固定制造费用					
	其他固定成本					
责任成本合计						
不可控成本						
成本合计						

通过成本中心的责任报告，可以了解成本中心责任成本预算的完成情况和产生差异的原因，有助于对成本中心进行控制，并据此对各成本中心的业绩进行考核。

（二）利润中心的责任报告

利润中心的责任报告主要反映其责任利润的预算额、实际发生额和差异额，并按利润的形成过程分项列示。其一般格式见表 13—2。

表 13—2　　　　　　　　　　　　　　　　**利润中心责任报告**

年　月　日

项　目	本期预算额	本期实际发生额	差异额	差异率	产生差异的原因
销售净额					
减：变动成本					
变动生产成本					
变动销售费用					
变动成本合计					
贡献毛益					
减：可控固定成本					
责任中心可控利润					
减：不可控固定成本					
营业利润					

当利润中心的利润差异较大时，应在责任报告中进行分析并做出说明。通过利润中心的责任报告，可以了解利润中心的销售和成本等情况，分析影响责任中心目标利润完成的主要原因，并据以对利润中心的工作业绩进行评价。

（三）投资中心的责任报告

投资中心的责任报告主要反映投资利润预算的完成情况，包括责任利润预算的完成情况、责任投资利润率和资金周转率指标的完成情况。其一般格式见表 13—3。

表 13—3　　投资中心责任报告

年　月　日

项　目	本期预算额	本期实际发生额	差异额	差异率	产生差异的原因
销售净额					
减:变动成本					
变动生产成本					
变动销售费用					
变动成本合计					
贡献毛益					
减:可控固定成本					
分部可控利润					
减:不可控固定成本					
分部营业利润					
资产平均占用额					
投资周转率					
销售利润率					
投资利润率					
剩余收益					

在投资中心的责任报告中,应对投资利润率预算的完成情况和影响投资利润率变动的原因进行重点分析。

本章小结

随着经济的发展,分权管理模式应运而生。为使分权管理兴利除弊,责任会计应运而生。

在设计责任会计制度时,应遵循以下基本原则:责任主体原则、目标一致原则、可控性原则、激励原则、反馈原则和重要性原则。

设置责任中心是进行责任会计设计的首要问题。在一家企业里,如何设置责任中心、设置多少责任中心,取决于以下基本原则:(1)与企业的组织机构相适应;(2)能够划清责任,单独核算;(3)使责、权、利紧密结合。

按授权范围和责任范围的不同,责任中心可以设置成本中心、利润中心和投资中心三种形式。成本中心的考核指标有成本(费用)降低额和降低率,利润中心的考核指标有毛利、贡献毛益和营业利润,投资中心的考核指标有投资利润率和剩余收益。

责任预算分解制度的设计包括责任预算分解制度设计的原则和责任预算的编制方法两个方面。其原则有:(1)以明确的经营目标为前提;(2)全面性与突出重点相结合;(3)积极可行并留有余地;(4)充分民主集中。责任预算的编制方法有:(1)在企业总预算的基础上,从责任中心的角度对总预算进行层层分解从而形成各责任中心的预算;(2)采取自下而上的方式,即由各个责任中心先自行列示各自的预算指标,层层汇总,然后由企业负责人或预算管理委员会等类似机构进行调整，从而建立企业总预算。

内部转移价格的设计类型有市场价格、协商价格、双重内部转移价格和以"成本"作为内部转移价格。内部结算制度的形式有多种，如内部转让通知单、内部托收承付结算方式、内部货币结算方式和内部银行支票方式等。

责任会计的核算模式一般分为双轨制和单轨制两种。责任会计报告的设计是责任会计制度设计的一项重要内容，按责任中心分为成本中心责任报告、利润中心责任报告和投资中心责任报告。

课后练习题

一、单项选择题

1. 责任会计的重要特性在于强调以(　　)为组织基础，收集资料、编制计划并提供计划实际完成情况的会计信息。

A. 成本中心　　B. 投资中心　　C. 管理中心　　D. 责任中心

2. 成本中心的责任成本是当期发生的各种(　　)之和。

A. 不可控成本　　B. 机会成本　　C. 可控成本　　D. 管理成本

3. 与成本中心相比，(　　)的责任更大一些。

A. 利润中心　　B. 投资中心　　C. 资金管理中心　　D. 筹资中心

4. (　　)一般是指有产品或劳务生产经营决策权的部门。

A. 成本中心　　B. 利润中心　　C. 管理中心　　D. 投资中心

5. 下列叙述中，正确的是(　　)。

A. 利润中心没有投资决策权　　B. 投资中心处于责任中心较低层面

C. 利润中心实际上只对收入负责　　D. 投资中心是集权管理模式的最突出表现

二、多项选择题

1. 在设计责任会计制度时，应遵循(　　)原则。

A. 责任主体　　B. 可控性　　C. 可比性　　D. 重要性

2. 责任会计的作用有(　　)。

A. 设置责任中心，明确权责范围　　B. 编制责任预算，确定考核标准

C. 建立跟踪系统，进行反馈控制　　D. 分析评价业绩，建立奖罚制度

3. 责任中心设计的原则有(　　)。

A. 与企业的组织机构相适应　　B. 能够划清责任并单独核算

C. 能够独立自主经营管理　　D. 使责、权、利紧密结合

4. 可控成本应具备的条件是(　　)。

A. 能够通过一定方式了解将要发生的成本　　B. 能够对发生的成本进行计量

C. 能够有效进行风险评估　　D. 能够通过自己的行为对成本加以调节和控制

5. 责任中心可以设置(　　)形式。

A. 成本中心　　B. 利润中心　　C. 投资中心　　D. 筹资中心

6. 利润中心可以分为(　　)。

A. 自然的利润中心　　B. 人为的利润中心　　C. 事业部利润中心　　D. 投资利润中心

7. 责任预算分解制度的设计应遵循(　　)原则。

A. 以明确的经营目标为前提

B. 全面性与突出重点相结合

C. 积极可行并留有余地

D. 编制过程要充分民主集中，先自上而下再由下而上反复论证

8. 内部转移价格的设计原则有(　　)。

A. 全局性　　B. 激励性　　C. 自主性　　D. 创造性

9. 内部转移价格的设计类型有(　　)。

A. 市场价格　　B. 协商价格　　C. 双重内部转移价格　　D. 以成本为内部转移价格

10. 责任会计的核算方法一般分为(　　)两种核算模式。

A. 多轨制　　B. 单轨制　　C. 混合制　　D. 双轨制

三、判断题

1. 责任会计的核算必须按各级管理部门设置相应的责任中心，建立责任主体。(　　)

2. 对各责任中心的业绩考核与评价，应该包括该责任中心所取得的全部收入和发生的全部费用。(　　)

3. 从企业总体来看，内部转移价格的制定，将影响企业的利润总额。(　　)

4. 责任会计报告按不同类型的责任中心分类并进行设计是最重要的。(　　)

四、简答题

1. 责任会计制度设计的原则有哪些？

2. 责任中心可分为哪几类？

3. 内部转移价格有几种类型？各自的优缺点是什么？

4. 说明产品成本与责任成本的区别。

5. 说明成本中心责任报告、利润中心责任报告和投资中心责任报告的一般设计格式和内容。

案例分析

某投资中心 2015 年 1 月实际发生的成本、费用、收入、经营资产占用以及相关的业绩考核标准资料如下：

该投资中心当月发生的销售收入为 166 000 元，超过预算 6 000 元；可控变动成本中制造费用 63 200 元，节约 6 200 元；可控销售成本为 28 200 元，超支 4 000 元；可控行政管理费用 3 650 元，超支 1 320 元；该投资中心不可控的固定成本中制造费用 33 300 元，销售成本 6 600 元，行政管理费用 9 600 元；该投资中心经营资产平均占用额为 287 600 元。

要求：

(1)请评价和考核该投资中心的经营成果(选择投资利润率和剩余利润两个指标体系)。

(2)试设计该投资中心的业绩评价报告。

第十四章　全面预算管理制度设计

学习目标

本章主要介绍了全面预算管理的概念、特点、功能和作用，以及实施全面预算管理所面临的风险，重点阐述了全面预算管理的组织体系以及在编制、执行、分析和考核过程中如何进行管控和流程的设计。通过本章的学习，了解实施全面预算管理的重要作用，掌握全面预算管理编制、执行、分析和考核的程序设计和流程设计。

第一节　全面预算管理概述

全面预算是企业对一定期间的经营活动、投资活动和财务活动等做出的预算安排。全面预算作为一种全方位、全过程、全员参与的预算管理模式，凭借其计划、协调、控制、激励和评价等综合管理功能，整合和优化配置企业资源，提升企业运行效率，成为促进实现企业发展战略的重要抓手。正如美国著名管理学家戴维·奥利所指出的那样：全面预算管理是为数不多的几个能把组织的所有关键问题融合于一个体系中的管理控制方法。

一、全面预算管理的概念和特点

全面预算管理是企业对战略目标和经营计划的一种总体安排，通过对企业一定期间的经营活动、投资活动和财务活动等进行预算管理，实现对企业内部各项资源与业务活动的统筹规划，涉及预算编制、预算执行和预算考核等阶段。其中，预算编制阶段包括预算编制、预算审批和预算下达等具体环节，预算执行阶段包括预算指标分解、责任落实、预算执行控制、预算分析和预算调整等具体环节，预算考核阶段包括差异计算与分析、责任落实与考核、落实奖惩等激励约束机制。这些环节相互关联，相互作用，周而复始地循环，从而实现对企业经济活动的全面控制。全面预算管理与控制体系如图 14－1 所示。

全面预算管理集计划和控制于一体，将企业确立的发展战略和经营目标逐层分解，下达至内部各责任单位、职能部门和具体岗位。全面预算管理具有全员、全程、全方位的特点：全员参与，人人头上有指标，个个肩上有任务；每个环节、每个层面都实行预算控制，横向到边，纵向到底，而不仅仅是一个部门特别是财会部门和财务人员的事情。全面预算包括经营预算、财务预算、资本预算、筹资预算和专项预算。

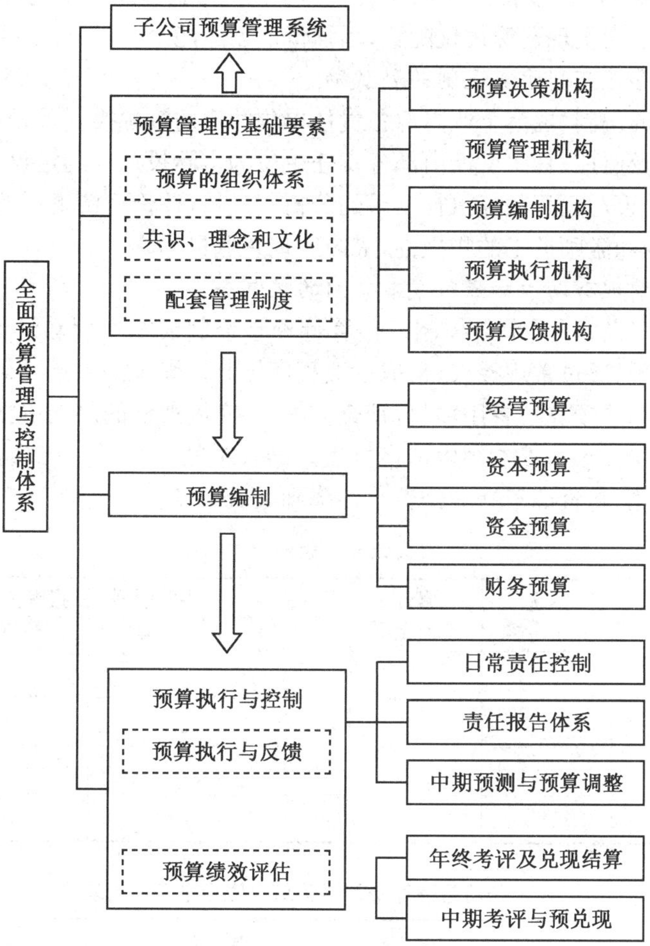

图 14—1　全面预算管理与控制体系

二、全面预算管理的功能和作用

全面预算管理具有规划、控制、沟通、协调、考核和激励等方面的功能，其重要作用如下：

（一）全面预算管理是企业实施内部控制、防范各种风险的重要手段和措施

全面预算管理是为实现企业目标所采用的管理与控制手段。全面预算的制定和实施过程就是不断用量化的工具，使自身所处的经营环境与所拥有的资源和企业的发展目标保持动态平衡的过程，也是对企业面临的各种风险进行识别、预测、评估与控制的过程。

（二）全面预算管理是企业实现发展战略与年度经营目标的有效方法和工具

“三分战略、七分执行”，企业战略制定得再好，如果得不到有效实施，终不能将美好蓝图和愿景转变为现实。通过实施全面预算管理，可将根据发展战略制定的年度经营目标进行分解、落实，使企业战略规划与年度具体行动方案紧密结合，实现“从战略到行动”的落实，确保企业发展目标的实现。

（三）全面预算管理有利于企业优化资源配置、提高经济效益

全面预算管理以经营目标为起点，以提高投入产出比为目的，其编制和执行过程就是将企

业有限的资源加以整合，通过相互协同配合，协调分配到能够提高企业经营效率和效果的业务、活动和环节中，从而实现资源优化配置，增强价值创造能力，提高企业经济效益。

（四）全面预算管理有利于实现制约和激励

通过全面预算的编制，规范企业内部各责任单位约定的资源投入及相应的经济责任；通过对全面预算的执行及监控，真实反馈内部各责任单位的实际投入与约定投入的差异，并采取相应措施加以控制；通过对全面预算执行结果的分析与考核，评价经济责任的履行情况并实施相应的奖惩，从而调动和激励员工的积极性，最终实现企业目标。

（五）全面预算管理有助于加强对成本费用的控制

利润一半来自经营，一半来自控制。预算管理是控制成本费用和降低消耗的有效手段。对预算内的费用支出，通过常规授权，采取一般程序控制。表 14－1 是××公司预算内费用控制表。对超预算费用或预算外费用项目，视金额大小，实施严格的层层审批制度。表 14－2 是××公司超预算费用或预算外费用申请审批表。结合绩效考核，每一部门和员工对所配置的资源将会充分地使用，将资源浪费或经营不力降到最低限度。

表 14－1　　××公司预算内费用控制表

日　期	摘　要	本次支出金额	累计支出金额	预算余额	主管会计签章	报账人员签章	备　注

表 14－2　　××公司超预算费用或预算外费用申请审批表

申请部门		申请人	
申请种类	预算外费用	超预算费用	其他情况
预算金额		累计支出金额	
本次申请金额		剩余预算金额	
申请项目性质及描述			
申请理由			
申请部门主管审核	年　月　日		
财务部主管审核	年　月　日		
主管财务副总审核	年　月　日		
总经理审核	年　月　日		
董事长审批	年　月　日		

（六）全面预算管理促进内部沟通与协调

企业各项经营目标的实现需要各部门、各岗位积极沟通、团结合作、协同配合，抛开门户之见及本位主义，以企业发展战略和总体目标为根本。全面预算管理是将企业发展战略和年度经营计划付诸实施的具体方案，涉及内部各部门、各层面、各环节和各岗位。通过全面预算责任体系，可为内部利益冲突和矛盾的协调建立标准，有利于促进内部沟通与协调，使各部门、各岗位之间相互理解，使全体员工共同努力，实现企业目标。

三、企业实施全面预算管理的总体风险

风险是可能对企业实现目标产生影响的各种不确定因素，可能导致实际结果与预期目标产生差异。风险管控是通过风险识别、风险分析和风险应对等方法，避免或降低风险所致损失的活动。企业内部控制就是对影响企业目标实现的各种风险因素进行管理和控制。全面预算管理不仅是一种有效的内部控制工具，而且是一种很好的风险管控手段。同时，全面预算管理自身各环节也面临着种种风险和不确定性，需要进行风险管控。企业实施全面预算管理需要突出风险管控的导向性，从识别和分析全面预算管理各环节的主要风险入手，并采取有针对性的控制措施，从而提高全面预算的实施效果。全面预算的编制和实施过程就是企业不断用量化的工具，使自身所处的经营环境与所拥有的资源和企业的发展目标保持动态平衡的过程，也是企业对预算管理各环节面临的种种风险进行识别、分析与控制的过程。

企业实行全面预算管理，至少应关注下列总体风险：(1)不编制预算或预算不健全，可能导致企业经营缺乏约束或盲目经营；(2)预算目标不合理、编制不科学，可能导致资源浪费或发展战略难以实现；(3)预算缺乏刚性、执行不力、考核不严、奖罚不到位，可能导致预算管理流于形式。

第二节　全面预算管理组织系统的设计

全面预算的组织领导与运行体制健全是防止预算管理松散、随意，预算编制、执行和考核等各环节流于形式的关键。为此，企业应加强全面预算工作的组织领导，明确预算管理体制及各预算执行单位的职责权限、授权批准程序和工作协调机制等。企业设置全面预算管理体制应遵循合法科学、高效有力、经济适度、全面系统、权责明确等基本原则。全面预算管理的组织系统一般包括全面预算管理决策机构、工作机构和执行机构三个层次。预算管理组织体系如图 14－2 所示。

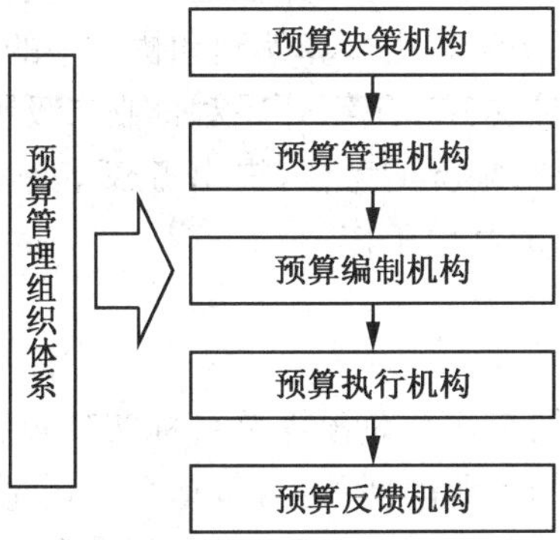

图 14－2　预算管理组织体系

一、全面预算管理决策机构

董事会一般是企业全面预算管理的决策机构。董事会下设专业委员会——预算管理委员会。预算管理委员会以预算会议的形式工作。预算管理委员会主任一般由董事长或总经理兼任,总会计师或财务总监或分管财会工作的副总经理担任副主任,委员由独立核算部门和各职能部门负责人兼任。分管财会工作的副总经理应协助董事长或总经理负责全面预算管理的组织领导工作。

预算管理委员会的主要职责如下:(1)制定和颁布企业全面预算管理制度,包括预算管理的政策、措施、办法和要求等;(2)根据企业战略规划和年度经营目标,拟定预算目标,并确定预算目标分解方案、预算编制方法和程序;(3)指导各预算责任单位编制业务计划和预算草案,综合平衡预算草案,提供相关定员、定额和费用开支标准等基础信息;(4)下达经批准的年度全面预算方案;(5)协调解决预算编制和执行中的重大问题,仲裁与预算有关的冲突;(6)审议预算调整方案,依据授权进行审批;(7)审议预算考核和奖惩方案;(8)对企业全面预算的总体执行情况进行分析、评价与考核;(9)负责超预算或预算外支出的审批;(10)其他与全面预算管理有关的事宜。

二、全面预算管理工作机构

预算管理委员会一般为非常设机构,企业应在该委员会下设立预算管理工作机构——预算管理办公室,由其履行预算管理委员会的日常管理职责。预算管理办公室一般设在财会部门,其主任一般由总会计师(或财务总监、分管财会工作的副总经理)兼任,工作人员除了财会部门人员外,还应有计划、人力资源、投资、生产、销售和研发等业务部门人员参加。

预算管理办公室的主要职责包括:(1)拟定企业各项全面预算管理制度并负责检查、落实预算管理制度的执行;(2)拟订年度预算总目标分解方案及有关预算编制程序和方法的草案,报预算管理委员会审定;(3)组织和指导各级预算单位开展预算编制工作;(4)预审各预算单位的预算初稿,进行综合平衡,并提出修改意见和建议;(5)汇总编制全面预算草案,提交预算管理委员会审查;(6)跟踪、监控预算的执行情况;(7)定期汇总、分析各预算单位预算的执行情况,并向预算管理委员会提交预算执行分析报告,为该委员会进一步采取行动拟订方案;(8)接受各预算单位的预算调整申请,根据企业预算管理制度进行审查,集中制订年度预算调整方案,报预算管理委员会审议;(9)协调解决预算编制和执行中的有关问题;(10)提出预算考核和奖惩方案,报预算管理委员会审议;(11)组织开展对企业二级预算责任单位(内部各职能部门、所属分公司和子公司等)预算执行情况的考核,提出考核结果和奖惩建议,报预算管理委员会审议;(12)预算管理委员会授权的其他工作。

三、全面预算执行机构

全面预算执行机构是指根据其在企业预算总目标实现过程中的作用和职责划分的,承担一定经济责任并享有相应权益的企业内部单位,包括企业内部各职能部门和所属分(子)公司等。企业内部预算责任单位的划分应遵循分级分层、权责利相结合、责任可控、目标一致的原则,并与企业的组织机构设置相适应。根据权责范围,企业内部预算责任单位可分为投资中心、利润中心、成本中心、费用中心和收入中心。

预算执行单位在预算管理部门(预算管理委员会、预算管理办公室)的指导下组织开展本部门或本企业全面预算的编制工作，并严格执行批准下达的预算。各预算执行单位负责人应对本单位预算的执行结果负责。

各预算责任单位的主要职责有：(1)提供编制预算的各项基础资料；(2)负责本单位全面预算的编制和上报工作，将本单位预算指标层层分解，落实到各部门、各环节和各岗位；(3)严格执行经批准的预算，监督、检查本单位预算的执行情况，及时分析、报告本单位预算的执行情况，解决预算执行中的问题；(4)根据内外部环境的变化及企业预算管理制度，提出预算调整申请；(5)组织实施本单位内部的预算考核和奖惩工作，配合预算管理部门做好企业总预算的综合平衡、执行监控和考核奖惩等工作；(6)执行预算管理部门下达的其他预算管理任务。

图 14—3 是预算组织与管理职能的划分，显示了预算管理及其职能在公司治理结构和组织结构中的分布情况。

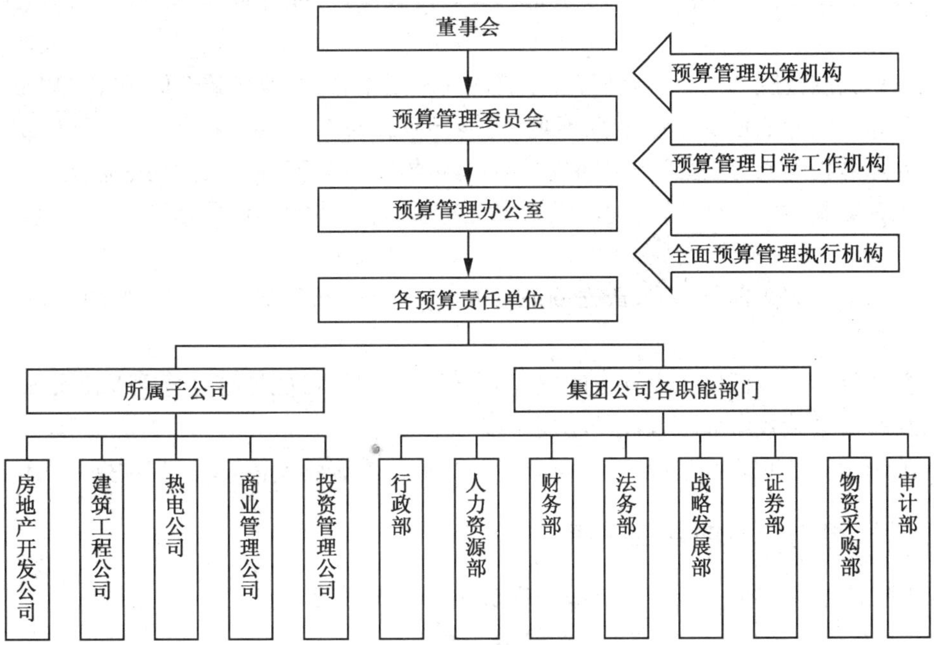

图 14—3　某集团公司全面预算管理组织架构

四、全面预算管理体制和工作协调机制

企业应在建立健全全面预算管理体制的基础上，进一步梳理和制定预算管理工作流程，按照不相容职务相互分离的原则细化各部门、各岗位在预算管理体系中的职责、分工与权限，明确预算编制、执行、分析、调整和考核各环节的授权批准制度与程序。预算管理各环节的不相容岗位包括预算编制与预算审批、预算审批与预算执行、预算执行与预算考核。

在全面预算管理的各个环节中，预算管理部门主要起决策、组织、领导、协调和平衡的作用。企业可以根据自身的组织结构、业务特点和管理需要，责成内部生产、市场、投资、技术和人力资源等各预算归口管理部门处理所归口管理预算的编制、执行、监控和分析等工作，并配合预算管理部门做好企业总预算的综合平衡、执行监控、分析和考核等工作。

第三节　全面预算编制环节的控制措施及流程设计

预算编制是企业实施全面预算管理的起点。预算编制的合理性、准确性及可行性直接关系到后续环节执行与考核的成败。企业应建立和完善预算编制工作制度，明确编制依据、编制程序和编制方法等，确保预算编制依据合理、程序适当、方法科学，避免预算指标过高或过低。

一、预算编制环节的主要风险

预算编制环节的主要风险包括：

(1)预算编制以财会部门为主，业务部门参与度较低，可能导致预算编制不合理，预算管理责、权、利不匹配。

(2)预算编制范围和项目不全面，各预算之间缺乏整合，可能导致全面预算难以形成。

(3)预算编制所依据的相关信息不足，可能导致预算目标与战略规划、经营计划、市场环境、企业实际等相脱离；预算编制基础数据不足，可能导致预算编制的准确率降低。

(4)预算编制程序不规范，横向和纵向信息沟通不畅，可能导致预算目标缺乏准确性、合理性和可行性。

(5)预算编制方法选择不当，或强调采用单一的方法，可能导致预算目标缺乏科学性和可行性。

(6)预算目标及指标体系设计不完整、不合理、不科学，可能导致预算管理在实现发展战略和经营目标、促进绩效考评等方面的功能难以有效发挥。

(7)编制预算的时间太早或太晚，可能导致预算的准确性不高，或影响预算的执行。

二、预算编制环节的管控措施

针对上述主要风险，企业在预算编制环节应采取如下管控措施：

(一)全面性控制

第一，明确企业各部门、各单位的预算编制责任，使企业各部门、各单位的业务活动全部纳入预算管理。

第二，将企业经营、投资、融资、财务收支和项目建设等各项经济活动的各个方面与各个环节都纳入预算编制范围，形成由经营预算、投资预算、筹资预算、建设预算和财务预算等一系列预算组成的相互衔接和勾稽的综合预算体系。表 14－3 为某集团公司全面预算编制目录，表 14－4 为某集团公司资金预算支出明细表编制模板，表 14－5 为某集团公司资金预算收入明细表编制模板。

表 14－3　　某集团公司全面预算编制目录

顺序	名　称	表格编号	页　码
一	资金预算平衡表	1	
	资金平衡汇总表	1	
	集团总部资金预算平衡表	1－1	

续表

顺序	名　称	表格编号	页　码
	房地产开发公司资金预算平衡表	1—2	
	建筑工程公司资金预算平衡表	1—3	
	热电公司资金预算平衡表	1—4	
	商业管理公司资金预算平衡表	1—5	
	投资管理公司资金预算平衡表	1—6	
二	资金流入预算表	2	
	资金流入预算汇总表	2	
	集团总部资金流入预算表	2—1	
	房地产开发公司资金流入预算表	2—2	
	建筑工程公司资金流入预算表	2—3	
	热电公司资金流入预算表	2—4	
	商业管理公司资金流入预算表	2—5	
	投资管理公司资金流入预算表	2—6	
三	资金流出预算表	3	
	资金流出预算汇总表	3	
	集团总部资金流出预算表	3—1	
	房地产开发公司资金流出预算表	3—2	
	建筑工程公司资金流出预算表	3—3	
	热电公司资金流出预算表	3—4	
	商业管理公司资金流出预算表	3—5	
	投资管理公司资金流出预算表	3—6	
四	业务计划表	4	
	房地产开发公司业务计划表	4—1	
	建筑工程公司业务计划表	4—2	
	热电公司业务计划表	4—3	
	商业管理公司业务计划表	4—4	
	投资管理公司业务计划表	4—5	
	集团总部业务计划表	4—6	
	行政部	4—6—1	
	人力资源部	4—6—2	
	财务部	4—6—3	
	法务部	4—6—4	

续表

顺序	名　称	表格编号	页　码
	战略发展部	4—6—5	
	证券部	4—6—6	
	审计部	4—6—7	
	物资采购部	4—6—8	
五	集团管理费用明细表	5	
	办公费	5—1	
	职工薪酬	5—2	
	车辆使用费	5—3	
	差旅费	5—4	
	水电费	5—5	
	电话费	5—6	
	员工培训费	5—7	
	职工活动经费	5—8	
	研发费	5—9	
	审计费	5—10	
	税金	5—11	
	其他	5—12	
六	预算执行过程控制表	6	
	预算调整申请及审批表	6—1	
	预算内费用控制表	6—2	
	预算外或超预算费用申请审批表	6—3	
	预算执行差异分析表	6—4	
七	预算考核表	7	
	预算考核指标体系	7—1	
	独立核算部门预算考核表	7—2	
	职能部门预算考核表	7—3	
	财务部预算考核表	7—4	

表 14—4　　某集团公司 12 月资金预算支出明细表

项　目	11 月计划金额	11 月实际金额	11 月差异	12 月计划金额
收　入				
支　出				

续表

项　目		11月计划金额	11月实际金额	11月差异	12月计划金额		
部门	11月费用计划支出明细	11月计划支出金额	11月实际支出金额	差异金额	12月费用计划支出明细	12月计划支出金额	12月资金计划说　明
总经办							
	合　计				合　计		
计财部							
	合　计				合　计		
前期部							
	合　计				合　计		
工程部							
	合　计				合　计		
研发部							
	合　计				合　计		
招商部							
	合　计				合　计		
固定费用							
	合　计				合　计		

表 14—5　　　某集团公司 12 月资金预算收入明细表

单位名称：　　　　　　　　编报日期：　　　　　　　　单位：

序号	11月计划收入项目明细	11月计划收入金额	11月实际收入金额	差异金额	12月计划收入项目明细	12月计划收入金额	12月资金计划编制说明
1							
2							
3							
4							
5							
6							
7							
8							
合　计							

部门负责人：　　　　　　　　　　　　编制：

备注：此表可以根据各公司的实际进行调整。

(二)编制依据和基础控制

预算编制的依据和基础控制包括:(1)制定明确的战略规划,并依据战略规划制定年度经营目标和计划,作为制定预算目标的首要依据,确保预算编制真正成为战略规划和年度经营计划的具体行动方案;(2)深入开展对外部环境的调研和预测,确保预算编制以科学预测为依据,与市场和社会环境相适应;(3)深入分析企业上一期间的预算执行情况,充分评估预算期内企业的资源状况、生产能力和技术水平等自身环境的变化,确保预算编制符合企业生产经营活动的客观实际;(4)重视和加强预算编制基础管理工作,包括历史资料记录、定额制定和管理、标准化工作和会计核算等,确保预算编制以可靠、翔实、完整的基础数据为依据。

(三)编制程序及时间控制

企业按上下结合、分级编制、逐级汇总的程序编制年度全面预算。

(四)编制方法控制

企业本着遵循经济活动规律,充分考虑符合自身经济业务特点、历史数据、基础数据管理水平、生产经营周期和管理需要的原则,选择或综合运用固定预算、增量预算、弹性预算和滚动预算等方法编制预算。

(五)预算目标及指标体系设计的控制

预算目标及指标体系设计的控制内容包括:

(1)按“财务指标为主体、非财务指标为补充”的原则设计预算指标体系;

(2)将企业战略规划和经营目标体现在预算指标体系中;

(3)将企业经济活动的各个环节和各项业务纳入预算指标体系;

(4)将预算指标体系与绩效评价指标协调一致;

(5)按各预算责任单位在工作性质、权责范围和业务活动特点等方面的不同,设计不同或各有侧重的预算指标体系;

(6)各预算项目的编制应说明计算依据和潜在影响因素。

第四节　全面预算审批与下达环节的控制措施及流程设计

一、预算审批与下达环节的主要风险

预算审批与下达环节的主要风险包括:

(1)全面预算未经适当审批或超越授权审批,可能导致预算的权威性不够、执行不力,或可能因重大差错或舞弊而导致损失。

(2)全面预算下达不力,可能导致预算执行或考核无据可查。

(3)预算指标分解不够详细、具体,可能导致企业的某些岗位和环节缺乏预算执行和控制依据。

(4)预算指标分解与业绩考核体系不匹配,可能导致预算执行不力。

(5)预算责任体系缺失或不健全,可能导致预算责任无法落实,预算缺乏强制性与严肃性。

(6)预算责任与执行单位或个人的控制能力不匹配,可能导致预算目标难以实现。

二、预算审批与下达环节的管控措施

为保证全面预算方案的权威性,全面预算方案应经过审批并以正式文件的形式下达。为

保证全面预算的可操作性，预算管理机构应将预算指标合理分解，层层落实到各预算责任单位、岗位和个人，并以此作为预算执行和控制的依据。

(1)在全面预算草案完成后，由预算管理委员会提交董事会审批。企业董事会在审核全面预算草案时，应重点关注预算的科学性和可行性，以确保全面预算与企业发展战略、年度生产经营计划相协调。

(2)全面预算草案经企业董事会审议批准后，形成全面预算方案，并及时以文件形式下达。

(3)全面预算方案一经批准下达，预算管理办公室就应组织培训，并以全面预算方案为依据，制订详细、可行的预算指标分解计划，将预算指标层层分解落实到内部各部门、各环节和各岗位，形成全方位的预算执行责任体系。

(4)预算管理办公室在时间上将年度预算指标分解细化为季度预算和月度预算，通过实施分期预算控制，实现年度预算目标。

(5)建立预算执行责任制度，对照已确定的责任指标，定期或不定期地对相关部门及人员责任指标的完成情况进行检查，实施考评。

(6)分解预算指标、建立预算执行责任制应遵循定量化、全局性和可控性原则。图 14－4 为××集团公司全面预算编制及控制流程，表 14－6 为××集团公司全面预算编制步骤及时间控制。

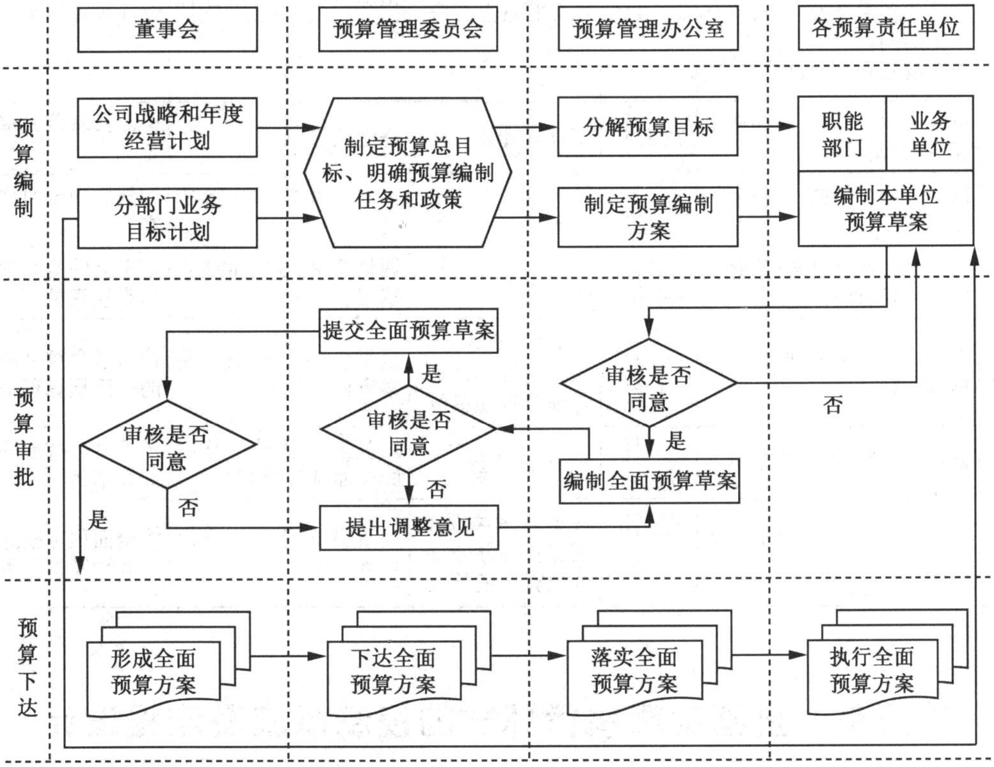

图 14－4　××集团公司全面预算编制及控制流程

表 14—6　　××集团公司全面预算编制步骤及时间控制

步骤	主要工作	完成时间	涉及部门	流入文件	流出文件
1	制定或调整发展战略 制订公司年度经营计划 分解分部门的经营目标	11月初	董事会	外部环境分析报告、企业内部资源分析报告、企业能力分析报告和经营预测报告等	公司发展战略 年度经营计划 部门经营计划和目标
2	制定预算总目标 明确预算编制任务 制订预算编制计划	11月中旬	预算管理委员会	公司发展战略 年度经营计划 部门经营计划和目标	预算总目标 预算编制任务 预算编制政策
3	分解预算目标 制定预算编制方案 下达预算编制任务	11月中旬	预算管理办公室	预算总目标 预算编制任务 预算编制政策 年度经营计划	预算编制方案 预算编制通知
4	预算责任单位初步填报业务计划表和部门预算草案	11月下旬	各预算责任单位	预算编制方案 预算编制通知 部门经营计划	预算责任单位业务计划表 费用预算草案
5	审核业务计划表和费用预算草案 协调各预算责任单位预算草案的调整 汇总编制全面预算草案	11月底	预算管理办公室	预算责任单位业务计划表和费用预算草案	全面预算草案
6	审核全面预算草案；如有必要，提出调整意见	12月初	预算管理委员会	全面预算草案	全面预算草案审核意见
7	沟通、协调、平衡、调整全面预算草案	12月上旬	预算管理办公室 各预算责任单位	全面预算草案审核意见	调整后的全面预算草案
8	审核全面预算草案；如有必要，提出调整意见	12月中旬	董事会	调整之后的全面预算草案	董事会的全面预算草案审核意见
9	沟通、协调、平衡、调整全面预算草案	12月上旬	预算管理委员会 预算管理办公室 各预算责任单位	董事会的全面预算草案审核意见	按董事会意见调整后的全面预算草案
10	审核、批准全面预算草案	12月中旬	董事会	按董事会意见调整后的全面预算草案	经董事会批准的全面预算草案
11	下达、讲解、学习、分解全面预算草案	12月下旬	预算管理委员会 预算管理办公室 各预算责任单位	经董事会批准的全面预算草案	将全面预算指标分解至各预算责任单位

第五节　全面预算执行环节的控制措施及流程设计

全面预算要从“文件”走向“实用”，关键在于执行环节。再好的制度，得不到有效落实，也只是“纸上谈兵”。企业应加强对预算执行的管理，明确预算指标分解方式、预算执行审批权限和要求、预算执行情况报告等，落实预算执行责任制，严格预算的执行。

一、预算执行环节的主要风险

预算执行环节的主要风险包括：

(1)缺乏严格的预算执行授权审批制度，可能导致预算执行的随意性。

(2)预算审批权限及程序混乱，可能导致越权审批和重复审批，降低预算执行的效率和严肃性。

(3)预算执行过程中缺乏有效监控，可能导致预算执行不力，预算目标难以实现。

(4)缺乏健全、有效的预算反馈和报告体系，可能导致预算执行情况不能及时反馈和沟通，预算差异得不到及时分析，预算监控难以发挥作用。

二、预算执行环节的控制措施

预算执行环节的控制措施主要包括：

第一，根据全面预算管理的要求组织各项生产经营活动和投融资活动，对预算的执行和控制有严格的要求。财会部门对预算内各项支出，按审批权限，经有关领导审核签字后方可办理借款和报销手续。

第二，财会部门加强资金收付业务的预算控制，及时组织资金收入，严格控制资金支付，调节资金收付平衡，防范支付风险。对于超预算或预算外的资金支付，应实行严格的审批制度；同时，建立预算执行实时监控制度，及时发现和纠正预算执行中的偏差。办理各类业务和事项均应符合预算要求，及时制止不符合预算目标的经济行为，确保各项业务和活动都在授权范围内运行；涉及成本费用的，还应执行相关计划、定额和定率标准。

第三，建立严格的授权审批制度，确保各项业务活动合法、合规，与预算目标一致。企业应就涉及资金支付的预算内事项、超预算事项和预算外事项建立规范的授权批准制度和程序，避免越权审批、违规审批和重复审批现象的发生。对于预算内非常规或金额重大的事项，应经过总经理审批。对于超预算或预算外事项，应实行严格、特殊的层层审批程序，最后报经总经理审批；金额重大的，还应报经预算管理委员会或董事会审批。预算执行单位提出超预算或预算外资金支付申请，应提供有关发生超预算或预算外支付的原因、依据和金额测算等资料。

第四，建立重大预算项目特别关注制度。对于工程项目和对外投融资等重大预算项目，预算管理办公室应密切跟踪其实施进度和完成情况，实行严格监控。借助信息化管理平台，建立预算执行情况预警机制，科学选择预警指标，合理确定预警范围，及时发出预警信号，积极采取应对措施。通过电子信息技术手段监控预算的执行，提高预警与应对水平。

第五，建立健全预算执行情况内部反馈和报告制度，确保预算执行信息传输及时、畅通、有效。预算管理办公室应加强与各预算责任单位的沟通，运用财务信息和其他相关资料监控预算的执行情况，采用恰当方式及时向决策机构和各预算责任单位报告、反馈预算执行进度、执行差异及其对预算目标的影响，促进企业全面预算目标的实现。

表14—7为××集团公司预算执行差异分析表。

表 14—7

××集团公司预算执行差异分析

（以××年度管理费用预算执行差异分析为例）

项目名称	本年度差异数			累计差异数			原因分析	拟采取的控制措施
	预算数	实际数	差异数	预算数	实际数	差异数		
办公费								
职工薪酬								
培训费用								
会务费								
差旅费								
水电费								
相关税费								
研发费用								
董事会费								
其他								
合　计								

三、预算分析与调整环节的风险评估

在预算执行过程中要建立预算执行情况分析制度，定期召开预算执行分析会议，通报预算执行情况，研究和解决预算执行中存在的问题，提出改进措施。另外，企业批准下达的全面预算方案应保持稳定，不得随意调整。由于市场环境、国家政策或不可抗力等客观因素而导致预算执行发生重大差异确需调整预算的，应履行严格的审批程序。

预算分析与调整环节的风险主要包括：

(1)预算分析不正确、不科学、不及时，可能削弱预算执行控制的效果或导致预算考评不客观、不公平。

(2)对预算差异的解决措施不得力，可能导致预算分析形同虚设。

(3)预算调整依据不充分、方案不合理、审批程序不严格，可能导致预算调整随意和频繁，预算失去严肃性和“硬约束”。

四、预算分析环节的控制措施

预算分析环节的控制措施主要包括：

第一，预算管理办公室和各预算责任单位建立按季度或月份分析预算执行情况的制度，定期召开预算执行分析会议，通报预算执行情况，研究和解决预算执行中存在的问题，提出改进措施。

第二，定期编制预算执行情况分析报告。各预算责任单位按规定的格式和内容编制预算执行分析报告。预算管理办公室汇总各预算责任单位的预算执行报告，最终形成企业的全面预算执行报告。

第三，运用科学的预算分析流程和方法，确保预算分析结果准确、合理。预算分析流程一般包括确定分析对象、收集资料、确定差异及分析原因、提出措施及反馈报告等环节。分析预算执行情况，应充分收集有关财务、业务、市场、技术、政策和法律等方面的信息资料，根据不同情况分别采用比率分析、比较分析和因素分析等方法，从定量与定性两个层面充分反映预算执行单位的现状、发展趋势及其存在的潜力。

第四，及时采取措施，恰当处理预算执行偏差。根据造成预算差异的不同原因采取不同的处理措施：因内部执行导致的预算差异，应分清责任归属，与预算考评和奖惩挂钩，并将责任单位或责任人改进措施的实际执行效果纳入业绩考核；因外部环境变化导致的预算差异，应分析该变化是否长期影响企业发展战略的实施，并作为下期预算编制的影响因素。

第五，对预算偏差的分析，包括预算不利差异产生的原因、责任归属、改进措施以及预算有利差异产生的原因和贡献归属。以管理费用中的办公用品消耗为例，预算执行偏差可能由消耗数量或采购成本或两者共同引起，消耗数量原因应由使用部门负责，采购成本原因应由采购部门负责。

第六，预算管理办公室应每季度或每月向预算管理委员会提交预算执行报告和说明。预算管理办公室应在年度结束后的一段时间内向预算管理委员会提交上年度企业全面预算完成情况的综合分析报告，并由预算管理委员会审议后提交董事会。

第七，为了保证预算的严肃性，强化预算的约束力，全面预算方案一经确定，原则上不予调整。如遇企业体制改革、国家宏观政策大幅调整、自然灾害或并购重组等特殊事项，对经营活动和财务收支产生重大影响，使既定预算目标确实难以实现的情况，则允许对预算进行调整。

五、预算调整环节的管控措施

预算调整应符合企业发展战略、年度经营目标和现实状况，重点放在预算执行中出现的重要的、非正常的、不符合常规的关键性差异。预算调整方案应客观、合理、可行，在经济上能够实现最优化。预算调整应遵循如下审批程序：

第一，预算调整申请。调整预算一般由预算执行单位逐级向预算管理委员会提出书面申请，详细说明预算调整理由、调整建议方案、调整前后预算指标的比较以及调整后预算指标可能对企业预算总目标的影响等内容（如表14—8所示）。

第二，预算调整审议。预算管理办公室对预算执行单位提交的预算调整报告进行审核分析，集中编制企业年度预算调整方案，提交预算管理委员会。

第三，预算调整批准。预算管理委员会对年度预算调整方案进行审议，根据预算调整事项的性质或预算调整金额的不同，依授权进行审批或提交董事会审议批准。

第四，预算管理委员会或董事会审批预算调整方案时，应依据预算调整条件，并考虑预算调整原则严格把关。对于不符合预算调整条件的，坚决予以否决；对于预算调整方案欠妥的，应协调有关部门和单位研究改进方案并责成预算管理工作机构予以修改后再履行审批程序。

第五，审批后的预算调整方案以文件的形式下达。

表14—8　　预算调整申请及审批表

预算项目	
原预算数	
预算增加额	
预算增减幅度	

续表

调整原因	
申请部门负责人审核	年 月 日
预算管理办公室审核	年 月 日
预算管理委员会审核	年 月 日
董事会审核	年 月 日

第六节 全面预算考核环节的管控措施及流程设计

预算考核与奖惩在全面预算管理体系中是承上启下的关键环节。只有把各责任单位的预算执行情况与其经济利益挂钩，做到奖惩分明，才能使各责任单位真正成为责、权、利于一体的经济单位，才能最大限度地调动各责任单位及员工的积极性和创造性。全面预算管理也是企业实施绩效管理的基础，是对部门、岗位和人员进行绩效考核的重要依据。将预算考核与绩效管理相结合，可以保持全面预算管理的严肃性，起到真正的约束与激励效果。

一、预算考核与奖惩环节的主要风险

预算考核与奖惩环节的主要风险包括：

(1)考核主体和考核对象的界定不合理，可能导致预算考核受阻。

(2)考核指标设计不科学，可能使考核结果不客观、不公正，导致预算考核的权威性受到质疑。

(3)考核过程不公开，缺少透明度，可能影响考核结果的客观性和公正性。

(4)奖惩措施不公平、不合理、不能奖罚并举，或在奖惩实施中添加人情因素，可能导致奖罚结果缺少约束性和公信力。

二、预算考核与奖惩管控的措施

预算考核与奖惩管控的主要措施包括：

(一)建立健全并有效实施严格的预算考核制度

按年度对各预算执行单位和个人进行考核，将预算目标的执行情况纳入考核和奖惩范围，切实做到有奖有惩、奖惩分明。

(二)合理界定预算考核主体和考核对象

预算考核主体有预算管理委员会、预算管理办公室和各预算责任单位三个层次。预算考核对象为内部各预算责任单位和相关个人。

(三)明确预算考核原则

(1)上级考核下级，即由上级预算责任单位对下级预算责任单位实施考核。

(2)逐级考核，即由预算执行单位的直接上级对其进行考核，间接上级不能隔级考核间接下级。

(3)预算执行与预算考核相分离，即预算执行单位的预算考核应由其直接上级部门来进行，不能自己考核自己。

（四）科学设计预算考核指标体系

（1）预算考核指标要以各预算责任单位承担的预算指标为主；同时，本着相关性原则，增加一些全局性的预算指标和与其关系密切的相关责任单位的预算指标。

（2）考核指标应以定量指标为主，同时根据实际情况辅之以适当的定性指标。

（3）考核指标应具有可控性、可达到性和明晰性。

（五）预算考核按年度进行

各预算责任单位应在每年年初向预算管理办公室上报上年度预算执行分析报告。预算管理办公室根据各责任单位的预算执行情况提出初步考评意见并报预算管理委员会。预算考核表经预算管理委员会审核评议后，如果没有异议，则批准公布并上报董事会备案。

（六）预算考核过程公开、公平、公正

（1）将全面预算考核程序、考核标准、奖惩办法和考核结果等及时公开。

（2）预算考核以客观事实为依据。预算执行单位上报的预算执行报告是预算考核的基本依据，应经本单位负责人签章确认。预算考核主体应将各预算执行单位负责人签字上报的预算执行报告与已掌握的动态监控信息进行核对，确认各执行单位预算的完成情况；必要时，实行预算执行情况内部审计制度。

（七）奖惩措施公平、合理并及时落实

预算考核结果应与各预算执行单位及其员工的薪酬和职位等挂钩，实施预算奖惩。预算奖惩方案应公平、合理、奖罚并举，不能只奖不罚或只罚不奖，同时要注意各部门利益分配的合理性，根据各部门承担的工作难易程度和技术含量合理确定奖励差距；同时，要防止奖惩实施中的人情因素。表14－9为××集团公司预算考核指标体系，表14－10为××集团公司独立核算部门考核表。

表14－9　　××集团公司预算考核指标体系

指标类别	考核指标	预算责任主体	备注
收入类指标	营业收入	集团下属独立运营的子公司	
	营业收入增长率		
	营业收入毛利率		
	营业收入回款率		
	营业收入坏账率		
成本类指标	可控成本总额	集团下属独立运营的子公司	
	可控成本增长率		
费用类指标	可控费用总额	集团所属各部门及下属各独立运营的子公司	
	可控费用增长率		
损益类指标	息税前利润总额	集团下属独立运营的子公司	
	营业利润		
	资产利润率		
	净资产利润率		
筹资类指标	新增负债筹资额	财务部	
	新增权益筹资额		
	资金成本降低率		
	融资计划完成率		

表 14－10　　××集团公司独立核算部门考核表

（适用于独立运营公司和土地综合开发事业部）

编号：　　预算责任单位：　　预算年度：　　考核时间：

指标类别	考核指标	实际数	预算数	差异数	差异率	指标权重	原因分析	备　注
收入类指标	营业收入							
	营业收入增长率							
	营业收入毛利率							
	营业收入回款率							
	营业收入坏账率							
成本类指标	可控成本总额							
	可控成本增长率							
费用类指标	可控费用总额							
	可控费用增长率							
损益类指标	息税前利润总额							
	营业利润							
	资产利润率							
	净资产利润率							
筹资类指标	新增负债筹资额							
	新增权益筹资额							
	资金成本降低率							
	融资计划完成率							

注：(1)差异数＝实际数－预算数；差异率＝差异数÷预算数。

(2)收入、利润类预算指标，差异数为正数，表示有利差异；差异数为负数，表示不利差异。成本、费用类预算指标，差异数为正数，表示不利差异；差异数为负数，表示有利差异。

(3)综合考评结果中的差异数(率)＝不利差异数(率)×对应指标的权重－有利差异数(率)×对应指标的权重。

(4)预算考核结果分为优秀、良好、合格和不合格四个等级。不利差异率达到 10%(含 10%)以上为不合格；不利差异率达到 5%以上(含 5%)、10%以下(不含 10%)为合格；不利差异率在 5%以下(不含 5%)为良好；出现有利差异为优秀。

(5)预算考核结果为优秀的部门，部门全体员工的年终奖金按 120%发放；预算考核结果为良好的部门，部门全体员工的年终奖金按 110%发放；预算考核结果为合格的部门，部门全体员工的年终奖金按 100%发放；预算考核结果为不合格的部门，部门全体员工的年终奖金按 90%发放。

本章小结

全面预算是企业对一定期间的经营活动、投资活动和财务活动等做出的预算安排。全面预算作为一种全方位、全过程、全员参与的预算管理模式，凭借其计划、协调、控制、激励和评价等综合管理功能，整合和优化配置企业资源，提升企业运行效率，成为促进实现企业发展战略的重要手段。全面预算管理自身各环节也面临着种种风险和不确定性，需要进行风险管控。企业实施全面预算管理，需要突出风险管控的导向性，从识别和分析全面预算管理各环节的主要风险入手，并采取有针对性的控制措施，从而提高全面预算的实施效果。

全面预算的组织领导与运行体制健全，是防止预算管理松散、随意，预算编制、执行和考核等各环节流于形式的关键。全面预算管理的组织系统一般包括全面预算管理决策机构、编制机构、执行机构和反馈机构。

预算编制是企业实施全面预算管理的起点。预算编制的合理性、准确性和可行性直接关系到后续环节执行与考核的成败。企业应建立和完善预算编制工作制度，明确编制依据、编制程序和编制方法等，确保预算编制依据合理、程序适当、方法科学，避免预算指标过高或过低。

企业应加强对预算执行的管理，明确预算指标分解方式、预算执行审批权限和要求、预算执行情况报告等，落实预算执行责任制，严格执行预算。应建立健全预算执行情况内部反馈和报告制度，确保预算执行信息传输及时、畅通、有效。预算管理办公室应加强与各预算责任单位的沟通，运用财务信息和其他相关资料监控预算的执行情况，采用恰当方式及时向决策机构和各预算责任单位报告、反馈预算执行进度、执行差异及其对预算目标的影响，促进企业全面预算目标的实现。

预算考核与奖惩在全面预算管理体系中是承上启下的关键环节。将预算考核与绩效管理相结合，可保持全面预算管理的严肃性，起到真正的约束与激励效果。

课后练习题

一、单项选择题

1. 全面预算管理集（　　）于一体，将企业确立的发展战略和经营目标逐层分解，下达至内部各责任单位、职能部门和具体岗位。

A. 计划与预算　　B. 预算与监督　　C. 计划与控制　　D. 监督与控制

2. 预算管理委员会主任一般应该由（　　）来担任。

A. 董事长　　B. 总会计师　　C. 主管副总经理　　D. 财务总监

3.（　　）一般是企业全面预算管理的决策机构。

A. 监事会　　B. 财务部　　C. 董事会　　D. 股东大会

4. 预算管理办公室一般设在（　　）。

A. 财务部　　B. 审计部　　C. 监事会　　D. 董事会

5.（　　）是企业实施全面预算管理的起点。

A. 预算编制　　B. 预算执行　　C. 预算反馈　　D. 预算调整

二、多项选择题

1. 全面预算管理是企业对战略目标和经营计划的一种总体安排，对企业一定期间的（　　）等进行预算管理。

A. 经营活动　　B. 筹资活动　　C. 投资活动　　D. 财务活动

2. 全面预算管理涉及（　　）等阶段。

A. 预算准备　　B. 预算编制　　C. 预算执行　　D. 预算考核

3. 预算编制阶段包括（　　）等具体环节。

A. 预算编制　　B. 预算审批　　C. 预算下达　　D. 预算执行

4. 预算执行阶段包括（　　）。

A. 预算责任落实　　B. 预算执行控制　　C. 预算分析　　D. 预算调整

5. 预算考核阶段包括（　　）等激励约束机制。

A. 差异计算　　B. 差异分析　　C. 责任落实与考核　　D. 落实奖惩

6. 全面预算包括（　　）和专项预算。

A. 经营预算　　B. 资本预算　　C. 财务预算　　D. 筹资预算

7. 全面预算管理的组织系统一般包括（　　）三个层次。

A. 全面预算管理决策机构　　B. 工作机构

C. 执行单位　　　　　　　　　　D. 反馈单位

8. 预算编制环节的管控措施有(　　)以及预算目标和指标体系设计控制。

A. 全面性控制　　　　　　　　　B. 编制依据和编制基础控制

C. 编制程序和编制时间控制　　　D. 编制方法控制

三、判断题

1. 全面预算管理集计划和控制于一身,具有全员、全程、全方位的特点。(　　)

2. 预算管理委员会一般为非常设机构,下设预算管理办公室,由其履行预算管理委员会的日常管理职责。(　　)

3. 全面预算管理的最重要环节是预算审批。(　　)

4. 全面预算的调整依次要经过预算管理办公室、申请部门负责人、预算管理委员会和董事会审核。(　　)

5. 全面预算管理的起点是预算执行。(　　)

四、简答题

1. 什么是全面预算管理?全面预算的编制一般包括哪些内容?

2. 全面预算管理的编制程序有哪些?

3. 全面预算管理的功能和作用是什么?

4. 企业在实施全面预算管理的过程中面临哪些主要风险?

5. 讨论并分析如何将单位内部考核及绩效评价与全面预算管理相结合。

案例分析

柳江公司是一家上市公司,该公司生产的系列产品每年都有所增加,由于销路较好,基本上保持产销平衡。公司董事会在审核批准年度会计报告时发现,公司业务招待费超过了按税法规定的税前扣除标准,使公司以税后利润支付了部分业务招待费;以税后利润支付的还有按税法规定不允许在税前扣除的两笔赞助费支出,董事会对此也提出了质疑。当进一步与公司管理费用分析表及营业外支出明细表核对时发现,业务招待费没有超过预算,比全年预算数少支出了二十多万元,营业外支出中赞助费支出没有列入预算,年初没有预算数。为此,董事会授权公司内部审计部门对公司的费用预算控制进行调查,并提出改进公司预算管理的建议。内部审计部门调查了解到下列情况:

(1)鉴于业务招待费的预算数高于税前扣除标准,内部审计人员向会计部门了解了预算的编制情况。财务部门称,编制预算时没有考虑税前扣除标准的问题,也没有进行总体平衡,业务招待费的预算数是将各职能科室和业务部门的业务招待费预算相加得来的。

(2)各职能科室的业务招待费预算是在上年预算的基础上加5%确定的;业务部门的业务招待费预算是根据业务水平分别确定相应的预算数,但在汇总时是按照最高的预算数进行合并计算的。

(3)各职能科室都知道业务招待费预算的编制方法,有个别部门年底前费用预算没有用完,由于担心预算数结余会影响下一年的预算,就在年底前慷慨地请客、送礼、大吃大喝,直到接近或达到预算。会计部门只要没有超过预算数,就允许报销。12月份发生的业务招待费支出是全年最多的。

(4)业务部门的业务招待费预算虽然有多个控制标准,但会计部门并没有根据这些部门的业务量来进行控制。当业务部门的业务招待费支出超过预算上限时,就申请调整预算数,会计部门一般情况下都同意调整预算。

(5)内部审计人员查阅了预算批准文件,发现当年的年度费用预算没有按规定经过经理会议讨论批准,而是财务部门将编制完成的预算交由总经理批准。内部审计人员还了解到，两笔赞助费支出没有按规定提交公司董事会批准，总经理签署了同意支付的批准文件。由于是总经理的决定，没有人对这两件事情提出异议。

要求：

(1)常用的预算方法有哪些？柳江公司的业务招待费预算编制采用了其中的哪些方法？

(2)根据上述资料，指出柳江公司在费用预算控制方面存在的问题。

(3)从预算组织情况来看，你认为该公司的预算管理是否合理？

(4)针对该公司的情况，你认为应怎样加强费用预算控制？

第十五章　电算化会计系统设计

学习目标

本章介绍了电算化会计系统的特点、依据与原则，重点阐述了电算化会计核算系统设计、组织系统设计及控制系统设计的内容。通过本章的学习，了解电算化会计核算系统设计的内容，理解会计科目、会计凭证、会计账簿、会计报表的设计和电算化会计系统安全控制制度的设计，掌握电算化会计系统组织结构及岗位责任制的设计。

第一节　电算化会计系统概述

会计是最早应用电子计算机技术的领域之一。随着电子计算机技术和信息技术等的快速发展，各种综合的大型管理软件不断地被开发和运用，电算化会计已由利用计算机处理某些会计数据的初期阶段向会计数据的系统处理、会计信息的综合运用等更高级阶段不断发展。网络技术更有助于实现会计数据的分散输入、集中处理以及会计信息的远程访问和资源共享等。

由于会计数据的电算化处理与手工处理在处理方式和流程等诸多方面有所不同，因此，电算化会计系统的设计与手工会计系统的设计有不同之处。电算化会计系统的设计包括三个方面：一是电算化会计信息系统设计，二是电算化会计组织系统设计，三是电算化会计控制系统设计。电算化会计对于促进会计核算手段的变革，提高会计核算的工作效率，促进会计核算工作的规范化，防范人为差错和舞弊，提高会计信息质量和会计信息利用水平，更好地发挥会计人员的控制和管理职能等具有十分重要的意义。

一、电算化会计系统的特点及对会计制度设计的要求

（一）电算化会计系统的特点

电算化会计系统是利用现代信息技术，运用电子计算机及其外部设备处理会计业务的一个系统。现代信息技术极大地扩展了会计系统的资料处理和信息生成能力。与手工会计系统相比较，电算化会计系统主要有以下特点：

1. 继承了传统会计的基本目标和原则，进一步加强了会计的基本职能

科学技术的发展会促进会计进步，会计利用先进的信息技术可以更好地实现其目标、发挥其职能。计算机应用于会计，改变的只是其操作技术，电算化会计系统仍然要遵循会计的基本原则，遵守会计法律法规和会计准则的规定。计算机具有快速、准确地处理数据的特性，其运算精度高、存储容量大，将其应用于会计工作极大地增强了会计系统的数据处理能力，使会计

对于经济业务的反映和监督职能得到加强。计算机技术的应用提高了会计信息处理的时效性，也扩展了会计提供管理信息和参与决策的能力。

2. 会计数据处理方式及流程发生变化，处理速度加快，处理成本降低

电算化会计将手工会计对数据分散收集、分散处理、重复记录的操作方式改变成集中收集、统一处理、数据共享的操作方式。整个电算化会计数据处理流程也相应分为输入、处理和输出三个环节。每个环节的处理方式与手工会计相比都有一定的变化。

(1)数据收集与输入

电算化会计系统可同时接收不同来源的多种交易数据，而不仅限于会计人员的人工确认与填制记账凭证，如销售人员可直接把客户订单上的相关资料转录入原始凭证，整理、汇总后输入计算机系统或辅助设备。仓库保管人员也可在验收或发出物品时，把有关存货增减变动的种类、数量与价值等资料直接输入电算化会计系统。数据输入需利用不同方式或一些特殊设备，书面记录将减少。

(2)数据处理

输入的交易数据将由计算机集中化、自动化地应用各种程序进行处理，包括对交易数据的读取、分类、汇总与逻辑运算，以及对有关交易数据文档的更新、储存。需要的任何中间资料都可通过查询得到。因此，电算化会计系统使数据处理业务呈现一体化的倾向，消除了手工会计中不同经济规模和业务特点的企业采用不同账务处理程序的状况。

(3)信息输出

交易数据及其处理结果均储存于计算机内部或外部存储媒介中，可根据使用者的特定需要，通过计算机随时读取和组合成不同种类的会计报表等基本会计信息，并由与计算机相连接的输出设备输出。

由于电算化会计系统数据处理的集中化、自动化和一体化避免了手工处理中的重复转抄及处理环节多的弱点，并且由于计算机本身存储容量大、运算速度快等特性，因此电算化会计系统能迅速地进行大容量的数据处理，相对手工会计系统可显著地减少会计处理费用。

3. 数据存储载体磁性介质化，账簿外表形式发生变化

在电算化会计系统中，用于记录会计数据的材料采用软盘、U 盘、硬盘以及光盘等磁性介质。这种磁性载体具有存储材料体积小、存储密度大、易于传递和易于管理等优点，大量减少了书面记录。账簿可直接由计算机屏幕显示输出，供各级使用者及时获得有用的信息而无须纸张。账簿在需要时也可打印输出，但输出的是卷带状的，可装订成活页式账簿；到一定时期，再装订成订本式账册，作为会计资料保管。

4. 会计工作组织体制及人员构成发生变化，内部控制需求转移

电算化会计系统的数据处理方式及流程发生变化，会计工作组织体制也将发生变化。电算化会计工作组织体制将以数据处理阶段作为主要划分依据。在电算化会计系统中，通常划分如下专业组：数据(信息)收集组、凭证编码组、数据处理组、信息分析组和系统维护组等。这些专业组的人员除会计人员外，还应有计算机操作和系统维护人员。而会计人员，不但应精通会计专业知识，还应熟练操作计算机和网络技术。

在电算化会计系统中，内部控制将由人工控制转为人机控制。由于计算机系统在平时不存在可视性审计脉络，大量应用程序和交易数据储存于不可视的磁性媒介中，且计算机设备虽可高效运行，但也较为复杂和脆弱，因此控制的要求将更为严格，范围也更广。

(二)电算化对会计制度设计的要求

电算化对会计制度设计提出了一些新要求,主要有以下几个方面:

1. 充分利用计算机技术优势,强化会计管理工作

在设计会计制度时,应充分利用计算机运算速度快、计算准确、使用方便等优势,从而更好地发挥会计的职能作用。例如,在手工账务处理时要定期结账,而后利用账簿记录并编制报表,对外提供会计信息;而运用计算机后,尤其是在计算机网络中,就不一定要等到期末才结账,可根据实际需要随时结账,随时提供会计信息,加强信息的及时性和相关性。

2. 计算机的数据处理程序要符合会计基本原理和会计准则的要求

实行会计电算化以后,其数据处理方式有所不同,但会计基本原理仍然有用,仍然要遵循会计准则的要求。例如,复式记账和借贷平衡原理仍是会计电算化的理论基础,是进行计算机内部控制制度的理论依据。

3. 要建立适合电算化会计系统工作的内部控制机制,防止发生舞弊

电算化系统的特点表明,实行电算化以后,有些风险减少了,但同时增加了许多在手工系统中较小的或不曾有的风险。例如,在电算化会计系统中,一旦发生错误和舞弊,不易被发现,因为所有数据处理都在机内自动完成,无须平衡登记和对账,从而使某些手工方式下行之有效的内部控制方法失去作用。因此,在设计会计制度时,必须针对出现的新问题,建立适合电算化会计系统工作的内部控制机制,采取各种有效的控制方法,确保电算化会计系统的正常运行,防止发生贪污、舞弊行为,保证会计信息的安全、可靠。

二、电算化会计系统设计的内容

电算化会计系统设计得科学与否直接关系到会计职能在电算化条件下能否有效发挥。由于电算化会计系统在会计数据处理方式、业务办理流程和存储媒介等方面的变化,手工会计方式下原有的一些制度将失去作用或难以发挥其效能,因此,需要对电算化会计系统进行设计,以保证其有效运行。电算化会计系统设计的内容包括以下两个方面:

(一)电算化会计系统建立及更新时的会计制度设计

会计电算化并不是简单地将会计和计算机相加,而是一项将电子计算机技术应用于现代会计实务的系统工程。系统工程是从系统的整体性观念出发,把工程对象作为一个系统对待,运用系统论的思想、方法和程序等,使工程及工程对象从总体上达到效率最优的目标。电算化会计系统的建立或更新不仅仅是以计算机为技术手段的问题,而是一项系统工程,必须运用系统观念将会计系统分解为若干组成部分,将技术手段、原理、方法和工作过程等加以系统化,这样才能保证整个电算化会计系统达到最优效能。系统开发是建立并有效运行电算化会计系统的前提。系统开发一般包括系统分析、系统设计、系统实施、系统维护及评估等阶段。在系统开发过程中,融入会计和管理控制方面的要求、遵循会计准则和相关法规是设计的一项重要内容,直接关系到电算化会计系统的合法性。

(二)电算化会计系统中管理制度的设计

任何系统的有效运行都离不开健全的管理制度。将计算机引入会计工作,虽然大大提高了会计信息处理的时效性,但也带来一些新问题。例如,硬件损坏和病毒侵入可能引发计算机故障;又如,电算化会计系统中大量数据存储于磁性介质中,它们可被方便地复制和修改,而复制没有正副本的区别,修改也很少留下痕迹,并且难以实现像签章那样的证据化操作,从而给盗窃企业经济情报、篡改甚至破坏磁盘数据等行为留下可乘之机;再如,电算化会计系统不存

在类似手工的对账操作,因此,一旦输入错误数据,系统将无法纠正,并且由于电算化系统"数出同门"(都从输入凭证上来)和"数据共享"(同时产生日记账、总分类账、明细分类账和报表等),因此,错误会一直延续到信息的输出,造成输出信息失真。所以,电算化会计系统管理制度的设计对保证计算机系统正常运行至关重要。电算化会计系统管理制度的设计涉及硬件管理、软件开发、系统维护、操作规程和数据安全等内容。

另外,就制度本身而言,电算化会计系统设计也可分为会计信息系统设计、会计组织系统设计和会计控制系统设计三个方面。前面章节在这三个方面所介绍的设计基本原理仍然适用于电算化会计系统设计。不过,还应结合电算化会计系统的具体特点进行设计。因此,从下一节起将从这三个方面介绍电算化会计系统设计的特别之处。

三、电算化会计系统设计的依据与原则

(一)电算化会计系统设计的依据

我国《会计法》第十三条明确规定:"使用电子计算机进行会计核算的,其软件及其生成的会计凭证、会计账簿、财务报告和其他会计资料,必须符合统一会计制度的规定。"这就从法律高度对电算化会计系统设计提出了基本要求。

随着会计电算化在我国的普及,财政部颁发了一系列关于会计电算化工作的规定,这些规定是进行电算化会计系统设计的主要依据。1994 年 6 月,财政部发布了《会计电算化管理办法》,规定各单位使用的会计核算软件及其生成的会计凭证、会计账簿、会计报表和其他会计资料应符合我国法律、法规和规章的要求。实施会计电算化的单位应有严格的操作管理制度、硬件管理制度、软件管理制度和会计档案管理制度等。1994 年 6 月,财政部发布了《会计核算软件基本功能规范》,实际上也是对会计核算软件在技术上应具有的会计制度及内部控制要求,所有电算化会计软件都必须具备该规范所规定的功能。1996 年 6 月,财政部发布《会计电算化工作规范》,全面介绍了电算化会计系统应建立的管理制度,其中,第四章"建立会计电算化内部管理制度"详细规定了电算化会计系统内部各项管理制度的主要内容。

2004 年 11 月 4 日,国家质量监督检验检疫总局、国家标准化管理委员会、审计署和财政部在北京联合召开了《信息技术会计核算软件数据接口》(GB/T19581 2004)国家标准新闻发布会。该标准于 2004 年 9 月 20 日经国家质检总局、国家标准委批准发布,于 2005 年 1 月 1 日起在全国范围内实施。该标准规定了会计核算软件的数据接口要求,包括对会计核算数据元素,数据接口输出文件的内容和格式的要求,提出了数据元素和数据核算的概念,为标准使用者理解会计核算的数据概念奠定了基础,规范了文本格式和 XML 格式的数据接口。

2010 年 10 月 19 日,国家标准化管理委员会和财政部举行可扩展商业报告语言(XBRL)技术规范系列国家标准和企业会计准则通用分类标准发布会。两套标准规定了 XBRL 语言的基本要素和按企业会计准则编制 XBRL 会计报告的基本要求,为构建科学、完善、国际通行的会计信息化标准体系奠定了基础,成为我国会计信息化建设的一个里程碑和新起点。

(二)电算化会计系统设计的原则

1. 合法性原则

电算化会计系统的建立和运行除应遵循会计相关法规和会计准则的要求外,还必须遵循《会计电算化管理办法》《会计核算软件基本功能规范》《会计电算化工作规范》和《信息技术会计核算软件数据接口》等特殊规章的规定。在进行电算化会计系统设计时应密切关注国家有关财经方针政策、法律法规及会计准则的变动。

2. 效益性原则

实施电算化会计系统有重要意义和诸多好处。建立和运行电算化会计系统涉及设备购置、软件开发、系统维护、人员培训和安全管理等费用支出，企业应协调好两者之间的关系，尽量以经济适用的花费取得理想的运行效果。很多企业花费上千万元，甚至几千万元的大价钱建立的 ERP 系统却由于种种原因，运行效果并不理想，无法实现预期目标。

3. 民主性原则

电算化会计系统在设计和运行过程中涉及面众多，不仅有会计人员，而且需要有计算机和网络设备等硬件建设人员、软件开发人员、系统维护人员、安全管理人员、企业管理和内部控制方面的人员等。要集中多方面专业人员在一起工作，就需要建立良好的沟通和协调机制，发扬民主，积极听取各方意见，充分发挥他们的专业优势，形成各方支持与协作的合力，从而为整个系统的良好运行打下基础。

第二节　电算化会计信息系统制度设计

电算化会计是以电子计算机为主，将当代电子技术和信息技术应用于会计实务中的简称，是用电子计算机代替人工记账、算账和报账，并替代部分由人脑完成的对会计数据及会计信息进行分析和判断的行为，是将计算机技术、网络技术、信息技术和管理控制理论等用于财务会计工作的过程。目前，电算化会计已成为一门融计算机科学、管理科学、信息科学和会计科学于一体的边缘学科，其主要任务是研究如何在会计实务中应用电子计算机，以提高会计核算和管理控制的水平。

一、电算化会计信息系统的基本结构和原理

电算化会计信息系统是一个由计算机硬件、软件、从业人员和规程等构成的，组织处理会计数据，为企业外部信息用户提供会计信息，并服务于内部经营管理的人机系统。如图 15－1 所示，电算化会计信息系统一般包括三个子系统：管理子系统，如成本的管理控制、采购的管理控制和资金的管理控制等；决策支持子系统，如经营预测系统、经营决策系统和预算编制系统等；账务处理子系统，以制造企业为例，一般包括存货核算系统、固定资产核算系统、薪酬核算系统、采购核算系统、销售核算系统、成本核算系统、其他核算系统和总账报表系统等。各系统之间既相互独立，又彼此联系。

账务处理系统的基本工作流程：经过输入系统，各种凭证数据首先送到基本数据库储存；账务处理子系统按记账要求，从基本数据库中调取会计数据进行加工处理，并为其他子系统提供核算资料；各账务子系统核算的结果不仅与基本数据库联通，而且与会计报表子系统联通，经报表子系统处理后，通过输出系统（如显示输出、打印输出和软盘输出等方式）向信息用户输出各种数据处理结果。

在电算化会计信息系统的整个处理过程中，账务处理子系统起到了联系其他各子系统的纽带作用，为管理控制子系统和决策支持子系统提供信息支持。设立基本数据库是为了集中管理基本数据，减少各级账户的数据保存量，以便其他管理信息子系统共享。

如图 15－2 所示，电算化会计信息系统数据处理的基本流程包括整理原始凭证、送主管人员审核、编制记账凭证、送复核人员复核、输入计算机、计算机进行处理、形成各种电子账簿和

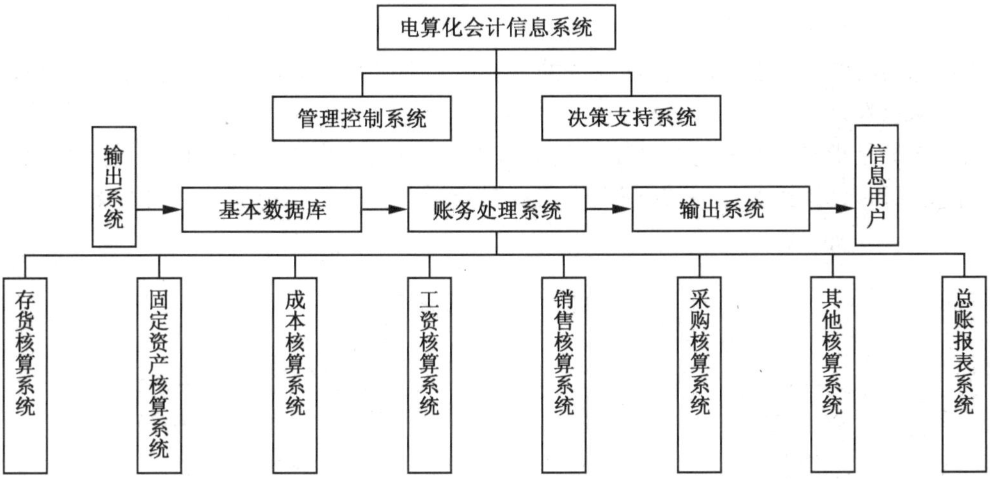

图 15—1　电算化会计信息系统的基本结构

报表。如果需要打印输出数据处理结果，则通过输出系统形成会计报表和其他文件等，从而结束一个会计循环；如果不需要打印输出，账务处理工作即可结束。

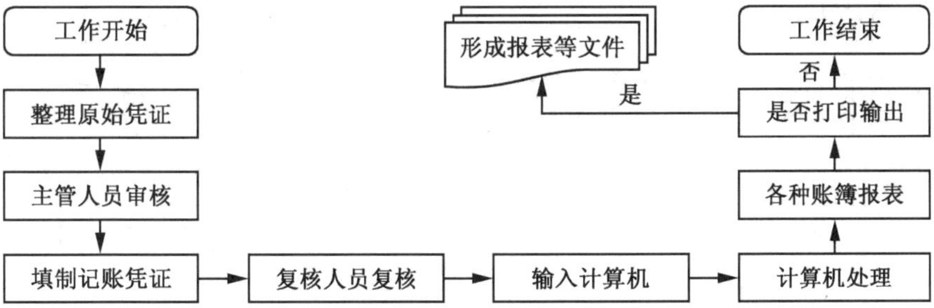

图 15—2　电算化会计信息系统数据处理的基本流程

二、电算化会计信息系统的物理组成

电算化会计信息系统一般由计算机硬件、软件、从业人员和规程等构成。

（一）硬件

硬件一般是指构成计算机物质实体的各种装置的总称，是电算化会计的基础，主要包括输入设备、存储设备、输出设备和处理器四个部分。输入设备是将会计数据输入计算机内的各种设备，如键盘、鼠标和扫描仪等。存储设备是用于储存会计数据的各种设备，分内存和外存两种。输出设备是将存储设备中的会计数据和会计信息进行输出的各种设备，如显示器、打印机等。处理器包括运算器和控制器。运算器对输入的代码信息进行算术运算或逻辑运算，并在控制器的控制下与存储器交换信息。控制器产生各种信号，以控制计算机的输入设备、输出设备、存储设备和运算器，指挥整个计算机协调工作。

（二）软件

软件包括系统软件和应用软件。系统软件是介于硬件与应用软件之间的程序集合，主要作用是便于用户使用该软件开发应用软件，并在该软件的支持下运行应用软件，从而有效地利用计算机的各种资源。应用软件是利用系统软件设计，目的在于解决各种实际应用问题的软件。会计软件就是一种应用软件，专门用于解决会计领域的各种应用问题。会计软件是实现电算化会计的目的、完成电算化会计任务的重要技术手段和工具，是电算化会计的核心。

（三）从业人员

从业人员是指参与电算化会计工作的所有人员，包括从事电算化会计软件开发和研制的人员、系统维护人员、操作人员、管理人员和数据分析人员等。与电算化会计信息系统有关的人员如图 15－3 所示。

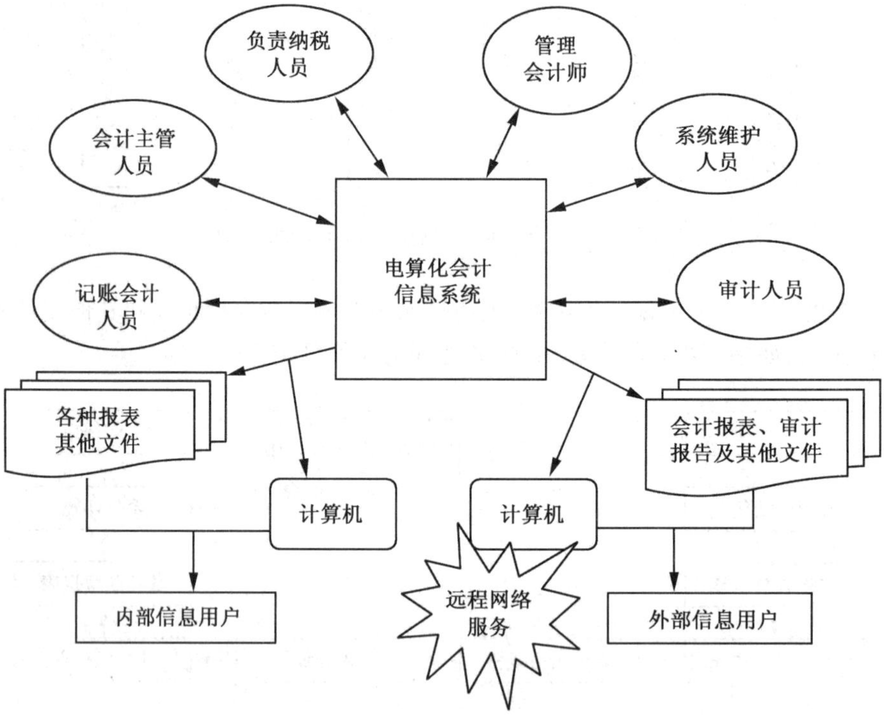

图 15－3　电算化会计信息系统中的相关人员

（四）规程

规程是对电算化会计信息系统进行管理和控制的各种规章制度等，如电算化会计工作规范、电算化会计管理办法、电算化会计信息系统操作说明书、电算化会计信息系统内部控制制度、电算化会计信息系统操作管理制度和电算化会计信息系统会计档案管理制度等。

在电算化会计这个人机系统中，硬件设备是会计数据的重要载体，系统软件和应用软件共同构成了电算化会计必不可少的运行环境，从业人员是电算化会计不可或缺的人力要素，规程则起到规范和协调作用，能够保证电算化会计人机系统高速而有效地运行。

三、电算化会计信息系统与手工会计信息系统的比较

（一）电算化会计信息系统与手工会计信息系统的共同点

1. 会计目标相同

电算化会计提高了会计信息的加工质量，加速了会计信息的传输，但会计目标并没有发生根本改变。无论是电算化还是手工，会计目标都是运用会计手段和加工技术处理会计数据、生

成会计信息、满足外部信息用户和内部管理控制的需要。

2. 基本原理相同

电子计算机在会计上的应用尽管引起了会计操作技术的变革，促进了会计手段的进步，但并没有改变会计账务处理和报表编制的基本原理及相关理论。电算化会计仍然遵循复式记账原理填制和审核会计凭证，设置和登记会计账户，编制会计报表。

3. 核算依据相同

电算化和手工系统都必须遵守会计准则和相关法规组织会计核算。

4. 都必须依法保存会计档案

会计档案是会计工作的重要资料，无论是手工还是电算化，都必须依法妥善保管。

（二）电算化会计信息系统与手工会计信息系统的不同点

电算化会计信息系统与手工会计信息系统相比，不仅在数据处理和存储手段上有明显差别，而且在会计科目的设置方法、会计凭证的使用、会计账簿的形式和会计报表的形成等方面也存在一定的区别。两者的主要区别见表15－1。

表15－1　　手工方式和计算机方式下采购业务处理的比较

比较内容	手工方式	计算机方式
原始单据的处理	各种资料均需手工填制和处理，不太方便，而且每种业务单据经常会由不同的人员负责填制，相互之间的一致性得不到保障	可人工录入，也可通过系统生成，较方便，而且根据业务流程的定义，下一环节的单据必须根据上一环节关联产生，既降低了舞弊的风险，也减少了出错的可能
原始单据的审核	手工审核，会由于主管太忙等原因而拖延业务处理的速度	由于严格定义审核机制，超过本级权限范围的单据才向上一级提交审核，减少了上级无关审核的工作量，而且审核时短消息或邮件等的自动提醒功能也能加快业务处理的速度
原始单据的查询	较困难，得通过档案管理部门进行	很方便，可通过在系统中灵活定义查询条件而得到所要查询的内容
登记账簿	手工登记，工作量较大，容易出错	系统自动登账，不会出错
账簿的查询	烦琐	很方便，可通过在系统中灵活定义查询条件而得到所要查询的内容
各种管理报表的制作	烦琐，工作量大	简单，只需定义方案，系统自动生成，随时满足业务应用的需要

四、电算化会计信息系统设计的基本阶段

不同的企业有不同的经营方式，需要建立适应特定情况的信息系统。系统开发是建立并有效运行信息系统的手段。不论是新建信息系统还是对现有系统进行改造，电算化会计信息系统的开发过程一般都要经过系统分析、系统设计、系统实施和系统维护与评估几个基本阶段。

（一）系统分析

系统分析的目的是确定用户对新系统或待改进系统的要求，其主要任务是明确系统“做什么”，即通过对现有系统进行全面、详细的调查分析，运用一定的方法和技术，综合反映现有系统的业务内容、范围、处理过程和方法，并根据用户的需要提出新系统或改进系统的逻辑模型，

为系统设计提供依据，具体来说有以下几个方面：

1. 系统目标设定

在全面考虑各方面需求后，制定会计电算化工作的目标，以使后面各环节的设计都可围绕这个目标进行。

2. 初步调查

系统开发人员在任务和要求初步明确后，要对现行系统进行初步调查。调查的主要内容：企业组织结构和管理体制；企业外部环境；目前的生产经营状况；现有会计信息系统的一般状况，包括组织结构、人员分工、业务范围、人员素质及存在的问题等；企业管理者及财会人员对会计电算化工作的认识；企业其他部门计算机应用的情况；能投入到会计电算化工作中的人力和财力等。

3. 可行性分析

可行性分析是指在系统初步调查的基础上，对待开发系统进行经济和技术分析。可行性分析一般从三个方面进行：(1)技术可行性，即分析为实现系统目标，是否具备必要的计算机硬件设备、软件技术及技术人员；(2)经济可行性，即新系统带来的效益是否超过其开发、使用及维护的费用；(3)操作可行性，即新系统的实施及使用能否被企业管理层、财会人员以及国家有关部门接受和认可。

通过对以上三个方面的分析，写出可行性分析报告并给出结论和建议，经讨论批准后就可进行系统分析的下一步工作。

4. 详细调查

通过详细调查，借助系统流程图和其他有关方法，进一步系统、全面地了解会计业务处理过程、数据流程、业务处理方法和要求、账表结构要求以及输入、输出要求等，为提出逻辑模型做准备。

5. 逻辑模型的提出

通过分析得到现有系统的逻辑模型(数据流程图＋数据字典等)。但这一模型在新的需求和条件下并不一定合理，因此，还需根据用户的要求全面分析其在数据流向、账表设置、处理过程和方法等方面的不合理之处，提出改进意见，进而提出新系统的逻辑模型。

6. 分析报告的编写

系统分析报告是系统分析阶段的最终成果，是系统设计的依据，要把上面分析的所有结果都汇集在该报告中。其主要内容包括：(1)现有系统描述，包括企业基本情况，现有系统的目标、任务、范围及现有系统数据流程图、数据字典等；(2)新系统描述，包括新系统目标、任务、范围、数据流程图、数据字典以及新系统与现有系统的差别等；(3)系统可行性分析资料。

(二)系统设计

系统设计的目的是开发适当的系统架构及其组成部件。其主要任务是根据系统分析阶段得到的逻辑模型提出一个“如何去做”的具体方案，即系统的物理模型。该方案包括以下几个方面：

1. 确定所需软件、硬件资源

在系统设计之初，必须根据拟开发信息系统的功能逻辑规格和实体需求，决定新系统所要采用的软件和硬件设备。例如，是由企业内部自行开发应用软件，还是从外面购买？拟选购计算机的型号、规格和制造商是怎样的？其他相关合约条款，诸如系统管理、计算机设备维修、软硬件更新改进的权限与责任等应如何设立？

2. 确定系统的模块构成

系统开发的特点之一在于模块构造，即确定整个系统应由哪些模块组成，以及这些模块之间的联系。这里运用的主要工具是系统结构图。系统结构图类似企业的组织结构图，图中的基本单元代表既定的模块。在系统设计时，把相关联的作业活动组合在一个模块点。这种组合结构有利于日后的操作与维护。

3. 用数码或符号来表示，这些数码和符号就是代码

在电算化会计系统中，编码工作不仅涉及会计科目，而且对一些单位名、人名、地名、商品名等都必须进行数字化、字符化和标准化处理，以便计算机的识别与处理。这对于节约存储空间、加快运算速度和减少处理费用都是非常有意义的。

4. 文件设计

文件设计是根据会计工作的要求，为了迅速、准确地找到所需数据而将这些数据合理地组织成各种文件。文件设计是系统设计的重要环节，其设计的好坏直接影响系统质量。

5. 输入输出设计

输入设计主要是确定数据输入的内容、设备、格式和顺序等。输出设计主要是确定数据输出的内容、格式和方式等。在电算化会计系统中，输入是计算机系统获取各项原始资料的途径，而输出是用户处理日常管理业务和进行经营决策所直接需要和阅读的信息。输入、输出设计的好坏直接影响系统使用的方便程度，一个功能强大的系统由于输入、输出不方便而被废弃不用的情况是不乏其例的。设计时要树立方便用户的思想，尽量满足用户的需要。

6. 形成系统设计说明书

系统设计完成后，要将设计的内容整理、归纳并形成系统设计说明书，经上级批准后作为系统实施的依据。

（三）系统实施

系统实施是根据系统设计说明书进行系统安装、程序设计、编写和调试，将系统设计阶段制订的方案转换为一个可实际运行的系统。选择适当的实施方法对新旧系统的顺利转换至关重要。系统实施主要有三种方法可供选择：

1. 平行法

平行法即新旧系统同时运转一段时间，然后比较两个系统的运行结果。如果新系统的运转情况令人满意，即可停止旧系统的运行。这种系统实施方法的风险最小，但成本较高。

2. 直接法

直接法即新系统一经启用，原有系统马上停止运行。这种系统实施方法的成本较小，但风险最大。新系统的运行结果无从比较，也无法确定新系统的功能是否一定优于原有的系统。

3. 模块法

这种方法是前两种方法的结合。新系统的安装与启用采取化整为零的方式，分成若干个子系统或应用模块依次安装与启用。每当一个子系统或一个应用模块安装完毕，经过测试，检查其运转良好后投入使用，再安装下一个。这种方法较直接法风险小，一经发现问题可马上停止系统转换，等问题解决后再安装和启用下一个模块。

（四）系统维护与评估

新系统的实施并不表示系统开发工作结束，企业仍需对系统的运行加以经常性维护与评估，以确保系统能够按原定要求正常运行，及时发现潜在问题或因经营环境与管理目的变动而产生的信息处理与使用的新需要。因此，系统开发的最后一个阶段是系统维护和评估。

系统维护是对系统进行日常维修、护理和改善。系统维护并非都是因为系统出现故障，任何信息系统都要通过不断改进来满足企业经营环境和管理需要的变化。

一般而言，系统维护主要有三种类型：(1)纠正性维护，用以改正现有系统的失误和缺陷；(2)完善性维护，用以扩展现有系统的应用范围、增强其处理功能；(3)适应性维护，用以调整与改进系统的应用和功能，以使现有系统更好地适应经营环境和管理需要的变化。随着行业竞争加剧和经营环境的多变，信息系统的适应性维护已越来越重要。

系统实施后评估是在新系统正式使用一段时间后对其运行状况进行检查与评估。评估一般在新系统正式运行数月或 1 年后进行，而且必须是对整个新系统的全面检查，以免得出片面或错误的结论。

五、电算化会计核算系统的设计

会计核算系统设计是电算化会计系统开发中的一项重要内容，主要包括会计科目、凭证、账簿和报表等的电算化问题。会计核算电算化的本质和功能仍与手工会计相同，只是其形式和使用有一些不同。在设计这些内容时，既要满足会计工作的要求，又要符合计算机的特点。

(一)会计科目的设计

在手工核算条件下，为了简化记账工作，明细科目的设置不宜分得太细。而在实行电算化的条件下，可充分利用计算机运算速度快、存储量大和存取方便的特点，将科目划分得更细一些，以便及时提供管理所需的详细信息。例如，工业企业的制造费用，在手工核算条件下，往往是根据生产车间分设二级明细科目。这种二级明细科目无法提供制造费用构成的详细信息，不利于加强管理。在会计电算化条件下，可在二级明细科目的基础上，进一步按制造费用的用途设置三级明细科目，并在软件中设置检索汇总功能，从而在一定期间就可利用计算机按不同的要求分别检索、汇总，分别提供各产品成本计算和分析费用预算执行情况的资料。

在建立综合信息系统的条件下，为使计算机能综合提供各种信息，对于其他管理部门所需的数据，也可设置一定的项目进行分类归集、汇总，以提高整个信息系统的使用价值。例如，在工资核算中，除在工资文件中列有职工姓名、基本工资、岗位津贴、各种补贴福利、各种扣款及实发工资等数据外，还可增加年龄、职务等有关人事管理资料，以满足人事管理部门的需要。这些资料虽不属于会计科目的范围，但都可作为数据项列入。同理，如果其他管理子系统中已经具有会计所需的资料，就可直接从该子系统中调用而不必另行存储或核算。因此，在电算化条件下设计所需的会计科目时，应根据上述特点来增加或减少设置某些会计科目的明细科目。

会计科目设计的另一个重要问题是编码。会计科目编码在计算机系统中不仅是帮助记忆、查找数据的线索，而且是计算机运行时识别的标志，是电算化数据处理的必要前提，是科学地描述数据库结构、合理组织数据的重要环节，具有重要作用。

会计科目的编码方法很多，有顺序编号法和位数编号法等(详见本书第三章关于会计科目编码的内容)。在电算化条件下，仍应以国家制订的统一会计科目编号为依据，在此基础上再后缀一定的数码组，构成群码，分别代表总账科目及其所属的明细科目。若某会计科目有二级、三级明细分类科目，在最后一级明细科目编码中要考虑体现二级、三级分类，以便计算机处理，防止重复输入信息。由于企业的生产经营活动有时会发生调整，设计明细科目编码时还应考虑以下三种不同情况：

(1)固定明细科目，即企业会计准则中规定的明细科目，如“资本公积”“利润分配”等科目下设的明细科目都是统一规定的，可采用顺序编码。

(2)半变动明细科目,如资产类科目中,“固定资产”“库存材料”和“产成品”等科目下设的明细科目会有增减变动,但变动不频繁,尚有规律可循,可按分组编码法或业务核算的内容编码,如材料明细科目可按类别、品种、规格编码。

(3)变动明细科目,如应收、应付款类科目,变化较为频繁,无规律可循,若采用编码会增加工作量,而且容易导致输入时出错,故不宜采用数字代码,使用汉字较好。

(二)会计凭证的设计

会计凭证是记录经济业务、明确经济责任的书面证明。会计凭证在电算化会计系统中显得尤为重要,因为它是数据输入的根据。会计凭证数据是源头数据,只有保证会计凭证数据正确,才有后续工作的正确性。

1. 自制原始凭证的设计

在电算化会计系统中,可充分利用原始凭证代替记账凭证,直接根据原始凭证输入计算机,既节约工作时间,又确保输入数据的可靠性;也可保留记账凭证,根据记账凭证,将会计数据输入计算机。在后一种情况下,原始凭证的设计与手工核算系统下没多少区别。这里主要介绍在设计自制原始凭证时,要考虑数据输入计算机的方法,增加相应的内容。数据输入计算机通常有以下两种方法:

(1)操作人员根据原始凭证的内容将数据通过键盘输入计算机。在这种方法下,原始凭证的清楚、完整很重要。由于是利用原始凭证代替记账凭证,因此在原始凭证中,除应具备原始凭证的基本内容外,还需具有记账凭证的内容,如应借、应贷的会计科目名称及编码。某些经济业务应用的会计科目是固定的,可在原始凭证中事先印好。为了减少输入错误,可将凭证中的各类编码(包括凭证编号、客户代码和科目编码等)用粗线或双线框上,从而显得更加明显、清楚。

(2)将数据通过一定的机器可读媒体输入计算机。这种方法是在使用机器设备编制原始凭证的同时,将数据收集在机器可读媒体上,再通过机器可读媒体输入计算机,从而省去许多数据输入前的准备工作。采用这种方法,要使用某些专用设备,如电子收款机、销售点记录机以及数据终端等。在这种方法下,机器设备所编制的原始凭证主要是对经济业务的发生起书面证明作用,因此,便于审核、监督是设计时应考虑的重要因素。例如,业务完成的时间可具体到分、秒,即×年×月×日×时×分×秒。

2. 记账凭证的设计

在电算化条件下,由于计算机是集中核算,一次输入即可分别记入有关的各个账簿文件中,不存在记账工作的分工问题。而对于会计分录的审核和日后的查账,也可通过对原始凭证的审核或由计算机打印输出已登记的凭证等方式来解决。因此,记账凭证已没有存在的必要性。但为保存序时、完整、系统的会计分录资料和便于原始凭证的归类、保管,也可保留记账凭证。在这种情况下,需要对记账凭证的格式、内容进行规范和统一,以满足计算机的要求。

记账凭证有单式和复式之分。单式记账凭证的采用主要是在手工作业条件下便于分工记账,而在电算化条件下已不存在这种必要性。而且,若采用单式记账凭证,编制、输入和保管的工作量都比较大,因此,采用复式记账凭证为好。记账凭证上的原始数据要完整,就应包括某项经济业务所要求处理的全部内容,从而根据这张凭证就可登记日记账、总分类账和明细分类账,而不应像手工处理那样,根据记账凭证并结合原始凭证的内容登记日记账和明细分类账。例如,为登记日记账的需要,涉及银行存款的记账凭证上应注明银行结算凭证号码,而不应在数据输入时再找凭证存根的号码。如前所述,会计科目、凭证号和客户号等都应采取代码的方式。因此，在设计记账凭证时，应比照前述设计原始凭证的方法，相应地增加有关代码的内容，并把这些代码框出来。

记账凭证既可用手工编制，也可由计算机编制。后者往往是计算机在处理经济业务的同时，根据指令对原始凭证输入数据进行逻辑判断后，确定应借应贷会计科目名称和金额，除打印输出备查外，也将金额记入有关账簿文件中。也可同时采用以上两种方法，即对某些不包括在专业核算系统内的业务，或一些零星发生的业务，采用手工编制的方法；凡包括在专业核算系统内的业务，如材料的收发、产品的销售等业务，采取由计算机编制记账凭证的方法。

在电算化会计系统中，需要特别注意任何会计凭证在记账以前都必须经过严格的审核，避免“输入错误，产出必定错误”的情况发生。

（三）会计账簿的设计

在电算化会计系统中，会计账簿的设计与手工系统有较大不同，这主要是因核算工具不同所致。在电算化会计系统中，账簿按文件形式建立，是长期保存的文件。其建立、更新和修改都是通过一定的程序指挥计算机来完成，不再使用纸制账簿，只有在打印输出时才用到纸张。因电算化会计系统“一次输入，多次记账”的特点，手工系统下的“账账核对”已失去其控制意义。因此，电算化会计系统中的账簿不一定非要按手工系统中的账簿来设置，其主要取决于企业的信息需求量和管理水平，同时也受企业拥有的计算机硬件和软件的先进程度及人员业务能力的影响，既可按手工系统中的账簿设置，也可采取综合核算的方法，将各种账簿结合起来设置。考虑到人们的工作习惯，多数企业基本上仍是按手工系统中的账簿来设置，并适当地做一些合并。因此，这里仍然按总账、明细账和日记账进行说明。

1. 总账文件的设计

总账文件仍像传统总分类账一样，按总账科目开设账户，对总账科目的经济内容进行总括核算，提供总括性指标。但在电算化条件下，其设置与建立可有不同的方法，其格式也可有相应的不同的设计。在电算化系统中，账簿文件资料一般以记录的形式存储在数据库文件中。总账文件可单独设置，也可与明细文件或日记文件合并设置。无论是哪种设置情况，根据企业经济业务的特点和管理要求，总账文件的建立可选择以下两种方式中的一种：

(1)建立期末余额数据库文件。由于总账是反映总括指标，因此一般只反映各科目当期期末余额即可。其处理方法是：当经济业务发生后，根据该项业务所涉及的借方或贷方科目代码，从总账文件中将其上期期末数调出，加或减该科目的本期发生额后，计算出本期期末余额，以此余额去更新总账文件中原来的余额。

(2)建立全部记录数据库文件。这是在总账文件中同时反映各科目的期初余额、本期借方发生额、本期贷方发生额和期末余额等项。其中，本期发生额既可逐笔登记，也可累计登记借方或贷方发生额的累加数。

在不同的设置和建立方法下，总账的输出格式相应也要进行不同的设计。在建立全部记录文件并采取逐笔登记的方法下，可采用“三栏式”的账簿格式，或者采用“日记总账”的格式；在建立全部记录文件并采取累计登记的方法下，可采用“棋盘式”的账簿格式；在仅建立期末余额文件的方法下，其输出格式就可更为简化，仅需设置会计科目代码和期末余额（分借方、贷方）。表 15－2 为“三栏式”总账输出格式示例。

表 15—2 三栏式总分类账文件

年 月

代 码	会计科目	期初余额		本期发生额		期末余额	
		借方	贷方	借方	贷方	借方	贷方

2. 明细账文件的设计

企业应根据管理需要和各科目内容的特点设置不同内容的明细账文件。有些明细账只需了解其借贷方发生额和本期余额，可累计登记，如固定资产、产成品和材料等明细账。在设置文件时，可按一级总账科目设文件名，以其所属的每一个明细科目代码设置记录。有些明细账要求提供本期发生额每一次登记的业务详细资料及当前余额，需要逐笔登记，如制造费用和管理费用等费用类明细账。在设置文件时，可与建立全部记录的总账文件设置在一起，逐笔登记，并按明细科目代码建立数据库检索文件。有些明细科目经常变动，如应收款和应付款类明细科目，不便编号。在设置文件时，可按一级总账科目设文件名，以明细科目汉字代码为标志分类记录，并建立检索文件。

一个明细账文件包括若干个记录，每个记录包括若干个数据项，根据不同的科目反映经济内容的特点设置不同的数据项，可参考手工系统下明细账的不同栏目。但是，有一些数据项是电算化系统中独有的，如科目代码和业务代码，且明细账文件的输出格式也要根据文件记录长度的限制和打印机宽度的限制设计。

3. 日记账文件的设计

日记账经济业务要按其发生时间的先后顺序逐笔登记，因此，可采用顺序文件形式来建立。对于库存现金和银行存款日记账文件，为了便于及时了解库存现金和银行存款的收、支及结存情况，一般按月设置、按日打印输出。打印输出的日记账文件顺序装订成册，就构成了完整的日记账簿。日记账输出格式可参见本书第三章。格式中的栏次、标题可写在相关程序中，用以在显示器上显示或打印输出。文件中只需包括各项目的内容。摘要栏根据需要可将汉字输入机内，也可用业务代码。会计科目在输入计算机时采用代码，打印或显示时再由计算机转换为汉字。

（四）会计报表的设计

会计报表主要是用于提供会计信息，其设计应符合所需要信息的要求。所以，电算化会计系统中会计报表的设计与手工系统的差异不大，但应注意以下几点：

1. 报表设计要与账簿文件设计联系起来

编制报表的资料来源于账簿文件，不同的会计报表，其数据有不同的具体来源。为方便编制报表，有些账簿文件记录中可加入报表资料累计栏，也可建立报表资料辅助账簿文件。可设置各种报表文件，将各种数据从相关账簿文件中调入，加工处理后存在报表文件中，然后根据文件中的数据打印出各种报表。所有这些都必须通盘考虑，且应根据会计制度的规定做出详细的说明，并将其提供给程序设计人员用以设计程序。

2. 报表的输出格式应考虑计算机设备的条件

由于打印机的宽度和打印字符数有一定的限制，因此会计报表的尺寸要符合计算机配置的打印机的要求。设计报表的栏次不可过多，以防超过打印机规定的列数，也可考虑将报表的横向栏次适当减少，增加行数。例如，账户式的资产负债表，当横行的宽度超过了所使用打印机的宽度时，可设计为报告式的资产负债表。又如，某些明细表，当数据项太多，超过打印机宽度时，可将某些明细内容合并为综合数据项，以减少栏次，然后另外设置附表反映各明细内容。

3. 企业内部报表可适当地增加种类和报送次数

在电算化条件下，由于计算机运算速度快，系统内所有数据的层次较分明，只要及时输入各项原始数据，就能随时按需要编制出各种会计报表。即使一家企业所属的单位较多，只要各所属单位都有终端设备与企业主机连接，也可随时通过网络调用所属单位的数据，及时编制出全企业范围内的各种会计报表。实时报告、在线报告已成为可能。因此，在设计会计报表时，应根据管理的需要，适当增加一些内部报表的种类和报送频率，譬如，可设计经过复杂处理的分析报表和预测报表等。

4. 企业内部报表的内容可适当详细一些

这主要是为了便于了解和分析各项经济活动和财务收支情况，满足各方面管理的需要。尤其是基层单位所需的内部报表，可打破传统会计报表内容的界限，必要时可将账簿中所包括的非财务信息，如销售文件中的客户名称及地址等资料一并包括在报表的内容中。

5. 对报表文件格式和编法应做出统一规定

同一家企业范围内应统一会计报表的项目、格式和编制方法，统一报表文件的名称、存取方式和记录形式等，以便于会计信息的传递和再加工。

6. 建立报表的审核制度

所有打印输出的会计报表，会计部门都必须根据有关账簿文件和计划中的数据进行审核，在确认无误后盖章或签字送出。

六、ERP对电算化会计信息系统设计的影响

自20世纪90年代以来，由于信息技术的发展和管理思想的进步，企业资源计划系统（Enterprise Resources Planning，ERP）这一起源于美国的企业管理信息化方法和工具逐渐在许多国家得到推广和应用，对电算化会计系统的设计产生很大影响。

（一）ERP的含义及特点

ERP是一种集销售、采购、制造、成本、财务、服务和质量等管理功能于一体，以市场需求为导向，以实现企业内外资源优化配置，消除生产经营中一切无效的劳动和资源，实现信息流、物流和资金流的集成与提高企业竞争力为目标，以计划与控制为主线，以网络和信息技术为平台，面向供应链管理的现代企业管理思想、方法和工具。其特点主要体现在以下三个方面：

第一，ERP不仅仅是一个软件系统，而且是一个把组织模型、企业规范、信息技术和实施方法等集为一体的综合管理应用体系。ERP系统是整合了企业管理理念、业务流程、基础数据、人力物力、计算机硬件和软件的企业资源管理系统。

第二，ERP系统集信息技术与先进的管理思想于一身。在信息技术方面，包括使用浏览器/服务器结构、Java与HTML技术等，能够适应互联网，可支持跨平台、多组织的应用，并与电子商务具有广泛的数据、业务逻辑接口；在管理思想方面，包括物流后勤学、价值链、业务流程重组、适时制生产、全面质量管理等先进的管理思想。ERP利用网络技术，实现供应链管理信息集成，加快了信息传递的速度，加强了信息传递的实时性，扩大了业务的覆盖面与信息的交换量，为企业进行信息的实时处理和决策提供了极为有利的条件，是企业在信息时代生存与发展的基石。

第三，ERP系统将制造型企业的制造流程看作一个在全社会范围内紧密联结的供应链，

其中包括供应商、制造工厂、分销网络和客户等；同时，将分布在各地所属企业的内部划分为几个相互协同作业的支持子系统，如财务、市场营销、生产制造、质量控制、服务维护和工程技术等，从满足动态控制发展到了商务智能的引入，使得以往简单的事务处理系统变成了真正智能化的管理控制系统。

（二）ERP 环境下会计信息系统的设计

ERP 可整合企业中的各种资源，而要整合这些资源的最好方法就是通过会计，因为不论是供、产、销还是企业日常管理，都以资金运动为核心，而会计管理的对象就是企业的资金流，是企业运营效果和效率的衡量和表现，因而会计信息系统一直是各企业实施 ERP 时关注的重点。会计信息系统是 ERP 的重要组成部分，了解 ERP 环境下会计信息系统设计的基本原理对于选择适合企业的 ERP 软件产品或企业自行设计 ERP 系统都是很有必要的。ERP 对会计信息系统的设计提出了一些新要求，只有理解了这些新要求，才能设计出适应 ERP 环境的会计信息系统。

第一，设计着眼点要放得更广。传统会计信息系统在设计时多是站在会计部门和会计工作的角度，而不是站在整个企业管理的角度，会计信息系统输出的信息流往往只能在会计部门内部流动，容易形成信息孤岛。在 ERP 环境下，则要求站在整个企业甚至是上下游企业组成的供应链的角度进行设计。会计信息系统不仅要对内部各模块充分集成，而且要与供应链和生产制造等系统达到无缝集成，在一个部门录入的数据，其他部门只要有权限，便可通过数据库获得。企业各项经营业务的会计信息能及时、准确地得到反馈，从而加强对资金流的全局管理和控制。

第二，要改善会计核算的业务流程，加强与其他子系统的联系。ERP 系统中的会计信息子系统与传统的会计信息系统不同，作为 ERP 系统中的一部分，它和系统中的其他模块要有相应的接口，与其他子系统要有数据联系。以商品销售为例，商品销售时由经办人员将其录入计算机系统，商品销售、库存商品减少、现金增加等事件记入数据库，会计部门需要这些数据时便可直接从数据库中读取。相应地，在会计核算的业务流程中，需要增设支持凭证的集中式审核，从而加快期末结账处理的速度，使得提供会计信息的效率得到提高；另外，还要加强面向业务流程的会计信息的收集、分析和控制，使会计信息系统能支持重组后的业务流程，并做到对业务活动的成本控制。

第三，要能够更加全面地提供会计信息，为包括战略决策和业务操作等各层次的管理需要服务。要能够支持基于网络的会计信息处理，支持企业发展电子商务和基于互联网的应用系统。除了提供对外报送的会计报表外，还应能提供多种管理性报表和查询功能，以及提供易于最终用户使用的财务建模和分析模块。

第四，要能够支持企业的全球化经营。ERP 环境下的会计信息系统应该能够为分布在世界各地的分支机构提供一个统一的会计核算和财务管理平台，提供多币种会计处理能力，支持多币种之间的转换，同时也能支持多国会计实体的会计报表合并等。例如，由于 ERP 系统中业务高度集成，因此采购和销售两大物流系统中的两大会计科目就应被设计为相对固定的控制科目，只要输入相应的数量和品种，通过与采购订单或销售订单的勾稽，系统就能够自动生成相应的采购分录和销售分录；如果跨国公司或集团公司内的企业同时使用该系统，通过连接端口，相互之间的销售及采购数据就能够自动传送，自动生成分录，会计人员只需进行相应的检查与复核，从而极大地提高企业全球化经营的效率。

第三节　电算化会计组织系统制度设计

前面章节所介绍的有关会计组织系统设计的原理大部分仍适用于电算化会计系统，这里仅就不同之处加以介绍。

一、电算化会计系统组织结构设计

电算化会计系统组织结构主要是指组织机构设置以及责任与权力的分配，它对于确定单位内部各个作业单位与员工之间的职责关系、确保会计电算化工作顺利开展及电算化系统内部管理制度的有效执行都有着重要影响，必须加以重视。电算化会计系统的组织结构通常有以下几种形式：

（一）财务部门与信息中心并列的形式

在总经理或副总经理领导下设置管理信息系统中心、财务部等各职能部门。财务部门与信息中心处于并列位置，电算化会计系统的开发与维护都由信息中心负责，在财务部门内设有微机或终端，但财务部门只负责电算化会计系统的使用。此形式如图 15—4 所示。

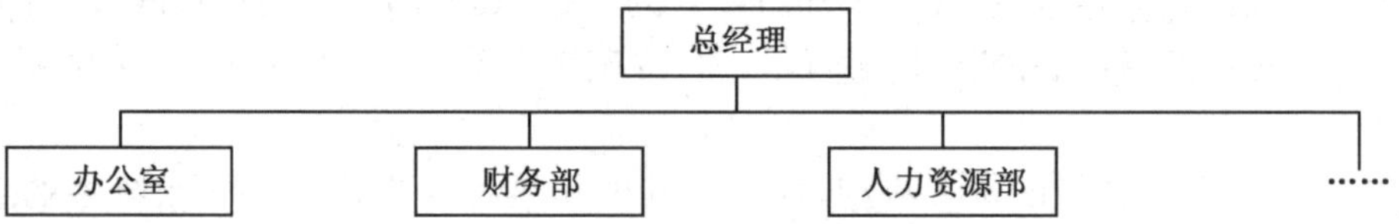

图 15—4　电算化会计系统组织结构(一)

在这种情况下，财务部门内部组织结构不做多少变动或要做较大调整，主要由计算机的应用程度决定。如果计算机处理的业务不多，财务部门内部组织结构与手工核算体系下相比基本无大的变化，只是下属专业组的职能有所变化，要与信息中心提供的信息发生关联。如果会计核算工作基本上由计算机来处理，就必须对财务部门的内部组织结构做较大调整，图 15—5 就是一种常见的组织结构。在该结构中，数据准备组负责电算化会计系统所需数据的组织和整理工作；数据处理组负责电算化会计系统的运行工作；财务管理组主要负责会计信息的分析、整理和参与决策等工作；档案管理组主要负责管理各种打印输出资料和备份数据的工作。这种组织结构一般适用于大中型企业。

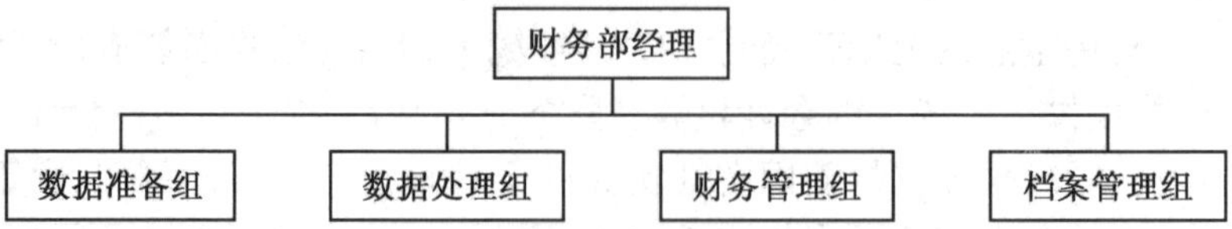

图 15—5　电算化会计系统组织结构(二)

（二）财务部门内下设计算机应用组的形式

总部不设置信息系统中心，而由各个业务部门独立设置计算机应用组（又称计算机室或计算机房），各计算机应用组负责本业务部门的电算化工作，在会计部门常以系统开发组的形式出现，与其他小组平级，主要负责电算化会计系统的规划和开发。此形式如图 15－6 所示。

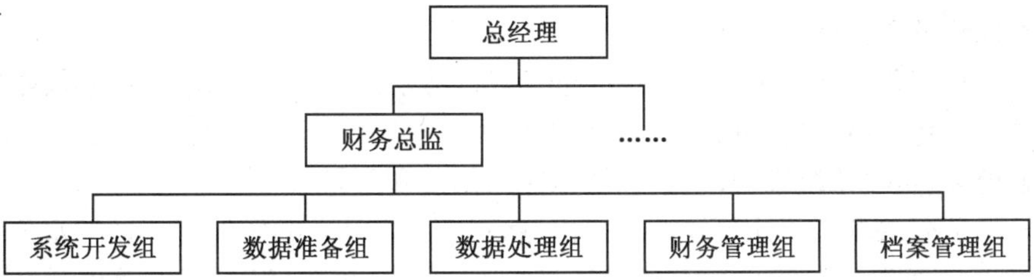

图 15－6　电算化会计系统组织结构(三)

这种组织结构有利于根据财务部门的需要确定开发步骤和项目，系统的实用性强，也有利于开发人员与会计人员的相互学习、共同搞好会计电算化工作；但不利于满足企业的总体信息需求，不利于企业对计算机应用进行统一领导、规划和组织，容易造成重复开发，共享性差，也不利于财务部门与其他业务部门的协调。从长远来看，这种方式只能作为一种过渡形式。

(三)单位没有独立的信息部门，财务部门内仅配以专职维护员和操作员来运行已建立的电算化会计系统

这种形式主要适用于小型的企事业单位，它们配置专门的软件开发人员或设置专门的信息部门显得不划算，而主要靠购买商品化会计软件或聘请软件开发公司帮助其建立电算化会计系统。

在实际工作中，有些企业的电算化会计系统组织结构可能是以上常见形式的组合。例如，有的企业既在总部设置信息中心，也在各个业务部门设置计算机应用组，计算机应用组在业务上受信息中心指导，行政上受业务部门领导，因而电算化会计系统组织结构中有系统开发组，但它同时也受信息中心的指导。电算化会计系统建立后，各企业应根据自身的特点和实际需要，合理设计电算化会计系统的组织结构。

二、电算化会计系统岗位责任制度的设计

在合理的组织结构基础上，还需将各部门的业务活动再划分为若干具体的工作岗位，并赋予各个岗位相应的职责权限。岗位责任是组织结构的具体化。在电算化会计系统中，职能分割的控制原则仍然适用，但是在控制程序与方法上必须有一定的调整或变更，相应地，电算化会计系统的岗位责任制也有所不同。会计电算化后的工作岗位可分为基本会计岗位和电算化会计岗位。基本会计岗位可包括会计主管、出纳、会计核算、稽核和会计档案管理等工作岗位。这些岗位的基本职责没有发生多少变化。电算化会计岗位包括直接管理、操作和维护计算机及会计软件系统的工作岗位。

电算化会计系统岗位和基本职责要求如下：

(一)系统管理员岗位

负责电算化系统的日常管理工作，监督并保证系统的有效、安全和正常运行；负责组织和监督系统运行环境的建立以及系统建立时的各项初始化工作；负责协调系统中各类人员之间的工作关系，规定各使用人员的权限等级；负责各有关资源的调用、修改和更新的审批；负责做好系统运行情况的总结，提出系统更新或修改的需求报告；等等。

系统管理员要求具备财会和计算机知识以及相关的电算化会计系统组织管理经验，可由

会计主管兼任，也可指定专人担任，但要注意，不能由软件开发人员（包括系统分析师、设计人员和编程人员）担任。采用中小型计算机和计算机网络会计软件的企业，应设立此岗位。

（二）系统操作员岗位

有权进入电算化会计系统调用系统的全部或部分功能，但不能调用非自己权限内的功能；负责系统的数据登录、数据备份和输出凭证及账表的打印工作；严格按系统操作要求进行部分会计数据的处理；负责系统维护，包括各环境库的修改和更新操作等。

系统操作员要求具备会计软件操作知识，达到会计电算化初级知识培训的水平，一般由经过计算机和会计两类训练的会计人员或计算机专业人员担任，但不能由系统开发人员担任。各企业应鼓励基本会计岗位的会计人员兼任此岗。

（三）数据审核员岗位

负责对输入各种凭证、单据的审核工作，包括对各类代码的合法性、摘要的规范性和数据的正确性进行审核，对不合要求的退回有关人员更正，再行审核；负责对计算机输出各种凭证和账表的审核工作，不合要求的返回不签章。

数据审核员要求熟悉本企业的会计业务并具备一定的计算机知识，可由主管会计兼任。

（四）系统维护员岗位

负责系统的安装和调试工作；负责定期检查系统运行情况，对运行中的软件、硬件故障及时进行排除，对由于故障而产生的数据混乱、丢失等情况负责恢复；负责各种共享代码的设置及维护工作；等等。

此岗要求具备计算机和会计知识，经过电算化中级知识培训，能熟练地编制程序，了解所用软件的结构。可由软件开发人员或相应的合格人员担任。

（五）档案管理员岗位

负责系统内各种文档、数据软盘、系统软盘及各类账表、凭证、资料的备份和存档工作；负责各类数据、账表、凭证和资料的安全与保密工作。

档案管理员要求具备计算机常识，如软盘的使用与保护等，一般应由能做好安全与保密工作的人员担任。

（六）数据分析员岗位

主要负责会计信息的分析和整理工作，并负责向管理层提出参考性意见。

此岗要求熟悉会计业务，有经验，达到会计电算化中级知识培训水平。

三、电算化会计系统操作管理制度的设计

为规范电算化会计系统的操作，保证信息处理质量，减少产生差错或未经授权使用系统的机会，企业应制定会计电算化操作管理制度，包括操作人员职责（已在前文论述，此处略）、操作人员权限、操作规程及其他操作管理制度。

（一）操作人员权限

应明确规定各操作人员的操作权限，各操作人员只能在自己的权限范围内操作，不得越权操作。另外，还需明确以下几点：(1)系统管理员权限较大，一般可调用所有功能和程序，但不能调用源程序及详细技术资料；(2)系统维护员只能对系统进行管理和维护，不能从事系统的任何使用工作；(3)除系统维护人员之外，其他人员不得直接打开库文件进行操作，不允许随意增删或修改数据、源程序和库文件结构；(4)存档的数据、账表、凭证及其他资料由档案管理员按规定统一复制和保管，未经许可，其他人员不得擅自复制、修改和带出。

（二）操作规程

应建立一套完整的电算化会计系统操作使用规程，明确操作方法和操作次序，防止重复、遗漏和误操作，具体可从以下几个主要方面进行规定：

1. 各类操作人员操作基本规程

各类操作人员在上机操作前后，应进行上机操作登记；操作人员应遵循操作指南中的规定进行操作，包括程序运行顺序、设备和文件的使用要求等；上机必须输入自己的操作密码，运行中离开工作现场必须执行相应命令退出系统；不得使用来历不明的软件；每次操作完毕必须退出系统并及时做好备份。

2. 数据输入操作规程

只有经过审核无误并且具备有关人员签章的信息方可输入；按软件提供输入项目的要求输入，收付款凭证必须当日输入，其他凭证视情况而定，但每月必须将当月的凭证全部输入；每项业务输入后必须自审一次，无误后方可进入下一次输入；不得擅自修改凭证数据，如发现错误则可停止输入并退回审核员或准备人员，已输入计算机的数据，在登账之前发现差错，可按凭证数据进行修正，在登账之后发现差错，必须另做凭证，以红字（负数）冲销，录入计算机；输入后必须及时备份并进行必要的打印输出。

3. 计算机计算、转录及查询操作规程

对上次加工的备份数据进行复核，对输入数据的审核进行检查；计算和转录必须按程序规定进行，日记账每日一次，其他视情况而定，但月底前必须全部处理；查询必须符合查询范围，不得擅自扩大查询范围；每次操作结束后必须备份。

4. 其他操作管理制度

例如，操作日志制度：对每位上机人员的姓名、上机时间和操作内容应做出详细记录，形成上机日志，以备需要时核查。上机日志应由专人保管，禁止修改，保证记录的原始性和真实性。

第四节　电算化会计控制系统制度设计

依据控制实施的范围，可将电算化会计系统内部控制分为一般控制和应用控制。一般控制有时也被称为管理控制，是对电算化会计系统的组织、开发和应用环境等方面进行的控制。应用控制是对电算化会计系统中具体数据处理功能的控制。一般控制是应用控制的基础，应用控制是一般控制的深化。

一、电算化会计系统的一般控制制度设计

电算化会计系统的一般控制是建立对电算化会计系统活动整体控制的框架环境，并为达到内部控制的整体目标提供基础保障。一般控制制度的设计通常包括组织控制、系统安全控制、工作环境控制和文件档案控制等方面的控制制度设计。

（一）组织控制制度设计

组织控制是对组织机构设置、职责权限划分和人员配置等方面的控制。组织机构及岗位责任制的设计已经在前面一节中予以介绍，这里要强调的是，在组织机构设置时需从内部控制考虑，贯彻不相容职务相分离的原则。从内部控制的角度考虑，以下职能必须分离，应由不同的部门或人员来担任：（1）系统设计、修改与计算机操作；（2）业务审批与计算机操作；（3）程序

和数据文件的管理与计算机操作；(4)重要的计算机打印误差表的调整与计算机操作。

(二)系统安全控制制度设计

根据可能面对的风险，系统安全控制制度的设计应从以下方面着手：

1. 硬件安全控制制度

(1)有关机房进入或上机运行授权的制度。未经允许，无关人员不得随意进入机房或上机运行系统，对硬件设备的接触应处于控制中，仅限于被授权人员，且这些人员必须经培训合格后方可上机运行系统。这一制度的目的在于减少对硬件设备的故意破坏或意外破坏。

(2)有关机房内禁止行为的制度。例如，禁止在计算机附近吃东西、喝饮料，以防食物残渣落入键盘或饮料泼溅到键盘使键盘接触不良。这一制度的目的在于防止可能发生的人为因素对计算机系统的损害。

(3)有关电算化会计系统硬件维护、保养的制度。应经常检查系统各部分的工作状态是否正常，如发现问题，应及时请电算化管理人员会同计算机专业人员进行处理；定期清除设备内部灰尘，定期检查消防、报警、防静电、防雷击等设施，以便及时发现和排除隐患。对于不经常使用的设备及备用设备更应严格进行设备经常性检查和定期保养，以便在需要时立即投入使用。此外，制度中还应规定记录设备的检查情况及维护和修理情况。

(4)有关会计电算化硬件故障发生时的应急制度。应规定发生故障时如何防止故障进一步扩大，如发生故障，应及时退出工作状态并关闭电源，硬件故障应由专业人员处理，未查明原因并修复前不允许随便接通电源等；应视企业的具体情况，规定发生故障暂时无法继续使用时如何启用备用系统或其他替代计划；也应规定发生故障时如何采取正确的处理方法抢救机内数据，以减少数据丢失造成的损失和处理硬件故障时的困难。此外，还应详细规定各部门在制订、实施应急计划中的责任，以便使应急计划真正发挥作用。

2. 软件安全控制制度

软件包括系统软件和应用软件。软件安全控制制度主要有：

(1)有关软件运行的密码控制制度。例如，为加强控制，可设置多级密码，操作人员首先输入证明其身份的密码，经系统验证后才能进入系统；然后输入欲处理的特定文件的密码，经验证后才能运行该文件，对文件进行处理；若只允许该人员处理文件中的某些数据项，则可再设一级密码。密码必须保密，不允许为图一时之便而将密码泄露给其他人，由于密码的长期保密极其困难，因此还应经常更换，至少每年更换一次。

(2)有关开发及修改会计软件的控制制度。对于自主开发会计软件的企业来说，必须保证电算化会计系统严格遵循会计法和会计准则等会计规范要求设置相应的制度，促使开发人员在系统中设计必要的内部控制功能；在会计软件需要进行修改或功能扩展时，对软件的修改必须有审批制度和程序，一般在财务主管的组织监督下进行。对于使用商品化会计软件的企业来说，主要是要了解这些软件是否按规定经过了财政部门的评审，以及软件具有哪些控制措施，如何在使用中严格执行这些措施。因此，可建立相应的软件购置制度，财会人员应参与其中，以确保所使用软件的质量。

(3)有关防范计算机病毒侵害的制度。例如，应禁止使用来历不明的U盘和移动硬盘等，禁止进行非法拷贝工作，未经许可也不能在运行会计核算软件的计算机上运行其他无关软件，以防止计算机病毒的传入；对计算机网络系统应设置“防火墙”以防止病毒感染和保障系统安全运行；进行重要工作的计算机应该专机、专盘、专用；经常使用防治病毒的软件检查计算机硬盘以检查并清除可能存在的病毒；等等。

3. 数据安全控制制度

会计数据的安全控制制度设计需从保证数据的完整性和保密性着手，主要包括以下几个方面：

(1)有关数据存储控制制度。例如，对于那些对整个企业及信息系统的有效运行关系重大的机密数据，要求存放在不易接触的环境中，并与计算机机房相隔离。在不用时，应将关键的参考文件和程序文档等以脱机或联机的形式保存在档案室中。在联机系统中，主文件与用户的各类数据应保存在直接存储器中的不同部分，以提供界面控制。正在测试中的程序应与使用中的程序及数据库隔离(如另外建立一个数据库)，以防影响测试的有效性。对于记录在磁介质上的作为会计档案保管的会计数据，也可在每年结账后将其翻刻成只读光盘进行保存。这算得上是一种成本较低又易于保存的理想方式。

(2)有关数据丢失或非法修改的防范制度。例如，在计算机网络中，为加强数据的安全性，防止机密数据泄露或被非法探测，可应用数据加密技术，对远程终端数据的输入和传输采用密码方式，在数据到达处理中心时再解密。又如，档案室可建立"数据资料使用日志"，详细记录所有资料的进出使用情况，包括记录所有发出文件的领用时间、领用人姓名和送还时间等，同时应严格控制借阅范围。

(3)有关数据备份控制制度。虽然防范数据丢失有多种方法，但这些方法只能减少数据丢失的可能性，并不能从根本上避免数据的丢失。因此，还必须考虑一旦数据、文件等被毁坏或非法修改，如何尽快地恢复数据，保证系统的正常运行。数据备份是一种普遍应用的恢复性控制手段。所谓数据备份，是指对数据文件、数据库、程序以及有关资料进行双重或多重复制，在使用中若数据丢失或被非法修改后，还可使用备份资料。

(4)有关数据删除的控制制度。电算化会计系统的运行需要一定的硬盘空间，在硬盘空间不够维持系统的正常运行时，可删除机内以前年度的数据。在删除之前必须进行数据备份，以便在发生误操作时恢复系统数据。在删除时，为避免发生错误，必须认真注意系统提示，按要求进行操作。

(5)有关数据恢复的控制制度。电算化会计系统一般设有恢复机内数据的功能。这一功能可保证机内数据遭破坏时可及时得到恢复。但如果疏于防范，该功能也会成为窃取企业秘密和篡改机内数据的有利途径，因此必须严加控制。一般来说，应限定专人负责进行这项操作，在操作时应该认真注意系统提示，避免误操作。

(三)工作环境控制制度设计

工作环境控制制度设计主要包括以下内容：

1. 硬件工作状况控制

电算化会计系统需要较多的硬件设备，如主机、键盘、显示屏和上网硬件等。为保证系统正常、安全运行，应建立对各类硬件设备的定期检测与维护制度。

2. 自然环境控制

此项控制要求机房的温度、湿度、防尘、防火和磁场环境等达到一定的条件。因此，要建立防火制度、防磁制度、出入登记制度和机房财产保管制度等。

(四)文件档案控制制度设计

文件档案控制制度设计主要包括以下内容：

1. 非书面输出的文档控制制度

此项控制主要涉及文档副本应如何拷贝、保管和使用。

2. 书面输出的文档控制制度

此项控制应规定输出文档的内容、件数、管理人和使用人的登记制度，并在系统中实现输出文档的自动连续编号。

3. 文档查阅控制制度

此项控制要求建立登记查阅制度，只要是源于系统内部输出的文档，都要进行查阅登记。

4. 文档销毁控制制度

此项控制要求建立包括销毁人、销毁时间、件数、内容和审批等在内的销毁控制制度。

二、电算化会计系统的应用控制制度设计

电算化会计系统的应用控制是对电算化会计系统的应用操作建立控制活动，从而确保全部的经济业务都经过授权和记录，并进行完整、准确和及时的处理。按电算化会计系统应用时计算机对数据资料处理的过程进行划分，电算化会计系统的应用控制包括输入控制、处理控制和输出控制三项基本内容。

（一）输入控制

输入控制是电算化会计系统数据处理的基础，其形式较多，主要有以下几种：

（1）多重输入校验，即将数据多次输入计算机（一般采用两次输入），由系统对输入的数据进行比较，如果不相符，计算机就会提示操作者进行相应修改。这种校验方式的优点是在保证数据输入的准确性方面相当可靠，缺点在于增加了输入的工作量。

（2）逻辑校验，即按数据本身所具备的逻辑关系进行输入控制，检查一个记录的数值是否超过事先允许的界限和量级。因此，要求事先在系统中设置逻辑值，这会增加系统设计方面的工作量和难度，但使用较方便。

（3）顺序校验，即对一批业务数据是否按预定顺序排列进行控制。例如，凭证号码的顺序是否连续、有无重复和遗漏等。

（4）字段类型检验，即检验一个字段中的字符是否属于该字段的类型。例如，输入的金额应是数值型，不接受字符型字段内容。

（5）符号检验，即校验一个字段中算术符号的正确或错误。

（6）平衡校验，即通过数据之间应有的平衡关系检查数据输入是否有错。

（7）校验码控制，即将数值型的代码末尾附加一位校验数字，用来校验输入的代码是否正确。

（二）处理控制

处理控制主要是用于确保经济业务由计算机正确处理。在一般情况下，数据处理控制应在系统设计时固化在系统软件中。在系统设计时，应考虑适用于系统的整套控制以及适用的环境。

（三）输出控制

输出控制主要用于确保计算机处理的输出结果准确无误，并且输出结果仅限于提供给经过批准的人员。输出控制措施主要有以下几种：（1）输出授权控制，即只有经过批准的人才能进行输出操作；（2）输出控制总数与输入控制总数相核对；（3）系统抽样检测，其入口可通过查询子系统进行，也可重新输入抽样数据进行校对；（4）设置输出报告发送登记簿，记录报告发送份数、时间、接收人等事项；（5）制定输出错误纠正和对重要数据进行处理的规定。

本章小结

电算化会计核算系统设计的主要内容就是关于会计科目、会计凭证、会计账簿和会计报表的电算化问题。

在实行电算化时，可以充分利用计算机运算速度快、存储量大以及输入、输出方便的特点，将科目划分得更细一些，以便及时提供管理上所需要的详细信息。电算化会计制度中会计凭证的设计，除了要遵循手工核算系统核算的一些要求外，还应便于电算化会计系统中数据的输入。

电算化会计系统中会计账簿的设计与手工核算系统下有较大的不同。电算化会计系统中账簿文件的建立、更新和修改通过一定的程序由计算机自动生成，不再使用传统账簿。

会计工作的组织管理制度与手工系统基本相同。

电算化会计组织系统的组织结构有以下几种形式：(1)财务部门与信息中心并列的形式；(2)财务部门内设计算机应用组的形式；(3)企业没有独立的信息部门，财务部门内仅配备专职维护员和操作员。电算化会计岗位设置：(1)系统管理员；(2)系统操作员；(3)数据审核员；(4)系统维护员；(5)档案管理员；(6)数据分析员。

会计电算化操作管理制度的主要内容：(1)操作人员职责；(2)操作人员权限；(3)操作规程；(4)其他操作管理制度。

电算化会计系统安全控制制度设计主要包括：(1)有关数据存储的控制制度；(2)有关数据丢失或非法修改的防范制度；(3)有关数据备份的控制制度；(4)有关数据删除的控制制度；(5)有关数据恢复的控制制度。

课后练习题

一、单项选择题

1. 下列各项中，属于电算化会计系统设计的原则的是(　　)。

A. 前瞻性　　B. 一致性　　C. 效益性　　D. 统一性

2. 系统实施主要可以选择的方法有(　　)。

A. 平行法　　B. 间接法　　C. 统一法　　D. 差异化法

3. 1996年6月，财政部发布(　　)，全面介绍了电算化会计系统应建立的管理制度。

A.《会计核算软件基本功能规范》　　B.《会计电算化工作规范》

C.《信息技术会计核算软件数据接口》　　D.《会计电算化管理办法》

4. 下列各项中，属于电算化会计信息系统中管理子系统的有(　　)。

A. 资金的管理控制　　B. 经营预算编制系统　　C. 存货核算系统　　D. 成本核算系统

5. 在电算化会计系统中，(　　)是建立对电算化会计系统活动整体控制的框架环境，并为达到内部控制的整体目标提供基础保障。

A. 一般控制　　B. 特殊控制　　C. 应用控制　　D. 重点控制

二、多项选择题

1. 电算化会计系统的设计包括(　　)。

A. 电算化会计信息系统设计　　B. 电算化会计组织系统设计

C. 电算化会计控制系统设计　　D. 电算化会计核算系统设计

2. 与手工会计系统相比较，电算化会计系统的主要特点有(　　)。

A. 继承了传统会计的基本目标和原则，进一步加强了会计的基本职能

B. 会计数据处理方式及流程发生变化，处理速度加快，处理成本降低

C. 数据存储载体磁性介质化，账簿外表形式发生变化

D. 会计工作组织体制及人员构成发生变化，内部控制需求转移

3. 电算化对会计制度设计提出了一些新要求，主要有(　　)。

A. 充分利用计算机技术优势，强化会计管理工作

B. 计算机的数据处理程序要符合会计基本原理

C. 计算机的数据处理程序要符合会计准则的要求

D. 要建立适合电算化会计系统工作的内部控制机制，防止发生舞弊

4. 电算化会计系统设计的原则包括(　　)。

A. 合法性原则　　B. 效益性原则　　C. 民主性原则　　D. 一致性原则

5. 电算化会计信息系统一般包括(　　)。

A. 管理子系统　　B. 决策支持子系统　　C. 账务处理子系统　　D. 报表子系统

6. 下列各项中，属于账务处理子系统的有(　　)。

A. 存货核算系统　　B. 固定资产核算系统　　C. 薪酬核算系统　　D. 应收应付核算系统

7. 电算化会计信息系统一般由(　　)构成。

A. 计算机硬件　　B. 计算机软件　　C. 计算机从业人员　　D. 计算机相关管理制度

8. 电算化会计信息系统与手工会计信息系统的共同点有(　　)。

A. 会计目标相同　　B. 基本原理相同　　C. 核算依据相同　　D. 都必须依法保存会计档案

9. 不论是新建信息系统还是对现有系统进行改造，电算化会计信息系统的开发过程都要经过(　　)与评估几个基本阶段。

A. 系统分析　　B. 系统设计　　C. 系统实施　　D. 系统维护

10. 依据控制实施的范围，可将电算化会计系统内部控制分为(　　)。

A. 一般控制　　B. 重点控制　　C. 特殊控制　　D. 应用控制

三、判断题

1. 电算化会计信息系统包括管理子系统、决策支持子系统和账务处理子系统。(　　)

2. ERP以实现企业信息流、物流和资金流的集成与提高企业竞争力为目标，以计划和控制为主线。(　　)

3. 电算化会计系统控制分为一般控制和处理控制。(　　)

4. 电算化会计岗位包括管理、操作和维护计算机及会计软件系统的工作岗位。(　　)

5. 电算化会计系统设计的法律依据是我国《会计法》第十三条。(　　)

四、简答题

1. 电算化会计核算系统设计的主要内容有哪些？

2. 电算化会计系统操作管理制度设计的主要内容有哪些？

3. 软件、硬件安全控制制度设计的主要内容有哪些？

4. 会计数据安全控制制度设计的主要内容有哪些？

5. 电算化会计系统的组织结构通常有哪几种？各自有什么缺点？

案例分析

某工业企业原来是一家家族式企业，在生产经营规模扩大后改制成为股份有限公司。该企业聘请了软件公司为其设计ERP系统，电算化会计账务处理子系统是所要设计的ERP系统的组成部分，以代替原来的手工会计核算系统。所要设计的ERP系统还包括采购子系统、仓存子系统、生产管理子系统、质量管理子系统

和销售子系统。

企业目前采购业务处理的基本程序是：

(1)请购。由计划部门根据生产经营情况，会同仓库存储情况，向主管人员提出采购申请，包括所需采购物资的名称、规格和数量等，主管人员对采购申请进行审核并批复意见。

(2)订货。采购部门根据批复的采购申请进行汇总后，统一向上游供应商采购所需物资。采购部门与供应商签订采购合同(或采购订单)后，采购部门及时填制收货通知单并通知仓库管理人员进行收货准备。

(3)检验。采购物资抵达后，检验人员要检验其质量及规格等是否符合采购合同的要求。

(4)收货。检验合格后，仓库管理人员要根据采购部门提供的通知单进行收货核对，并根据最终的验收结果填制验收单。

(5)记账。会计人员要对采购合同、验收单和供货方提供的采购发票等文件进行核对，并根据具体业务制作记账凭证，登记相关账簿。

(6)付款。出纳根据会计人员制作的凭证支付供应商货款。

讨论：

(1)应该如何设计实施ERP后采购业务处理的流程及相关人员的岗位职责？

(2)在手工方式和计算机方式下采购业务的处理有何不同？

各章练习题答案(部分)

第一章　会计制度设计概论

一、单项选择题

1. A　2. B　3. A　4. C　5. B　6. A　7. C　8. B　9. D　10. A

二、多项选择题

1. ABC　2. ABCD　3. ABCD　4. AC　5. ABCD
6. ACD　7. ABC　8. ABCD　9. ABCD　10. ABCD

三、判断题

1. √　2. ×　3. ×　4. √　5. ×　6. √　7. √　8. √

四、简答题

略

案例分析

1. 答案:

首先,会计制度设计视为进行会计工作制定出准则和规范,面对现实的或即将发生的会计工作中存在的问题,提出解决的原则或方法,以制度的形式予以体现,并遵守执行。

其次,在进行会计制度设计时,要遵循合法性原则。特别是与会计有关的法律法规,如《会计法》、企业会计准则、《企业会计准则——应用指南》、《企业内部控制基本规范》、企业内部控制配套指引和《财务报告条例》等。

再次,要遵循针对性原则。由于企业会计制度直接用于指导和规范企业的实际操作,要具有针对性和可操作性,符合企业实际情况,满足企业内部管理需要。这就要求在进行会计制度设计时必须针对企业的生产经营特点和管理要求,不能脱离实际。

根据上述要求,针对第一个问题:该企业参照的是美国的相关会计制度,背离了我国会计相关法律法规的制度要求,由此制定的会计制度不符合合法性和针对性。

针对第二个问题:会计制度是企业会计工作的规范和准则,是以制度形式予以体现的,直接指导具体工作。而在制度条款中出现的专业术语,是会计核算中的具体事项,不是会计制度的具体内容,是会计准则所涉猎的内容,这不符合会计制度定义和内容。

针对第三个问题:任何一个制度在企业发展的不同阶段,或多或少都会产生一定的促进作用,但是随着企业的不断发展,相关的制度就需要不断地加以修订、健全和完善,以满足企业发展的需要。借鉴国外先进的管理方法是值得提倡的,但是在制度尚未实施时就对制度加以肯定,是不符合科学性原则。

2. 答案:指导学生调研企业会计制度运行情况,找出问题所在,并书写调查报告。

第二章　会计组织制度设计

一、单项选择题

1. A　2. A　3. C　4. A　5. D　6. C　7. A　8. D　9. B　10. A

11. A　12. C　13. A　14. B　15. D

二、多项选择题

1. ABCD　2. ABC　3. AC　4. AC　5. ABCD
6. ABCD　7. AB　8. ABCD　9. ABC　10. AB
11. ABCD　12. ABC　13. ABCD　14. AD　15. ABC

三、判断题

1. ×　2. ×　3. ×　4. √　5. ×　6. √　7. √　8. √

四、简答题

略

案例分析

1. 答案：

首先需要明确的是当地财政部门的处罚是正确的。董事长、总经理、总会计师都有责任，会计师事务所也要承担相应的责任，主要是界定由谁来承担主要责任问题。理由如下：

首先，在法人治理结构下，董事长作为企业的法定代表人，承担企业法定义务，负责组织制定符合股东利益的公司发展战略和重大决策，指导和监督经营管理层有效执行公司既定的方针政策。公司财务报告是为了满足股东、政府等相关部门需要的重要资料，财务报告数据是否真实，直接影响投资者和政府等相关部门的决策。因此，财务报告的报出属于公司重大事项。本公司的弄虚作假行为，董事长应承担主要责任。

其次，总经理承担次要责任。作为经营管理者，应在董事会的领导下完成公司既定的目标，而不是弄虚作假，欺骗投资者等相关利益者。总经理在明知弄虚作假会损害投资者等相关利益者的切身利益的情况下，依然提出弄虚作假的建议，并指示总会计师来完成，即使其自己辩称只是履行程序，也要承担次要责任。

再次，总会计师也要承担一定的责任。作为专业会计人员，熟知会计法和相关会计法律法规的规定，不允许弄虚作假，但在明知是弄虚作假的情况下，依然违背会计法等相关法律法规的规定，按照总经理的意图，对会计报告进行了技术处理，违背了会计人员的职业道德。即使辩称已经由会计师事务所审计无保留意见的审计报告，本身也要承担一定的责任。

同时，会计师事务所在审计过程中，没有履行自身职责，对于财务舞弊造假行为没有真实反映，并出具了无保留意见的审计报告，也应承担一定的法律责任，根据中国注册会计师协会和相关法律进行处理。

2. 答案：

(1)主要是该公司没有建立会计档案管理制度，从会计档案的整理和立卷及档案分类等都没有进行合理设计，没有满足会计档案管理规范化、标准化和科学化的要求。

(2)首先是该公司应建立档案管理制度。从会计档案的整理和立卷及档案分类等进行合理设计，形成会计档案管理规范化、标准化和科学化。

其次要设专人负责保管会计档案；会计档案的保管要严格执行安全与保密制度，在保管期内做到完好无损，不丢失。人员变动时要在会计负责人的监督下办理交接手续。

再次就是要建立会计档案借阅制度。会计资料是企业重要的资料，不得丢失，要保证其安全完整。如果需要借阅，需办理借阅手续，由相关负责人审批，并在规定期限内归还。对于过期的会计档案，经相关负责人审批后，在相关部门和负责人的监督下进行销毁，并保留销毁清册备案。

3. 答案：

略

第三章　会计核算系统设计

一、单项选择题

1. A　2. A　3. A　4. A　5. B　6. A　7. D　8. A　9. B　10. B

11. A　12. B　13. A　14. A　15. A　16. A　17. C　18. B　19. D　20. C
21. A　22. A　23. B　24. A　25. B

二、多项选择题

1. ABCD　2. ABCD　3. D　4. AC　5. ABCD
6. ABCD　7. ABCD　8. ABCD　9. ABCD　10. BCD
11. ACD　12. ABC　13. AB　14. AB　15. BCD
16. AB　17. ABCD　18. ABC　19. ABCD　20. AB
21. AB　22. AB　23. ABCDE　24. ABC　25. ABCD
26. ABCD　27. ABCD　28. ABCD　29. ABD　30. ACD
31. ABD　32. ACD

三、判断题

1. ×　2. ×　3. ×　4. ×　5. ×　6. √　7. ×　8. √　9. √　10. ×
11. √　12. ×　13. √　14. √　15. ×　16. ×　17. ×　18. ×　19. ×　20. √
21. ×　22. ×　23. √　24. ×　25. ×　26. ×　27. √　28. √　29. ×　30. √

四、简答题

略

案例分析

1. 答案：

根据该公司具体业务要求，需要启用的会计科目如下：

库存现金
银行存款
实收资本
长期借款
长期应付款
管理费用
固定资产
库存商品
应收账款
应付账款
主营业务收入
其他业务收入
主营业务成本
主营业务税金及附加
其他业务成本
应付职工薪酬
应交税费——应交增值税
应交税费——应交所得税
财务费用——利息支出
盈余公积——法定盈余公积
盈余公积——任意盈余公积
本年利润
利润分配——未分配利润
利润分配——盈余公积

2. 答案：

(1)从上述资料可以看出，与发货单有关的内部控制制度在授权批准控制、内部核查程序控制、凭证记录控制等方面存在漏洞和缺陷。

(2)在授权批准控制方面，从仓库的记录来看，客观上存在仓库没有经过销售部门事先批准就擅自发货的情况；这种错误做法可能会导致公司资产方面的损失。

(3)在内部核查程序上，除会计部门与仓库坚持进行第三联和第二联的定期核对外，其他的核对没有进行，仓库的发货数量与销售部门的销售数量明显缺乏核对；第六联"货物放行联"没有定期与第一联和第二联进行核对；保安对不合规定的发出货物(未盖章的)放行，没有履行核查的职责；没有编号的发货单说明没有对开具的发货单进行审核的制度。没有建立严格的内部核查程序，某些岗位的工作人员就可能利用管理上的漏洞进行违法、违纪活动，就会损害公司资产的安全性。

(4)在凭证记录及其预先编号上存在问题，没有对第六联"货物放行联"盖章的情况反映出发货单记录不完整；保安没有按规定登记车牌号码，也属于记录不完整，这样就没有留下日后核对的线索；没有预先编号的凭证说明，很可能存在销售人员内外勾结，盗卖商品的严重事件。

3. 答案：

(1)由销售部门开出"发货单"，一式六联，第一联"存根"由销售部门留存备查，并作为统计销售量的依据；第二联"发货联"交仓库，由仓库据以发货，并登记商品保管明细账；第三联交会计部门进行会计核算，据以登记有关账簿；第四联交运输部门作为发运凭证；第五联交客户；第六联交门卫，据以对货物放行。

(2)应建立发货单的相互核对制度，进行定期核对，包括：第一联与第二、三、六联的核对；第二联与第三、六联的核对。

从上述资料可以看出，公司的内部控制制度在执行过程中，仓库保管员、开具发货单的销售业务员、保安没有严格执行内部控制制度。应要求：仓库保管员严格按经批准的发货单发货；开具发货单的销售业务员对发货单进行编号，各项内容的记录全面、完整；保安根据合格的"货物放行联"放行，并登记车辆号牌；销售部门经理在部门内部建立对开具的发货单进行审核的制度。

4. 答案：

(一)一套完整的账簿体系

1. 现金日记账

登记现金收支业务，包括年、月、日，对方科目、摘要、收入金额、付出金额、结存金额。

2. 银行存款日记账

主要登记银行存款收支业务，格式与现金日记账相同。该企业原来的账簿不设二级科目，经过调整后了解到，该企业的银行存款收支业务是通过不同的银行办理的，因此需要设计不同银行的二级科目在账簿上分别列示，这样便于查账和对账。

3. 销货日记账

用于登记销售业务。该日记账应按所销售货物类别的不同，设二级科目分类登记。

4. 明细分类账

该企业不设二级科目，所有明细分类账完全按照规定的资产负债表和损益表科目来编制，主要应采用三栏式明细账。但有一些主要的科目应该设二级科目，分别登记，以便管理。具体如下：

(1)应收票据、应收账款、应付票据、应付账款应按客户分类。

(2)固定资产按机器设备、建筑物、办公用品等分类(固定资产明细账)。

(3)管理费用可采用多栏合计式管理费用明细账。

(4)财务费用可按利息收支、汇兑损益、其他来分类。

(5)应交税金可将应交增值税与应交其他税金分开列示。前者可采用多栏借贷式应交税金——应交增值税明细账。

5. 总分类账

按资产负债表和损益表科目设总分类账，采用三栏式。每天根据科目汇总表进行登记。采用活页账册，用标签将不同科目隔开。

(二)账务处理程序

1. 该公司应采用科目汇总表账务处理程序。

2. 流程图：

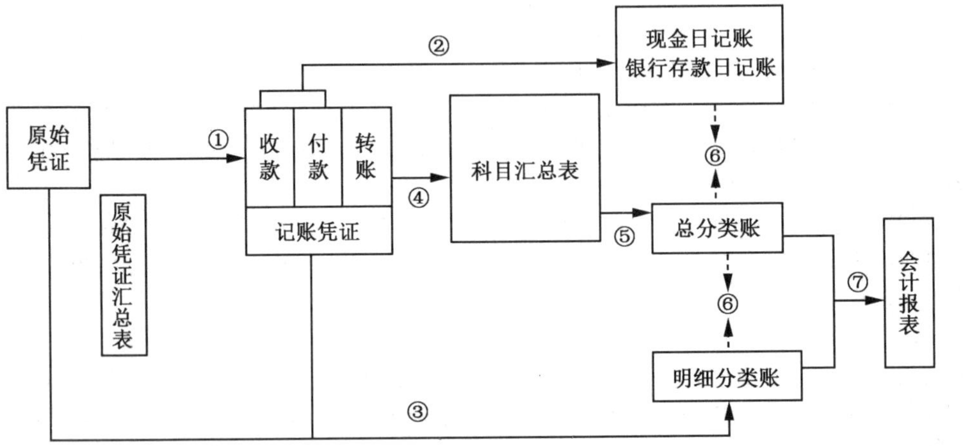

账务处理流程

从下图可以了解到：

①根据原始凭证或原始凭证汇总表编制记账凭证。

②根据现金收、付款凭证和银行存款收、付款凭证逐笔序时地登记现金日记账和银行存款日记账。

③根据记账凭证及其所附的原始凭证或原始凭证汇总表逐笔登记各种明细分类账。

④根据记账凭证，定期填列科目汇总表。

⑤期(月)末，根据科目汇总表逐笔登记总分类账。

⑥根据记账的具体要求，将现金日记账、银行存款日记账和各种明细分类账与对应的总分类账相互核对。

⑦期末，根据总分类账和明细分类账的记录编制会计报表。

5. 答案：正确。

会计核算组织程序对于科学组织会计核算工作具有重要的意义，它不但可以提高会计核算工作的质量和效率，还有利于会计工作程序的规范化。同时，会计核算组织程序需要从会计主体的实际出发，根据会计主体经济活动的性质、规模大小、业务量的繁简程度以及会计机构和会计人员的设计等因素，使之有利于会计工作的分工协作和内部控制，降低会计核算成本，并且使其各个环节的设计协调一致。基于此，该公司在公司业务量增加、规模增大、会计工作业务量同时增加的情况下，采用汇总记账凭证核算组织程序的做法是正确的。

第四章　内部控制制度设计的基本理论

一、单项选择题

1. A　2. D　3. B　4. B　5. B　6. A　7. D　8. A　9. A　10. B

二、多项选择题

1. ABCD　2. ACD　3. CD　4. ABD　5. ABCD

6. ABCD　7. ABCB　8. ABCD　9. ABCD　10. ABC

三、判断题

1. ×　2. ×　3. √　4. ×　5. ×　6. √　7. √　8. √

四、简答题

略

案例分析

1. 答案：

(一) 控制环境存在问题

1. 管理层对企业经营业务的风险认识不足

银行是一个高风险的行业，经营中需要拥有比其他行业更高的风险意识。而导致巴林银行倒闭的业务是衍生金融工具的买卖，这就要求管理者必须充分认识到衍生金融工具的“双刃剑”效应，实施更为严格的风险管理。在巴林银行倒闭案中管理层只看到衍生金融工具的正面效应而忽视了负面效应，从而也就没有对负面效应可能产生的风险进行控制和防范。

2. 管理层不重视历史经验警示作用，尤其是不重视资产负债表的作用

资产负债表是反映企业在某一特定日期的财务状况的会计报表。尽管资产负债表具有静态性，但它反映企业在某一时点的财务状况及承担的风险，企业可以通过它分析各种数据的正确性，检查内部是否存在做假账的问题。资产负债表具有如此重要的作用，而巴林银行主管却对它置之不理。管理高层的疏忽和监管不力是导致巴林银行倒闭的重要原因，而且也使 3 名高管受到法律惩处。

3. 管理层没有应有的风险警觉意识

在巴林银行倒闭案中，当交易员里森由于违规操作导致亏损不断加大并且不能通过自身周转来掩饰亏损时，开始要求伦敦总部汇入大量资金。在这种情况下，巴林银行总部不但没警觉到风险的存在，而且违反英格兰银行的规定向里森输送资金。这些均说明巴林银行总部不但对里森非常规要求汇入资金毫无风险警觉意识，而且还一味地满足，暴露了总部在风险评估中的失误。

(二)信息和沟通存在问题

内部控制整体框架认为及时的信息和有效的沟通是实施控制的关键要素。通过信息传递和沟通，管理者不仅可以了解业务的进展情况，而且可以掌握其中蕴藏的风险。导致巴林银行倒闭的主要原因是里森用于掩饰错误的账户始终没有被总部发现。可以说，正是这个特殊隐蔽账户的关键控制点的失控导致了巴林银行悲剧的发生。

(三)控制活动存在问题

控制活动是为了实现控制目标而实施的一系列政策和程序。内部控制最初的控制活动是职责分工和相互牵制，而这种最基本的控制原则在巴林银行业没有得到有效的执行。按照衍生金融工具业务操作的风险特点，为了进行风险识别和控制，交易员应当与清算员进行职责分离，以便利用清算员的每日清算发现交易员存在的交易失误并及时制止。但是在巴林银行，里森一个人既担任交易员又担任清算员，这为其进行违规操作和掩盖失误提供了方便，这种致命失误使针对衍生金融交易的风险控制彻底失败，导致悲剧的必然发生。

(四)监督活动形同虚设

内部控制整体框架认为监督活动是对控制活动的一种再控制，是确保各项控制活动得以实现的一种措施。在巴林银行内部，对里森用于掩盖失误的“88888”账户在长达两年多的时间里始终没有被内部审计部门发现，对于里森假造花旗银行 5 000 万英镑存款，内部审计部门始终未向花旗银行进行函证以确认其真实性。另外，内部审计部门对内部控制活动存在的明显失误视而不见。因此，这一切均表明监督活动在巴林银行已经没有价值。

2. 答案：

(1)内部控制的主要缺陷：管理层串通舞弊，导致内部控制制度失灵。

(2)可采取以下三种措施：

第一，进行职工素质控制。内部控制的成败关键往往在于员工素质的高低程度，因此，通过素质控制可以保证员工忠诚、正直。

第二，建立轮岗制度，定期或不定期进行工作岗位轮换，可及时发现错弊情况。

第三，加强监督控制。

第五章　货币资金业务内部控制制度设计

一、单项选择题

1. D　2. B　3. A　4. C　5. B　6. B　7. A　8. D

二、多项选择题

1. ABCD　2. ABCD　3. BCD　4. ABCD　5. ACD
6. ABC　7. ABDC　8. ABC

三、判断题

1. √　2. ×　3. √　4. ×　5. √

四、简答题

略

案例分析

答案：

(1)有关控制活动及其所属类别。

①会计系统控制。会计系统的可打印凭证记录均预设连续编号。

②财产保护控制。每天进行现金盘点及使用保险库保管现金。

③调节和复核。编制银行存款余额未达账项调节表。

④授权审批控制。银行存款余额调节表交审核人员核对签字。

(2)对于第(3)项,出纳人员进行现金盘点时,应在另一人员的监督下进行,并签字确认盘点记录。此外,应由另一位人员负责把现金放进保险库,以防止舞弊。

对于第(4)项,公司应实行不相容职务分离控制。例如,企业中负责收付现金的出纳员和记录交易的会计人员应分别由不同的人员负责。所以,应委派出纳人员以外的人员担任记录交易的工作。

第六章　采购业务内部控制制度设计

一、单项选择题

1. D　2. C　3. B　4. A　5. D　6. D　7. A　8. D

二、多项选择题

1. ABCD　2. ABD　3. ACD　4. BCD　5. ABCD
6. ABC　7. ABCD　8. BCD

三、判断题

1. √　2. ×　3. ×　4. √　5. ×

四、简答题

略

案例分析

答案：

根据《企业内部控制应用指引第7号——采购业务》,秦川公司在采购业务上存在以下内部控制弱点：

(1)采购部经理每季度初,以定向集中采购方式采购手机芯片的做法存在内部控制弱点。手机芯片采购属于公司重要的和技术性较强的采购业务,应当组织相关专家进行论证,实行集体决策和审批。

(2)秦川公司缺乏采购申请制度,应当建立采购申请制度。秦川公司应依据购买物资或接受劳务的类型,确定归口管理部门,授予相应的请购权,明确相关部门或人员的职责权限及相应的请购和审批程序。

(3)秦川公司采购手机芯片没有合理选择采购方式。每季度手机芯片购买的数量较大,应按大宗采购处理,采用招标方式来采购,合理确定招投标的范围、标准、实施程序和评标规则。

(4)采购的芯片到公司后的验收环节存在内部控制弱点。秦川公司的验收部门应该对手机芯片的品种、规格、数量、质量等相关内容进行验收,而且手机芯片的技术性较强,且采购量较大,还应进行专业测试。

第七章　存货业务内部控制制度设计

一、单项选择题

1. B　2. B　3. A　4. C　5. D　6. A　7. B　8. D

二、多项选择题

1. ABCD　2. ABCD　3. BD　4. ABCD　5. BD
6. ABCD　7. ABCD　8. AC

三、判断题

1. √　2. ×　3. √　4. ×　5. ×

四、简答题

略

案例分析

答案:

根据《企业内部控制应用指引第8号——资产管理》,秦川公司在存货管理环节存在以下内部控制弱点:

(1)保管员负责登记芯片、手机成品等存货明细账存在内部控制弱点。存货的保管和记账职责未进行分离,存货的保管和记账属于不相容职务,应该由不同的人来担任保管和记账职责。

(2)仓库保管员收到和领用存货环节存在内部控制弱点。仓库保管员收到存货时不填制入库通知单,而且领取原材料未进行审批控制。存货入库应该建立入库通知单制度,同时领用原材料应该有审批制度。

(3)秦川公司的存货盘点存在内部控制弱点。仓库保管员有空闲时间也会对存货进行实地盘点的做法错误,公司应当建立存货定期盘点制度,至少应每年年末开展盘点清算,结果应当形成书面报告。

第八章　固定资产业务内部控制制度设计

一、单项选择题

1. D　2. A　3. B　4. C　5. D

二、多项选择题

1. ABCD　2. ABC　3. AC　4. ACD　5. ABC

三、判断题

1. √　2. √　3. ×　4. ×　5. √

四、简答题

略

案例分析

答案:

(1)从归某所在公司的角度来看,其采购业务的相关职务未分离。一般而言,在健全的采购业务中,采购员、审批人和执行人、记录人应分离。如果其中关键的职务没有分离,那就极有可能发生舞弊,该公司就是这样的案例。工程部经理归某,利用手中的职权,未经审批程序就私下决定向纺机总厂购买价值60万元的设备,这已经暴露了授权审批控制的弱点。本来应该由第三方执行付款,并与纺机总厂核账,但令人惊讶的是,核账竟然也是归某一人亲手所为。所以,采购、审批、执行和记录的职务分离漏洞给了归某可乘之机,使其掩盖了同纺机总厂的交易问题,进而上演了后来"偷梁换柱"的把戏。

另外,公司的验收和付款也存在漏洞。付款员明明将67万元款项划给了大发公司,这纯粹是归某利用其亲戚的关系虚构的交易,如果验收员按照同大发公司签订的购货合同上写明的条款以及发货发票来仔细验货，是不难发现归某冒用大发公司的名义却购进了纺机总厂价值仅60万元的设备的“偷梁换柱”的把戏的。一般而言，会计部门应该在按购货协议划出款项之后将购货单和购货发票转到验收部门，而验收部门应该在收到会计部门转来的购货单和购货发票副联时仔细查验其发货单位、收到货物的数量和质量后签收。但是公司的验收部门根本就没有仔细查验发货单位，以至于归某的把戏得以蒙混过关，使公司支付了67万元买进了价值60万元的设备，白白损失的7万元落入了归某的腰包。

(2)从轻纺总厂的角度来看，其内控存在的问题也不容忽视：

从发货通知单的编制和证实制度来看，轻纺总厂在这方面也存在漏洞。发货通知单的首要作用是将各种不同的客户订单内容，如货物的货号、数量、价格等以完整和规范化的格式反映出来，同时能使销售过程中所需的各种授权和批准在发货通知单上得到证明。发货通知单的另一个作用是使与销售环节有关的各部门在执行发运业务或记录有关账册时有书面依据，并通过各环节的签字来监督每一环节中的业务处理工作。如果轻纺总厂建立了健全的发货通知单的编制和证实制度，并得以真正有效执行，就不可能发生“把已提走的设备当作其他公司购买，而归某划入的45万余元却变为公司的预付款”这样的事故。如果有完善健全的内控并得到执行，轻纺总厂损失的45万元是完全可以避免的。这个案例再一次告诉我们，每一个环节的内部控制对于企业而言都是至关重要的，丝毫忽视不得。

第九章　无形资产业务内部控制制度设计

一、单项选择题

1. D　2. B　3. A　4. A　5. C

二、多项选择题

1. ABCD　2. ABCD　3. ABD　4. ABCD　5. ABCD

三、判断题

1. √　2. ×　3. √　4. ×　5. √

四、简答题

略

案例分析

答案：

YXY商场没有进行职责分工，权限范围和审批程序不明确、不规范，机构设置和人员配备不科学、不合理。关于无形资产的转让，照理应该经董事会讨论通过，但实际上是总经理一个人说了算，只要他签字同意，别人就可再建个“YXY”商场，这样不可避免地会导致一人多权从而造成舞弊的现象发生。

建议商场应该设置专门的无形资产管理部门并配备专门的无形资产管理人员，对商场的无形资产进行综合、全面、系统的管理。无形资产管理部门的主要职能包括：对企业所有无形资产的开发、引进、投资进行总的控制；就无形资产在企业生产经营管理中实施应用的客观要求，协调企业内部其他各有关的职能部门的关系；协调与企业外部国家有关专业管理机构的关系；协调企业与其他企业的关系；维护企业无形资产资源安全、完整；考核无形资产的投入产出状况和经济效益情况。

企业应当建立无形资产业务的岗位责任制，明确相关部门和岗位的职责、权限，确保办理无形资产业务的不相容岗位相互分离、制约和监督。同一部门或个人不得办理无形资产业务的全过程。有效的内部控制制度应该保证对同一项业务的审批、执行、记录和复核人员的职务分离，以减少因一人多权而导致的舞弊现象发生。

在授权审批方面要明确授权批准的范围。通常无形资产的研究与开发、购置和转让计划都应纳入其范围。授权批准的层次，应根据无形资产的重要性和金额大小来确定，应保证各管理层有权亦有责。明确被授权者在履行权力时应对哪些方面负责，应避免责任不清，一旦出现问题又难以追责的情况发生。应规定每一类无形资产业务的审批程序，以便按程序办理审批，以避免越级审批、违规审批的情况发生。单位内部的各级管理层必须在授权范围内行使相应职权，经办人员也必须在授权范围内办理经济业务。审批人应当根据无形资产业务授权批准制度的规定,在授权范围内进行审批,不得超越审批权限。经办人在职责范围内,按照审批人的批准意见办理无形资产业务。对于审批人超越授权范围审批的无形资产业务,经办人员有权拒绝办理,并及时向上级部门报告。对于重大的无形资产投资转让等项目,应当考虑聘请独立的中介机构或专业人士进行可行性研究与评价,并由企业实行集体决策和审批,防止因决策失误而造成严重损失。

第十章　销售业务内部控制制度设计

一、单项选择题

1.B　2.D　3.C　4.C　5.C

二、多项选择题

1.ABC　2.AB　3.ABDC　4.ABCD　5.ABCD

三、判断题

1.×　2.√　3.√　4.√　5.×

四、简答题

略

案例分析

1.答案:

通过案例分析可以看出,华星公司缺乏有效的销售业务内部控制制度:

(1)职责分工不明确,没有执行不相容职务相分离的原则。在本案例中,从合同的签订、销售、发货都是由华星公司销售人员张某一个人完成整个销售行为,违背了职务分离的原则。

(2)没有执行有效授权。销售员张某在没有授权行为的情况下接受订单、签署合同并发货。

(3)在接受订单前,没有经过信用部门进行有效的信用评估,只是针对过去和甲公司合作中的信用情况,草率签署合同,确定赊销方式销售,违背了收款业务控制规定。任何客户都应该进行信用审查。

(4)缺乏严格的发货业务内部控制。在没有经过审批的情况下,销售员仅凭电话指示就执行了发货业务。

从该案例中可以看出,公司遭受的损失是必然的,没有严格的销售业务的内部控制制度,是公司造成损失的根本原因。只有制定严格的销售业务内部控制制度和销售业务流程,明确职责分工,在授权下执行销售行为,对客户进行必要的信用评估,进行销售的事前控制,在销售过程中的事中控制,在销售之后的事后控制,才能有效控制销售风险,避免损失。

2.答案:

(1)该公司内部控制制度的可取之处为:

①该公司的销售制度较好地运用了不相容职务分工控制。将销售作业中客户甄选、客户信用调查、接受客户订单、核准付款条件、填制销货通知单、发出商品、开具发票、收取货款及会计记录等不相容岗位所涉及的销售人员、信用管制人员、营管人员、财务人员、储运人员进行了分工。

②该公司建立和健全了信用管制系统。信用管制系统的建立,保证了销售成果的有效性,避免了坏账的发生,实现了对应收账款的事前控制。

③该公司采用了电脑系统授信额度确认的权限控制。电脑系统授信额度的确认,提高了销售业务的工作效率,保证了营业收入的真实性、合理性、完整有效性,同时也提高了信息的及时性、准确性、查阅的方便性。

④该公司采用的内控制度有利于各职能部门之间的相互牵制和监督,可在一定程度上防止贪污舞弊行为的发生,可减少销售业务中可能出现的低效率和侵吞企业利益的行为。

(2)该公司内部控制制度的缺憾之处为:

①分离制度的执行还不够彻底,因为销售部门、营业管理部门与储运部门同属一个领导管理,尚存在作弊的隐患,因此,在相关业务的牵制上还不够严谨。

②应收账款的管理上还应加强事后管理,应建立询证函制度,及时、准确地与客户对账,以免给个别业务人员提供可乘之机,保证应收账款的真实、准确和可收回性。

第十一章　投资业务内部控制制度设计

一、单项选择题

1. D　2. C　3. C　4. A　5. B

二、多项选择题

1. ABCD　2. ABCD　3. ABCD　4. ABCD　5. ABCD

三、判断题

1. √　2. √　3. √　4. ×　5. ×

四、简答题

略

案例分析

答案：

(1)超范围经营，违反公司法的规定。

(2)未经授权，投资项目没有投资部门进行投资项目评估而制定的投资项目计划书，未经相关部门批准，私自进行衍生品交易。任何投资项目必须经上级主管部门同意审批后方可执行。

(3)对后续投资管理没有有效地进行风险管理，盲目乐观。

(4)对投资没有按规定进行减值会计处理，没有进行有效控制，也没有对外披露。

由于 ABC 公司在投资业务中投资管理上的缺陷，给公司带来的风险如下：

一是因超范围经营所面临的法律风险。

二是因未经授权，未经审批操作而盲目投资所面临的经营风险。

三是投资项目未经评估而盲目投资所面临的经营风险和市场风险。

四是没有对投资项目进行后续管理，同时也没有按规定做减值处理，也没有对外披露所带来的财务风险。

第十二章　筹资业务内部控制制度设计

一、单项选择题

1. D　2. C　3. A　4. A　5. B

二、多项选择题

1. ABCD　2. AC　3. ABCD　4. ABC　5. BCD

三、判断题

1. √　2. ×　3. √　4. ×　5. ×

四、简答题

略

案例分析

答案：

(1)筹资决策不当，引发资本结构不合理或无效融资，可能导致企业筹资成本过高或债务危机。“为了支持其扩张战略，益强公司多方融资。公司上市仅几个月便启动第二轮融资计划——发行债券，凭借建设海外电站的愿景，通过了管理部门的审批，发行 10 亿元的‘益强债’，票面利率为 8.98%，在当年新发债券中利率最高。自 2011 年 2 月起，李自及其女儿李丽陆续以所持股份作抵押，通过信托融资约 9.7 亿元，同时益强公司大举向银行借债。李自还发起利率高达 15%的民间集资。这样，益强公司在上市后三年内，通过各种手段融资近 70 亿元。”

(2)投资决策失误，引发盲目扩张或丧失发展机遇，可能导致资金链断裂或资金使用效益低下。“市场供大于求……在这种情况下，益强公司仍执着于多方融资扩大产能，致使产品滞销库存积压。同时，在海外大量投资电站致使公司的应收账款急速增加。欧盟经济低迷,海外客户还款能力下降,欧元汇率下跌。存货跌价损失、汇兑损失、坏账准备的计提使严重依赖海外市场的益强公司出现大额亏损。公司把融资筹措的大量短期资金投放于回款周期很长的电站项目,投资回报期和债务偿付期的错配使公司的短期还款压力巨大,偿债能力逐年恶化。”

第十三章　责任会计制度设计

一、单项选择题

1.D　2.C　3.A　4.B　5.A

二、多项选择题

1.ABCD　2.ABCD　3.ABD　4.ABD　5.ABC
6.AB　7.ABCD　8.ABC　9.ABCD　10.BD

三、判断题

1.√　2.×　3.×　4.√　5.√

四、简答题

略

案例分析

答案:

投资中心投资利润率和剩余利润表　　金额单位:元

项　目		实际发生金额	预算金额	超支或节约
收　入		166 000	160 000	6 000
可控变动成本	制造费用	63 200	69 400	−6 200
	销售成本	28 200	24 200	4 000
	行政管理费用	3 650	2 330	1 320
可控固定成本	制造费用	33 300	33 300	—
	销售成本	6 600	6 600	—
	行政管理费用	9 600	9 600	—
利　润		21 450	14 570	6 880
年投资额		287 600		
投资利润率		7.46%	5.07%	2.39%
剩余利润		20 362		

投资中心业绩评价报告

2019年1月31日　　金额单位:元

项目	本期预算额	本期发生额	差异额	差异率	产生差异原因
销售净额	160 000	166 000	6 000		销售力度加大等原因产生的差异
减:变动销售成本	24 200	28 200	4 000		销售成本略有增加
变动制造费用	69 400	63 200	−6 200		间接费用节约

续表

项目	本期预算额	本期发生额	差异额	差异率	产生差异原因
变动管理费用	2 330	3 650	1 320		管理费用略有超支
变动成本合计	95 930	95 050	-880		综合变动成本降低
贡献毛益	64 070	70 950	6 880		销售净额增加,综合变动成本降低形成差异
减:可控固定成本	49 500	49 500	—		
分部可控利润	14 570	21 450	6 880		销售净额增加,综合变动成本降低形成差异
减:不可控固定成本	—	—	—	—	
分部营业利润	14 570	21 450	6 880		销售净额增加,制造费用降低
资产平均占用额	287 600	287 600	—		
投资周转率	55.63%	57.72%	2.09%		销售净额增加
销售利润率	9.11%	12.92%	3.81%		利润增加幅度较销售净额增加幅度较大
投资利润率	5.07%	7.46%	2.39%		在投资额不变情况下,形成的利润增加幅度较大
剩余收益		20 362			

分析评价:该投资中心加大了销售力度,在提高销售额的同时,在降低成本上下功夫,间接成本降低幅度较大,虽然销售成本和管理费用略有上升,但总体上来讲变动成本下降幅度较大,从而较目标利润增加了6 880元,同时也使投资周转率、投资利润率都有所提高,产生的剩余收益达到两万多元。主要是投资中心对外扩大销售,对内挖潜,降低成本等原因。

第十四章　全面预算管理制度设计

一、单项选择题

1. C　2. A　3. C　4. A　5. A

二、多项选择题

1. ACD　2. BCD　3. ABCD　4. BCD　5. ABCD
6. ACD　7. ACD　8. ABCD

三、判断题

1. √　2. √　3. ×　4. ×　5. ×

四、简答题

略

案例分析

答案:

(1)常用的预算方法有固定预算和弹性预算、增量预算和零基预算、定期预算和滚动预算。柳江公司采用的预算方法有固定预算、弹性预算、滚动预算。

(2)全面预算管理是一个企业对战略目标和经营计划的一个总体安排,通过对企业一定期间的经营活动、投资活动和财务活动等进行预算管理,这涉及预算编制、审批、执行、反馈和考核阶段。这些阶段相互关联、相互作用,形成了一个有效的预算管理与控制体系。

柳江公司在费用控制上主要存在以下问题：

在编制预算时，没有结合业务量来核定业务招待费，没有实施有效的弹性预算，当超出预算情况时，没有进行有效的核实和监督业务招待费的支出是否合理，更没有预算节约奖励措施，以致出现年底突击支出业务招待费现象，从而使费用预算控制失去了实际的意义。

不合理，柳江公司没有建立健全有效的全面预算管理体系。董事会没有建立预算管理委员会及预算管理办公室及各预算责任机构；各项预算指标及部门预算没有经过预算管理办公室审核，并呈送预算管理委员会批准就予以实施。预算编制只是由总经理批准就予以执行，这和公司董事会制定的公司发展战略目标和审批的经营计划脱节，预算变动调整也是如此。同时，没有部门对预算进行有效的分析和评价，更没有部门对责任预算单位进行考核并采取奖惩措施，这些势必造成全面预算不全面，预算管理本身就失去意义。

从预算方法上来讲，要基于固定预算与弹性预算、零基预算与定期预算相结合的原则，在统筹落实公司整体经营目标的同时，落实总体费用预算，再通过各预算责任单位根据分解的预算，并结合全面业务量来制定本部门的费用预算，充分结合预算编制基础数据，顾全预算范围，并予以整合，提高预算准确率；将全年的预算总体指标分解到各月，全年指标各月机动调整，财务部门必须认真审核把关；超预算现象必须严格禁止，若必要时，需要按照预算审批程序进行上报审批，同时要建立预算分析管控，并建立有效的公平、公正、公开的预算考核体系和奖励机制，对各预算责任部门进行有效考核 ，费用节约进行奖励，避免突击支出现象发生。

第十五章　电算化会计系统设计

一、单项选择题

1. C　2. A　3. B　4. A　5. A

二、多项选择题

1. ABC　2. ABCD　3. ABCD　4. ABC　5. ABC
6. ABCD　7. ABCD　8. ABCD　9. ABCD　10. AD

三、判断题

1. √　2. √　3. ×　4. ×　5. √

四、简答题

略

案例分析

答案：

(1)采购业务处理流程及相关人员的岗位职责如以下图表所示。

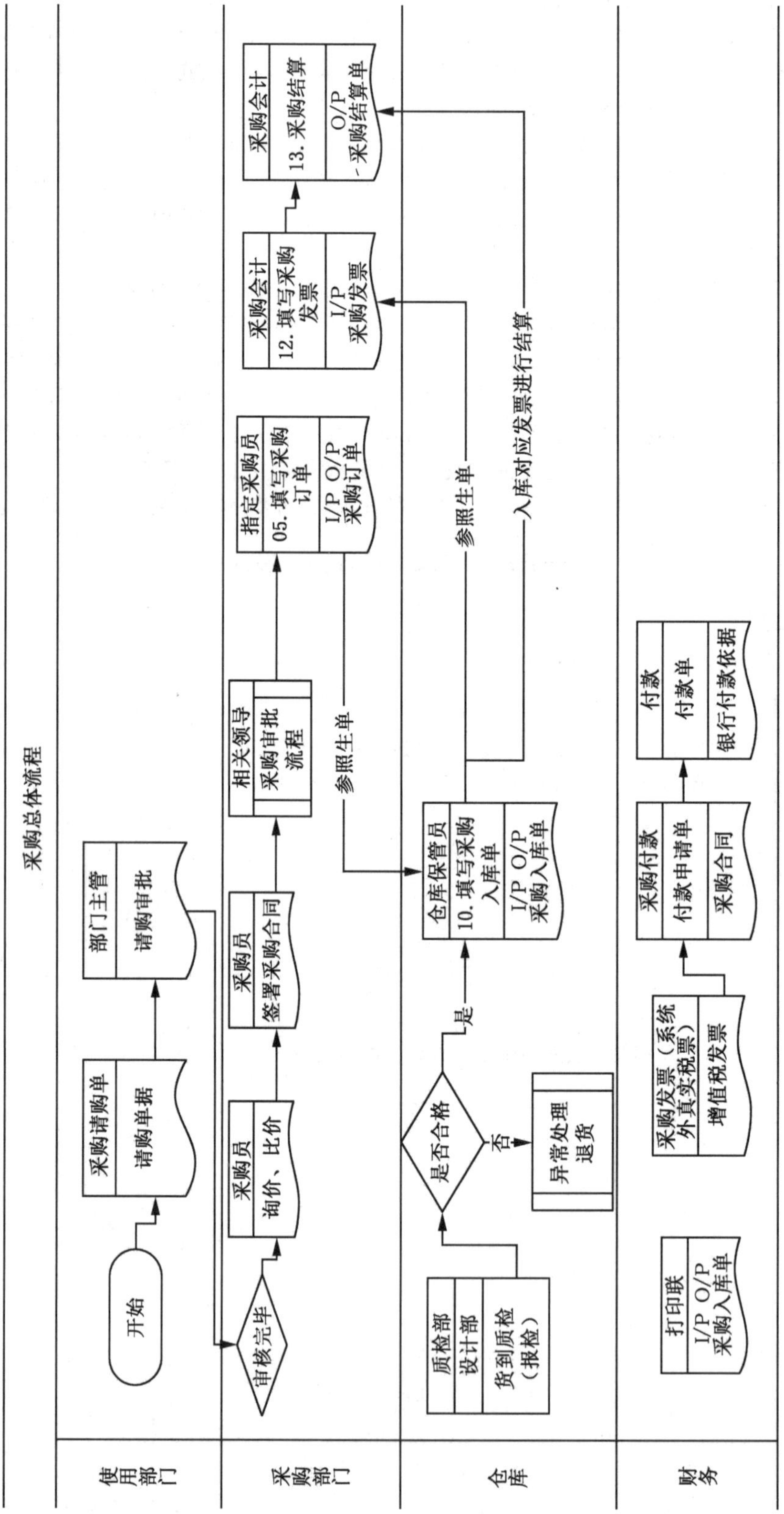

采购总体流程
使用部门
采购部门
仓库
财务
开始
采购请购单
请购单据
部门主管
请购审批
审核完毕
采购员
询价、比价
采购员
签署采购合同
相关领导
采购审批流程
指定采购员
05. 填写采购订单
I/P O/P
采购订单
参照生单
质检部
设计部
货到质检（报检）
是否合格
否
异常处理
退货
是
仓库保管员
10. 填写采购入库单
I/P O/P
采购入库单
参照生单
入库对应发票进行结算
采购会计
12. 填写采购发票
I/P
采购发票
采购会计
13. 采购结算
O/P
采购结算单
打印联
I/P O/P
采购入库单
采购发票（系统外真实税票）
增值税发票
采购付款
付款申请单
采购合同
付款
付款单
银行付款依据

采购业务处理流程

采购业务中相关人员的岗位职责说明

序号	部门及岗位	步骤	步骤(职责)说明	时间 (及时或按需)	备　注
01	使用部门采购申报员	采购申请单	申报采购计划,填制申请单	按需	系统内
02	各审核主管	审核采购单	核实是否应该请购	及时	(系统外)(采购申请单到03)
03	采购计划员	采购申请汇总	(根据使用部门传过来的采购申请单)将不同的物资选择不同的供应商进行采购	及时	系统外
04	采购业务员	报价单	询价议价		(系统外)(报价单作为合同附件)
05	采购业务员	是否签订合同	判断是否签订合同		(系统外)
06	采购业务员	拟定采购合同	拟定采购合同		系统外
07	相关领导	合同审批	合同审批流程		(系统外)通过08,不通过06
08	指定采购员	采购订单	填写采购订单		(系统内)(I/P。O/P采购订单输出给供应商)(订单变更流程)
09	仓库管理员	报检单	(需要的进行,不需要直接填写采购入库单)报检或自检		(系统外)(O/P:质检部、设计中心)
10	仓库保管员	审核	审核是否合格		(系统外)合格填写采购入库单,不合格走退货处理流程
11	仓库保管员	采购入库单	填写采购入库单		(系统内)O/P采购入库单输出给财务部 (如果异常退货流程,正常走入库流程)
12	供应商	采购发票	开具发票		供应商开票
16	采购会计	采购发票	填写采购发票		(系统内)采购发票O/P给财务部
17	采购会计	采购结算单	采购结算		(系统内)采购结算单O/P给财务部

(2)一方面,ERP是实现企业内外资源优化配置,实现信息流、物流和资金流的集成,提高企业竞争力的,以网络和信息技术为平台的、面向供应链管理的现代企业管理思想、方法和工具。从采购业务上来讲,ERP能够将大量的供应商信息进行整合,加快信息传递的速度,加强信息传递的实时性,扩大业务的覆盖面与信息的交换量,为企业进行信息的实时处理和决策提供了极为有利的条件,这是手工方式无法做到的。

另一方面,从会计核算上来讲,所有采购环节上的数据都能在计算机软件上读取,并且可以进行会计业务处理,快捷方便,在面向采购业务流程的会计信息处理、分析和控制上,更加有效,这也是手工方式无法比拟的。

参考资料

1. 孙光国、陈艳利、刘英明:《会计制度设计》(第7版),东北财经大学出版社2020年。
2. 高丽萍:《会计制度设计》,北京高等教育出版社2014年版。
3. 唐立新:《会计制度设计》,北京大学出版社2012年版。
4. 程淑珍:《会计制度设计》,中国财政经济出版社2010年版。
5. 任浩:《现代企业组织设计》,清华大学出版社2010年版。
6. 李凤鸣:《会计制度设计》(第3版),复旦大学出版社2010年版。
7. 许玉林:《组织设计与管理》(第2版),复旦大学出版社2010年版。
8. 李红莲:《信息论基础教程》,机械工业出版社2008年版。
9. 屈志凤:《会计制度设计》,天津大学出版社2010年版。
10. 周亚荣:《会计制度设计》,武汉大学出版社2010年版。
11. 万百五、韩崇昭、蔡远利:《控制论——概念方法与应用》,清华大学出版社2009年版。
12. 宋艳敏、刘晓东:《会计制度设计》,科学出版社2009年版。
13. 郑洪涛:《企业内部控制学》,东北财经大学出版社2009年版。
14. 袁竹、王菁华:《现代企业管理》,清华大学出版社2009年版。
15. 赵岩、崔国萍:《企业会计制度设计》,立信会计出版社2009年版。
16. 潘琰:《内部控制》,高等教育出版社2008年版。
17. 张建华:《管理信息系统》,中国电力出版社2008年版。
18. 张明霞、张德刚:《会计制度设计》,科学出版社2007年版。
19. 汪诗怀:《会计信息系统》,哈尔滨工业大学出版社2007年版。
20. 张瑞君、蒋砚章:《会计信息系统》,中国人民大学出版社2006年版。
21. 张云亭:《顶级财务总监:战略、资源、理财与控制》(修订版),中信出版社2003年版。
22. Stephen A. Ross, Randolph W. Westerfield, Jeffrey F. Jaffe, *Corporate Finance*, 2005.
23. Checkland, P. B., Holwell. *Information, Systems and Information Systems*. John Wiley and Sons Ltd., 1998.